赵建华 著

康有为、梁启超、谭嗣同佛教思想研究（上）

儒道释博士论文丛书

巴蜀书社

《儒道释博士论文丛书》编委会

《儒道释博士论文丛书》由上海城隍庙和北京东岳庙资助出版

《儒道释博士论文丛书》缘起

国家“985 工程”四川大学宗教、哲学与
社会研究创新基地首席科学家
《儒道释博士论文丛书》
编委会主编　卿希泰

儒道释是中华民族传统文化的三大支柱，源远流长，内容丰富，影响深远，它对中华民族的共同心理、共同感情和强大凝聚力的形成与发展，均起了极其重要的作用，是我们几千年来战胜一切困难、经过无数险阻、始终立于不败之地的精神武器，在今天仍然显示着它的强大生命力，并在新的世纪里，焕发出更加灿烂的光彩。

自从 1978 年中国共产党第十一届三中全会确立改革开放路线以来，我国对儒道释传统文化的研究工作，也有了很大的发展，在全国各地设立了许多博士点，使年轻的研究人才的培养工作走上了有计划有组织地进行的轨道，一批又一批的博士毕业生正在茁壮成长，他们是我国传统文化研究方面的一支强大的新生

力量，是有关各学科未来的学术带头人。他们的博士学位论文有一部分在出版之后，已在国内外的同行学者中受到了关注，产生了很好的影响。但因种种原因，学术著作的出版甚难，尤其是中青年学者的学术著作出版更难。因此还有相当多的博士学位论文难以及时发表。不及时解决这一难题，不仅对中青年学者的成长不利，且对弘扬中华优秀传统文化，促进学术交流也不利。我们有志于解决此一难题久矣，始终均以各种原因未能如愿。直到1999年，经与香港圆玄学院商议，喜得该院慨然允诺捐资赞助出版《儒道释博士论文丛书》，当年即出版了第一批共5本博士学位论文。此后的10余年间，在圆玄学院的鼎力支持及丛书编委会同仁的共同努力下，一批又一批优秀的博士学位论文通过这个平台展现在世人面前，到2013年，已出版了15批共130部；这些论著的作者，有很多已经成长为教授、博士生导师。2014年，圆玄学院因自身经济方面的原因，停止资助本丛书，我们深感遗憾，同时也对该院过往的付出与支持致以敬意和感谢！

令人欣慰的是，当陈耀庭教授得知本丛书陷入困境的消息后，即与上海城隍庙商议，上海城隍庙决定慷慨施以援手。2015年，慈氏文教基金有限公司董事长王联章先生也发心资助本丛书。学术薪火代代相传，施善之士前赴后继。在党中央弘扬中华民族优秀传统文化的英明决策指引下，本丛书必然会越办越好，产生它的深远影响。

本丛书面向全国（包括港澳台地区）征稿。凡是以研究儒、道、释为内容的博士学位论文，皆属本丛书的出版范围，均可向本丛书的编委会提出出版申请。

本丛书的编委会是由各有关专家组成，负责审定申请者的博士学位论文的入选工作。我们掌握的入选条件是：(1) 对有关学科带前沿性的重大问题做出创造性研究的；(2) 在前人研究的基础上有新的重大突破、得出新的科学结论从而推动了本学科向前发展的；(3) 开拓了新的研究领域、对学科建设具有较大贡献的。凡具备其中的任何一条，均可入选。但我们对入选论文还有一个最基本的共同要求，这就是文章观点的取得和论证，都须有科学的依据，应在充分占有第一手原始资料的基础上进行，并详细注明这些资料的来源和出处，做到持之有故、言之成理，避免夸夸其谈、华而不实。我们提出这个最基本的共同要求，其目的乃是期望通过本丛书的出版工作，在年轻学者中倡导一种实事求是地、一步一个脚印地进行学术研究的严谨学风。

由于编委会学识水平有限和经验与人力的不足，难免会有这样或那样的失误，恳切希望能够得到全国各有关博士点和博士导师以及博士研究生们的大力支持和帮助，对我们的工作提出批评和建议，加强联系和合作，给我们推荐和投寄好的书稿，让我们一道为搞好《儒道释博士论文丛书》的出版工作、为繁荣祖国的学术文化事业而共同努力。

2015 年 10 月 1 日于四川大学宗教、哲学
与社会研究创新基地，道教与宗教文化研究所

编委会按：2017 年，慈氏文教基金有限公司因自身原因中止资助，其资助金额由北京东岳庙管委会慷慨承担，谨此致谢。

目　录

序

建华是我的同门师弟，毕业后与我成了同一所学校的教师。起初我并不了解他的情况，直到他来我上课的教室门口见面。没想到相谈之下，我们的爱好竟然高度契合，更兼羡慕他写得一手好诗，不知不觉间便成了知己。

一个月前，建华说他的博士论文要出版了，嘱我写个序。我有些惶恐，这对我来说还是头一次。

康有为、梁启超、谭嗣同，这三人在清末维新变法运动中地位显著，但少有人对其佛学思想进行研究。而建华兄要做的，则是把这三人的佛教思想放在一起进行综合比较。这是一项艰难的任务，而建华兄完成得很好。他论证了康、梁、谭佛教思想的三个方面：其一，把佛教作为自己思想体系的基础；其二，把佛教作为自己安身立命的个体信仰；其三，把佛教作为救世的思想。建华兄的研究全面、深刻、精细、准确。他在中国古代文学、佛学及西方哲学等多领域的深厚学养这时就派上了用场。

特别值得一提的是，本书对于康有为的心性本体论进行了细致论述，对于康有为的诗歌进行了哲学思考，并得出结论，康有为的安身立命之理论乃是佛教。我们过去只知康有为是大儒，却鲜有人对其佛教思想进行论证，这是本书的一大亮点。

读罢本书，我不禁有些感叹，在康、梁、谭所处的那个大动荡时代，佛教作为救亡图存的思想资源，发挥了巨大的作用。可是，巨大的时代变革使激烈的反传统成为主旋律，佛教遂被逐步边缘化了。我想，在实现中华民族伟大复兴的道路上，佛教的思辨精神以及悲悯济世的情怀会贡献其应有的力量。建华兄的这本小书，是能够给我们带来启迪的。

杨净麟

2022年7月26日于玉溪九龙池

第一章　绪　论

第一节　康梁谭佛教思想研究综述

近百年来，对康有为、梁启超及谭嗣同三位维新运动思想家的研究已经相当丰富。但如具体到对此三位佛教思想研究而言，无论是对其佛教思想的整体研究还是分别的专题研究，都不足以称之丰富。造成如此局面的原因固然繁多，但若粗略来看，一方面固然因为三位思想家的佛教思想在表面上都并非是其思想的主要方面，另一方面也因为各种历史社会文化原因造成对其佛教思想研究的限制。同样，对康梁谭三家研究的综述梳理也为数不少，但专就对其佛教思想研究的综述则相对缺少。由于对康梁谭三位的研究历时近百年，无论是纵向的历史研究还是横向的比较研究，所开展出的角度皆颇繁多，是故要对其研究进行综述梳理，并从中抽取出对其佛教思想的研究来。本书首先区分两大类研究：一类为整体研究中涉及三家佛教思想的部分；一类为专题研究中对三家佛教思想进行的研究，此处专题限定为对三位思想家个体思想的分别研究。在对此两类研究进行综述梳理的时候，又要兼顾专著和论文两方面，以及发表的先后顺序。

一 整体研究

所谓整体研究，不单就三家中任何个别一家，也不单就其佛教思想而言的整体。如此进行的整体研究，是因为此三家佛教思想相对而言较薄弱，不足以成立为专题研究，故而将之并入整体研究的名目之下来进行。如此，所涉及的整体研究，就包括：晚清及近代佛教史研究及写作、晚清及近代思想史的研究及写作、前两者中某些专题的研究及写作。这样的范围限定是暂时排除了部分历史研究中涉及历史考证、政治伦理等方面的研究，而侧重于思想研究方面，尤其是佛教或宗教思想研究及书写。

1. 佛教史整体研究

首先是佛教史的研究及写作方面。近代以来的佛教通史基本上以古代佛教史为主，尤其是魏晋隋唐，故而通史的写作一般叙述到晚清，也有延伸到民国，甚至中华人民共和国成立后的，但无论是哪种情况，都对康梁谭三位言之甚少，或者干脆不提。早如蒋维乔和黄忏华两位的中国佛教史，皆写到晚清时期，但两书皆以杨文会、高鹤年、僧界的太虚大师为结尾，并未提及康梁谭三位。这样的取舍显然是因为此二位的佛教史写作皆是简本，在如此简明扼要的叙述中自然须以重要的僧俗两界人物为主，而康梁谭三位显然还不足以重要到位列于如此精练的简本之中。任继愈所编之佛教史，在叙述杨文会的时候，已经提到谭嗣同在金陵时曾从杨习佛，暗示杨文会之佛教思想对维新运动甚至后来的革命运动有间接的影响，但仅仅提及，并未展开。

日本野上俊静之《中国佛教史概说》和镰田茂雄的《简明中国佛教史》两书在提及民国佛教的部分相类似，前者作于1968年，台湾圣严法师于1971年移译；后者成于1978年，郑彭年于1980年移译。虽未详细比较，但可以猜想后书当有借鉴前书之处。两书皆写到民国佛教，其中提及康有为的《大同书》和谭嗣同的《仁学》，认为二书皆是受到佛教思想的极大影响，但未曾展开论述；另提及梁启超写作诸篇佛教考证文章，即《佛学十八篇》，当时结集为《中国佛教研究史》。

邱明洲《中国佛教史略》，1986年出版，虽写到中华人民共和国成立后的佛教，但其中涉及清代佛教的部分，当是参考蒋维乔的佛教史，故而也未提及康梁谭三家。

若就通史方面总结来说，一是因为康梁谭三家思想主要部分并非佛教；二是其佛教思想相对薄弱，除梁启超有佛学考证文章外，其余两家皆无佛学专著；三是三家既非僧众亦难说为居士，欲堂而皇之地列入佛教史中，似难成办。故而通史类研究及写作皆忽略不计，或仅仅一二言提及而已。

若从断代史的角度来梳理，则比通史写作要有利得多。台湾方面，释东初之《中国佛教近代史》（1974年版），首次正式将康梁谭三家思想列入佛教史中，且较详尽地转述评述了三家各自的佛教思想。该书叙述的依据仍是三家涉及佛教的主要著作，如康有为的《大同书》、谭嗣同的《仁学》，梁启超的佛学考证文章。又因该书为出家僧人所著，故多从佛学义理上加以评述，如论康有为的《大同书》与佛教思想之关系时言康有为之去界分类思想受华严十法界之影响，谭嗣同冲决罗网之说亦颇近之。但同时该书又从人法二空理上批评康谭二家之说近于人空未悟法空，实为小乘法理。尤其是谭嗣同之学说，该书总评为杂持之说。三家之中，该书对梁启超之评价甚高，但并未从佛教义理上多加转述，而是从影响上称赞其研究具有启发性、鼓舞性、创造性、历史性和情感性。总论该书首次详论康梁谭三家佛教思想，贡献甚大，持论精确，但也有不足之处，如论及康谭二家佛教思想之理想与共产主义类似之处时，因偏于台湾一地，意识形态上可能受之影响，故而颇多政治偏见。

大陆方面，较早从断代史方面对康梁谭三家佛教思想给予关注的是郭朋等所作《近代佛教史论稿》，该书出版于 1989 年，论述了三家佛教思想同样是侧重梁启超，康谭二位则相对简略，这是源于梁启超有佛学专著之故。其论康有为仍以《大同书》为依据，首先指出康有为是从政治角度关注佛教或宗教，而不像其他人那样从哲学角度关注佛教，这一特点的揭示是独特的。其次关注《大同书》中所论去家之说与佛教出家之义的差异性，这实际是延续民国之际对《大同书》的批评，最后指出佛教是大同世界中唯一允许的宗教，此是从终极理想上说明大同世界对佛教的皈依。但其总论康之佛学思想粗浅而贫乏，此论失之武断，因若详尽考察康有为诸论述，当可见康有为之佛教思想实际相当丰富，并不弱于梁启超。论谭嗣同，认为谭宗华严的成分较大，但该书关注的重点是谭嗣同比附儒佛二家的思想，最后指出谭嗣同仅学佛一年，即能以佛教思想为思想和实践的动力，运用到社会变革的实践中，十分难能可贵。论梁启超之佛教思想则相当详尽，书中分十个方面论述：佛学略说、论《阿含》、论佛教心理学、《四十二章经》辨伪、《理惑论》辨伪、论译经对我国语文的影响、论经录、论《安录》、赞《起信》、唯心说。这十个方面的论述主要还是依据梁启超之《佛学十八篇》，检出其中有重要影响的部分，如辨伪二、阿含、起信、安录等皆是从佛教史典籍考证角度出发，未必可以算作思想，故而若论其中涉及思想的部分，当是佛学概说、佛教心理学、译经对中国语文的影响，以及赞《起信论》，这四个方面分别涉及佛教义理、佛教义理的现代价值、佛教对文学之影响和中国佛教之贡献。至于最后的唯心说，该书实际是参考了梁启超流亡日本时所作《自由书》的部分内容，但这一点一方面是梁启超早中期之思想，无法与中后期之思想并论，另一方面梁启超的这一思想大多来源于日本精神主义佛教，待其后期多有改进，故而不可统一而论。再者对梁启超唯心主义的关注实际是中华人民共和国成立后其研究的重点，因当时涉及对康梁谭等哲学思想的评价问题，故而对本非重点的唯心说给予了莫大的关注，几乎将之作为梁启超的全部思想，故而该书以唯心列第十点当是受此等研究风气之影响，未及细辨。但该书对梁启超佛教思想中重点的生死轮回因果之说毫无提及，可谓缺失。

专门史方面亦有著作涉及康梁谭三家佛教思想的。此处的专门史特指佛教史中的专门史，佛教史本即是专门史，又就佛教史中别出一类专为其作史。如潘桂明《中国居士佛教史》、周霞《中国近代佛教史学名家评述》二书皆大量涉及维新三家佛教思想。《中国居士佛教史》第十二章第三节“近代学术性佛教研究”中论康梁谭章四家学术性佛教研究，此义谓四家之佛教思想并非纯粹的居士佛教，而是受到居士佛教的影响而形成的学术性研究，但是这一概括则对于此书或此四家皆难以完全成立。该书所论是居士佛教，但这四家是否是纯粹的居士难以说明。又虽说四家皆深信佛教，但如从佛教皈依而言，却无一家正式皈依，故而书中仅说带有强烈的居士佛教色彩而已。又此四家是否都是学术性研究佛教呢？也并不完全。笔者认为这四家之中只有梁启超晚年可以说是学术性研究，章太炎具有学术研究色彩，但并不完全；至于康谭二位则并非学术研究，而应是侧重于社会政治实践运用，绝非学术研究。但所幸此四家思想于全书本非重点，兼摄亦可。该书中述评康梁谭三家佛教思想，以谭嗣同为重点，其他二位稍简略，此于他书不同。论康有为，首先明确康之阐释佛教思想根本动机是为维新变革的政治活动；在此基础上汇通儒佛，自由取舍注释经典。但并未明确说明何处自由阐述，而只是引梁启超之评述加以说明而已。论梁启超涉及四个方面：唯心论、自力与无畏精神、无我和心理学。其中前两个方面是基于梁早期思想，后两点是基于梁晚年佛学思想。于中特别之处为论梁之研究是佛学研究向现代转向的转折点，此一论点十分重要，确认及肯定了梁启超佛学研究的地位和价值。论谭嗣同虽以《仁学》为主，但涉及面颇广颇杂，这固然是因为《仁学》一书本来就涉及繁杂，如其中与唯心、唯识和仁等近似之以太自然本体论，平等无我之社会观，冲决罗网和心力之理想观，慈悲与无畏之实践论，一多相容等之华严哲学的相对主义等等，这些方面该书都转述到，观其结构当是如上所说之本体论及其演变之社会观和相对主义、实践论及理想观两个方面，合起来即是理行两个方面，重点突出的是谭嗣同以佛学思想为思想和实践武器的特点。总论该书对康梁谭三家思想的评述，与郭朋《中国近代佛教史论稿》一书有所不同：首先详略上有差异，如郭书详在梁启超，而潘著详在谭嗣同；其次郭书依著述而做评述，潘书则依思想而做评述，此二家最重要之差异；最后潘书在对三家思想内容的关注上较多吸收中华人民共和国成立后对三家哲学思想的讨论成果，如论梁启超重其唯心思想、论谭嗣同重其相对主义思想。

周霞《中国近代佛教史学名家评述》一书另从佛学史史学角度来梳理，但也正因为此角度，故而只关注梁启超。该书第二章“梁启超对佛教通史的探索”，详尽分析了梁启超佛教史写作的动机、框架、问题及特点。因其成书较晚，故其论梁启超之佛教思想也较全面成熟，既注意到其对中印方面佛教沿革的研究，也注意到中外交流的沿革以及佛教对中国文化的影响和中国佛教自身的创造性，还特别注意到求法人员的精神。故而其论梁启超佛教史之特点即暗含了梁启超之佛教观，其论有四：进化论为基础、运用现代学术方法，具有爱国主义精神，注重中西文化交流。可以说其所突出的正是梁启超佛教研究作为现代转向的特点。

以上即为佛教史的整体研究而论，分别从通史、断代史和专门史三个方面加以简述，于中可见对康梁谭三家佛教思想关注较多的是断代史和专门史，显示出如果研究范围越狭隘则对三家关注越多；从纵向也可见，对三家佛教思想之关注有递进之倾向，后来者往往更加重视。研究对三家佛教思想的关注详略有别，对康有为之佛教思想之关注一直以来不甚详尽，谭梁二位中，对梁启超的研究较为详尽，且越往后越胜于其他二位。此种差别的原因是康有为之佛教思想多被其儒家思想所遮盖；而谭嗣同因为被尊为烈士，故中华人民共和国成立之后研究较多，且对其佛教思想与辩证法之类似多有发现；而梁启超在中华人民共和国成立后，其思想本不为学者所重，故研究较少，20 世纪 90 年代以来方渐有增多，此为前后详略变化之因。

2. 思想文化角度的整体研究

整体研究还有从思想史或文化思潮的角度做研究者，此类研究主要关注近代作为转变时代，考察其时思想文化潮流状况及其对当今之影响，广义而言仍是属于近代史之研究，唯其侧重思想潮流。此种研究 20 世纪 90 年代以来尤为突出。其中关涉康梁谭三家佛教思想者也颇多专著。其中重要者有高振农《佛教文化与近代中国》、李向平《救世与救心——中国近代佛教复兴思潮研究》、邓子美《传统佛教与中国近代化——百年文化冲撞与交流》、王广西《佛学与中国近代诗坛》、詹志和《佛陀与维纳斯之盟——中国近代佛学与美学》。尤其重要者为麻天祥，其先后从多个角度研究此专题，有四专著涉及康梁谭三家之佛教思想：《佛学与人生——近代思想家的佛学思想》《反观人生的玄览之路——近世中国佛教文化研究》《20 世纪中国佛学问题》和《晚清佛学与近代社会思潮》。

上述专著中高振农之《佛教文化与近代中国》、李向平之《救世与救心》、麻天祥之《佛学与人生》为发轫之作，就其主体而论皆是在专题研究大标题下转述三家佛教思想之大概；其后，研究乃转向更加深入之专题和别致之角度，在开发研究角度上多有进步，但论其分析仍旧是以上述三部著作所转述的内容为基础，此如邓子美之作、麻天祥余三部著作；王广西、詹志和的两部著作则从文学和美学角度研究近代佛学，具有比较研究性质，内容上仍旧以前三部著作所述为基础。从此进程也可以看出，研究者多认为康梁谭三家佛教思想并非其思想之主要部分，显得较薄弱，故而要么从较宽大的专题下对之进行研究，要么开发新兴的角度对之进行研究，要么将之与其他专题进行比较研究。尽管如此，上述几部著作仍旧是迄今研究部康梁谭佛教思想中最为全面详尽的文本，也可以说是研究康梁谭佛教思想的一个高峰，而其研究的角度也主要集中在文化思潮的历史作用上。

高振农之《佛教文化与近代中国》为此类研究之首发轫之作，其上承接郭朋等所著《中国近代佛教思想史稿》，由佛教史研究转向文化研究，但因其初作，故其主体仍旧是转述三家佛教思想，故与史稿差别并不大。其论康有为较前人进步者为其不仅依据康有为之《大同书》，还参考康有为早期著作《康子内外篇》，以此总论康有为佛教思想；又其论康有为佛教义理观点也颇全面，不仅注意到康有为宗华严舍世界无外法界之观念，且注意到康有为之注重儒佛相生的道理，此一点是基于《康子内外篇》而得出，但实际康有为中后期对此思想观念仍有发展；再者高著还特别指出康有为深信轮回之说，以及僧人有益外交、佛教不适宜中国等等方面。其论梁启超除了继承其人论梁启超之唯心论、心理学说、无我论，还特别提及梁启超对佛教轮回说的关注，又在分析梁启超时，特别详尽地分析了梁启超沉湎佛教的原因及其影响，此一点突出于一般转述三家佛教思想之外，具有文化分析的色彩；其论谭嗣同则稍简略，与《中国近代佛教思想史稿》相近，未能特别注重谭嗣同佛教思想对后世革命思潮以及融合华严与唯识的影响。总体而论，该书转述分析康梁谭三家佛教思想较为全面，可贵者为注意康梁二家对轮回因果业报的观念。

李向平之《救世与救心》之副标题为“中国近代佛教复兴

思潮研究”，故其角度仍是介于思想史与文化研究两者之间，取向与高著类似，所不同者即是复兴思潮多与救世相关，也多与哲学相关，故其论康梁谭三家佛教思想时，颇多侧重思想之于政治实践的功用。其论康有为即突出康有为以菩萨圣贤之使命为己任，由此而汇通其《大同书》中论离苦得乐之佛教救度结构，此论已涉及康有为中期佛学思想，但该书似未能参考康有为大量佛教诗歌以便将此论深化，又未曾论及轮回之说，故而救世之次第较难明确；其论谭嗣同同样突出其心力挽劫论，兼及仁识一体之说，也是颇有突破；论梁启超佛教思想，同样较注重梁启超中期论佛教有益群治之论，但总体而言其论梁启超部分较为简略，尤其是梁启超之佛学研究具有现代学术研究转向一点，未能详尽明确。与他书比较不够详尽。

麻天祥《佛学与人生》与上二作比较则较为平实，转述上更加全面平衡，材料梳理上更加优越，但研究角度上则未能开辟，然其后续三部专著则能弥补此憾，且较他书更为详尽精确。其论康有为，分别从佛学和现实两个角度论说救世之必然，又从以佛为楷模而舍身救世上论说救世之实践，此论实际是以四谛结构论说康有为之佛教思想，此观点早在释东初《中国佛教近代史》中论康有为时已提及，高振农论康有为也提及康有为佛学思想暗合四谛结构。但前两者皆是提及而已，麻著则依此而组织康有为佛教思想，称为进步；其论梁启超之佛学思想特为全面，分别从人生、救世、佛教史和佛教哲学四个大的方面详尽论述，其中重要观点后文详述。其论谭嗣同之佛教思想也颇为详尽，突出谭嗣同佛教思想之经世性质。该书论述三家佛教思想除了全面详尽之外，还特别重视三家佛教思想的基本结构，使得各家佛教思想由此前研究中零散表现而呈现出整体完整的结构思路，故而可说此著为梳理总结三家佛教思想的总结之作。

3. 艺术与社会角度的整体研究

在上述三部思想转述性著作之后，研究开始更加深入，以开展别致的角度重新审视三家佛教思想为主。其初仍局限于思想史范围之内，但思想史研究角度和时限有所变更，如邓子美《传统佛教与中国近代化》，该书第一章中论述到三家佛教思想，且其论述并非分论三家佛教思想，而是将之放置到传统思想的近代化进程中来考察，故其突出的理论特色是近代化，又其副标题为“百年文化冲撞与交流”，则其论述近代化的理论基础是中外文化的刺激—反应的史学理论。故而其书中论述佛学与维新家的时候，即侧重维新思想家运用佛学理解把握西学的尝试。对这一点的突出论述具有极大的启示性，虽然此前学者对此也有论述，但并不明确；但此种论述的理论基础多蹈袭欧美汉学研究之窠臼。

王广西《佛学与中国近代诗坛》和詹志和《佛陀与维纳斯之盟》二书在角度的抉择上则走得更远，不再以整体思想史为线索，而是直接从文学美学的角度入手。王著中论维新时期之佛学诗人仅提及梁谭二位，却没有提及康有为，颇为奇怪，因梁谭二位无论是整体诗歌上还是佛学诗歌上，又无论在数量还是兴趣上，都远不及康有为。除此缺陷之外，书中对谭梁二位的论述尚为详尽。

詹志和《佛陀与维纳斯之盟》一书，成书较晚，则所运用的前人研究成果也较丰富。该书对康梁谭三位因研究角度问题也未全部提及。其中对康有为和梁启超的论述较丰富，而未专门研究谭嗣同。该书论述佛学与美学二学之结合实仍假借于心学论述境界之义，故离思想史研究较远，而距佛教修养心境论较近，但又将之与现代美学相结合而论。其中同时提及康梁二位的是在从文化发展模式看佛教与美学的互补一节中，其中论康有为则注重其对马丁路德的追模，即言康有为托古改制之说是模仿新教改革，以此论康有为之推崇孔教，又以宗教为总论，含摄佛教，此论多有牵强之处；论梁启超之并弘佛学与美学，实际是基于梁启超晚年论佛教文学之观念，但该书仍从宗教与美学的大角度来统率，其中仍有牵强之处。但后文专门论述康梁二位佛学思想与美学思想时则较为详尽，其论康有为之佛学主要基于大同世界之理想，也是因为其考察美学是以境界为主，故而论佛学则以理想目标为主；其论梁启超之佛学与美学关系时则侧重以英雄主义为中介沟通两者，以佛教对中国语文影响为主要论述对象。总结而言可以说，该书吸收前人研究成果和资料上较为充足，但理论基础因角度之别致而稍有牵强。

麻天祥于《佛学与人生》之后，继续深入研究近代佛学问题，也力图在角度开拓上有所进展，但其仍旧严格控制在思想史范围之内。《反观人生的玄览之路》一书继续从人生抉择与佛学之关系深入，而内容上尤其偏重梁启超，几乎每一主题皆以梁启超为开创之先，如思想结构、佛教经史主义、佛教史研究等。《20 世纪中国佛学问题》一书以佛学为论述本体，从其理论问题上论述各问题的兴起转换等，其中论述三家佛学思想时仍以梁启超为主，尤其是论述心理学与佛教、宗教比较学和儒佛关系等问题方面。《晚清佛学与近代社会思潮》一书将研究范围限定在晚清，从社会思潮上论述当时救世主义、佛教理想和哲学三种思潮，以此三角度详加论述三家佛学思想。麻天祥此三部著作以其

《佛学与人生》中所提供的思想转述材料为基础，企图更加合理地梳理近代佛学兴起之方方面面，可以说三部著作皆企图更加贴近思想本身而梳理思想发展机制，可以说角度抉择翻奇出新，竭尽腾挪变化之极，又每每对前之论述梳理不满足，乃能一一超越之。麻天祥初论近代思想家之抉择佛教以人生安身立命为主，诚为中肯；后转从佛学本身加以反观，此为正反反复研究，后又从社会思潮之宽广角度论述，也可谓步步为营，扎实深入。麻天祥之研究在梳理佛学在近代历史之复杂局面、复杂关系上始终不满足，至近期仍有深入研究，此一点稍后说明；又其对三家佛教思想研究颇多关注梁启超之佛教思想，贯于始终。

以上述评为整体性研究中相关于康梁谭三家佛教思想的著作，除此之外还有部分论文尚可提及。但因整体性研究范围较大，难以在一篇论文中全面反映出来，故而此类研究是以著作为主，论文方面虽有，但要么是处于早期，要么是专就某一单一细小问题展开论述而无暇顾及三家乃至近代佛教整体思想状况；要么是先以论文方式发表主要观念，然后以著作的方式详细地呈现。这其中较早期论及近代佛学总体的有如蔡尚思《论清末佛学思想的特点》，该文论及清末佛学的七个特点，其中涉及三家的主要是谭嗣同，而对于康梁二家却几乎没有提及。这固然源于论文篇幅较小难以面面俱到的缘故，也源于谭嗣同被追为烈士，在中华人民共和国成立后得到较多的关注和研究，而康梁二位则或因为保皇之保守，或因思想散漫杂多肤浅，都没有得到较多的关注和研究。楼宇烈《近代中国佛学的特点及其评价》中则总结出四点：科学化、哲学化、现实化和唯识为主四个特点，此四特点明显以佛学近代化特点为主。此两篇论文为较早关注近代佛教整体特点者。其后则有天祥之《近代思想家的宗教向度》，此文之观念即反映于其专著《佛学与人生》中。魏义霞《佛学：中国近代资产阶级哲学家变革社会的精神支柱》一文则是较早关注康梁谭三家佛学思想的论文。此文侧重近代资产阶级哲学家对佛学的改造以用于社会变革之思想武器的特点。文中从四个方面论述对佛学的改造：众生平等与克服惧洋心理、业报说与社会群体观念、无我说与牺牲的英雄主义、虚幻说与人心道德。此四个方面若从佛学的角度说已经涉及纵横、性相和四谛等内容，但总结的结构仍有不够完善之处。该作者近期对此专题仍有继续深入的研究和发挥。麻天祥《近代佛教哲学研究及思想体系的建立》以谭梁章三家思想为例力图说明三家都有借鉴佛学来建构思想体系之努力，该文实际简单浅显，但它却表明了麻天祥后来的研究方向，即他始终是要梳理出近代佛学的一个更为根本的体系结构。所以麻天祥此文虽浅显但标明了其后努力的方向，也是对该专题研究角度的一个抉择和倡议。他这个结构性的研究方向的抉择比起其他外向性的比较研究更具有深入研究的倾向，但其预设有结构性基础存在的观念是否合理仍需要深入说明。麻天祥《晚清佛学与近代社会思潮》一文的主要观念同样是其同名专著的提要体现。到2004年时，麻天祥再度以《中国近代佛教的再思考》一文深入梳理近代佛教的思想结构，其文中总结说“从逻辑框架上看，中国近代佛教呈现寺僧、居士、学者三种形态，分别以卫教、弘法、济学为重心；知解、信行两种方法；通经致用、探赜索隐两条道路；哲学、历史、科学三个领域。就内容而言，知解重于信行，学理盛于教宗，也就是说，与僧团活动相比较，学术研究占据主要地位。因此中国近代佛教，尤宜谓之中国近代佛学”①。此论甚为全面精确。按照作者的写作习惯，似乎暗示着不久的将来会有一部更加全面详尽的能够体现该论文核心观念的专著出现，此专著当是一部更加深入的近代佛学史类著作，可拭目以待。另如宋益乔《近代思想与佛教文化》，陈庆坤《中国近代哲学与佛学的汇通》，陈立忠、胡维革《论中国近代资产阶级思想家的佛学经世思想》，李向平《近代中日知识分子的佛教因缘》，徐永志《论晚清佛教的复兴》，龚隽《近代佛学从经世到学术的命运走向》，张锡勤《论戊戌时期的宗教热》，胡遂《近代佛学的经世济民精神》等诸篇论文皆颇具参考价值。此类论文的共同特点仍然是以近代佛教发展中的思想文化思潮等特点综述为主，所强调的是近代佛教佛学发展特点及其原因和影响，还有近代佛教佛学与其他范畴如文化思想或思潮等的交互发展关系。如宋益乔、李向平、张锡勤三文都是就文化角度论述近代佛教之发展特点；陈立忠、龚隽、胡遂三文则注重近代佛教的现实色彩论其对社会变革等的影响。另有从哲学或佛教本身而论，不一而足。李双璧《佛学思想之于维新志士：以康、梁、谭为例》一文特别以康梁谭三家为例，但该文可能因篇幅问题，显得稍微浅显；三家中以谭嗣同为详尽，康梁二家简略。21世纪以来研究近代佛教发展的论文有颇注意儒佛互动的，但其中较少明确注意康梁谭三家之相关思想，如姚彬彬之《近现代新儒家的华严思想探析》《经学范式与文化转型——近代中国佛学学派的兴起》。最后就学位论文写作而言，值得注意者有蒋海怒之《近代佛学与政治》，该文中对康梁谭三家皆辟一章而专论。其

① 麻天祥：《中国近代佛教的再思考》，《云梦学刊》2004年9月，第25—29页。

文从政治伦理角度入手，突出的是三家改造佛学运用于政治变革中的特色。其论康有为的佛教思想颇为全面，如教义融合、阴教与阳教、大同书中的佛学思想，尤其可贵的是该文特别关注了康有为天人新说，这一点在其他作者的论述中是较少论及的。论谭嗣同之佛学以三学：佛学、经学和心学总论，此论仍旧是继承前人以心学沟通儒佛二家义理来论述谭嗣同之思想建构，分论中则分别说明唯识与科学主义、公羊与佛学、仁学与佛学。论梁启超之佛学思想侧重于其群治思想，偏重于梁启超中期佛教观念。从中可见该文论述明显偏重于政治角度。

总论整体性的近代佛教中相关于康梁谭三家佛教思想的研究，如从时间段上言，可以大概地分为三个时间段：第一段是20世纪90年代之前，第二段是90年代，第三段是21世纪以来。如此的分类是突出了90年代对该主题研究的兴盛。90年代之前的研究处于起始阶段，基本上是史学性的总结和思想转述梳理，而且在涉及康梁谭三家佛教思想的时候，史学上的认可也是逐步进行的，起初主要关注的是谭嗣同的思想，尤其是其批判思想、相对主义哲学思想，其后才逐渐发现其中有佛教思想的渗透和影响；康有为、梁启超二家的思想因社会政治等原因20世纪80年代前几乎没有关注，如有关注也仅仅是其中的相对主义哲学思想。故而总说90年代之前，相关于康梁谭三家佛教思想的整体研究只是起始准备阶段。90年代是此类研究的兴盛时期，这个时期对三家佛教思想的转述和梳理已经有了一定的基础，在此基础上研究有两个方向的进展：一是深入性的进展，一是横向性的进展，其中后者尤其明显。这是因为三家佛教思想本非其主体部分，故欲深入亦难；横向性的研究又因时代潮流的原因，渐从哲学研究向文化研究思想研究转变。将三家佛教思想放置到近代思想发展的大背景中考察其兴起原因、与政治文化或思想等交互关系、对后代思想等之影响。深入性研究则以梳理三家佛教思想之基本结构基础为方向，其中以麻天祥之研究为重。21世纪以来，横向比较研究的进展更加明显，已经能够脱离思想史研究的固定范围，多与文学美学或其他等领域范畴相比较而研究。但从此之中也可以明显地看出，研究有枯竭之相，难以深入，横向上角度拓展也难以出新。究其根本原因实在是因为纵向深入上未能有所进展，则横向上力不从心。从研究的视角上论，90年代之前的研究并未明确从佛教角度给予关注，而是从哲学和历史两个角度进行研究，其中哲学角度更多地关涉思想研究，而历史角度则较少关涉思想。一般性的史学书写中也难以给予三家以一定的地位和认可。90年代研究材料和研究视角得以开拓，研究视角上多从思想思潮和文化角度上进行。21世纪以来研究视角开拓得更大，但也显示出枯竭之感，纵横二向上皆难以有更进一步地发展。

二 专题研究

总论康梁谭三家佛教思想专题研究仍旧按照上述三期时限，即20世纪90年代之前、90年代和21世纪以来。其大略的趋势与整体研究略同，即90年代之前为准备阶段，90年代为兴盛期，21世纪以来为发展及衰落期。特别说明的是因涉及研究颇为繁多，此处仅就其中重要者而论。

1. 康有为专题研究

对康有为思想的研究在其生前即已存在，多见于康门弟子所作传记，其中梁启超于康有为生前所作传记尤为重要，因在诸篇传记之中唯此篇论述其佛教思想特为精要，其他诸篇则较少涉及其佛教思想。该传记作于 1901 年，有从英雄主义角度宣扬乃师之义，文中三处提及佛教，第一处是简叙康有为早年修学经历时提及康有为于西樵山习佛及自诩开悟之经历，此一经历后世传记皆有提及，但于其中习佛经历则或详或略；第二处为文第六章专论作为宗教家之康有为，其中论述以孔教为主，但以佛教为深刻，谓康有为与佛教尤为受用。其中述康有为佛教思想尤其言简意赅，思想上谓康有为宗即心是佛之禅宗思想，实践上以舍净土而住地狱入世拯救为行为宗旨，故而说其以华严为归宿，此暗通康有为之大同思想。第三处为论康有为哲学思想之法界的理想，此亦暗通大同思想，也是华严思想之体现。梁启超本自好佛，晚年尤好，故而其论康有为之思想也颇关切其佛教思想，但该论实为言简意赅，惜乎未能展开，论其要点有三：一者康有为佛教思想重心，即心是佛；二者康有为佛教思想重实践轻理论，故而其所重者即是入世救度；三者康有为社会政治伦理改革之理想得之于佛教法界思想尤重，此特显于其大同思想。此三点实已涉及康有为佛教思想的重要方面。另有一点梁启超未能过多关注，即康有为之次第思想，梁启超谓为理想与现实之调和及其进步之次第，此一思想在康有为思想中实为重点，且与其佛教思想具有莫大的关联。梁启超以大同小康为佛之大小乘，论及次第，仅此譬喻而已，并未深入论述到三世说佛教轮回以及修行次第之关系。而此论要晚到 90 年代才方有学者从轮回之角度注意到，亦未能深入到修行次第的实践思想上，这皆源于历来对康有为佛教思想的研究多注意其哲学思想之相对主义以及理想主义之大同思想与佛教思想的关系，而未能注意康有为佛教思想的实践性质。但不管怎么说，梁启超之论康有为佛教思想仍具有相当之高度，后世要在长久之后才会有新的进展。

早期对康有为佛教思想给予极大关注的还有钱穆，其《康有为学术述评》中总体述评康有为之思想，涉及佛教思想处虽简单但多有批评，其批评主要依据《大同书》，代表了民国期间对大同书的批评态度，重要者如对大同思想中去家思想、去家与佛教出家思想有差异也有意趣上的相似，但民国时期之批判多以为去家之说不符佛说，颇具近代思想色彩，亦难以实现。又批判康有为佛教思想中我执仍未灭尽；又康有为论大同世界类似极乐世界，但颇多关注外在条件的具备，故而总论虽外在条件极乐，如我执仍有，则未为究竟。钱穆此说当是民国时期对康有为佛教思想批评之代表，后世如前文所提及之释东初《近代佛教史》中对康有为佛教思想之批判同样批评其佛教思想法执未断。钱穆之论虽多批判，实际也明确指出康有为大同思想实为佛教之发挥，此义与梁启超所谓以己意进退佛说之义同，故可见民国期间对康有为思想中发挥佛教思想之义本有关注，且批判处也集中在去家和大同世界之类似极乐世界二者。

中华人民共和国成立之后，对康梁谭三家的研究有一个小高潮，即20世纪50年代末60年代初。这一时期对康谭思想有一个唯物唯心性质的讨论，其中梁启超并未过多涉及，此源于当时学者对梁启超思想有一个过低的估计，如李泽厚就认为梁启超并无深刻的思想。而此次关于康谭二位思想性质的讨论也实由李泽厚《康有为谭嗣思想研究》一书中两篇论文而起。最初是孙长江和李泽厚的争论，后张岂之乃至后来的何新等所做康谭思想述评皆可归于此次讨论中。此种社会意识形态过强的讨论，并未直接谈及康有为之佛教思想，但是从哲学思想的角度也还是谈及一些佛教思想的，如实出于华严之相对主义思想。除此之外，虽有对康有为政治思想的研究、维新变法等历史考证的研究，但涉及其佛教思想的内容却并无更多的拓展和深入。

70 年代康有为研究的重点实为海外研究，其中最重要者为萧公权的《康有为思想研究》，该书为萧公权晚年力著，作于 1974 年，大陆翻译出版为 1988 年。该书虽主要从政治学研究入手，但其中也涉及康有为佛教思想。因萧公权该著之权威精严，故其所论康有为之佛教思想也颇值得关注。该著中论述佛教思想虽非重点，亦有瑕疵，但毕竟是当时仅有的精严之论。萧公权该著中论及康有为佛教思想是结合其他三个方面来说明的，即整体宗教、儒教和基督教三个方面。不管是从哪个角度而论，萧著对康有为的佛教思想评价都不高。萧著整体上是从西学宗教学的角度来评定康有为佛教思想，故而其所论康有为佛教思想多与宗教性质不合，当萧将康之佛教思想与儒家思想相比较而论时，萧又偏重于儒家思想。尽管如此，仍是触及康有为佛教思想的大多方面。可以说他承认佛教思想对康有为整体思想具有影响，但并不是主要方面，且康有为的佛教思想也并不高明。介于该著在康有为研究中的权威地位，今略加评述。首先就家世生平方面涉及佛教而论，萧著认为康有为家庭生活方面的问题使得其接受佛教出家思想，由此而进一步影响其思想。其认为康有为半入佛教正式是从光绪五年，理由是当时康有为正全力研读佛道之书。而禅宗思想对康有为的影响也可见于康有为光绪四年的顿悟。此处萧著以康有为光绪四年的静坐经历为顿悟，可能有偏颇，因为康有为在光绪十年的静坐经历是更有顿悟性质的，且如以为光绪五年入佛教，何来光绪四年的顿悟呢？就生平而言，萧著仅述此而已，对于康有为中晚期的涉及佛教的各种经历则没有说明，诚为遗憾。就康有为思想中具有的佛教思想色彩而言，萧著论及之点颇多，然多不详备，其中亦有不明之处。其言康有为之宗禅与华严，明显是沿袭梁启超之论。又萧公权论康有为对小乘佛学毫无兴趣，对于佛学经典任意取舍从不犹豫，此说稍有夸大。信奉大乘，宗某一宗，于佛教徒中本属常见，并不可以说对小乘无兴趣就是佛学信仰或研究之不足，对佛学经典之取舍也不可以说即是任意取舍。基于大同思想，萧著论康有为说世间之苦的观念明显是受到佛学启示，此说中肯，但萧著说其中有区别，谓佛教中论苦之根源是人欲，而康论苦之根源为社会制度，由此解脱方法不同，佛教解脱之法谓去人欲，而康之方法为改制满足人欲。萧公此论亦是粗略，不免对二家义旨皆有误解。佛教论苦之根源亦并非全在人欲，论烦恼根本略说是无明，非尽欲而已，而康有为所论之欲，亦并非贪嗔之欲，盖康氏时时亦以仁为欲之一种；又康论苦之根源非即是制度，乃是界限，且其也非是根本，乃是近因、主因，其去家之说为去界之主要迫切者，非全部亦非根本。萧著依康有为大同思想评述说康有为认为由于天资环境以及教育程度的不同，不可能所有的人都能成佛，解脱的工作，唯有提供人人在转世过程中均等的境遇与教育，天资的不同乃可逐渐消除，人人才能成佛。此论对康有为佛教思想转述得并不完全正确，成佛因缘本有共不共业之内外因缘，因此而造成众生有种性或修行程度之差别，这本也是佛教思想论次第之义，在六道中提供有益于修行的环境教育等也本属资粮道之义，从究竟义上言如此方能人人成佛，并无可非之处。而康有为所谓均等的境遇和教育，一方面固然嫁接了现代西学中的平等义，另一方面也并未出离于佛教人人成佛可能性之平等义。萧谓因外在境遇教育等不同，不可能人人成佛，当是理解有误，康有为并未有此义。这是因为境遇等之差别只能引发众生不能立刻同时成佛，所谓悟道有先后而已。而提供人人均等的境遇和教育之义，也是避免小乘个体解脱，而发挥大乘普度众生之义，究其本义并未违背佛教本义，何来批判之说？又萧著从儒佛关系上论述康有为佛教思想，如说康有为谓大同世界不肉食，源自佛教多于儒家，康有为非神的宗教观事实上源自儒家，其灵魂观和轮回观也多同时源自儒佛二家，其中暗示康有为有将儒家伦理道德转化为宗教的倾向。此论颇有可取处，但因为萧氏的宗教观带有强烈西学色彩，故而多以为儒家与宗教难以融合，又其中所言灵魂观、轮回观和非神论等皆以为源自儒家多于佛教，此说不确，综合观康有为此三说，于儒家之中本非正统，历代也多不论及。康有为所论实是源自佛教，后复于儒家典籍中钩沉索隐加以发挥而已，这种思路即是以佛释儒之义，岂可匆忙判定为源自儒家？虽有众多误解之处，萧著总论康有为思想仍是以儒家为主，其宗教观也是世俗的，此论并不可取，因其固执于西学宗教观，以为神圣世俗不可相容，故多批评康有为宗教观为世俗；如其能深入了解佛教义理，则能明白这正是康有为接受佛教影响之深刻处，有融合神圣世俗之倾向，岂可以其世俗而批评？萧著总结言康有为转化儒学为宗教之尝试是失败的，这一批评也显得过分，因康有为本即非理论家，其本无意创立周密成熟之理论，康有为众多著作皆立足于实践，故而其降低神权，将儒学转化成宗教，有融合三教之倾向，皆是一种尝试，无论其理论或实践，即便无法一生成就，也不为过。萧著还引梁启超之说谓康有为虽得之于佛学甚多，但其对佛教只是爱好式的欣赏，康有为并不知道其太平大同之说不容于佛，由此认为梁启超无忌地提醒康有为对佛经的认知不足。此论实在荒唐，梁启超此说为其早期之说，且也未能明白地说康有为对佛教认知不足，也未明确说太平大同不容于佛。梁启超当时所读之经论当远不及康有为，故而梁启超年谱中只是疑惑，是从性空之说疑惑相有之说，故此实是梁启超之疑惑，非康有为之不足。张灏在《梁启超与中国思想的过渡》中谈及康有为之佛教思想时感慨说：康有为的兴趣似乎不只是一种思想上的爱好。除研究佛学经典外，他还养成了冥思的习惯，经历了各个神秘的思想启蒙阶段。张灏此说超出一般学者之庸俗常见。又梁启超到晚年多次书信向康有为请教佛教修行之事，何来梁启超提醒康有为对佛经认知不足？又太平大同之说与大乘净土之说极其类似，可以说是发挥大乘净土之说，并不可以说不容于佛。所以总结而言，萧著中颇有创见地谈及到一些康有为的佛教思想，但其所论并不深入，时有误解，但其所涉及的点尚为广泛，尤其难能可贵的是该著提及康有为的天游思想，但也很遗憾的是没有就此点深入论及康有为天游思想与佛教之关系。

汪荣祖也是研究康有为的著名学者，但其研究同样也是以政治学角度为主，涉及康有为佛教思想的时候，也是统率于西学宗教观的角度之下。其《康章合论》中并未明确涉及康有为佛教思想，反而是《康有为论》中谈及一些，但因为该书具有普及性质，故而其中所论及的佛教思想基本没有出于萧公权《康有为思想研究》之外。海外康有为研究中涉及康有为佛教思想的，仍无超越萧著者。

大陆康有为研究从20世纪80年代开始恢复兴盛，但主要研究方向仍是政治历史方面，思想研究也多从儒家经学的角度研究为多，直接以其佛教思想为主要内容的则没有。此中涉及其佛教思想的，以马洪林的评传为是。马洪林先后为康有为写了三部著作，即1986年带有普及色彩的《康有为》，1988年的传记《康有为大传》和1998年的《康有为评传》，三著中以评传为系统论康有为思想之作。故而此书可视为大陆20世纪80、90年代研究康有为思想的集大成者。但恰恰是这部具有总结性的评传，却丝毫没有提及康有为佛教思想。其中第六章论康有为哲学思想，第十章论康有为对未来的悬想，第十二章论康有为保教思想，本当都涉及康有为佛教思想，但都没有谈及。其他如钟贤培的《康有为思想研究》、董士伟的《康有为评传》、何一民《维新之梦》皆类似于此。可见专著类涉及康有为佛教思想者几乎没有，即便有也是控制在宗教观或儒家义理的标题之下。

专著之外的论文类研究涉及康有为佛教思想则相对多于专著。陈崇钫1988年所发表《论康有为的宗教观》为较早单篇论文论及康有为宗教观的。但该篇论文因其为初次涉及此专题，故而其所论较浅显，仅仅是以《大同书》中宗教思想为依据，涉及佛教的内容仅仅是《大同书》中色欲、戒杀生等小问题。90年代，随着对近代思想文化研究的兴起，出现了部分论文涉及佛教文化对康梁谭三家思想的影响，如宋益乔《佛教文化与改革者的情怀——论佛教文化对清末维新派、革命派思想与创作的影响》，文中论及维新思想家以佛家平等义汇通现代政治平等义，以佛教空义汇通社会改革实践论，如此涉及认识论、本体论以及文学创作等方面。魏义霞、陈章范《本体之辩：从康有为到谭嗣同》将康谭合论，仍旧是从哲学角度入手，但其中已不同于早期仅仅论及相对主义思想，而是认为二家哲学本体论皆以佛学心学为理论来源。但该文发于 1995 年，当时大量涉及康梁谭三家佛教思想的整体性近代佛教思想研究专著已经多见出版，可以说该文观点与大量专著所研究出的成果大体雷同，并无过多创见。但该文显示了一种新的研究趋势，即认为康梁谭三家佛教思想或哲学思想的比较研究。但此时的比较研究仍旧是同多于异。进入 21 世纪之后，比较研究就展现出异多于同的倾向。出现此种倾向的原因可能是学者认为三家任何一家的佛教思想皆薄弱，故多合论。魏义霞对之做了多角度的比较研究，如《以孔释佛还是以佛释孔——康有为、谭嗣同孔教观比较》《康有为、严复宗教观比较》《孔教与佛教——康有为、梁启超宗教思想比较》《梁启超对康有为宗教思想的凸显及用意》，其所发诸篇论文皆立项于一项课题，预测近年内当有专著问世。如仅从现已发表的论文来看，其所论述内容并无特别之创新处，但比较研究的角度尚为创新，有助于更多了解近代倡导佛学诸家的细微差别之处。此诸篇以康有为为重点，分别比较了梁启超、谭嗣同和严复三家，其中与谭嗣同的比较突出的是康有为有尊孔贬佛的意思，与谭嗣同相反，又论二家之平等义因此不同，谭之说平等为通之结果，而康之平等义为天赋之权。此说有夸大之嫌，康之贬低佛教只是就部分佛教末流而言，非就佛教佛学本身而言，绝非尊孔贬佛。而二家平等义，一者就究竟义一者就本源义而言，犹如本觉与终觉二而为一之义，是故此差异有为了比较而夸大之嫌。与梁之比较，谓二家皆有相同之困惑，既看到宗教之不足，又看到宗教之有益于社会变革和群治等。此等原因皆是因为二家对于宗教的界定不明确和新学科分类不明确的原因。此论中谓康之贬低佛教同样有夸大之嫌疑。与严复之比较，谓康教学不分，而严区分教学之差别，由此二家虽皆倡孔学为宗教，但于保教与否上则有别，实康保守而严激进。综合诸论可见，其中各种批评皆建立在宗教论题上而非佛教专题上，而论及宗教专题时，作者往往泥执西学宗教观念，妄立同异，较量评述。

蔡双全、杨迅《康有为、梁启超佛教思想比较研究》，其文中重点为两家差异，列三点：一谓康有为定孔教为国教，倡保教，而梁启超倡信教自由；二谓康有为取舍佛教，梁启超对佛理有更深的研究，学术救世和内在修养等更全面深入；三谓康有为借助佛教建构人类理想社会，梁启超则强调入世精神。此三点中第一点稍可，余二点皆有误解：如第二点历来学者皆以为梁启超有佛学论文而康有为无佛学专著，即由此评定康有为之佛学不如梁启超，康有为对待佛学是自由任意，此类说法人云亦云，一再流传，所举之例也多无法证实此说。又如第三点，言康有为借助佛教而构建理想社会，此是就大同思想而言，梁启超亦多追随此论；而梁启超之所谓入世精神，稍观康有为之诗歌即可知康有为倡导入世救苦之精神比起梁启超而言，有过之而无不及。

又有段基亮《清末儒佛关系初探——以康有为为中心》，该文从四个方面逐此论述康有为儒佛关系：生平、义理、宗教之行和理想，结构上甚为明晰合理，但论点上多已见于整体性研究诸专著中，故而创见不多。

综上，总论康有为佛家思想专题研究著作方面仍以萧公权之作为高峰，但该著论其佛教思想虽有涉及，实不深入，余各类评传及思想研究多忽略其佛教思想，往往涵盖于其宗教观或儒学思想之下而简略提及，难以深入。单篇论文研究上，多从开拓研究角度而进行，比较研究居多，但其中误解和夸大之处颇多。是故总说对康有为佛教思想的研究极其贫乏缺失。

2. 梁启超专题研究

对梁启超思想的专题研究早期亦主要为海外汉学的研究，大陆方面可能因在中华人民共和国成立之后对其思想评价有一个估计过低的原因，从而导致对其思想研究要晚到90年代才逐渐恢复兴起。早期海外研究有著名的三家，即列文森、张朋园和张灏。其中列文森《梁启超与中国近代思想》为梁启超研究中的权威之作，但该著中并未涉及梁之佛教思想，也甚少提及梁启超宗教思想。张朋园有《梁启超与清季革命》《梁启超与民国政治》，两书俱从政治角度研究，未曾提及宗教乃至佛教。张灏《梁启超与中国思想的过渡》涉及梁启超佛教思想有三点：静坐止观修行、命与因果业报思想、社会群治意义上的佛教。这三点中群治意义上的佛教功能是一般学者都可以谈及的，张著几乎照抄转述了梁启超《佛教与群治主义》一文的六大标题。但该书难能可贵的是其注意到梁启超论述静坐止观的内容，尽管是挂在儒家心学修行的标题下讨论的，但能够注意到这一点就很可贵了。第二点论梁启超因果业报思想也是挂在儒学天命论的标题下讨论的，但这也已经很可贵了。尤其是考虑到该书出在1971年，而当时大陆学术界尚未触及梁启超思想这个专题呢。而且该书中论述梁启超之静坐止观的思想在此后相当长的时间之内都没有学者再次提及，实在遗憾。全面地看张灏该著，仍旧是以政治思想为主，论述佛教思想也是集中在中期与社会群治及其相关的部分，连晚年佛学研究部分都没有涉及，不可不说是极其不完整的，毕竟其并非佛教思想专题的研究。

大陆方面，率先研究梁启超佛学思想的是唐文权《梁启超佛学思想述评》，该文收于《论戊戌维新运动及康有为梁启超》，时间为 1985 年。该文以时间顺序分四期综合述评了梁启超的佛学思想大概，早期有儒佛共通、入世普度两大特色，皆是承袭康有为之佛教观；中期为东渡日本时期，具有援佛入儒西、唯心色彩渐浓、配合资产阶级民主共和之宣传三特点；第三期为游美之后，其佛学思想发生新的变化，有佛学配合国权论宣传、佛学主西学辅、用唯识释西学三特点；第四期为晚年，有转向深入的佛理研究、重释无我、热衷净土三特点。如此四期的概括颇为全面，作为较早全面阐述梁启超佛教思想专题来说是难能可贵的。但也显示出一些不足，如第二期中没有就梁启超论佛教与宗教的关系而论，也没有突出佛教的群治功能。第三期中用唯识释西学其实只是表象，主要反映在论康德一文中，当时梁启超对唯识和康德二家学术皆不甚解了，其所作之文是转述日本一介绍康德学说的伦理学著作，不通之处又妄加发挥，且中间因游美而一度中断，回来后却无力续前文，遂草草终篇。台湾黄克武《梁启超与康德》一文对此分析甚详，且掌握了丰富的日文资料。唐文则无此方便，故而所论颇有拔高之嫌。第四期中三个特点似乎皆有拔高之嫌，如所谓深入的佛理研究，梁启超的佛理论说皆是通俗类的，何来深入之说，其所举诸问皆是文献考证，并非佛理研究，此为误解；重释无我之论述中并未见到多少重释的成分，梁释无我从义理上说是分析性的，也是浅显的，主要是从五蕴来分析，后来也有采用唯识家说五法来分析，故而说心理学的分析也是许可的。其次梁启超在真正说到无我境界的时候，始终是回避的，这是因为此种境界是实证的。总论其说“无我”基本是符合佛教义理的，稍有发挥也在许可范围之内。最后就热衷净土一点而论，梁并非热衷，只是初感兴趣而已，且论文中说其对生死轮回、业力不灭的教理感兴趣，以为这就是净土宗教理，这也是误解。生死轮回、业力不灭是佛教各宗派的共有义理，并非净土一宗不同教理。是故总论唐文权该文具有开创之功，且其起点甚高，后时论说梁启超思想基本不脱此四期之说。当然各种细微误解不足，在所难免。

唐文因为初创，故虽为单篇论文，仍置首论。若论及专著专题的研究，除了整体性研究涉及梁启超佛教思想者，专就梁启超个体佛教思想的专著方面的出现，乃是90年代后期。其中涉及梁启超佛教思想的首先要提及的是王心裁《梁启超读书生涯》，该书虽类似通俗著作，但从梳理梁启超阅读史的角度对其佛教思想却作了相当详尽的介绍。该书第四章“却借佛经叩法门”中分四小节介绍梁之佛教思想：入世精神的弘扬、养心法门、小乘与佛法和佛教史的探索。此四个方面概括可谓全面，尤其可贵者该书再次提及梁启超论述养心法门，虽然主旨还是从唯心的角度讨论，但也算是自张灏之作后再次提及梁论养心止观思想者了。该著主要为转述梁启超佛教思想，结构稍杂乱，评述不足，对梁之佛教思想的深层挖掘自然也不够。

还有两部评传涉及梁之佛教思想：陈鹏鸣和蒋广学所作之评传。陈著分别在第二章和第四章谈及梁之佛教思想，第二章中谈及梁的佛教思想是受到夏曾佑和谭嗣同的影响。第四章论梁启超哲学思想也稍提及梁之佛教思想，但还是承袭中华人民共和国成立之后哲学研究的方向，故而是主要依据梁流亡日本期间之《自由书》中所阐发的唯心论为基础。蒋著为近期专题研究梁启超之总结性著作。其中第十章专论梁之佛教思想，其章标题为“以科学立教，以无我铸造人生的佛学研究”，其下分三小节：一、对原始佛学的世间解创教宗旨的深入阐发；二、述中国佛教发展史，给佛教的中国化以重要的历史地位；三、以科学立教，以无我铸造人生的新佛教哲学。其中第一小节主要是依据梁启超晚年佛学思想论述其佛教义理，其中特别注重了梁之论因缘纵横二向，但因为限于晚年，未能更多联系早中期而深入论述；第二小节主要阐述梁启超对佛教史的研究，但对于梁之佛教史写作的深层动机仍有未尽之意；第三小节实际是总结梁佛教研究之创新处，如联合儒、墨、庄三家而通论无我义，如从科学或心理学的角度倡导佛教等，此等皆能发前人所未论。

除此之外还有两部著作对梁启超的佛教思想讨论得较深入，其一是麻天祥、孔详珍之《梁启超说佛》，该书并非一般编选梁启超论佛文献，而是简编梁论佛文献并详加注解说明，虽无别致角度之深入阐述，但就深入理解梁说佛文献而言，诚为详尽。另一部为最新之研究，李小艳之《梁启超经世佛学思想研究》，作者实为麻天祥之博士生，该书也实为其博士毕业论文，所以该书的基本观念可以看作是麻天祥梁启超研究的一个延续。该书基本思想是从内圣外王的角度来阐释梁启超的佛教思想，这是将内在心学和外在社会作用结合的表现；另一个重要的基本思想是无我论，这是侧重佛教思想的方面，因为内圣外王的说法还是侧重儒家思想的，所以从此两个基本思想来看，其隐藏的基本想法还有一个：儒佛合论。在此三个基本思想的基础上，分出三个扩展论述：从人生角度、与西学关系角度和佛教史研究的角度三个方面综合论述。基本上来说，本书兼顾了内外纵横四个方面，因为与西学关系即是横向关系，而佛教史研究即是纵向关系，此二者为外向的；人生角度的论述是内在的，如此内外纵横都有兼顾，故而结构上比较全面。但如果深入考察，首先，该书以非本体的无我论作为内圣之本体论述并不到位，无我之空性和真如本体、精神本体等并没有得到充分论述；其次，该书全面铺开的结构并没有得到理论上的有力支撑，比如梁启超心识结构和因果业报轮回等的结构之结合并没有得到充分的论述，总而言之，依据于佛教的基本义理框架没有获得充分阐释和运用。无论如何，该书已是最新梁启超专题研究的代表作了，尤其是专题研究梁启超佛教思想的专著，可谓仅此一家。

在专著之外，还有相当数量的单篇论文研究梁启超佛教思想。单篇论文研究梁启超佛教思想与专著的详尽论述是不同的，故而单篇研究主要侧重在从什么角度来整体地看待梁启超的佛教思想。大概而言，早期研究是致力于全面地转述梁启超的佛教思想，其后就是开拓各种角度，所涉及的主流角度有如应用佛学、梁启超与康德、佛教史研究、哲学角度、文化角度等，也有佛教精神、佛教情结以及对梁启超佛教思想矛盾和局限性的研究等非主流角度。20 世纪末到 21 世纪之际，单篇论文拓展角度已经越来越新颖，随之研究也越加深入细致，其后也渐渐开始比较研究，大凡出现大量比较研究的时候，就标志着内部研究已经相当饱和，难以深入了。此中有论其佛教思想与小说之关系、其佛教思想与道德主体关系、其佛教思想与新史学之关系、其佛教思想与现代性思想关系等等主题；人物比较研究上类似康有为佛教思想研究，康有为、谭嗣同、严复等皆有相比较研究的论文。

早期梳理转述梁启超佛教思想的除了上述唐文权述评之外，另天祥前后有三文逐一介绍，《梁启超人生哲学思想初探》《梁启超佛学思想概述》和《梁启超的佛教史研究》。前二者皆是从人生角度、思想动机角度来企图深入揭示出人物抉择佛学思想的内外因缘，但在“概述”一文中，叙述稍有混乱。论梁启超的佛教史研究同样侧重于梁启超研究佛教史的动机，从其重视中国文化、求法者求法动机以及进化论等角度加以说明，总的还是显示出想更加贴近真实而减少先入为主的结构划分，但融合之论就显得混杂不清，难以窥见深层根本动因。李喜所作《梁启超晚年的佛学研究》，本传记家所作佛学研究，稍显浅显。从应用佛学的角度进行研究，实际即是侧重其佛教思想的世俗社会历史方面的功用，如王兴国《谭嗣同与梁启超的应用佛学》、李春远《略论梁启超的“应用佛学”》、何轩《论梁启超的“应用佛学”与其小说观之关系》，皆是从应用佛学世俗性入手，其主旨无非指出梁启超抉择于佛教之迷信与道德之间，或社会群治之间，三文各有详略。梁启超以佛教思想理解介绍康德思想也是研究梁启超佛教思想的一个重要关注点，黄克武《梁启超与康德》、程恭让《以佛学契接康德：梁启超的康德学格义》，此二文皆有相当详尽之解释说明，尤其是黄文因掌握有丰富详尽的日文资料，分析尤其详备，对于解释梁启超如何接受和误解康德有精确的说明。从文化角度研究梁启超是80、90年代的主流研究方向，袁忠《梁启超文化哲思及其现代化建构论略》、肖承罡《梁启超的佛教文化观》、（日）吉田熏《“新民”与“死生观”的纠缠——梁启超从“宗教”到本土文化的关注》，此类研究依据梁启超晚年偏重文化，尤其是偏重本土民族文化的观念而建立论点，其中也有能拓展到中外文化对比融合的观点，但并不多见。从哲学角度进行研究的，本是常见的研究方向，但多侧重梁启超早期唯心观，这是中华人民共和国成立后研究梁启超的不良影响，因为梁启超之唯心观实在所占分量并不大，反而是英雄观和精神主义分量更大。比较研究角度来看，首先有主题比较研究，如将梁启超之佛教思想与其道德论、史学、文学等做比较，其中林国良、江婵《〈起信论〉之争后梁启超的佛学思想探微——暨论佛教的无我观背景下如何建立道德主体》。该文所提出的问题是具有重要意义的，起码这个问题在李小艳《梁启超经世佛学思想研究》中还没有得到较清晰翔实的说明。其所提问题是梁启超早中期是宗真如本心的，而晚期是以无我论之空性来替代的，那么这两者之间是如何沟通的？论文以为梁启超是无我有心，以儒家心学之心体而暗在替代空性之后的道德主体的建立。这个说法极为牵强，并不正确。首先所谓一般的道德主体即是有染善心，意识为主，末那为根本，依止赖耶，与无我论并无冲突；从无为善的究竟角度上说，所谓道德主体即是法体，也没有语言上的矛盾之处。其次梁启超晚年是否有无法建立道德本体的焦虑呢？其实没有，他在晚年著作中仍旧可以看到英雄精神主义的强大影子，而此种精神即可以反复溯源到修证到无我境界之宗教力量，此即是有为有染善之体现，当然也可以说是心，但这根本无须向阳明心学乞讨，而且综合观察梁启超论庄子、墨子等可见其所谓修证之心同样可以汇通与庄墨二家，可见本是得之佛教，通于他家，而非于佛则空无，反求之于阳明，若如此则作者或梁则为理解空为恶空之义。相反梁晚年对“无我义”往往回避言说，而且还区分了教学二者界限。另有从史学比较角度论述者如江湄《“新史学”之“新”义——梁启超“人群进化之因果”论中的儒佛思想因素》，颇有可取之处；李小艳《现代性与梁启超的佛学思想》一文以理性化、入世化、科学化和多元化概括梁启超佛教思想的现代性，此四义本也老生常谈，但该文却因此而首次表达了对起源于梁启超的现代佛学研究所导致的佛教危机的担忧。最后就人物比较研究而言，前面在论述康有为佛教思想时已经论及，此处不复讨论。

总论对梁启超佛教思想的专题研究起步较晚，著作类研究多附属于整体性思想研究之中，或多或少对其佛教思想有所忽略，晚到最近几年始有专题著作出现；单篇论文研究从最初注重哲学思想研究到转述其佛教思想，再从开拓角度进展到比较研究，具有研究角度铺开但难以深入的发展趋势与局限。梁启超与康有为、谭嗣同二位不同之处在于他留下了一定数量的佛学文章，同时他本人思想虽不深入，但涉猎广泛，此等状况皆给予研究学者足够的探讨空间，但也因为梁启超思想浅显涉猎广泛，那么研究要么认为其思想本就散漫浅显，要么认为其具有更加深层的结构性基础，要么认为其开放式的结构同样具有研究价值，而这与其佛教思想有何关系，是否其佛教思想仅仅是附属地位，此等问题皆未能深入探讨。

3. 谭嗣同专题研究

对谭嗣同佛教思想的研究，相比较于康梁二位而言，可谓起步较早。谭嗣同去世之际，梁启超就以缅怀追忆之思做了思想总结，其中佛教思想占据着相当重要的地位。后谭嗣同激进的批判思想对革命思潮起到一定的影响作用，而其缘由不可说与其佛教思想无关；中华人民共和国成立之后，谭嗣同因被树立为烈士形象，故而对其思想的研究，远远多于康梁二位。《仁学》一书虽篇幅短小，但所涉及主题却庞杂，似有序似无序，广涉古今中外各派学说学理，又归结于佛教，故而给予研究者探讨以极大的可能空间。在对谭嗣同的研究中有两大主流，一为传记写作，谭嗣同烈士壮举往往是传记欲采之以激励读者的一大缘由；二为《仁学》，此缘由上已说明。

梁启超纪念谭嗣同除了书信之外，正式文章有《谭嗣同传》和《仁学序》两篇。两文中皆言简意赅地揭示出谭嗣同思想与佛教思想的莫大关联。文章首先指出谭嗣同接受佛教思想之因缘，与吴雁舟、夏曾佑、杨文会及康有为等之影响皆有关系；其次揭示谭嗣同佛教思想核心为华严之无人我无碍思想；再者揭示谭嗣同佛教思想中与现实关怀相关系的无畏思想和心力思想，但没有过多的提及其唯识和心理方面的佛教思想发挥。这几点思想基本已经概括了谭之佛教思想的全部，后世能够进一步发展的也只是就其佛教思想与西学、儒家学说的比较汇通研究。关于谭嗣同思想之庞杂是否有一个稳定的基础结构，梁启超并未给出明确的说明，后世研究者也多持反面意见，认为谭嗣同的思想庞杂并无一个稳定的基础结构，起码就其《仁学》中所呈现的情况来看，实在难以形成一个周密的体系。90年代以来，学术研究制度的变化使研究角度的极大拓展，同时谭嗣同之思想本就涉猎广泛，故而各种新颖的角度得以开发，例如经济研究、法律思想等等。其后谭嗣同研究一方面转入比较研究，一方面转入硕士学位论文研究范围，后文详说。

中华人民共和国成立之后，较早研究谭嗣同哲学思想涉及佛教思想的是杨荣国《谭嗣同哲学思想》，该文在本体论和辩证哲学的标题之下涉及部分佛教思想，但避免说其源出于佛教。其后徐义君《谭嗣同思想研究》，同样在哲学名义下涉及部分佛教思想。两者所涉及皆未能超越梁启超所作传记中所提及的范围。海外研究中有张灏《烈士精神与批判意识——谭嗣同思想的分析》，张灏按时间顺序，将谭嗣同心路历程为三个过程，分析其思想之前后转变。该书以为谭嗣同心路历程中重要的一点即是其宗教情怀的强烈，此并不限于佛教，但以心为有功用者则是其汇通儒佛关键一点。张灏此书从整体的角度论谭嗣同思想，较他书更为深入。另如邓潭洲《谭嗣同传论》、段本洛《谭嗣同》以及李喜所《谭嗣同评传》，皆有涉及谭嗣同之佛教思想，如李喜所评传中专论谭嗣同为什么信佛，分析为内外主客观多种原因。其他如王建华、王克骏、赵慎修等所作传记，皆类似，都提及谭嗣同之佛教思想，但大多无法深入说明。蒋广学之《谭嗣同评传》对谭嗣同之佛教思想有深入的评析，其中特别注意到谭嗣同论轮回与微生灭之思想、谭嗣同分析唯识心识理教的内容。同时该书总结以为谭嗣同为典型的改良主义者而非革命主义者。

对谭嗣同《仁学》的评注是研究《仁学》的一个重要方面，此中有二著值得一提。一为释永清对《仁学》的评注，此为出家僧众对《仁学》的评注，且附录有多篇研究论文，其中有专论《仁学》中佛教思想的论文。可以说本书是佛教界对谭嗣同的一个具体评述。另一著为蔡日新《仁学注析》，该书并未正式出版，为坊间流传版本，但该书对《仁学》逐条翻译评析，实为迄今所见最为翔实者。

谭嗣同研究中涉及佛教思想的著作类重要者仅此而已，此实因谭嗣同英年早逝，未留下足够文字材料的缘故。但 21 世纪以来，因大学制度之变化，谭嗣同研究中出现一种新情况，即大量硕士论文研究谭嗣同之思想，大量为硕士论文，博士论文几乎没有。据不完全统计，从 2000 年到 2013 年即有 12 篇研究谭嗣同思想的硕士论文，这其中重复性研究颇多。又其中涉及佛教思想者有四篇，李雪松《谭嗣同与梁启超佛学思想之比较研究》，董宽《谭嗣同佛学思想研究》，刘秀俊《谭嗣同〈仁学〉宗教思想研究》，谢庆芬《谭嗣同〈仁学〉宗教观研究》。诸篇论文质量并不高，大多为平实转述谭嗣同所涉及之佛教或宗教思想部分，并无过多创见。

单篇论文研究方面由此成为谭嗣同研究的主要场所。张德钧《谭嗣同思想述评》中较早提及谭嗣同以唯识宗为思想基础，用西学明佛学，讲转识成智。其后对谭嗣同佛教思想尤其是基于《仁学》而论其佛教思想者，多就其应用佛学色彩、心力为大、平等思想以及比较研究等四个角度展开研究。讨论谭嗣同应用佛学的如：天祥《谭嗣同经世佛学的逻辑结构》、李一寒《佛教精神之承继与高扬——谭嗣同的“应用佛学”及其价值取向》、王兴国《谭嗣同与梁启超的应用佛学》。佛教思想本即含有在世、出世两部分，只看弘扬者侧重哪一方面。故而论谭嗣同之佛教思想为经世或应用，即指出谭嗣同佛教思想是侧重在世部分。而侧重在世部分，则无非是侧重佛教思想的社会功能、伦理道德功能及其理论基础，但此理论基础重要的是要突出其侧重世俗在世功用的理由。所以各家论谭嗣同应用佛学就基础方面皆注意到其以心为体之本体论，以平等为内涵之政治伦理功用的方面。天祥之论尤其侧重其本体论上复杂的多环式理论体系，心力上的双重性格，以及对微生灭的探讨，较他家更为深入。专就谭嗣同论心之为本体或心力功用上而研究者也颇多，如黄艺农《试论佛学心学及浙东学派对谭嗣同的影响》，高瑞泉《谭嗣同“心力”说初探》，张锡勤《对近代“心力”说的再评析》，刘伟、王利民《论谭嗣同的“心力”说》，胡建《谭嗣同“心力说”的原创性价值》。黄艺农之文所谓浙东学派即是宋明理学中偏向心学一派，其思想本受佛教思想影响甚大，故而黄文所论即是论谭之佛教思想儒佛结合的问题。高文和刘文皆从唯意志论的角度理解和评述谭嗣同心力之说，以为心力功用主在历史和道德两方面，但也有过度夸大主观力量的不足；而张文和胡文则从心力说对传统力量之冲击而论其历史地位。谭嗣同佛教思想的世俗应用中理想标准即可说为平等，故而从平等角度进行的研究实即是从理想的角度进行的研究，唯此理想是就其世俗方面应用而言，故而有从具体的平等如男女平等进行探讨，也有探讨其平等思想的性质的，如李岩《论佛教影响下谭嗣同的平等思想》，魏义霞《康有为、谭嗣同平等思想的相同性及其本质》《平等是一种权利还是一种状态？——论康有为、谭嗣同平等思想的差异》。魏义霞之研究主要是比较康谭之平等观差异，认为谭之平等观是一种终极意义，而康之平等义是一种动机或成因论，其实此两者皆可汇通。

总论涉及谭嗣同佛教思想的专题研究，起步较康梁两家早，对其哲学思想的讨论中多少都曾涉及部分佛教思想。一是谭嗣同思想研究乃至佛教思想研究具有本身固有的局限性，即谭嗣同本人去世较早，其所留下的文字资料较少，又加上其思想涉猎广泛散乱，文风简短彪悍，如此的局限性虽然予研究以极大的研究空间，但也给研究者带来极大的限制性。另一方面，谭嗣同烈士之人格魅力经久不衰。故而谭嗣同研究具有如下几个特点：一者传记繁多，主要弘扬称赞其献身精神；二者研究多集中以《仁学》为依据；三者，在几部综合性思想研究之后，研究即陷入难以深入的瓶颈状态；四者，篇幅较小的多角度研究在20世纪90年代之后广泛兴起，这源于谭之思想主题的散漫；五者，重复性研究的硕士论文大量涌现，而学者专门研究几乎绝迹，这源于谭嗣同所留资料本少，研究篇幅适中，适合于硕士毕业论文的写作要求，同时论文要求也不是过分严格的原因。就现有的研究本身而言，广度足而深度不足。

对康梁谭三家佛教思想的研究，除谭嗣同外，起步皆较晚。民国时期到中华人民共和国成立前的研究皆与梁启超所作传记有关，因梁启超本人的佛教兴趣，故而对康谭两家思想评述时，皆特别注重两家的佛教思想，且梁启超的传记评述皆言简意赅，尤其对于两家之佛教思想。可以说梁启超对康谭两家佛教思想的总结评述水准极高。中华人民共和国成立之后初期的研究状况，多从哲学角度进行研究，涉及与唯物论、辩证论相类似的思想。三家之中，梁启超的哲学思想是完全被忽略的，康有为哲学思想仅仅是相对主义理论被勉强提及，而谭嗣同却因为烈士地位、也因为其思想对革命思想的一定影响，而获得了较多的研究。但如此对谭嗣同的研究带有牵强之感，如特别强调谭嗣同思想的唯物主义色彩，由此植根于华严宗的相对主义思想就被认为是奠基于唯物主义之上的运动论，而原本奠基于佛教的无畏入世精神，也就被认为是基于唯物主义的现实主义精神。故总说中华人民共和国成立初期虽有对谭嗣同之大量研究，但皆建立在误解之上。80、

90 年代以来，三家研究皆获得新的进展，康梁两家研究从 70 年代开始就获得较高水准的海外研究，但此时期的海外研究多从政治学历史学角度进行研究，对两家佛教思想虽有提及，但难以获得系统和深入的研究。大陆对康梁两家的新研究起始于 1983 年广州召开维新运动与康梁两家学术研讨会，该次会议论文集中也出现了唐文权对梁启超佛教思想评述的论文。80 年代末到 90 年代初，对康梁谭三家佛教思想研究开始初步兴盛，即梳理转述阶段。三家之中，以对梁启超佛教思想的梳理转述为主要，这是因为梁启超相对于其他两家而言留下了较多的涉及佛教思想的资料，尤其是佛学十八篇论文。其次是对谭嗣同的佛教思想的梳理评述，最后才是康有为的佛教思想研究。对康有为佛教思想研究主要是依据其《大同书》中所提及的几点，如戒杀不肉食等。90 年代中晚期，对三家佛教思想的总结已经基本完成，其后进入开拓研究角度的进程之中，此时最为流行的研究角度是思想史研究角度、文化研究角度和思潮角度。21 世纪以来，研究角度进一步开拓，延伸到比较角度，比较研究是研究无法深入而转向外部的表现。比较研究一方面是就三家佛教思想与三家其他思想如文学艺术观之比较，另一方面即是三家佛教思想或宗教思想的比较，乃至三家与其他学者如严复等佛教思想的比较。

由此简略概述可见对康梁谭三家思想的研究中，就表面看已经饱和完备，但是过度开拓角度之研究也表明对三家佛教思想之研究并未深入探讨。尤其是全面深入地考察三家佛教思想在其整体思想中所具有的功能和地位，即深入地考虑三家为何引入佛教思想，就其整体思想而考察佛教思想与其整体关系。此为内部研究，而非仅仅是就外部社会历史或思潮的角度考察三家引入佛教思想的缘由。由此角度，对三家佛教思想之根本，即本体论或心性论虽历来皆有考察，但其基础地位是否得到足够的考虑？心性本体与整体思想的关系是否得到足够的演绎？这些都是目前三家研究中需要深入研究的，由此而可对三家思想做一个符合历史事实的客观且深入的评价。

第二节 研究意义

康梁谭三家处于近代思想转折时期，此转折有四个维度：第一，因国家民族危机而赋予此一时期思想以救世色彩；第二，以儒家思想为主的传统思想的变革；第三，西学之输入赋予此时期思想以现代性；第四，以佛教思想为基础的宗教色彩。四个维度之中，救世主题为包括三家在内的近代思想基调，以儒家思想为主的传统思想为诸学者受学之本，西学则为诸学者所接收的新思想，而以佛教为主的宗教思想则以其广大深远的结构，给予诸怀有宗教情怀的学者基于救世而抉择汇通诸思想学说、建立自身思想及实践提供基础结构，此一点于康梁谭三家尤为深重。

近代时期为佛教自晋唐以来一大复兴时期。康梁谭三家不光处于近代思想转折的前期，也处于近代佛教复兴的前期。三家思想皆具强烈的佛教色彩，鉴于三家思想的强大传播力、影响力，其与近代佛教复兴的深刻影响，自不待言；进而言之，因三家思想之佛教色彩，则佛教思想对近代思想及社会变革之深远影响又自不待言。故而，深入研究康梁谭三家佛教思想，对于古今思想演变、中外思想交汇、宗教思想文化之功用乃至今日社会宗教文化之现实皆具深远意义。今就上述四个方面略述本研究之意义。

一　古今思想演变之历史意义

康梁谭三家因处于近代思想转折时期，三家既具传统思想色彩，又浸染现代思想气息。若从传统思想之总结而论，三家皆非正宗主流；若从现代思想之开端而论，三家又非纯正鼎盛。故就思想之成熟纯粹而论，三家思想确非思想史所当关注，然就古今思想演变之因果因缘而论，则由传统而现代之思想演变最初究竟如何发生则非探究三家思想之内里不可，近代思想转折特别典型地反映在康梁谭思想上。此转变之发生自有诸多因缘，如传统与现代思想之冲突，三家如何调和汇通；如中外思想之差异冲突，三家又如何作调和汇通；于此之际，思想之空理与救世之实践又当如何调和汇通；佛教思想在此诸种调和汇通中作何角色、发挥何种作用，有何种启示，此等研究于揭示近代思想转变之实质皆具深意。百年来之研究对此方面已有大量研究及成果，如从政治背景、经学背景、思潮背景、文化背景等来考察包括三家在内的思想转变之因缘及实质，部分也涉及对佛教思想的抉择，但总体而言多认为佛教思想并非根本或主要，而为附属部分，故而对佛教思想在三家思想调和汇通诸思想资源功能上和基础结构构建的基础地位判定上皆有疏忽。故深入研究佛教思想在三家乃至近代诸家思想中调和汇通古今中外诸思想资源和基础建构方面的功能作用和地位问题，对于揭示近代古今思想演变之实质，具有不可或缺的意义。

二　中外思想交汇之比较意义

三家所处时代，国家门户始开，西学渐进，三家思想之中皆深染西学痕迹。此复有多方面，如宗教、科学、哲学、政治学、经济学等，此于梁启超尤然。采纳西学入于思想之中本为师夷长技之深入，基调仍为救国救世。于此之际，中国传统所有思想与西学思想或有冲突，或有沟通，或有补充，三家思想乃至近代学人如何调节汇通，其最初之尝试如何，其后发展如何，此为近代思想文化一大专题，而此专题研究中对康梁谭三家思想中中外思想文化的比较汇通研究不可或缺。此专题研究似乎已经相当丰富，但就此种宗教思想文化的研究尚属初步。又西学思想多实学、在世之学，此与传统思想如何汇通，乃至在建构社会历史变革理想之际，如何因此而调和直接目标和长远目标、乃至终极目标之关系，此诸问题皆事关宗教思想，尤其是佛教思想与采纳西学之沟通关系，此一点历来少有研究，然其意义甚为重要。故深入研究佛教思想在三家思想中对中西思想文化的比较汇通关系和进程的影响作用，对于深入了解近代思想转变、中西文化交流乃至今日中外文化态度及政策等皆有重要的研究价值和意义。

三　宗教思想文化之社会意义

清末民初总说为乱世，乱世之中宗教思想多兴盛。然清末民初宗教思想兴盛非仅就其安顿个体生命而已，其与救国救世之思想有深刻关联，进而与古今思想流变、中外思想汇通皆有通盘勾连关系。然救国救世思想基调呈现实色彩，而宗教反显出世之质，此二者如何汇通则为乱世宗教思想之重点。宗教思想构建理想深远绵长，而对现世则颇多批判，以求出离，然出离非一蹴而就，故宗教实践仍需在世修行；又宗教思想多注重人心及伦理道德，而救世实践仍需关注社会环境制度等外境现实。故宗教思想之调和在世出世、精神物质二者之思想是为要点。康梁谭三家思想皆深具宗教色彩，历来研究也多有涉及。然此宗教思想到底在其思想之中居何等地位、发挥何等功能，历来研究则未能深入，因历来研究皆能注意到三家抉择宗教是为救国救世，故而皆有注意到三家抉择宗教之构建理想功能、宗教之于社会群治的组织功能、宗教之于人心精神之提拔激发功能。但对于宗教，尤其是能够融通出世在世之佛教思想之调和汇通的整体功能鲜有论述。而三家宗教思想之中，佛教思想确为核心，其有担负建构整体思想之基础建构功能，由此进而可扩展论述佛教思想之与救世基调、古今思想演变、中外思想汇通之通盘关系，此不可谓不大不重不要。故深入研究三家佛教思想之与三家整体思想的基础关系，对于深入理解佛教思想之近代思想变革、社会历史之实际作用，特为重要。

四　今日社会思想之借鉴意义

研究康梁谭三家佛教思想对今日社会思想文化之现实同样具有丰富的借鉴意义。今日社会乃有众多思想文化现象与之相关，如就传统文化与现代文化之关系而言，国学热、国学复兴、传统文化大讨论等文化事件即与之相关，那么对此诸文化现象当如何看待，其中就涉及传统与现代思想之冲突和调和的问题，如此反观反省康梁谭在百年之前对此问题的思索和构建则具备借鉴意义。除此之外，又如世界范围内的宗教冲突、宗教战争问题；百年来的中外思想比较汇通问题；包括佛教在内的宗教世俗化问题；宗教与政治的问题；现代思想中人类的信仰问题；等等，无一不与康梁谭三家在近代思想转折的复杂环境下抉择佛教的整体思想有着深刻的关系。故而总说深入研究康梁谭三家佛教思想对于近日社会思想文化现实也具有重要的借鉴意义，此并非一纯学术研究所可限定，此并非纯理论专题所可限定。

综上所述，本书具有四重深远意义：思想史研究之意义、文化比较研究之意义、宗教思想文化之意义以及对今日社会思想文化的借鉴意义。

第三节 研究内容及安排

本书拟深入论述三家思想皆以佛教思想为调和汇通诸教诸学说，并以之建构自身思想。

本书共拟七章，首章为研究综述，是为绪论。第二章为背景与抉择，论三家思想之发生背景、学佛因缘及抉择佛教之诸多因缘。第三章至第六章为研究主体，第三章论三家依据佛家思想而论心性本体，第四章到第六章依佛教四谛而整合为三章论述三家整体思想之开展，第七章为全书总结。

第一章之主体为综述历来对康梁谭佛教研究现状，其次论述本研究之意义、内容及安排。

第二章为论三家佛教之背景前提等，故总说为背景与抉择，中分二节：思想背景、抉择佛教之因缘。于中思想背景即谓三家所面临的思想资源，即中外二种；分摄为四，即古今中外四维，所谓中者即中国传统思想资源，其中复可分儒家为主及非儒家之思想，又可以古今而分传统与清末革新之今文经学等；所谓外者，即当时所涌入之西学思想资源，其中复有哲学、宗教、科学，乃至政治、经济等诸方面思想资源，若细加分辨，亦可区分古今及原始思想及二手介绍，此一点绝非苛刻。而佛教思想即处于此诸种思想之纷争漩涡深处，其既是外来思想却又因历史之故而成为传统思想之一部分，其既是具有出世色彩之宗教思想，又不废在世普度之行。三家习佛因缘及抉择佛学因缘，由此总论则有内外自他四重因缘：外部因缘有二：一则晚清国家民族之危机，二则为晚清士人习佛风气；内部因缘亦有二：一则为三家独特之家庭生活境遇及自身坎坷生活境遇，二则为三家内在思想构建皆援佛教思想而汇通发挥诸学构建整体救世思想。由此而论三家思想有救世、宗教（佛教）、科学（西学）、儒学（今文经学与佛教思想、儒佛关系）四重意趣。

第三章总论三家心性本体论。此为三家救世思想理论基础，也是救世实践之可能性的论证，由此论证方可展开救世理论体系及救世实践的方法次第。分述三家：以三期而论康有为之心性本体论，前期重智及逆学成仁，由此证其心性本体之佛教色彩；中期随顺仁之扩充义，以性海和因果说暗中辅证，以此论中期思想之佛教色彩；晚期释中庸重三合生人、汇通诸教，以此论晚期思想之佛教色彩。以真如本心及无我义论梁启超之心性本体论，分摄纵横二维，纵则汇通传统思想之本体论，横则汇通中西诸学之本体论，归结于真心无我，实践上推崇英雄主义。以心力论谭嗣同之心性本体，汇通仁、以太、无性等。

第四章述三家论世界构成及苦，此结构依佛教四谛结构，此属苦集二谛之整合，实为心性本体之内外染净之开展。论三家分析世界构成多从内外时空四维入手。康有为之分析层次有时间之三世、劫，空间上之诸天、诸界。梁启超之世界分析层次依唯识开展有共时、历时二序，实际时空纵横二序。谭嗣同之世界分析层次繁多，外则有宇宙、微观、身体、电力乃至家国等，内则有灵魂体魄、心性心力等，复突出学修次第层次分析。总论三家论世界之苦为病，苦因为界限分别，其实质为佛教义理之虚妄分别，我执根本。

第五章总论三家理想安立之佛教色彩。三家理想安立分从不同侧面而描绘佛境理想，康有为从净土安立以描绘，梁启超从心性真如无我义描绘，谭嗣同从断灭烦恼杂染以描绘。总论三家理想安立虽有风格差异，角度差别，实同述一义，即谓其理想安立即是深远广大之佛境。

第六章述三家论救世方法。三家救世方法有二义：一为三家整体思想之总述，因其思想基调即为救世，故其思想整体即是救世方法；二为依此思想而有之具体实践安排，含摄三方面：一为方法施设之对象境遇的判定，即佛教义理之应机；二为方法之具体进程安排，即佛教义理之次第；三位方法之具体施设及灵活处理，即佛教义理之方便。由此而分论三家，康有为论救世方法重次第及发心，梁启超论救世方法重理智汇通，谭嗣同论就是方法亶破除对待，实即断灭烦恼杂染及精进。

第七章总结三家佛教思想。三家思想基调为救世、本学为儒学、新学为西学，佛教思想为其构建自身思想的工具之一，三家皆以佛教思想结构而调和汇通古今中外诸教诸学，组建自家之救世大论及实践。总论三家佛教思想结构及宗旨说偈为：四因四趣抉择佛，一心四谛论救世，心大境远说通达，无处悲悯设次第。

第二章　背景与抉择

第一节　思想背景

康梁谭三家所面临的思想环境复杂繁多，所涉及的思想有四大类：儒家传统、非儒家的中国传统思想、西方思想、带有宗教性质的思想，其中包括佛教，这四大类思想都汇聚到救世的想法之中。而救世的思想是处于当时的特定的社会环境之下的。这三类思想中作为基本的是儒家的思想，因为这三位都是儒家出身，而且都是今文学派的思想路线，要考察他们的佛教思想就必须从其儒家思想是如何过渡到佛教思想的路线上谈起。而这三位当时处于我国近现代开始的时期，西方思想也渐渐地输入，所以他们的思想也必然吸收了部分西方思想，也有相应与西方思想而重新回到中国传统思想的想法，这是两个过程，一是早期的吸收西方思想寻求救国道理，二是由西方思想而反思中国传统的思想，并进而提出对应于西方思想的中国传统思想，在这个过程中也融合进一定的西方思想的过程。上述两者是就中西方的情况，而其中儒家的思想传统是比较复杂的，因为在晚清时期，儒家思想出现了分裂：前期有宋明理学为代表的新儒学，后来出现了以乾嘉学派为代表的考据派儒学，即汉学、于中复分古文经学与今文经学两派。今文经学从戴震开始经由龚自珍魏源等的发展，到晚清时期特别兴盛，今文经学比较注重通经致用，从而在内忧外患的晚清时期今文经学得到了大多数的知识分子的接受。所有这三类思想系统，既有需要继承保守的中国传统思想，也有需要克制并吸收汇通的西方思潮，早期资产阶级维新派的三位思想家主要的任务是寻求救国救民的思想，这是急切的任务，而要完成这个任务单纯地依靠洋务运动已经是不行的了，需要的是更加深入的思想上的变革，所以他们的想法是在思想上寻求或者提出一套拯救民族危机的思想系统，但提出思想系统并不代表是没有政治行动的，恰恰相反他们的思想的提出是和政治行动密切相关的，是直接指导其政治行动的。所以说与其说他们是思想家，不如说是政治家更为恰当，所以他们的思想并不十分的完美周密，但是实践性是其思想的重要特点，其汇通性也是其思想的一个主要的特点。所以我们说康有为等三位思想家政治家的佛教思想的发生是具有上述四种因缘的。

论述康梁谭三位之思想背景，首先论述其三位所面临之政治背景。三位思想家所面临的政治背景概括起来可以说为内忧外患。所谓内忧，即清政府腐败的统治，尤其是朝廷内部的党争，另即清末农民起义，此两个方面构成内患；所谓外患，即是西方列强对中国的经济军事等主权的入侵乃至瓜分。此两个方面有相成之义，因内部统治之腐败，引发农民起义，由此国家内部不稳定、国力衰弱，引发列强乘机入侵；又因列强入侵，国家上下思欲变革图强，进而又复引发新旧势力之斗争，甚或加剧农民起义。又康梁谭三位中以康有为出生为最早，在1858年，即咸丰八年；而梁启超逝世为最晚，在1929年，民国十八年，共有70多年。在此期间，所发生重大政治事件，如太平天国之从成立到被剿灭、第二次鸦片战争及《天津条约》和《北京条约》的签署、1861年辛酉政变（即慈禧垂帘听政）、1883—1885年中法战争、1894—1895年中日甲午战争，由此引发帝国主义国家掀起瓜分中国的狂潮，此皆1898年戊戌变法之前的重大事件。其中就内患而言最重要者莫过于辛酉政变导致保守派慈禧执政和太平天国农民起义运动及其被剿灭，由此引发汉族官员势力上升进而产生洋务运动，但到甲午战争时，洋务运动其实已经宣布失败；而外忧方面，最重要者莫若经过前后数次挑衅入侵最后以中日甲午战争而引发帝国主义掀起瓜分中国的狂潮。正因为有上述内患外忧之政治背景才引发康梁谭等维新变法运动。谭嗣同于1898年就义，康梁二位流亡海外。此后直到1912年民国建立，梁启超回国，1913年康有为也回国。在此期间，内外所发生重大政治事件如1900年义和团起义和八国联军侵华，其后签订《辛丑条约》，再者即是1912年清帝退位、民国成立。其后内外所发生重大政治事件首当为第一次世界大战，而民国内部首先有1915年袁世凯称帝及护国战争，后有黎元洪任总统，张勋复辟，到五四运动，再到1926年北伐战争开始。其中内患之中以民国成立、袁张等军阀称帝复辟以及五四运动为重大事件，而外患莫若第一次世界大战。1927年康有为去世，随后1929年梁启超也相继离世。康梁谭三位前后经历七十余年，所历国家内外大事颇多，期间重大莫若异族入侵、改朝换代，而这中间此三位思想家又莫不以救国救民为己之大任而奔走呼吁，乃至以身就义。

康梁谭等全部思想基调为救国。在他们的思想探索之中，关于所救对象究竟为何也有逐渐深入的思考，如康有为之保皇论，则始终以保君主制为是；而梁启超在流亡海外之后，则由先前之救一姓之朝廷而变革为救国救民乃是晚年论救中华传统文化之前后巨大变化；至于谭嗣同在《仁学》之中本即有对君主专制的强烈批判的思想，故而其救国之论中本含救民救教之义。故而论此位之思想基调，最初皆是从清政府朝廷内部之维新变法而起，也就是救一姓王朝、救一君主保皇而已，而其后则因内外局势之变化、自身思想之深入，从而从救一姓王朝保皇渐渐深入到救国救民拯救文化等等深刻大义。但论救国并不与救一姓王朝保皇等相矛盾，如康梁二位往往就救国方略之次第论述救国当遵循次第，以开明君主专制为适宜，而不可逾越次第。故而说其思想基调为救国乃是就总体而言，若论及具体手段，也不妨因时便利地说保皇或在救一姓王朝的名义下实行维新变法的手段。由此康梁谭等知识分子上下求索、追寻各种救国思想皆是出于此根本动机。又因此他们对各种思想资源则有因其影响而接受抉择的进程。上已说他们所面临之思想资源有四者，即儒家传统、非儒家的中国传统思想、西方思想、带有宗教性质的思想。今简述此四思想资源之接受及转化。

首先说明三位思想家对儒家传统思想的接受和转化。中国传统儒家思想从孔子开始，发展到孟荀二家，又至汉代独尊儒术而昌盛，后辗转发展到宋明理学为新儒学。汉学与理学之主要差别为汉学重通经致用，而理学重义理。宋明理学之后则渐渐深入吸收佛道思想而重心性，偏离通经致用之实用。由此而到清代政府更加以政府权力限制义理讨论，故而清代思想到乾嘉年间则发展成为考据之学，虽有早期诸思想家批判宋明理学而倡义理，但终究不能流行。考据之学故而有总结传统学问的进步意义，但发展到晚清之内忧外患的背景之下，则呈现出极大的弊端，其导致诸多学者沉湎于故纸堆中，而置国家危难、民生疾苦于不顾，实于事无补。故而清代末期的思想潮流中自有一股反对考据学位的势力。最初这一潮流也是在考据学问内部进行复古的反对，即以汉学为宗反对宋学，后又在汉学之中以今文经学反对古文经学。今文经学的流行最显著者即是康有为之《新学伪经考》和《孔子改制考》。今文经学所重有三义：一为反对考据、重经世致用，故而对于家国危难、民生疾苦颇多关注；二为重春秋三世说，以三世说论说社会历史之变化规律，为维新变法建立理论基础；三为托古改制论，其论改革皆主托古改制，此法虽论该制，但并不如革命之说显于激烈，而以托古名义行改制之实，特具调和之义。在此三义之中，三世说为理论基础，托古改制之说为手段，经世致用为目的，维新变法的诸家以此三义整体性地接受改造儒家传统思想而欲将儒家传统思想转应用于救国实践。

其次，除却儒家传统思想之外，其他非儒家的传统思想也对维新变法诸思想家产生了极大的影响。故而此亦是康梁谭等诸家之思想背景之一种。如谭嗣同对墨家兼爱、任侠思想的接受和汇通、对庄子思想的吸收和运用；如梁启超对中国传统思想非儒家思想的系统梳理，如老子、庄子思想的梳理、墨子思想的梳理汇通、管子思想的整理说明等，皆说明道家、墨家乃至管子等诸子学思想对康梁谭等诸家都有极大之影响，尤其是其中庄子和墨子之思想尤为重要。庄子思想中的自由奔放的精神对维新变法诸思想家之变革精神具有启示和激发作用，墨子兼爱精神与儒家仁学以及佛教慈悲等学说具有汇通的可能，又墨子名实论之具有逻辑思想痕迹也与现代西学中严密的逻辑思想具有相互沟通的可能，再者，墨子的任侠思想也突出了个体英雄主义的重大影响作用，也同样得到梁谭二位的重视。而如管子等思想重视经济实务的精神对康梁二位后期思想中重视经济金融物质等于救国之重要也深具影响。

再者，论述西学之作为思想背景。晚清时期，门户渐开，西方学问也渐渐大量涌进。洋务运动时期，中国所学西方的仅仅一二军事实业，并未大量深入地涉及思想精神或文化制度等层面。在甲午中日海战失败之后，洋务运动实际宣告失败，而日本俄国等习西学而强国的范例也给予当时知识分子以启示。故而当时知识分子多兼习西学，以求更加深入地学习西方思想精神以求救国。如康有为早年习西学如数学、物理等，且因西学物理学原理而自诩开悟之经历等，皆是其广学西学以求救国之明证。梁启超更是三位之中习西学最为广泛深入者，他对西方思想家的转述介绍几乎囊括了西学中古今诸大家，更是以儒佛二家义理汇通西学大家思想于一体。谭嗣同虽英年早逝，但以对西学也是颇具热情，其《仁学》中更是以数学公式论说仁通之公理。又西学中基督教等宗教思想对此三位也具有一定的影响，此三位也企图接受并加以汇通改造，如康有为论基督教之灵魂观念，将之与儒家仁心本体和佛教真如本体相互汇通运用说博爱、仁通及慈悲之义。又如梁启超以不死之义而论基督教之灵魂，更是重视西方宗教观念之于社会群治的巨大功能。谭嗣同同样企图以佛教义理汇通基督教之灵魂学说。于中可见西学思想对此三位思想家极具影响。

最后，论述佛学思想背景。明清以来，我国佛教传统唯禅净二宗尚存绵延。清初顺治年间废除牒度制度，使得佛教人才有良莠不齐之况；雍正年间又复限制禅宗，倡导念佛，故清中际以来，唯净土一宗勉强维持。这还仅是就佛教内部而言，更枉论士人学佛之况了。但从彭绍升到戴震进而到晚清魏源、龚自珍等在传学今文经学之际，兼习佛教，尤其是净土一宗。遂导致后来治今文经学者往往兼习佛教。至康有为早年读书之际即基础佛学，但其并不宗于净土，而是以华严为皈依，广而论及净土思想，故而康有为兼习佛学往往将佛学义理与儒家思想以及西学等思想广加融会贯通，以期将其运用到救国实践之中。梁启超早年虽也接触佛教，但并不深入，后流亡日本，接触到日本精神派佛学，奠定其精神主义思想，后到其晚年更是因金陵刻经处欧阳竟无之影响而学习唯识义理，更将之与西学中心理学汇通。又梁启超治学以史为本，故而其治佛学时，以欲著佛学史，只不过因时间精力之故，只写出十来篇论文，而未能如愿而已。谭嗣同本治经学，后从夏曾佑等接触佛教，更从金陵杨文会学习佛学。因杨文会通华严、净土二宗，晚年又倡导唯识，故而谭嗣同也尤擅华严，好唯识，其著《仁学》一书，即以华严和唯识二家精神构建全书精要。

第二节　抉择佛教

康梁谭三位皆笃信佛教，学佛因缘皆有个体、群体两方面。康有为早年在西樵山读书之际，即已经广读佛道典籍，后更修习静坐止观，并于光绪五年、光绪十年皆自谓有开悟。此后依止此悟所证，领导变法，乃至流亡海外，期间诗文皆多涉及佛教义理，尤其是《大同书》中佛教思想色彩特浓。晚年康有为回国后，思想越趋精练，而其中儒佛乃至西学等已经熔为一炉，且更加注重物质财富之学，此中佛教思想仍旧相当明显。故而总谓康有为毕生皆笃信佛教。梁启超论康有为之与佛教因缘有两次，却有差异：《清代学术概论》中谓康有为本好宗教、又以己意进退佛说；而《南海康先生传》却极度推崇康有为之笃信佛教，谓为宗教家，又论其思想主要为华严与禅宗，此二即就心性和净土二义言。但此两处却有态度之不同，《清代学术概论》中颇有讽刺之义，而《南海康先生传》中则多赞美之言。如此区别，各有深意，此暂不论。不管如何，总论康有为学佛虽说有龚魏等今文经学家之兼习佛教的范例，但这也是就书面上开阔视野可能性而言，实际主动接触并深入学习佛教义理及实践仍是康有为自身主动之举，未见有何人明确影响。故梁启超说其为本好言宗教。

梁启超早年钟情于考据之学，后跟随康有为，因康有为本多好言宗教，故而其也相随着接触到佛教思想。后来再因为其与谭嗣同、夏曾佑等交往，而谭、夏等皆好言佛教，梁启超故而也因此开始阅读佛典。维新变法之后，梁启超流亡日本，接触到日本精神派佛学，其派思想以精神主义汇通佛学与西方哲学，梁启超接受其派思想并强调佛教的社会群治功能，于此亦以佛教为根本理论框架，汇通古今中外各派学说，归之为精神主义。晚年，梁启超专弘传统文化，强调各种思想文化之间平等交流汇通，其欲著佛教史即是本于此精神；又其晚年随金陵刻经处欧阳竟无学习唯识，是其重法相义理的表现。

谭嗣同学佛经历主要是因夏曾佑等之影响，其后谭嗣同在金陵任候补知县的时候又从杨文会学习佛学，因杨文会多讲华严和唯识二家义理，故而谭嗣同也就颇擅华严、好唯识。其《仁学》一书即多本此二家精神而著。又其在维新变法失败之后，以身就义，也是受佛教菩萨行中大无畏之精神的影响。

康梁谭等维新变法思想家抉择佛教有三个方面的理由：一是从救世的思想出发，以佛学思想为救世思想；二是思想资源的比较上，此为最重要者，三位思想家皆视野开阔，所接触的思想资源都涵括古今中外各家思想，而独于其中抉择佛教思想，必非一己麻木臆测妄信，必也反复权衡比较才得此决定；三是个体生命之安身立命的抉择，这是因为三位思想家皆身处乱世，而于乱世之中寻找一安身立命的思想终身以行之，此必也与其个体生活经历有关。其中所涉思想资源可分为古今中外四维度，而个体生命安身立命又可区分受到外境习佛风气影响及自身思想之深层思考。故而余处本研究也从内外自他四缘而论，即上三理由之四分。

首先就救世角度而论。三位思想家探寻各种思想资源的动机本皆为救世救国，故而说他们所涉及的各家思想本就具有救国之功能，何况三位思想家也只是从其能救国之功用而出发寻求其中有益救国之处。所以佛教思想之所以被探寻也是因为其具有救国之功能，但也并非全然接受佛家义理。如康有为对于佛教，一方面他接受佛教中发愿救世之说，另一方面却对佛教是否能够治国却持怀疑态度，故而在康有为看来佛教思想对于激发个体从事救国实践是有效的，但佛教义理全体对于治理国家之整体却是没有效应的，这是因为在康有为看来佛教过于崇尚无为，是则对于救国治国等有为之事本不用心，至于大乘之在世教化，究其根本也只是修行之一种手段和阶段而已，终究还是要出世，故而康有为说佛教于治国并无太大益处。这也是康有为显说之处，在隐处康有为还是注重佛教对于个体精神的激发效应。梁启超对于佛教的态度颇为多变，早年梁启超认为佛教修行终究是以出世为究竟；后流亡日本时，梁启超以宗教来认同佛教，一时认为佛教作为宗教虽于行事有所益处，但却有一般宗教之迷信色彩；一时又认为佛教与一般宗教不同，是智信的宗教而非迷信的宗教，尤其对于社会群治有功效。进而由此，梁启超深入佛教义理，以佛教业报因果义理统率诸家学说，其接受佛教义理就其根基而言，仍是从佛教业报之说，倡说人情过去之弊端，现在造善业而求未来之理想善报。又谭嗣同接受佛教思想更是看重佛教舍染求净之变革身心的大无畏修行精神，而此舍染求净的思想正为其维新变法、变革社会的宏大理想的奠基之处，又其冲决网罗说、心力挽劫说等等无一不是以佛教修行实践而行救国之大行，谭嗣同之以佛教救国较康梁二位更加明显。

其次就思想比较上而言抉择佛教。康梁谭三者皆钟情于宗教，此是从教化大义出发而论政治变革必以思想宗教为根本方能有效，又因为任何政治变革必待有民众之信服支持方可，故而思想教化之义又因此更有一番必要的缘由。康有为论救国强调宗教之功用，但其所论之宗教以人道教为主，于中援佛释儒，是故其显说儒家之教，但也暗用佛教诸理。梁启超论宗教之功用取宗教之群治功能，后更取宗教之精神功能，故而其论佛教以业力附会精神，而强调造善业求未来善报；又其晚年虽专弘中国传统文化，但其于各种文化体系皆主平等交流汇通之大精神，故而其仍旧是以佛教之深广究竟的精神来说宗教，尤其是佛教之功能。佛教对于梁启超而言，是精神统率之功能，是精神激发之功能，是文化传承之功能等等，广可纵横涵括宇宙人生各方面。在谭嗣同那里，宗教尤其是佛教之功能为心力之功能，心力有统率之功能、有汇通之功能，也有挽救家国人生劫难的巨大功能。故而总说三位思想家抉择佛教思想有三层缘由：第一是佛教思想本身的广大究竟，这是其他宗教或者其他思想学术无法相比的，也因其广大究竟，故而具有极大的阐释空间，从而能够从理论上易为各思想家、政治家接受并运用之来作为理论基础接纳融会其他思想。第二是佛教义理甚为精致详明，尤其是其中对法相的描绘，比起西学哲学或科学来说，可谓有过之而无不及，故而在近代为了增强爱国主义精神情感、为了增进民族自豪感，也为了对应西学而强调中国本有文化的优秀，皆倡导佛学以相应于西学。第三就是佛教中大乘菩萨行之入世救度的思想，是康梁谭诸思想家最为看重的一点，首先是因为其重在世修行，并非出世离世之法；其次大乘菩萨在世之普度修行之义，还与大无畏、勇猛变革身心之义相联，此义之实践运用即是变革社会思想制度等，故而也就与维新变法之实践相关联。最后佛教在世修行虽在世却不执着于世，即无畏于生死、也无畏于功名利禄之得失等。故而三家皆由比三义而抉择佛教，其中义理，后文中自当详释。

最后从个体生命之安身立命上也可论及其抉择佛教之义。康梁谭三位皆生于乱世，其所选取安身立命之宗教其实皆是佛教。康有为虽从救国义理上往往谈及儒家，但其个体信仰实为佛教，这可以从其诗歌中看出。梁启超广学古今中外各种思想学说，但若论及人生观中安身立命者，其也自谓即是佛教，尤其是其中因果业报之说。谭嗣同皈依佛教则是三者中最为纯粹强烈者。三家于自身安身立命之信仰上皆取于佛教，这是因为对于他们而言，儒佛二家在此已经获得融会贯通，而佛教又较儒家更具备一种宗教信仰气息，故而论及毕生信仰及安身立命者，说是佛教，实是从久远广大究竟之义上言，说是儒教，实是从具体实践而言；实际从安身立命而言，此二者已经无有区分。此理后文论三家之儒佛义理相辩时更加详论。

第三章　论心性本体

第一节　康有为论心性本体

康有为论儒家本性前后共有三期。前期以《康子内外篇》为主，兼涉《与朱一新论学书牍》《长兴学记》《万木草堂口说》《南海师承记》等著作讲义，时间为从1886年至1896年十年间。这一段时间，其思想以《康子内外篇》为主，另《实理公法全书》也可代表此一段时间之思想探索，但该书主要为建立广学门类，与论述心性之本关系稍差，所以暂不论及。此一时期的后段，其思想已经转向中期，但还处于零碎探索阶段，主要见于各种讲记，故早期思想亦不可截然分开，当以渐变之态而观之。中期论仁性思想以《春秋董氏学》和《孟子微》为主，兼涉《论语注》《中庸注》等经典注解及《大同书》，该期时间从1893年至1902年，也是近十年的时间。《大同书》中的思想固然重要，但其中论述仁性本体的内容并不多，故亦不作重点讨论。康有为论仁性本体思想的晚年时期以其晚年在全国各地的演讲为主，尤其以在西安的十次演讲为代表，时间集中在 1923 年，但其所阐发的关于仁体本性的思想观点却涵括其晚年全部时间，故而总说其为晚年所论仁性思想。

一　早期论仁性及援佛

康有为早年论心性本体主要集中在 1886 年至 1896 年十年间，其论著主为《康子内外篇》中，另有些书信讲义，如《与朱一新论学书牍》《长兴学记》《万木草堂口说》《南海师承记》等书信讲义。早期康有为的思想还处于探索创造阶段，以宋明理学为基础，同时参考一些浅显的西方哲学伦理思想，企图系统地整理心性本体之由天进而演变成仁心进而到善恶之行的全部结构；又因为此种建立体系之企图还处于初期探索阶段，所以康有为同时还花费大量的精力分辨梳理他所接收到的各派学说学理，如对理学、今文经学、西方学说以及佛教心性义理等的分辨抉择，都是吸收其中有利于建立自己学说结构的层分，同时排除其中不利于自己学说结构建立的层分。这种采纳和排除的关键在于调和各派思想，故其整体思想之结构以佛教思想统率各派思想。单就儒佛而言，康有为认为佛教与儒家学说大体都是相通的，只有对人伦的态度不一。儒家注重人伦，而佛教出于人伦之外，从中可以清晰地看到康有为早期学说源于宋明理学，因为宋明理学对佛教的批判最主要的就是对佛教偏离人伦的批判。

康有为早年论说心性本体具有如下五方面内容及特点：1. 康有为论说心性本体源出于天。这一点既有继承儒家今文经学、宋明理学中主气论者以及西方科学学说的地方，也有结合佛教说三界诸天学说的地方，从说天为心性本体之渊源中康有为即已经开始汇通诸教的宏大理想；但其早期说天仍处于探索阶段，所以理论说明比较简陋，也多有疏漏。2. 论说心性本体从儒家主气论出发，说心性为气质之性。如此结合前两部分的内容，可见康有为早年论述心性本体之特点是偏重物质客观性，具有从宇宙生成论来解释世界人生的现代倾向。3. 当其在天、气之客观物质基础上讨论心性本体的时候，是将天、气等作为一个背景而看待的，其主旨仍是欲讨论心性本体之生成演变，在此生成演变中他侧重理、智、学三者，在讨论这三者时，康有为是偏重实践而相对轻视理论的周密完备建立。4. 针对上述三点中涉及许多的理论难点，康有为早年探索的主要精力在于对心性本体之诸家学说的抉择分辨，这其中涉及古今中外各派学说对心性本体的言说以及康有为的理解和抉择。在其分辨抉择中已经具有汇通色彩，且已经间接暗中采纳佛教思想结构加以汇通。5. 康有为言说心性本体最终是为了有效地引出作为实践之根本动力的仁心本体，以之为道德行为之依止。故其论仁心本体，以不忍、爱心、推度为要点，以实践为皈依，汇通诸说。此精神已经超越儒家理学精神，而更多带有佛教思想之实践精神。

较早关注康有为早期思想的有高振农《佛教文化与近代中国》，该书中基于康有为早期《康子内外篇》而论述康有为儒佛思想，其中重要的有两点：一论康有为宗华严法界思想，这一点是以《康子内外篇》中内容详释梁启超对康有为的评价；第二点是基于《康子内外篇》而论康有为儒佛相生说，这一点特别重要[①]。又蒋海怒的学位论文《近代佛学与政治》中论述康有为时，特别提及阴教与阳教的说法[②]，此也是康有为早期的观点，后期有潜在发展。

（一）性本于天

康有为早期论述心性本体由天而始，但其对天之论述殊为不确。一方面其说天为不可知，另一方面他又企图从宇宙生成论及气论的角度阐释由天而生成万事万物之理。《康子内外篇》中说天为不可知言：

> 夫天之始，吾不得而知也。[③]

则天是超出人所知。而相反理人则可知。天如何成，康有为用若字。因上文说天之始为不可知，则下文说天之成，只能用若，设想之言。

> 若积气而成为天，摩励之久，热、重之力生矣，光、电生矣，原质变化而成焉，于是生日，日生地，地生物。[④]

此说从宇宙生成论上描绘天，颇类似近代科学，然实际是本于宋儒之主气论者。说天之中，主要就是气，气是最根本的构成元素。而气有阴阳，故而有运动、摩励。由此而产生热力、重力，此两种力也是相对之力。热力则上升，重力则下降。有热重二力之生后，才有光电之用。光主相生，电主交通。此二点他此处未曾明言，实在是有此种意味的。最后才生成原质，类似化学

---

① 高振农：《佛教文化与近代中国》，上海社会科学出版社，1992 年。

② 蒋海怒：《近代佛学与政治》，中山大学博士论文，2009 年。

③ 康有为：《康子内外篇》，《康有为全集》第一集，中国人民大学出版社，2007 年，第 110 页。

④ 同上，第 110—111 页。

上言分子。在此之后则人可生。

于此反驳宋儒之说理为别有说：一说欲为本有，欲者，天也；二说无人之先则无有理；三说言命说性，当就气质说。四说人有形而后有智，有智而后有理。理者人之所立。五总说，反宋儒之说而言：天欲而人理。

受天者谓之性，就天说。①

《万木草堂口说》一书并非是成体系的论著，而是依据一系列讲课、言谈、阅读书籍的评注辑录而成，所以其中思想并非前后一贯，而是前后变化的，尤其是关于心性本体的研究上。如此处所言，说性为天性，其以为只是就天而说，此暗含之义：性实际当为生之性，气质之性，并不可说是天之所与，而只是就天之方便言说，可以说为天性。这就是说他仍是想说性是气质之性，但同时也发现这一说法与儒家大量从天而说性之说有冲突，故而他退一步承认有就天说这一种方便；从其中期以阐释经典的方式重新论说心性本体的思想来看，康有为中期确实是改变早年观点，大量是从天而言说心性本体，并将气质之性的说法也推进到天之本体上，甚至超越于天。此可以参考后文论述康有为中期论述心性本体的内容来看。

（二）气质爱恶

如果从康有为对天的推度来看，他认为天也是气所凝聚而成。其中气质即言气凝聚为质，康有为引明杨晋庵之说：

明杨晋庵言，只有气质，甚精。凝之则为质，散之则为

① 康有为：《万木草堂口说》，《康有为全集》第二集，第173页。

气，通天地之物，通天地之理，不外此耳。①

由此万物皆是从气所生，人也是由气而成。这是彻底的主气论，《万木草堂口说》之《学术源流》：

> 凡物皆始于气，既有气，然后有理。生人生物者，气也。所以能生人生物者，理也。人日在气中而不知，犹鱼日在水中而不知也。②

此说中可见康有为是本于气论，认为气是生成宇宙万物的基本构成，而生成的力量却是理，也可以说生成万物之规律即是理。如果万事万物以及天人都是从气而生，这是就构成本质上而言，那么这与说人从天生的矛盾就可以汇通成：虽然万事万物及天人等皆是从气而生，但就生成之次第上而言，则是气先形成天地日月，然后乃形成人事万物等，从这个角度也可以说人是从天的，这样的解释就客观事物的生成上做推度，而没有就人之为人的特别性质做生成的说明，所以说这是共性的生成，而非人之特性的生成。而康有为论爱恶之生成则转而就人之特性而论，后复又以此而重新论说人之气质生成。

《康子内外篇》中理学篇和爱恶篇实际是并列而论，若一定就生成秩序上而言，仍应当先说爱恶篇，后言理学。此二者之分，实际就是本于物质和精神二分而来。理学固然是人所有，但其为神明之精神，然人不独是精神之体，亦有物质之肉体，是故说爱恶。

人之生仍承接气论而言，但并不完全限定于客观机械之中，

---

① 康有为：《万木草堂口说》，《康有为全集》第二集，第188页。

② 同上，第133页。

而是于气质形成后有爱恶之生，此即是性。

> 人禀阴阳之气而生也。能食味、别声，被色，质为之也。于其质者则爱之，其质不宜者则恶之，儿之于乳已然也。见火则乐，暗则不乐，儿之目已然也。故人之生也，唯有爱恶而已。欲者，爱之征也；喜者，爱之至也；乐者，又其极至也；哀者，爱之极而不得，即所谓仁也，皆阳气之发也。怒者，恶之征也；惧者，恶之极至而不得，即所谓义也，皆阴气之发也。婴孩沌沌，有爱恶而无哀惧，故人生唯有爱恶而已。①

此说人从阴阳二气而生，因为是从气而生，即说人为气之质，此处说质，即是从气之凝聚而言，是类似今物理学上之分子等粒子的构成说，也类似佛教中说极微构成万物之说。是故康有为说人之感觉能力皆是“质为之”，那么肉体等更加是气质之构成，毋庸置疑；又因为所从之气分阴阳，故而于其质有爱恶之分，以阴阳二分而生爱恶二分，因阴阳为气之分别，则爱恶为气质之分别，其中爱恶已经是气质之运动，爱为气质运动对于其所适宜者，即同类相似者之相吸，恶为对其不适宜者、不相类者之排斥。又此处说爱恶是就人之初生而言。既而由爱恶区分：欲、喜、乐、哀、怒、惧六者。以此六者配阴阳仁义及程度：欲喜乐哀为阳气所发，其中欲为爱之征，所谓征为表现，因为爱不可见，而欲为可见，由可见推不可见，是为征；喜乐为爱之进一步，到哀则是虽爱却不能得不能有所为，则是哀，此处的哀有同情悲悯的含义，亦有自身悲哀的意思，两者混在一起。怒、惧是

---

① 康有为：《康子内外篇》，《康有为全集》第一集，第100页。

阴气所发，怒为恶之征，后省略对应于喜乐二者的差别之恶，直接说惧，惧是恶害怕到极点而不能完全排斥消灭，则转而依从之义，此之惧即有害怕之极的意思，也带有敬畏之义。但如此分别之后，康有为又于其中作出于一个重要的区别：爱恶实际不包括哀惧二者，也就是说人之初生只有爱恶，而此爱恶只有直接的爱恶之表现，并没有因爱恶受到拒绝之后的转变，因为康有为所言的哀惧其实就是爱恶欲怒的转变，如哀，因爱不得而转哀；惧，因无恶不能而转惧从，皆是从自身爱恶转为反面。康有为认为这种向情感直接抒发的反面转变的过程必须经过理性的控制引导，不然就情感爱恶本身而言不可能做如此转变。此种依靠智而有之转变即后文康有为所言之逆人情之学。

是故就爱恶而论性可以总结说：

> 人之有生，爱恶仁义是也，无所谓性情也，无所谓性情之别也。
>
> 若夫性，则仁义爱恶无别也。
>
> 人生仅有爱恶之端，其爱恶存者名为性，其爱恶发者名为情。①

此三处说性，稍有不同，前两句说性为爱恶仁义，后一句说性仅提及爱恶。若说爱恶仁义是兼指爱恶能力及推度之智之可能性。若单说爱恶，似乎没有提及推度之智，但是因仁义即从爱恶出，而说仁义即已经含摄推度之智在内，是故单说爱恶之中实际已经暗含推度之智的可能性。其说：夫仁之与爱，义之于恶，何异之有？这也就是说就存而未发而言，仁义与爱恶实在是没有区

① 康有为：《康子内外篇》，《康有为全集》第一集，第101页。

别的。是故说爱恶即已经暗摄仁义在内了。

（三）智之顺逆

论说爱恶为生之性，是由说性之出于天而过渡到人初生之性的论述，但康有为之论述如抽丝剥茧、金蝉脱壳：说性为天所生，本以为是人特有，不料其辗转论辩，终而抛弃；又说性为人生之爱恶，本以为当是人之特有，不料其复辗转论辩，又复弃之。康有为之论说文章论理说体确实有文学谋篇布局之精巧，步步为营，引人入胜。但就实言，亦是其探求本体之逐步深入所致。

1. 智与爱恶

康有为论说性为生之质，又因气质分阴阳，是故性中含阴阳二者为爱恶；但康有为特别强调爱恶并非即是仁义，其中的区别是：由爱恶而至仁义的转变，具有一个经由极致而转向自身反面的逆反过程。为此康有为首先论说人之生性有爱恶亦非人之独有：

> 虽然爱恶仁义，非唯人心有之，虽禽兽之心亦有焉。[①]
>
> 物皆有仁、义、礼，非独人也。[②]
>
> 魂魄足矣，脑髓备矣，知觉于是多焉，知刀锯水火之足以伤生也，于是谨避之。婴儿不知刀锯水火之足以伤生而不避也，禽兽亦然。[③]

此三处皆说爱恶之心，非人独有，禽兽亦有。第一句中爱恶仁义并列而言，是就仁义之本来是爱恶而言，非就仁义现行而言；第二句不言爱恶，直接说仁义礼，皆非人独有，仍是就仁义

① 康有为：《康子内外篇》，《康有为全集》第一集，第101页。
② 同上，第108页
③ 同上，第100页。

之可能性、之本质而言；第三句中从知觉而言，以知觉多少而分别人兽，以婴儿与禽兽同具不避水火之原初爱恶之性。

那么人与禽兽之分别关键为何？其又从何而来？康有为以智为人与禽兽分别界限。首先康有为直接说明人与禽兽之别在智：

然则人与禽兽何异乎？曰：异于其智而已。①

又从上文论述爱恶之性中哀惧两点进一步说明哀惧之生其实就是源于智：

哀惧之生也，自人之智出也。②

此处哀惧即是仁义，哀为爱之极致而不可得遂转为哀，此所转之哀有怜悯之义，故为仁；惧为恶之极致而不可得遂转为因惧而敬畏，而恪守界限、不越雷池，故为义。

由此分说有智，则能生万理，成仁义；无智则安于禽兽婴儿之中，而不得成人：

唯无智，故安于禽兽耳。

故唯智能生万理。③

进一步将仁义范畴扩大为儒家常说仁义礼智信，并以智为五常中最重要一个范畴，人之所以为人者，实在是仁义礼智信三者。此五者中又以智为重要，余四者皆出于智。

康有为复就知觉与性之可见与否作两处答疑，第一处从知觉之多寡而进一步分别智之有无，其说知觉越多，则哀惧越多，婴

① 康有为：《康子内外篇》，《康有为全集》第一集，第101—102页。

② 同上，第100页。

③ 同上，第108页。

儿禽兽并非没有知觉，只因为其知觉限于直接；而圣人之知觉能够越过直接，能防害于未至，虑患于未然。

> 圣人之知更多，故防害于未至，虑患于未然，曲为之防，力为之制。故其知愈多者，其哀惧愈多；其知愈少者，其哀惧愈少。其有无不能终穷也，以分数计之。①

第二处答疑为就无情之物分别爱恶与智：

> 针芥磁石，无知之物也，而能相引，是有爱恶之质，无智之质也，智固与爱恶异也。答之曰：智无形也，见之于爱恶。②

康有为此说并未明确，他以为磁石之类同样具有爱恶及智，只不过他指出智是无形不可见，而爱恶是有形可见。是故他之回答的主旨是爱物与智其实就体上而言是无异，但就相上言是有异。但这样说也就是过于强调其同一性，而没有指出其相异性：禽兽婴儿尚且无智，或知觉不多，不可称智，针芥磁石何能有智？另一处说明则稍明确：

> 故人之性情，唯有智而已，无智则无爱恶矣。故谓智与爱恶为一物也，存于内者，智也，发于外者，爱恶也。③

此处所说粗看来甚为怪异，与之前所说差异特大，如前说性之初即是爱恶，因智而发出后成就仁义，故而爱恶当为内；又说爱恶为性之本所有，未曾说智。此两点俱与前说有异。但若详细

① 康有为：《康子内外篇》，《康有为全集》第一集，第100页。
② 同上，第102页。
③ 同上。

分辨则可知康有为此处说唯有智，无智无爱恶，是从爱恶之现行为仁义爱恶等实际行为而言，而非就本体可能而言，是故说任何善恶仁义爱恶的实际行为即是建立在有智主导的基础之上的，否则则是爱恶仁义之无别的原初生之性而已，由此而言，才可以说智为内，爱恶为外，即是就爱恶之行为而言，爱恶行为在外，爱恶行为是由智主导了人之爱恶本性而形成。

2. 智与自营

即明确人之为人在于智，那么智为何？从何而来？《康子内外篇·理学篇》中说神明：

> 夫万物之故，皆有所以然之理，天固与之具，自为调护，自为扶持。其精为人，神明独运，然亦仅以自营。推其同形，其神明愈大者，其所推愈大，亦及其同类而已。①

此处说气之精者为人，为人则有神明，此神明之运动为自营。其后则有推力，但即便有其推力，也只是就同形、同类中推度而已，是其自营之自扩大而已。总说神明之运动即是自营，自营即是自为调护、自为扶持。而此处所说之神明，即是智。

> 人之有大脑，小脑也。脑气筋之有灵也，差（或疑作盖）不知其然也。天地之气，存于庶物，人能采物之美者而服食之，始尚愚也同，一、二圣人少补其灵明，而智生矣。合万亿人之脑，而智日生。合亿万世人之脑，而智日益生；于是理出焉。若夫今人于野番，其为愚，亦与禽兽无几何，虽智且不能言，而何有于万物哉？故理者，诸圣人所积为也。②

① 康有为：《康子内外篇》，《康有为全集》第一集，第100页。
② 同上，第111页。

此处说脑气筋有灵，后又说少补灵明，从而智才生起，合万亿人之脑，而智日生；又说理为圣人之所积。是故此处所言之灵、灵明、理其实皆为一，即是智。

> 及同类者，仁也；有所断限者，义也。其断限之等，以及其大小远近，皆自其识为之，所谓智也。智也者，外积于人世，内浚于人聪，不知其所以然，所谓受于天而不能自已也。学也者，穷物理之所以然，裁成辅相，人理之当然而已。然当然之理未易言也。内外有定而无定，方圆、阴阳、有无、虚实、消长，相倚者也，犹圣人之与佛也。[①]
>
> 物质有相生之性，在于人则曰仁；充其力所能至，有限制矣，在于人则曰义；人道争则不能相处，欺则不能相行，于是有信。形为仁之后，有礼与信矣。而所以有此四者，皆由于智。[②]

此处更明言，智皆自其识为之。联系前文以知觉多寡而论智之有无，可知康有为所说之智其实暗含在知觉之中，但知觉本身是无分别的机械的，所以暗含在知觉之中的自营推力即是智，智即是对知觉有控制能力，使得知觉有目的对象和效果的那种功能。那么就智从何处而来，康有为说有内外二因：所谓内因即是人聪，即是此说智出于人之知觉，人之识性之中；所谓外因即是外积于人世，即是知觉之多寡，此多寡非知觉功能或感官天生能力之多寡，而是知觉能力在后天运用的多寡，实际即是经验。论说智之来源，康有为以为也仅能如此从内外而言了，如果再进一

① 康有为：《康子内外篇》，《康有为全集》第一集，第100页。
② 同上，第111页。

步推度，那就只能说受之于天，此说受之于天，即同于人天生即有此等感官能力以及主导感官之自营能力，如果一定要说这种能力从何而来，只能说天生即有，也就是从天而来，受之于天，而天到底如何？康有为前文已说，实在是不可知，如果一定要说如何，那也只能设想地说都是阴阳二气之所成。所以康有为说不知其所以然。康有为此等说法皆是注重现实的具有鲜明经验论性质的说法，没有逾越常人所知一步而谈玄论远，从中亦可见康有为之思想偏重实践，不尚玄理，是故其稍涉论理，即简明确定地限定到现世经验之中。但只要稍稍从中辨析，即可以看出康有为此中论智未尽之处即是遗留了知觉之外的精神层面，如意志、推度之力、逆反之力等，而此等实际是暗含在更加深层的天那里。

智之运用有自营与推两种表相。此处从仁义二者再来区分。此处仁义二者的区分实际即是源于爱恶二者的区分：仁为爱之推度，所以说及同类，因为爱恶本天生，即是自爱、自营、自识，后能推及同形、同类，故而为仁；义本出于恶，恶而不能灭除，遂成敬畏而服从，是故成就断限，所谓断限即是嗔恶之行不可施之的界限，那么义就具有克制自身本来之恶欲的功能，所以说是义。如此仁义即是推度扩充与克制限制两种对立的力量或功能，而这两种功能实在都是从自营的本具能力中演变过来的：如果仁为推度扩充自营之力，义为克制限定自营之恶欲之力。此只是语言上的分别，因为也可以反过来说：仁是克制自营，而超越自营扩充到同类之上的力量，之所以克制自己而扩充到同类上，实际仍是自营，这源于人之间的相生原理，独自一人之自营较难，如结合成团体而自营一团体，则能一团体皆得以生存，人人皆相生；而义则可说成扩充自营之力乃至于所恶者上，即爱敌人之义，敬敌人之义；又可以说义为推度扩充自营爱力之次第阶段，某一阶段，自然有所扩充也有所不及而暂定为敬畏者而已，所以说充其力所能至，有限制焉，则为义。是故总说自营之智的运用有顺逆两种：顺则为推度扩充，为仁；逆则为克制敬畏，为义。《康子内外篇》中分说两者言：

学不外二端，为我、兼爱而已。

仁有放之意，义有敛之意。放者，阳也；敛者，阴也。仁者，热力也；义者，重力也。①

于仁义二者中，以仁为主。是故其说仁智二者关系言：

就一人之本然而论之，则智其体，仁其用也；就人人之当然而论之，则仁其体，智起用也。

人道以智为导，以仁为归。故人宜以仁为主，智以辅之。②

3. 智与推度

智有顺逆仁义两种功能，其中又以仁为主，故先专说智之顺用为仁之运用。

虽然爱恶仁义，非唯人心有之，虽禽兽之心亦有焉。……其智愈推而愈广，则其爱恶愈大而愈有节，于是政教、礼义、文章生焉，皆智之推也。③

故其知愈多者，其哀惧愈多；其知愈少者，其哀惧愈

---

① 康有为：《康子内外篇》，《康有为全集》第一集，第107页。

② 同上，第109页。

③ 同上，第101—102页。

> 少。其有无不能终穷也，以分数计之。[①]

此二处皆是总说智之推度义。康有为早年论述心性本体较侧重于智之功能，而对智的顺逆二功能的论述中又较侧重逆人情而成学的说明，对以智顺于天性仁体的说明则相对较少，这主要是因为这一时期其主张性为气质之性，而气质之性中包含善恶二端，若从顺的角度去阐释就会容易陷入纵容欲望的困境之中。而如果从逆人情的角度来说，克制人欲而成仁义礼信等，则相对较容易阐释。所以从顺智的角度来阐释早年是不多的，而要等到中期阐释经典的时期才更多地从随顺天性的角度来说明。但也不是完全没有提及。康有为还是从五个角度简单地提及随顺天性仁体的智用，正因为是简单提及的，而没有详细论述，所以才在中期广加论述，此五个方面分别是：纵欲、穷理、率性、仁爱、知觉。今试为略说。

（1）纵欲。此处所言纵欲并非一般意义上之纵情声色。康有为以人初生之有爱恶为生之性，后经过智的引导才可以成为仁义等道德行为。那么爱恶之性在康有为看来其实就是欲。

> 凡为血气之伦必有欲，有欲则莫不纵之，若无欲则唯死耳。最无欲者佛，纵其保守灵魂之欲；最无欲者圣人，纵其仁义之欲。我则何为哉？我有血气，于是有觉知，而有不忍人之心焉。以匹夫之力，旦夕之年，其为不忍之心几何哉？余固知此哉！无如有不忍人之气，有不忍人之欲，只知所就有限，姑亦纵之。小则一家，远则一国，大则地球。其为不忍人之效几何哉？余故知之。无如不能制断不忍人之心，亦

① 康有为：《康子内外篇》，《康有为全集》第一集，第100页。

> 姑纵之。竭吾力之所能为，顺吾性之所得为而已。若能如佛降伏其心，视欲如毒蛇、猛虎、大火、怨贼，能力挫之，则吾亦不参预人事矣。其如不能何？则姑纵之已耳。故夫制之者血气也，纵之者血气也。①

此说佛教之无欲实际也是保守灵魂之欲，儒家圣人之仁义其实也是一种欲。这是因为康有为认为无论是佛教之无欲还是儒家之仁义，就其原本可能性上而言都是出于血气觉知，从而说其仍旧是欲。故而他说不忍人之心也是一种欲，推度此不忍之心从一家到一国，其实就可以方便地说成纵欲、纵我血气之欲。康有为与沈曾植书信中说不忍人之心不可强行抑制之理，与此同理，皆是说智、仁等受之于天不能自已。

（2）率性。率性之说，出于《中庸》。康有为说由智之顺推而成仁的行为也由此而言。如说：

> 诚如是，则吾何所学也？曰：尽予心之不忍，率吾性之不舍者为之，非有所慕于外也，亦非有所变于中也。前乎我者数千年之治教，吾辨考而求之，存其是非得失焉；后乎我者数千年之治教，吾揣测而量之，听其是非得失焉。夫非有所为已，心好之而已，亦气质近之尔。若使余气质不近是，则或绝人事，入深山，吾何恋乎哉？吾故以人道归之气质也。②

此说率吾性与尽予心之不忍为并列一义，都是以智之引导而推度本性之中的善端而已，是故说非有所慕于外，非有所变于

① 康有为：《康子内外篇》，《康有为全集》第一集，第103—104页。
② 同上，第103页。

中，此即是说依止于本性中之仁体善端。后说于前后数千年之治教都要辩考揣测其是非得失，即是说推度之义。而说此依止和推度皆是气质，非绝人事，即是言智之推度是对气质之性的主导，并非离开气质而虚说空理。

（3）穷理。说穷理是从宋明理学家说穷理而言，但其本于《易》之言：穷理尽性。康有为于《理学篇》中说描述穷理言：

> 若夫上下百年，鉴古观后，穷天地造化之故，综人物生生之理，探智巧之变，极教治之道，则义理无定，有可得而言焉，观其变之动，知后之必有验也；求其理之原，知势之必有至也。①

其中言观变动、知后验、求理原、知势至皆是就智、知觉之多寡而言，如此则上下百年，古今、天地、前后等则都是所当顺于智力而推度者。

除上述三者之外，康有为还从《孟子》中说仁分大小，觉分先后而论及智之推度之义，皆是顺于智体而言推度扩充之言，为其论述简洁，文繁不引。

最后，康有为说智顺之用，还可以配合春秋三世之说来开展。

> 上古之时，智为重；三代之世，礼为重；秦汉至今，义为重；后此之世，智为重。②

其原因在于：

① 康有为：《康子内外篇》，《康有为全集》第一集，第 100 页。
② 同上，第 109 页。

且上古之时，群生愚蒙，开物成务，以智为仁，其重在智；中古之后，礼文既闻持守，先以仁为智，其重在仁。[①]

4. 智与逆学

智有顺、逆仁义两种运用，顺着运用即是随顺本性，逆着运用即是克制本性。因为康有为早年对心性本体的观点中侧重心性之气质爱恶，而此爱恶之性是人与禽兽皆有的，唯有智是禽兽所无，为人所独有。所以其论心性仁体的培养也就侧重于逆人情本性而重学。而在中期其则转而侧重随顺仁心本体，以为此法为更加方便善巧，而逆人情成学则较为艰难。《长兴学记》中说逆人情而学的地方较多：

学也者，由人为之，勉强至逆者也。不独土石不能，草木不能，禽兽之灵者亦不能也。

唯其任智而知学也。顺而率性者愚，逆而强学者智，故学者唯人能之。

夫勉强为学，务在逆乎常纬。[②]

此处三说皆说违逆成学之理。第一句强调学是人为，不是自然而有；如果是自然而有，就会成为第二句中所说：顺而率性者愚，要注意的是此处说率性之性当是气质之性，尤其是人欲爱恶之性，而非仁体本性，不然率性就当是智顺之说。学为人为之行，无情之土石草木，甚至有灵之禽兽也不能，故而学即是上文所说之智。所以第二句中才说任智而知学。第三句中突出学之为逆，所逆者是常纬。《康子内外篇》中解释说：

① 康有为：《康子内外篇》，《康有为全集》第一集，第 108 页。
② 康有为：《长兴学记》，《康有为全集》第一集，第 341 页。

> 凡言乎学者，逆人情而后起也。人性之自然，食色也，是无待于学也；人情之自然，喜、怒、哀、乐无节也，是不待学也。学所以节食、色、喜、怒、哀、乐也。圣人调停于中，顺人之情，而亦节人之性焉。①

此处说学之所逆，即是逆人情而后起。所谓人情即是人性之自然者，食色、喜怒哀乐无节等，既然是自然而有，就无待于学；反过来，所要学的却正是对食色喜怒哀乐之无节的节制。为何如此逆人情而学呢？其原理在相生之中：因为人情自然，即是人之气质之性，其中包含基本生存之要求，当然也包括了仁爱之心，但这些最初都是自营之用，即自为调护、自为扶持，也就是说是自私的，这个自私也未必不是不合理的。只不过一方面如果一味纵容这种天生之自营之心，则往往会危及他人或者群体，进而也就危及自身之生存；又如果仅仅是自营，往往因自身条件不足，难以为继，自营往往不足，观婴儿之自营，实在是建立在父母之养的基础上。而反过来看，如能克服自营，扩展智之主导，形成一个团体、群体，于群体之中互相调护维持，以团体群体为大的自我，则人人能相互资助相爱，则人人相生，从而自身生存也得以保证。所以就其逆人情之本质而言，仍是从自营之本性而出。此皆是从康有为之经验论中引申出来的当有之义。

康有为论述逆人情而学之际已经渐渐进入中期思想，是故论逆人情而学时，虽有说顺而率性者愚，但他还是将逆人情之学和顺仁心之学渐渐地相结合起来，这在《长兴学记》中已经有尝试：

① 康有为：《康子内外篇》，《康有为全集》第一集，第 102 页。

> 然学也者，浩然而博，矫然而异，务逆于常，将何所归乎？夫所以能学者，人也；人之所以为人者，仁也。①

学固然务在于逆常，但其最终之目标却是在仁，也就等于说以仁为目标而逆人情之常。但这样却会产生一种困境：违逆人情之常岂可称之为仁？对这个问题的回答康有为早在《康子内外篇》中即也尝试回答了：

> 圣人调停于中，顺人之情，而亦节人之性焉。唯佛则不然。人好食，则杀禽兽，不仁甚矣。圣人知其不可，阴食之，而阳远庖厨以养其仁心，欺矣。佛则戒杀生，不食肉焉。人好色，则争夺杀身忘亲，圣人知其不可，阴纵之，而阳设礼教以束缚之。夫色心之盛，岂能束缚？必至不义矣。佛则戒淫以绝之。自六根、六尘、三障、二十五有，皆人性之具，人情所不能无者，佛悉断绝之。故佛者逆人情、悖人性之至也，然而学之至也。圣人性恶兼之，为子莫执中焉，未可谓学之至也。故学之至也，于佛而止矣，蔑以加矣。②

此处分辨儒佛关于逆人情之学的差别，康有为以为佛教在逆人情之上为极致，这主要是从佛教之小乘而言，尤其是戒律及出家之风俗而言，此处康有为有随顺一般对佛教有成见的理学家之说。但康有为并没有完全批评佛教，而是认为佛教在此的确是究竟广大的，他说佛教为学之至，而儒教之学执中。对两者是就客观而言，佛教之学往往从究竟处而言，而儒家之学说则相对侧重在世人伦之教学，儒家可以说是进至到佛家究竟境界的一个中间

① 康有为：《长兴学记》，《康有为全集》第一集，第 342 页。
② 康有为：《康子内外篇》，《康有为全集》第一集，第 102 页。

阶段，而且是甚为善巧的一个教法和阶段。所以康有为说儒家之不完全逆人情时说儒家为阴食阴纵色，是为欺，这种词语带有极其浓重的荀子思想色彩。这个时候，康有为还没有完全侧重于弘扬孔教，是故于儒家之宗教性的敬重可能还没有完全建立起来，故而语气上亦有直接之处。但总的来说，他由分别儒佛两家关于节制欲望的差别而找到了一个调停的方式：既能够做到逆人情而成学，又能够归之与仁，且不仅仅是将仁作为一个遥远的目标而已，而是将仁能够转换成现实可行的实践可能的一个方法，这就是上文所说的圣人顺人之情，阴而节之，实质即是礼教，阴顺人情，阳礼节制。康有为这一观点若细细考察，从其论证中看，当是从佛教之说方便法门而引申出来的，虽然他没有明确说明。因为就表面上看，他的观点似乎是从荀子而出，但荀子主性恶，其义理虽然就究竟处可以汇通到仁心本体上，但这个汇通要到《孟子微》中康有为才真正将之汇通。所以康有为在此处说：是故圣人性恶兼之，当是从佛教天台、华严二宗说如来藏本心兼空不空、染净二种因果之义理而来。

又康有为此处论述疏漏之处亦多，皆源于其本无意学说之周密的理论建立，而是重在实践，是故疏漏之处也在所难免。今略为辨认：说学者为逆人情人性者，亦有误，婴儿之时，即便吃奶亦须人教，何况其后之喜怒哀乐者，行走坐卧皆是从学而有。是故其说自然之性不须教学，实是粗糙；又其论佛教之悖人性之极，也只是随顺一般看法而已，未曾全面看待佛教学说和佛教修行。对于逆人情之说，详细分别而论，佛教中亦是从方便和究竟二处而言断绝人情人性的。从戒律上言，戒杀盗淫，是为修行之方便，非是究竟；又不食肉之行，亦只是部分经典所言，适用于部分地方时代，并非普遍而言，故而其仍是方便法门。然就究竟上言，一切有为法之烦恼障碍固然是要全然断绝无余。但此断绝无余，又并非全无人物事情之恶空，而是断绝烦恼障碍，也就是断绝我法二执，非断因缘假有。康有为于此未曾细辨，恐致误解。

（四）分辨诸家

康有为早期论说心性本体为生之质，而质又为气质。如从爱恶角度言，则以爱恶仁义无别之有为性，如此则无爱恶仁义之别、无性情之别、无善恶之别。但本于气质之说，又说并非完全无有分别，而是说其就分别之可能性还是存有，但就实际事物行为之分别而言，则尚未能见诸形相。是故又引程子之说：

> 论性不言气不备。夫性者，气质所发，犹一子也，但于气质中别名之耳，安所谓不备哉？譬如附子性热，大黄性凉，气质之为之也。①

是故总的论说心性本体其出于气质，就体而言是无分别，就用而言为有分别。只有建立这一基础才可能分辨诸家学说。是故总说性之分别是出于气质，但不可强分：

> 《长兴学记》中小字自注：孟子性善之说，有为而言。荀子性恶之说，有激而发。告子生之谓性，自是确论，与孔子说合，但发之未透。使告子书存，当有可观。王充、荀悦、韩愈即发挥其说，程子、张子、朱子分性为二，有气质，有义理，研辨较精。仍分为二者，盖附会孟子。实则性全是气质，所谓义理，自气质出，不得强分也。②

① 康有为：《康子内外篇》，《康有为全集》第一集，第101页。
② 康有为：《长兴学记》，《康有为全集》第一集，第341页。

1. 性情之辨

康有为说性，实际是就人主观能力之可能性而言，是故其说爱恶之存者名为性，发者名为情。如此区分性情二者，有别于儒家传统。

如其以为以善恶分性情者始于《说文》，其说：

> 《说文》于是以仁义为阳而善者，以爱恶为阴而欲者。①

康有为以为，此说法不对。因就存者可能而言，仁义与爱恶是没有差别的。而如果发出来之后，是有差别的，但如果发出来了就不是性了，而是情和习了。其说：

> 今之所谓仁义者，积人事为之，差近于习，而非所谓性也。
>
> 善者，非天理也，人事之宜也；故以仁义为善，而别于爱恶之有恶者，非性也，习也。②

2. 善恶之辨

康有为基于性为生之气质，说性无善恶性情之别，但就用上而言，其实后天有善恶之别。《万木草堂口说》中言：

> 性无善恶，善恶圣人所主也。③
>
> 性只有质，无善恶。④
>
> 何所谓善恶耶？善乎孔子之言：性相近，习相远。言相近者，谓出于禽虫之外，凡为人者必相近也，不称善恶。至

① 康有为：《康子内外篇》，《康有为全集》第一集，第 101 页。
② 同上。
③ 康有为：《万木草堂口说》，《康有为全集》第二集，第 186 页。
④ 同上，第 188 页。

于习于善、习于恶，则人为之矣，故相远也。①

此处前二句直说性本气质，无善恶之分别；第三句则详细说明，就生之性而言是无善恶之别，但就后天之习，即是性之用相上而言有善恶分别，故而说习相远。

对于诸家论说性之善恶分歧，如孟子性善说、荀子性恶说等等，康有为总其判定为不知性情之分。

不知爱恶、仁义无异于是，天下以性情言善恶者纷纷矣。孟子言性善，荀子言性恶，杨子言善恶混，韩子强为之说曰三品，程朱则以为性本善，其恶者情也，皆不知性情者也。②

针对孟子之性善说，荀子之性恶说，康有为则多处论说分辨。其论孟子之性善说，首先说明孟子性善说片面之原因在于未能清晰辨明智之体性：

孟子之言性善，以人之性善于禽兽者为善，而不知人之异于禽兽者，知觉也，非善也。孟子又以孩提之良知良能为证，而不知此亦知觉也，与善恶无与也。

仆尝慨孟子于“智”之一字，未能辨晰，遂至于告子争仁内义外之说。③

此处孟子辨别人与禽兽之差别在于善之不同，以为人善于禽兽，从而区分以性情区分人与禽兽，即基础是性情之分的错误，

① 康有为：《康子内外篇》，《康有为全集》第一集，第101页。
② 同上，第101页。
③ 康有为：《答朱蓉生先生书》，《康有为全集》第一集，第330页。

而不知人与禽兽的分别关键在于智之有无。

但其后康有为又为孟子辩解说孟子如此立说固有其考虑：

> 《万木草堂口说》：孟子言性善，特为当时说法，宋儒不过拘守之耳。①
>
> 性善者，孟子得救世之言。②

同时也说明荀子说性本恶，同样是有为而说：

> 荀子言性恶，义理未尽，总之，天下人有善有恶，然性恶多而善少，则荀子之言长而孟子短也，然皆有为而言也。③

总论孟子与荀子而言：

> 孟子传孔子之学粗，荀子传孔子之学精。孟子言扩充，大指要直指本心。荀子则条理多，孟子主以魂言，荀子主以魄言。二者皆未备，《白虎通》所说更精。④
>
> 《白虎通》分性、情、欲，此说从孔门传出，遍证诸家，莫能及此。⑤

3. 理气之辨

宋明理学家言心性本体多以理言性，如朱熹。康有为偏重诸气论，较近于张载之说，而离朱熹之说远。其反复多次明确地说：

---

① 康有为：《万木草堂口说》，《康有为全集》第二集，第169页。

② 同上，第204页。

③ 同上，第184页。

④ 同上。

⑤ 同上，第188页。

朱子以为理在气之前，其说非。①

宋儒自是一种学问，非孔子全体也。②

此说有两点：一认为朱熹说理在气先为不对，康有为主气在理先，理由气所生出，其实理即是气之阴阳运动之规律，又康有为认为所谓理即是人之认识结果，甚至经验就是其主要部分；二认为专说理之宋明理学为片面，因为专说理则缺少了气质一面，由此而缺少在世顺人情而修行仁心的一面，故而康有为评宋明理学为非孔子全体。康有为早年论述理实际是从人之主观能力经验而言，也就是说出于气质而论。

广泛地说天地万物皆有所以然之理，但前文已经说明天之始，实在是未知，故而就理而单说，仍旧只是说人理。

夫夫万物之故，皆有所以然之理，天固与之具，自为调护，自为扶持。其精为人，神明独运，然亦仅以自营。③

此处说理为天固与之具，并非是说天生人物之际即同时给出一个别立之理，而是说天生人物之后，即许其自为调护，自为扶持。即人之自能自为之理，在人即是人之神明，也就是智之用，所以说神明独运。但此处康有为因并非理学家，说义理未免粗糙。说理为人之自为所用，然人本出于天，则非可完全自由独立，何来自为之力，其生即不得自为，理有何来自为之力？故而此理仍是人之自为之经验而已，难以说是理。在这里康有为实际是确立了一种界限，此界限即是天之始，或者所谓的理，或有或

① 康有为：《万木草堂口说》，《康有为全集》第二集，第133页。
② 同上，第173页。
③ 康有为：《康子内外篇》，《康有为全集》第一集，第100页。

无，是难以知道的，故而不说，或直接说没有；但人所能知道的理，起码必须是在有人之后，也仅仅限于人事而已。康有为此中区分虽有主物质气论和主经验的哲学痕迹，但就其本身而言，并不是哲学或义理上的选择，而是出于实践的考虑。因为假如如同理学家那样说理说气，言命说性，就难免蹈入虚空玄远，而离实际人事世间事物过远，则眼高而手低。与其这样，还不如暂定于气质之论，许可欲望，以经验说人理，则处处注重此人此生此世界，无一不落实见于行为实践之真切。此虽于理论上难免粗糙疏漏，但却切合儒家入世实务之真精神。是故说理必是实践与效果上而言。

> 若夫上下百年，鉴古观后，穷天地造化之故，综人物生生之理，探智巧之变，极教治之道，则义理无定，有可得而言焉，观其变之动，知后之必有验也；求其理之原，知势之必有至也。①

此说义理无定，所谓义理是主观变动，若果说原因，那是就势力上知道其事物必定会发生而言；若果说结果，那是就事情的效果必定可以验证得到上而言。由此可知此说义理、因果者俱是从实践上而言，非单就客观道理而已。

> 一曰义理之学。义者，人事之宜；理者，天道之条。本于天，成于势，积于人，故有天命之理，有人立之义。天命之理，天下共之，凡人道所不能外者也。人立之义，与时推移，如五行之运，迭相重轻者也。原于孔子，析于宋贤。然

① 康有为：《康子内外篇》，《康有为全集》第一集，第100页。

宋贤之义理，特义理之一端也，今但推本于孔子。[①]

此处区分天命之理和人立之义，颇有类于内外篇中说内外有定有不定者。所以综合而言，康有为早年说理即是从气质之性出发，认为理是出于气质，也就是说理是人为了自营而产生的对事物的认知判断，类似于理性。所以说理是人事之宜，从而并没有一定之理，理皆是视势验而定。

4. 重释经典

在分辨完诸家之说心性本体的误解之后，康有为乃提出自家的看法，此看法源于重新对经典的解释，而解释又来自于对性字含义的重新训诂认识。《与朱一新论学书牍》之《答朱蓉生先生书》（1891 年）中考据性字本义之训诂，涉及儒家经典中三句：

> 祖伊曰：不虞天性。
>
> 《召诰》：节性唯日其迈。
>
> 《诗·卷阿》：俾尔弥尔性。[②]

朱一新采宋明理学家观点以为性本善，而康有为以为性为生之质，非善非恶，而是具有善恶之可能，但本身并不具有善恶，所以说爱恶仁义无别。其辩驳的主要方式是从对经典字句的训诂中说明性需要改正节制，从而论证性并非先天为善，无须节制修正，只需依止即可。

其训虞为度，度知天性何在即有穷理致性之义。其说：使性而既善，人尚何必度知天性之所在哉？（按：此辩驳亦非理，从佛教真常心系而言，其主心本净说，但此清净本心为客尘污染，

① 康有为：《长兴学记》，《康有为全集》第一集，第 345 页。
② 康有为：《答朱蓉生先生书》，《康有为全集》第一集，第 328—329 页。

从而令人迷误不识本心，所以说性本善，并不妨碍人去度知天性之所在）

其训节性之节为节制，则性须节制，明白克制此是人为，非天生之本善。

其训弥为缝，则缝合之义仍是人为、人工所为，非天生本善。其说："则试问弥缝之云者，人功乎？天功乎？顺致乎？逆致乎？能说向性善去否乎？"以反问而正说性非本善。

又辩驳说，如果说朱反驳说气质有差别，当节制而使之合乎当然之则，从而同意上文之训诂。那么则继续问：性何以节？如果回答是以礼来节制。那么问礼并非是天命之本然，而是人之发明，由此可知在无礼发明之前，岂不是无性？所以说"谓范其血气心知，以至于当然则可，谓渐复乎天命之本然，殆不可通也"。此实是区分了本然状态和最终状态，谓两者是差别的，不可以合一。而说复性论者，以为两者是合一的。

由此训诂性字含义为生之质，康有为企图全面重新阐释经典中所说性之含义，如说《中庸》中首三句之性言：

> 《中庸》"天命之谓性"三句，若子思既有性善之说，则必无"修道之谓教"语，此性字乃是人之质也，方为确诂。[①]

又说《易·系辞》中性字言：

> 《系辞》又曰：穷理尽性，以至于命。既当穷理，乃能尽性，以至于命，则孩提之性不能遂谓其善明矣。[②]

---

① 康有为：《万木草堂口说》，《康有为全集》第二集，第 169 页。

② 康有为：《答朱蓉生先生书》，《康有为全集》第一集，第 329—330 页。

说《论语》中性相近条云：

> 《论语》云：性相近也，习相远也。正唯性者生之质，人皆具一气质，故相近。圣人从其气质中别之曰，若者为义理，若者非义理，于是习圣人之道者，则曰近于圣人，不习圣人之道者，则曰远而入于恶人。[①]

说《孟子》中告子所谓生之谓性言：

> 告子曰："生之谓性"，即"性者生之质"之谓；"食色性也"，即圣人从其食色中指出善恶之谓。故仆有取焉。[②]

此四条处处皆重新阐释文中性之本义当为生之质义。

（五）仁心不忍

论述心性本体是为引出仁心本体，当康有为早年论说心性本体之用侧重逆人情之学，而于顺仁体之学稍弱，故而其论仁之说较为零碎。其分三个方面论说：一说仁为爱恶之推度；二说仁为不忍心；三说仁之推度有界限。

首先说仁为爱恶之推度。在论述性为气质之性，含有爱恶且无分别之际，康有为即已言及仁就其本质而言就是爱恶。如说：

> 哀者，爱之极至而不得，即所谓仁也，皆阳气之发也。[③]

虽然说仁之本质是为爱，但却不是直接之爱，而是爱之极而不得，遂转化成哀之爱，而其转化过程中实际是因为有智之主导

① 康有为：《答朱蓉生先生书》，《康有为全集》第一集，第330页。
② 同上。
③ 康有为：《康子内外篇》，《康有为全集》第一集，第100页。

才得以转化的。是故其后又说：

> 物质有相生之性，在于人则曰仁。①

即言人之相生为仁。这一观点前已论述，因人之爱恶为智所主导，而智本质即是人之自营。因人之自营每有不足之处，故而乃或扩充或克制自营，使之转化成人人相生之态，是故说人之相生为仁，即是说智之逆人情或智之随顺推度扩充即是仁。就推度扩充义而言仁，其说：

> 及同类者，仁也。②

就克制义而言仁则说仁为逆人情之学所归：

> 然学也者，浩然而博，矫然而异，务逆于常，将何所归乎？夫所以能学者，人也；人之所以为人者，仁也。③

是故总论，仁即是爱恶之推度、之扩充。

> 人莫不爱其身，则知爱父母，其本也，推之天下，其流也，有远近之别耳，其为仁一也。足故其仁小者，则为小人；其仁大者，则为大人。故孝弟于家者，仁之本也；睦姻于族者，仁之充也；任恤于乡者，仁之广也。若能流惠于邑，则仁大矣；能推恩于国，则仁益远矣；能锡类于天下，仁已至矣。④

其次说仁为不忍之心。此说源于孟子，《南海师承记》

---

① 康有为：《康子内外篇》，《康有为全集》第一集，第111页。
② 同上，第100页。
③ 康有为：《长兴学记》，《康有为全集》第一集，第342页。
④ 同上。

中言：

> 孟子仁字专全在扩充，说仁忍也，又不忍也，皆从字音生。[①]
>
> 孔子所以为圣人，以其改制而曲成万物、范围万世也。其心为不忍人之仁，其制为不忍人之政。[②]
>
> 凡人有鄙吝之心者便是不仁，故张南轩以鄙吝为大恶。为老子之学者全是能忍，能忍便是不仁。[③]

此三句中前二句为正面说，仁为扩充，为不忍，不忍即是扩充，见他人之悲苦而生不忍之心，思欲救之，即是扩充自营之心及于他人；孔子之不忍境界为大，因为不忍于万物万世。后一句是从反面说能忍则是不仁，有鄙吝之心亦是不仁。康有为复从戴震之论血气之欲而释仁为气质之性：

> 我有血气，于是有觉知，而有不忍人之心焉。[④]

此处说血气，即是从性为气质之性，包含爱恶之心而言，从而文中亦说不忍之心也是一种欲望，为不可强行抑制的天生之欲，这里的欲是就气质之性而言，并非是一般所谓纵情声色的片面欲望。

最后康有为认为仁有界限。《康子内外篇》中言：

> 圣人智之极也。然其类也，亦见近不见远，见牛未见羊也。凡有哀必有界，哀今人而不暇哀古人，哀其亲而不能哀

① 康有为：《南海师承记》，《康有为全集》第二集，第250页。
② 同上，第212页。
③ 同上，第228页。
④ 康有为：《康子内外篇》，《康有为全集》第一集，第104页。

其疏也。凡哀惧亦有限，惧女谒而不及夷狄，惧夷狄而不及乱民。盖气质有穷，智亦有穷，而哀惧亦有穷也。圣人以有知而哀惧生，以有知而哀惧节。故哀惧者，爱恶之变，而实愚智之端也。①

此段论述为康有为早年论述心性本体及仁体中最为奇特者，因为其早年特别偏重以气质之性而论心性本体，而气质实即今之言物质，所以康有为以为气质有尽，如此由气质所生出之一切皆是有尽，无论是智还是哀惧仁义等。故而他引申说仁心之推度扩充也是有尽，即是说有界限之义，不可能凭空而扩充到无限。这一观念实际是次第之说的萌芽，其原理是源于儒家学说之重在在世人道，而不肯逾越于非人或他世之中，康有为早年对此持保守意见，故而辗转谓之辩解。至其中后期则对此有所改变，并不固执说仁心扩充为有限，而只说于在世人道中为方便为适宜，是就中人而言，若就欲为圣人者而言，实在是无限扩充的，并不局限于同类、在世等等有限之中。

《长兴学记》中亦承袭有限之说：

夫即能仁及天下，亦仅能自爱其类，尽乎人道耳。吾仁亦有所限，方自慊然，岂为高远哉！②

从其言辞中还是可以看出，康有为坚持仁心扩充至有限，是为了对治不注重现实而一味说玄虚之理的好高骛远的偏见。故而，最后一句说岂为高远。

《南海师承记》中有一条就说仁无尽境：

---

① 康有为：《康子内外篇》，《康有为全集》第一集，第100—101页。
② 康有为：《长兴学记》，《康有为全集》第一集，第342页。

> 仁无尽境，故义立焉。义为仁之界限也。知者，知仁也。礼者，亲亲之杀之类，皆可统之以仁。[①]

此条一反前说，主仁实际无有止境。如说其有止境，也只是义为之止。这一辩解是从《康子内外篇》中论哀惧为仁义而来，其中说惧为恶之极而不得，即所谓义也。从义理上看，恶之中实际即有自营之爱，因为恶是对不宜者之恶，宜不宜是就自营而言。从而对于所恶者有不可灭除之可能，就转而对之敬畏，即是义之生成，从而也就可以说义的生成实际就是扩充自营之仁有暂时不能扩充者，不能以不忍之爱心而及于此所恶者，只能对治敬畏，即是义。但这是暂时阶段，并不代表将来不能对治行仁，如果不能，那么仁之扩充义则完全不成立。是故康有为说，仁之本质在于知，如果能够以智而明了所恶者不当恶，而应当以仁待之，则都可以统之以仁。此处从仁义辩证的角度论述了仁无尽境之义，即标明康有为在《南海师承记》中已经开始转变早期思想，而渐趋于中期之随顺仁心本体而论心性本体了。

（六）康有为早年论心性本体与佛教

康有为早年论说心性本体时，即已经大量涉及佛教义理，其中即有援借佛教义理以论说儒家心性本体之处，也有站在儒家伦理立场批判佛教尚出家外人伦之处。此种观点为康有为早年学习宋明理学而带来的影响，他是追随理学家辟佛的思路，一般性地对佛教做人云亦云的批判。但是在这种模仿性的批判之中，康有为也渐渐认识到佛教义理有其合理深刻之处，某些方面较儒家更为究竟，于是康有为也渐渐转变对佛教的批判态度，转而持部分

① 康有为：《南海师承记》，《康有为全集》第二集，第250页。

肯定的态度，并将之与儒家思想反复对比研究，企图汇通二教。在这样的汇通中，康有为一方面采纳佛教关于直指本心、即心即佛的心性本体学说汇通印证儒家以仁为主的心性本体论，另一方面康有为又对佛教尚出家外人伦的修行方式保持着谨慎的批评。所以就总的来说，康有为能够接受并吸收佛教中关于义理的部分，但对于佛教中独特的实践方式则不能接受，康有为这一思路仍然是宋明理学家的套路，是典型的援佛释儒论，所援借佛教的集中在论说心性本体上，以此补充儒家义理简晦之不足；但说到修行实践时，则认为佛教出世之行与儒家重日常在世人伦之倡难以沟通。康有为并没有像宋明理学家一样片面地批评佛教外人伦之实践，而是从究竟与方便适宜的角度将两者结合起来：他认为佛教彻底地逆人情而成学是最究竟之学，但这个究竟的境界与暂时保留一些日常人伦而在世实践的阶段性实践并无冲突之处，而儒家之实践正是这一阶段性的次第性的实践，是从各个方面考虑来说都是最适宜现在中国国情风俗的一种实践方式。康有为这一观念，在早期思想向中期思想过渡之际渐渐形成，在中期思想中成熟，但如果没有早年广泛的、开放的，甚至说有点零碎的、探索性的思考，那么也就不会有中后期此种观念的成熟圆融。

康有为早年思想处于探索阶段，而其探索诸家思想之际往往皆将之与佛教相互参考比较，以便从义理上印证，这因为我国传统诸家学说于义理上讲述甚为粗略，而佛教于义理上讲述则甚为详明，故而探索诸家思想时以佛教义理为参考，比较印证亦是情理之中；而于此之中采纳佛教心性义理以明确诸家义理简晦之不足，固亦是在所难免，于中亦可见康有为思想倚佛教之重。今从两个方面简单论述。

1. 以佛说本心印证儒教心性本体

康有为总论儒佛关系认为儒佛之间除了人伦一事不同之外，其余皆可汇通，如《南海师承记》中言：

> 《华严经》与《四书》、“六经”比较，无不相同，但人伦一事不同耳。①
>
> 佛学除人伦外，其余道理与孔子合。②

而儒佛二家最可相通者即是说心性之理。早在《康子内外篇》中康有为即以佛教义理印证儒家之《易》理：

> 何言佛与《易》近也？以象为教，一近也。地狱天堂，诸佛国土，罗刹夜叉，即“载鬼一车，见矢张弧”之象也。以无为有，空诸所无，即《屯》《否》之象，发《剥》《革》之义，陈亢极之悔，终《未济》之卦也。《华严》八地，不舍诸有，随喜顺受，即进退消息，居身涉行之义也。故曰：佛与《易》近。其所异者，佛说无生，故欢喜而游戏；《易》入人伦，故恐惧以寡过耳。③

此处以佛教说诸法相之义印证《易》之象卦之理，从而论述儒佛沟通，特别以佛教中空无之理印证《易》中《屯》《否》二卦象；又以佛教中菩萨不舍诸有之悲愿行印证《易》之《未济》之义。但既然识得菩萨之不舍诸有，欢喜游戏而入世度化众生之义，为何还是说佛教不如人伦，与儒教之入人伦有异呢？当是康有为未曾深入详辩之过。但在另一处康有为又就《易》

① 康有为：《南海师承记》，《康有为全集》第二集，第257页。
② 康有为：《万木草堂口说》，《康有为全集》第二集，第182页。
③ 康有为：《康子内外篇》，《康有为全集》第一集，第100页。

中说“元”之义，强调儒佛二家之不同：

白沙云：天地我立，万物我出。即是《易》之“元”，孔子所有，非佛学也。①

康有为此处以《易》中所说之“元”为万物所出之处，又说这一观点是儒家独有，非佛教所有。其义当为：此处所说之元是本于气质而言，是主气论；而他依据理学家而认为佛教所说万物之源当为心，为理，是故两者有理气之异。这只是康有为一时之见，其后在《春秋董氏学》中，解释“元”之含义时，他又一反此处之说，而以为“元”即是佛教如华严之所说性海本性。

岂知元为万物之本，人与天同本，于元犹波涛与沤同起于海，人与天实同起也。然天地自元而分别为有形象之物矣。人之性命虽变化于天道，实不知几经百千万变化而来，其神气之本，由于元。溯其未分，则在天地之前矣。人之所以最贵而先天者，在参天地为十端，在此也。精奥之论，盖孔子口说，至董生发之深博，与华严性海同。幸出自董生，若出自后儒，则以为剿佛氏之说矣。尝窃愤儒生只能割地，佛言魂，耶言天，皆孔子所固有，不必因其同而自绝也。②

两相对比，可知康有为早期之说为非，是其一时之见，是随顺于宋明理学家以佛教所说心为理非气之误。

以佛教义理印证《易》理是从理的角度来做比较印证，而直接从心的角度做比较研究，则主要是以佛教说真如本心之处来

① 康有为：《万木草堂讲义》，《康有为全集》第二集，第288页。
② 康有为：《春秋董氏学》，《康有为全集》第二集，第373—374页。

印证孟子之说性善以及承袭孟子之说的宋明理学。

孟子性善之说，所以大行于宋儒者，皆由佛氏之故。盖宋儒佛学大行，专言即心即佛，与孟子性善暗合，乃反求之儒家，得性善之说，乃极力发明之。①

孟子用六祖之法，直指本心，即心即佛也。②

孟子言扩充，大指要直指本心。③

此三处皆说孟子之说性善、扩充仁心及是佛教禅宗所谓即心即佛、直指本心之谓。而承袭孟子之说的宋明理学家更是如此，甚至从唐儒开始即已经如此，如康有为评论韩愈与李翱：

昌黎《原性》，李翱《复性》，皆佛法明心之说也。④

又简评宋明以来理学家、心学家言：

宋儒之学，皆本禅学，即孟子心学。⑤

佛言性善，宋人惑之，故特言出孟子。⑥

此两条总说宋理学家好谈孟子性善之说的原因：因宋代佛学在知识分子中大兴盛，宋儒对此有误解，其以为这并非佛教本来之义，当是出于孟子之说，故而出于儒佛之争，特说性善之说是出于孟子。康有为之义为孟子之说本义当是性为生之质，又因为当时特殊境遇而偏说性善，是为随顺人情而引导之方便。是故孟

① 康有为：《万木草堂口说》，《康有为全集》第二集，第181页。
② 同上，第182页。
③ 同上，第184页。
④ 康有为：《南海师承记》，《康有为全集》第二集，第252页。
⑤ 康有为：《万木草堂口说》，《康有为全集》第二集，第136页。
⑥ 同上，第140页。

子之学本义与宋儒所理解之佛教本心之说不同：孟子本义为性为生之质，是本于气质而论；而宋儒所理解的佛教之本心性善之说，却是从理而言，两者不同，故而康有为认为宋儒对佛教和孟子两者都是误解，所以说宋人惑之。如说宋理学诸家如程、陆、朱三家言：

> 程子说多出于佛，而朱子讳之，盖有见于程门游、杨、吕、谢之习佛也。①
>
> 佛氏养心之学，与儒几难分别。陆子静教学者，专讲收敛精神，朱子所攻在此。②
>
> 陆子之学，专以悟为宗，如膜中烈日，此佛学也。③
>
> 佛家门前设四大人，就是为格物处。④

其中说二程及其弟子学问皆多出于佛；说陆九渊则分修静实践和内悟本心两者说明其学问即是佛学。最后一句说格物，实际即是说朱熹，朱熹虽然批评程陆二家是以佛入儒，但康有为指出朱熹自身之讲格物，其实也是佛教中就地火水风四大的宇宙生成论及观修实践，仍是佛学。又评罗汝芳罗钦顺二家说：

> 近溪论为学最精深，由菩萨乘入佛乘。
>
> 整庵辨楞迦。嘉靖后皆王学。⑤

其中楞迦当是《楞伽经》之误写，后皆王学之义谓罗钦顺之后儒家皆是从王阳明而习心学者，心学为佛教固不待论。

---

① 康有为：《康南海先生讲学记》，《康有为全集》第二集，第111页。
② 同上，第111页。
③ 康有为：《万木草堂口说》，《康有为全集》第二集，第139页。
④ 同上，第301页。
⑤ 康有为：《南海师承记》，《康有为全集》第二集，第257页。

除了以佛印证儒家心性本体之说外，康有为还以佛教轮回说印证庄子、以佛教仁爱之义印证墨子兼爱，因为非说心性本体，暂不论及。对于康有为偏好轮回之说，并且指出儒家也有轮回之说，高振农《佛教文化与近代中国》中对于儒佛二家论述心性本体之汇通，康有为仍旧本着佛教外人伦与儒家不同之理，不忘批评佛教说：

> 最无欲者佛，纵其保守灵魂之欲。①
> 佛氏专治心，有内而无外也。②

此说保守灵魂，即是下文所说专治心而无外，所谓无外即是无在世人伦之实践，即指佛教尚出世修行。

上就佛教直言本心而来印证儒家说心性本体论，尤其是孟子之性善之说。康有为又从《中庸》说性的角度与佛教中说佛之三身义理相互印证心性本体之说。

> 以佛释儒书，“天命之谓性”，洁净法身也。“率性之谓道”，圆满报身也。“修道之谓教”，百千万亿化身也。“不睹，不闻是本体，戒慎、恐惧是工夫”，即佛氏所谓“时时勤拂拭，莫使惹尘埃”也。“戒慎、恐惧是本体，不睹、不闻是工夫”，即佛氏所谓“本来无一物，何处惹尘埃”也。③

此段为康有为以佛释儒中最详尽最完备之处，虽然寥寥百言而已，但其中义理甚为深广。文中分两部分：前一部分以佛教说佛之三身：法身、报身、化身来印证儒教《中庸》首三句之论

① 康有为：《康子内外篇》，《康有为全集》第一集，第103—104页。
② 康有为：《万木草堂口说》，《康有为全集》第二集，第173页。
③ 同上，第169页。

性之三相：性、道、教。所谓法身即是真如本性、清净本性、如来藏心、法性等，康有为以之印证儒家所说之性善本性；所谓报身，即是经由舍染求净之修行而获得之佛乘果报，此从学修而言，康有为以之印证儒家所说率性之道，道在此处即是所学所修之道，也是从学而言；最后，所谓化身是指佛菩萨因见众生疾苦，而发悲愿菩提心，以种种幻化之身，方便善巧、普度众生，此是从教而言，康有为以之印证儒家说教化修道。此印证中所含大义即是儒家圣贤之行即是佛教大权菩萨之行，而儒家之教即是佛教在世方便法门，实际是以佛含儒的大旨。文中后一部分，以禅宗神秀与慧能偈子所述宗门义理印证儒家修行功夫之次第，实际是论述儒家顿悟与渐修的辩证统一。前半句以神秀说渐修之实践印证儒家说戒慎是工夫，所谓工夫即是渐修；后半句以慧能说顿悟之本体印证儒家说戒慎是本体，不睹不闻是工夫，所谓不睹不闻是工夫即是言顿悟，而说戒慎是本体，即是要依止本心则能自然戒慎，是故说戒慎即是本体。此段综合而言，是体用并论，前半部分印证本体，后半部分印证运用，运用又从学用两方面而论，说渐修即是学，说顿悟后依止本心复起用，即是教，是故此二处复对应报身、化身二者。是故此段论述实在是康有为论说儒佛关系最为详备公正之处。可惜康有为早年只能偶一发此宏论，不能一以贯之。是故，其又在别处论《中庸》时，批评佛教为遁入虚无，若从上文看以佛教菩萨大行印证儒家修道之教，如何还能说佛教为遁入虚无？唯一可能是康有为之批评当是针对其所见之众多佛学末流，不解佛理，只好一味离世修行，故而康有为有此批评：

不偏之谓中，不易之谓庸。程子之说非也。所谓中者，因当时诸教并立，知者过之，愚者不及，俱不得谓中。佛氏十方世界，遁入虚无，不得为庸。①

总而言之，康有为早期以佛教义理印证儒家心性本体，分别从理、心、性三个方面加以印证论述，其主旨即是认为除人伦外儒佛皆可汇通，是故其论述之际，总是于汇通之后，批评佛教外于人伦、不治世事。对此，当明白康有为就义理上已经看到佛教实际也是注重世间道德实践的，尤其是大乘菩萨行；但康有为仍旧批评佛教出离人伦，则应当理解他是针对当时的佛学末流偏好出世而言。

2. 儒佛同说能仁

儒家说心性本体之理根本在于扩充仁心本体，康有为援佛释儒亦从佛教义理中采纳诸说印证仁体。此有三个印证之处：一就佛号能仁印证儒家说不忍心为仁、为扩充仁心，如南海师承记中言：

孟子仁字全在扩充，说仁忍也，又不忍也，皆从字音生。

圣人以仁为主，即佛家亦是。能仁者，佛号也。②

二就佛教大乘菩萨行之普度众生而印证儒教之在世扩充仁心：

旁及异教，佛氏之普度，皆为仁也。③

---

① 康有为：《万木草堂口说》，《康有为全集》第二集，第 174 页。
② 康有为：《南海师承记》，《康有为全集》第二集，第 250 页。
③ 康有为：《长兴学记》，《康有为全集》第一集，第 342 页。

三就佛教六度之平等布施义印证儒家之行仁：

> 佛教所谓割肉食鹰，杀生食虎，仁之极，所谓平等者，此也。①

对于这一点，康有为虽然从义理上论述说佛教之平等布施即是儒家之扩充仁心，但康有为还是就其逆人情离人伦而对之做批评：

> 凡言平学者，逆人情而后起也。人性之自然，食色也，是无待于学也；人情之自然，喜怒哀乐无节也，是不待学也。学所以节食、色、喜怒哀乐也。圣人调停于中，顺人之情，而亦节人之性焉。唯佛则不然。人好食，则杀禽兽，不仁甚矣。圣人知其不可，阴食之，而阳远庖厨以养其仁心，欺矣。佛则戒杀生，不食肉焉。人好色，则争夺杀身忘亲，圣人知其不可，阴纵之，而阳设礼教以束缚之。夫色心之盛，岂能束缚？必至不义矣。佛则戒淫以绝之。自六根、六尘、三障、二十五有，皆人性之具，人情所不能无者，佛悉断绝之。故佛者逆人情、悖人性之至也，然而学之至也。圣人性恶兼之，为子莫执中焉，未可谓学之至也。故学之至也，于佛而止矣，蔑以加矣。②

此段中详细分辨儒佛二家关于人欲的基本态度，康有为以为佛教对于人欲是要彻底遏制，而儒家是阳止阴纵，是随顺人情而调停的中庸之道。但康有为并不以此完全批评佛教，而是指出佛

---

① 康有为：《南海师承记》，《康有为全集》第二集，第 227 页。
② 康有为：《康子内外篇》，《康有为全集》第一集，第 102 页。

教为逆人情之学的究竟境界，而儒教实际是通达这一究竟境界的中间阶段，这是以佛含儒的观点。又文中以阴阳而论儒家克制人欲，这一观点也延伸到判定儒佛两者上：

凡地球之内，靡能外之。其戒肉不食，戒妻不娶，朝夕膜拜其教祖，绝四民之业，拒四术之学，去鬼神之治，出乎人情者，皆佛氏之教也。耶稣、马哈麻、一切杂教皆从此出。圣人之教，顺人之情，阳教也；佛氏之教，逆人之情，阴教也。①

此以阳阴配儒佛二家，以儒家为阳教，以佛教为阴教。以阳阴判儒佛二家之说出于高攀龙之说，彭绍升《一乘决疑论》中转述言：

高子曰：天地间对待之理，有阳便有阴，有吾儒便有二氏，佛氏之教阴教也。观其生于西方，译自外国，所言皆鬼神之事，概可见矣。②

所不同者，高攀龙以佛多言鬼神之事，判之为阴教；而康有为以顺逆人情判儒佛为阳阴。至于鬼神之事，康有为不同于高攀龙，康有为认为儒家也说鬼神之事，此同于佛教，《书余莲珊尊小学斋集后》中言：

孔子改制“六经”，与民同患，席不暇暖，救民之厄，乃发为鬼神祸福报应之说，以明其民。

而佛氏因果、道家报应之说，乃独据而罗纳吾民，儒者

---

① 康有为：《康子内外篇》，《康有为全集》第一集　第103页。
② 彭绍升：《一乘决疑论》，《卍新续藏》，第58册　No. 1029，第712页中。

有之，反遗遁而不居中。以宋儒统贯大道，穷理至精，尚蔽惑于伪说，于是儒术益隘，泽寡下逮。其流弊乃并修身亦去之，而道为墟矣。①

可见，康有为反倒是提倡儒家自有鬼神因果报应之说，这是源于今文经学董仲舒提倡祸福报应之说，而康有为复以佛道二教之因果报应之说相互参考印证。其提倡鬼神因果报应之说是为批评理学家尚虚理而不重与民同祸福之修身实践，此种精神实在是与佛教之说鬼神因果报应有相通之处。

康有为早期以佛释儒是以佛教为究竟广大，以儒家为通达究竟之境界的中间阶段，此虽未明言，实为暗含。故而他虽批评佛教外于人伦，但只就佛教末流而言，不针对全部佛教义理及实践。其总论儒佛二家言：

孔教多于天，佛教多于人；孔教率其始，佛教率其终；孔教出于顺，佛教出于逆；孔教极积累，佛教极顿至。孔教极自然，佛教极光大。无孔教之开物成务于始，则佛教无所成名也。狗子无佛性，禽兽无知识、无烦恼，佛可不出。人治盛则烦恼多，佛乃名焉，故舍孔无佛教也。佛以仁柔教民，民将复愚，愚则圣人出焉，孔教复起矣，故始终皆不能外孔教也。然天有毁也，地有裂也，世有绝也，界有劫也，国有亡也，家有裂也，人有折也，皆不能外佛教也，故佛至大也，是二教者终始相乘，有无相生，东西上下，迭相为经也。②

---

① 康有为：《书余莲珊尊小学斋集后》，《康有为全集》第二集，第11页。

② 康有为：《康子内外篇》，《康有为全集》第一集，第103页。

此说与佛教言一切无为法须从有为法做出同一道理。故而康有为所言之儒教即是佛教之有为法，而康有为所言之佛教，是从究竟意义上而言的无为法。两者固然是不可强分。而从二教上而言，康有为之大旨则是佛教为广大究竟，是可以包含儒教，而儒教是佛教在世间人间之最适宜之方便法门。

二　中期论仁性及援佛

康有为中期论心性本体特点有三：一者，此时期论述心性本体的体裁以注释经典为主，区别于早期讲学与著述两种形式。以注释经典的方式论述心性本体，则主在随顺经典中的说法，同时以自己的观点重新系统地解释经典中的说法，区别于自己著述中成立自家说法的形式。这一时期主要的两部经典著述，且和心性本体紧密相关的两部经典注释是《春秋董氏学》和《孟子微》。二者，此一时期，康有为论述心性本体以阐述性中出善恶为主，区别于早期以性中无善恶分别为主，这一区别的原因仍在于这一时期论述方式是以阐释经典为主，因为要随顺经典中的说法——如董仲舒说性有阴阳、如孟子说性善——所以重点论述本性之中如何分别出善恶差别；而早期论述心性本体的形式为自己著述以及讲学，无须严格随顺经典章句，故而可以建立自己的观点说性无善恶分别。三者，此一时期，康有为论述心性本体，开始逐渐地引入佛教思想，参考论述，且多是随顺佛教义理的，有别于早期多是分别儒佛差异。

（一）天性与性海

康有为早期论述天之性质，一方面说天之形成为不可知，这是本着儒家重视在世精神而不说世间之外的事情；另一方面说天生成万物及人的时候，侧重于天之阴阳二气的构成，颇接近于现代自然科学中说法。而论述到理的时候，直接指出先气后理，理为自然即有，且是自为自度之理。中期康有为论述天之性质，一方面仍然秉承气论精神，继续说明天之本质为阴阳二气，但此一时期通过解释经典，康有为不再坚持天之形成是不可知的了，而是延伸了气论的精神，认为天的形成也是气所形成，气比天更加原初。另一方面，康有为此一时期论述天的性质，侧重于理的方面。尽管他还是认为气先理后，但是他以为先天之际即有一种更加原初的理的存在，是包含在元气之中的，后来也形成到天之中，并最终形成人性之中的仁性善端。最后，康有为在将天之本性继续向原初方面推进的同时，也将仁体本性的原初可能性进一步地向原初推进，而不将之仅仅限定在人之初生之际，如此这般康有为就引入佛教中论佛性之心性本体的精神来参考佐证其观点，也可说他对儒家天性之说的改造实际是参考了佛教心性的说法的，如华严性海，即心即佛的说法。这是这一时期康有为论述天之本性的三个主要的特点，其主要依据于董仲舒之天人阴阳二分的精神，并参考佛教华严性海之说，相互激发参考而出。

1. 元、气、天

中期康有为不再坚持说天之始为不可知，而从解说《春秋繁露》中深发天、气、元三者之关系，并进一步指出元气生天。所谓元，经典中如《易》中说："大哉干元。"《春秋纬》中说：太一含元，布精乃生阴阳。康有为引诸经典解释元说：

> 《易》称"大哉干元"，乃统天，天地之本皆运于气。《列子》谓：天地空中之细物。《素问》谓天为大气举之。

何休谓：元者，气也。《易纬》谓：太初为气之始。《春秋纬》：太一含元，布精乃生阴阳。《易》：太极生两仪。孔子之道运本于元，以统天地，故谓为万物本，终始天地。①

从这一段具有训诂性质的引用经典佐证的说明来看，康有为的意思即是指出元有两种性质：一是说元之本质就是气，如何休之解说直接说：元者，气也；二是说元具有原初之气的性质。合二性质而言，元即是元气，元气的原初性质是相对天地而言的，所以各种解释中说道：统天、统天地、万物本、终始天地。又元气之原初性质也具有相对于非原初之气的特征，此即是说元气是阴阳未分之气之原初状态，而后来非原初状态之气，其实就是阴阳二气，是故《春秋纬》中说布精乃生阴阳，《易》中称太极生两仪。最后，元气实际类似佛教中小乘所谓无方分之极微，如康有为所引《列子》中解释谓元为天地空中之细物。

《春秋繁露》中对元的解释侧重于其原始性质。

是以《春秋》变一谓之元，元犹原也，其义以随天地终始也。(《重政》)

元者，始也。(《王道》)

谓一元者，大始也。(《玉英》)②

《春秋繁露》中此三条论述元条，都侧重其原初起始的含义，并非指示元为气，而康有为所阐释俱是引用其他经典及解释来互相参合论述。从中是可以看出训元为气应该是康有为自己的观点，也是其秉承早期主气论之明证。上文所论为说明元与气之

---

① 康有为：《春秋董氏学》，《康有为全集》第二集，第372—373页。
② 同上，第372页。

关系，也说明元与天的关系。但在这样的说明中，主气论的说明方式明显地指示天之构成是仅仅在物质形体上的构成，还没有涉及性理方面的形成。康有为对此亦说：

> 岂知元为万物之本，人与天同本，于元犹波涛与沤同起于海，人与天实同起也。然天地自元而分别为有形象之物矣。①

这就是说天地人从元处而来所形成得到的只是有形象而已，也就是说元气是形成天地人的物质性构成元素。但康有为随后在解释人元在天前的说明中却突破了这一点。

> 人之性命虽变化于天道，实不知几经百千万变化而来，其神气之本，由于元。溯其未分，则在天地之前矣。人之所以最贵而先天者，在参天地为十端，在此也。精奥之论，盖孔子口说，至董生发之深博，与华严性海同。幸出自董生，若出自后儒，则以为剿佛氏之说矣。尝窃愤儒生只能割地，佛言魂，耶言天，皆孔子所固有，不必因其同而自绝也。②

此段中说人之性命、人之神气，从元而来，在天地之先。此处的性命、神气，既然说到性、神，则必不仅仅是气之物质构成而已，而是已经带有性理之义在其中。后文又进一步描绘此性命神气为：人之所贵而先天者、华严性海、魂、天。在说人之所贵而先天者为参天地为十端的时候说：

> 凡物皆有大统，一为之始。必有条理，十为之终。一之

---

① 康有为：《春秋董氏学》，《康有为全集》第二集，第 373 页。
② 同上。

与十，终而复始，道尽是矣。华严说法，必以十真暗合也。①

从这些说法中，可以看出的无非两条：第一，康有为在此解说之中已经暗含地将性理掺杂进来了，如说性、神、性海、魂，又如说条理、始终等等。而这也就是说从元开始而生发天地人，其中生天生地主要是生形象物质，生人则主要在身性理神魂等精神性的存在；又其所谓的性、神、魂、性海等，按照其解说，应当即是宇宙变化的规律，也就是贯彻始终的天理，由一生十，由十复归一的规律。第二，康有为此处解释性命神气等人所贵者，也就是人之仁体本性，其主要的方法即是借助佛教义理来引申。本来其论元是主于气论的，但是主于气论是难以转化到精神性存在的生成的，从元气中如何可以找到性、神、魂的依据呢？这是极难解释清楚的。康有为的说明有二：一是从天人的区分来说明，即一方面天人之本都是在元，但是元之生天实际仅是形象之生成，而元之生人，即人元在天之先者，实际并非仅仅是形象而已，而是性魂等精神性存在，这样通过天人区分而区分出形象之物质性与性魂等精神性存在的同一来源，不同生成；二是从生成的条理规律上说明，即人之所贵是在于参天地为十端，此即是言元生天地人有规律，且人可参与并知晓此等规律，此为人之所贵，非天地之所有。康有为此两点解释都结合了佛教义理来论证，第一点即是结合佛教中华严宗所说性海之说，所谓性海，即言真如本性，深广如海。康有为对此譬喻的理解为元为海，而人天犹如波涛与沤。所以说元为万物之本，人与天同本，于元犹波

① 康有为：《春秋董氏学》，《康有为全集》第二集，第373页。

涛与沤同起于海，人与天实同起也。此即是说，虽是同起，但波涛与沤本性为一，但相有差别。第二点，康有为说性理即是条理规律时也同样参考了佛教华严宗是说法。他说："华严说法，必以十真暗合也"，以此对应于董仲舒之说十端。如此则明，康有为为随顺董仲舒之论元为人天之本，同时又不违背其先前所持主气论，乃援借佛教心性之说，参合发明，指出元中本含物质精神二者：生天主形象，生人主性灵神明之性魂等。虽非严格遵循佛教说法，且对佛教之说有所误解（如以为佛教所说之性海为魂），但必是参照佛教义理，将之与儒家义理相互印合，比较发明，而得出的尝试性的阐释，所以其说法仍然有许多不周密的地方。

2. 气分阴阳

天人同本于元，是从原初统一处而言。是故康有为说"一之与十，就始终言之。若就一物而言，一必有两"。这又是因为"元与太极、太一不可得而见也，其可见、可论者，必为二矣。故言阴阳而不言太极"。文中所谓两、二、阴阳即是世间所有对待之言，如男女、正负、仁义、公私、常变等等。对待对偶之义以阴阳而概括。

> 孔子原本天道，知物必有两，故以阴阳括天下之物，理未有能出其外者。①

以阴阳对应于气而论，则气分阴阳二气。引《春秋繁露·天地阴阳》中说：

① 康有为：《春秋董氏学》，《康有为全集》第二集，第374页。

天地之间，有阴阳之气常渐人者，若水常渐鱼也。[①]

康有为释此句说：

天地之间，若虚而实。气之渐人，若鱼之渐水，气之于水，如水之于泥，故无往而不实也。[②]

其解说中以气之虚实解说阴阳二气，是随顺于气之为一，而非本于董仲舒之气有阴阳二者之说。董仲舒说气有阴阳二分，其后以阴阳二气对应于人之理气仁贪。如《春秋繁露·深察名号》中说：

人之诚，有贪有仁。仁、贪二气，两在于身。身之名，取诸天。天两有阴阳之施，身亦两有贪、仁之性。[③]

可见董仲舒之说原本是分气为阴阳二者，以解说人性之仁贪善恶二者。而康有为不以阴阳二气解说，而取虚实之分解说，是为了更加方便地说明气化的过程，因为以虚实来解说可以更好地解释气之凝聚发散的流通运动，从而有效地区分气之可见不可见。

人比蟭螟硕大极矣，不能见纤小之物，若自至精之物推见，则气点之联接极粗。

人气点感动流通相殽，乃自然之势。董子此说穷极天人之本，今之化学家岂能外之哉？[④]

---

① 康有为：《春秋董氏学》，《康有为全集》第二集，第374页。
② 同上。
③ 同上，第385页。
④ 同上，第374页。

此处所言之气点，即气之凝聚成最初之气质，类似今化学所言之分子。而所谓至精之物，即细物之元气。是故康有为从虚实之气运动来解释是方便于从今天化学原理上理解。虽然说法不同，但根本原理仍是同样，虚实对待仍可以阴阳来概括。但比较董康两家说法，可见董仲舒之说在后来解释人性之中有贪仁二者极为方便，而康有为这一说法显然仍是主气论，偏重物质方便的构成，那么在解说理之来源，人性之中仁体本性之来源则会形成困难。又如康有为说以阴阳括天下之物，理未有能出其外者。此说理在阴阳之中，理即物必有两，理即一阴一阳之谓道。这一解释有模棱两可之嫌疑：因为既可以理解为其中阴阳二者分别对应于理气二者，贪仁二者；也可以理解为物必有两，一阴一阳之运动本身即是理。康有为对此并没有详细区分。在后文的解说中这两种可能往往混淆运用。同时这也是因为康有为认为说气不能离开理，而说理也不能离开气。

但总而言之，由元、气、天之原初本性中二分出阴阳，是为了后面更好地解释人之本性中如何开出善恶二性。这一点有别于早期侧重论述性无善恶分别。所以二分阴阳是为从一元本性演变出善恶二性之关键枢纽。

3. 三合生人

论说元、气之原初本性及有之而二分阴阳，都是为了阐释人之本性，而人之本性就事实而观察，常有善恶二类，是故必本原初本性而二分阴阳以便阐释善恶二性之所出。但就人之生成而言，康有为秉承气论，但又须从中阐释出人之仁体本性。是故康有为随顺董仲舒而论述三合生人。所谓三合生人，康有为引《穀梁》曰：

> 夫物非阴不生，非阳不生，非天不生，三合然后生。故谓母之子，天之子也可。①

此说人必天父母三和合才可生，而父母二者本于阴阳。此中说法，若从理论之精粗上而论，固是粗糙。天即是气化所成，天地之间即阴阳二气，则人生阴阳二气足矣，何必需另设一天？别立一天，此天阴也？阳也？是则阴阳非阴阳皆不可。是故三合生人之说，其中需解释之处尚多。如说人人皆是天之子，何故又说人为父母之子；又既人人皆是天之子，何故只有王者才称之为天子？其中理由康有为阐释说：

> 孔子虑人以天为父，则不事其父，故曰：天者，万物之祖也。父者，子之天也；天者，父之天也。则以天为祖矣，所以存父子之伦。②

康有为之解释是说：本即是说天即可，但单说人从天而生，则易不事其父；若单说从阴阳生，则易不事天，是故父母天皆说，则远近皆得以侍奉。此种说法，甚为牵强。实际此处所说之天，性质已经变化。因前面说天是从天为气所成之形象之物，而此处所说之天，实际已经接近合阴阳而成人之理，又接近气所出之理。如下文之解释：

> 盖性命、知觉之生本于天也，人类形体之模本于祖父也。若但生于天，则不定其必为人类形体也。若但生于祖父，则无以有此性命、知觉也。故仁人享帝而郊之，报性命

① 康有为：《春秋董氏学》，《康有为全集》第二集，第375页。
② 同上。

知觉之本也。孝子享亲而禘之，报气类形体之本也。①

此说人之生，从天而得模本，得性命知觉；从阴阳父母处得人类形体。虽然此处说法稍微模棱两可，但主旨是从天得性，从父母得形体，类今日所说之精神肉体之分别，亦即是理气之分。此诸种解释勿论其牵强粗糙，其重要者是为引出性命所出为天而已，而天又必从气而论。因此其中对于性理之所出本即难以言明，是故处处读来都觉牵强。

《春秋繁露》之《王道通》中说天曰：

仁之美者在于天，天，仁也。

人之受命于天，取仁于天而仁也。②

下其施，所以为仁也。③

康有为释曰：

孔子本天，以天为仁人，受命于天，取仁于天。

孔子立教宗旨在此，虽孟、荀未能发之，赖有董子，而孔子之道始着也。④

人类化于天，人性生与天，故人道即法天道。天人分合，本原贯通，孝子不匮。⑤

此文明显可知，别立出天，说人本天父母三合而生，其重要之处即是欲为人之仁性找到一个非人的出处，即是天：人取仁于

① 康有为：《春秋董氏学》，《康有为全集》第二集，第 375 页。
② 同上。
③ 同上，第 379 页。
④ 同上，第 375 页。
⑤ 同上，第 382 页。

天，而非取之于父母。是故在阐释出人之生于天即是从天取得仁体本性之后，康有为以法天、事天、畏天、知天四点来整理董仲舒本天之论。

比较于前期则可见前后之变化：《康子内外篇》中说物质有相生之性，在于人则曰仁。此说仁为人相亖互助之义，非取于天，出于人自身。又说仁必待智成而方可出，亦非取于天，实出于人智之推心而已。又说性为仁义爱恶无别，其爱恶存者名为性。此即是言性为气质，非别于气质，是故无别，而此说性之仁取于天，形体即是气之凝聚所成，取于父母，则有别之义明显。是故凡三处皆与早年之论大异，然亦非不可汇通，因早年之说，本就理多疏漏，言无周密，而今之说又迫于释经体裁，诸多牵强。从早期到中期的说法变化，可从《万木草堂口说》找到一个中介的说法：

受天者谓之性，就天说。①

此条口说当是答此等前后不一之疑而发。所谓就天说，即言非本来事，而是方便说教而已。实际仍当主性为生之质，性无善恶之别，但有善恶之端。仁即是爱恶之因智而扩充推心之效应可见者。唯此种说法过多经验性，无理论建立之坚固。是故就天说，而谓受天者谓之性。实际天之始为不可知。故而此处只是立教之处，非真实之处。亦正是在于此立教之始，就天而说，则援佛教义理而佐证之，即言说华严性海之说，而佐证儒家受命天性，天人相通之说。这是因为儒家一般所说之天生、先天多指人生之前，生来如此之谓。而佛教因为通论三世，其论说天生则是

① 康有为：《万木草堂口说》，《康有为全集》第二集，第173页。

通于三界六道轮回而论。故而儒家之说性为天生之时，往往即是说人之初生的状态，而对于生命之前的情况往往置而不论，即康有为之说天之始为不可知。是故当其说性为天生，又从中区分出父母之所生与天之所生，则往往可与佛教所说之染净二种因果缘起有类似之处，儒家学者亦多转借佛教论说心性染净二种因果序列而增补儒家说人性天生之简略不足。

康有为《孟子微》中虽主说性与仁，但亦论述到天。如《性命》中说：

> 此明天生民以物则善性，人人可为善也。《诗》“有物有则”一言，孔子以为知道。盖天每生一物，赋之以形色识性，皆各有度量分界、一定之则，是谓天则，凡有气之水土、有生之草木、有知之禽兽皆然。
>
> 天则又名天性，《中庸》曰“德性”，又曰“明德”。①

此段说天则，以天赋予人之形色识性皆各有度量分界、一定之则为天则，实际是从天命的角度解说天性，不同于《春秋董氏学》中从人取仁于天、受天之性的角度。

又《孟子微·总论》中说：

> 性者，人之灵明，禀受于天，有所自来，有所自去。②

此即直说人之性中灵明是禀受于天，此说性独指灵明之性，即是仁体本性，非人之生之质全部。其理由在于康有为说此灵明之性并非单就人生之初所禀之性而言，而是就仁体本性而言。且

① 康有为：《孟子微》，《康有为全集》第五集，第426页。
② 同上，第423页。

其论述灵明之性，仍旧是援借佛教华严性海阐释。《总论》中孟子说“万物皆备于我”时说：

> 人之灵明，包含万有，山河大地，全显现于法身，世界微尘，皆生灭于性海，广大无量，圆融无碍，作圣作神，生天生地。但常人不识自性，不能自信自证自得，舍却自家无尽藏，沿门托钵效贫儿耳。如信得自性，毫无疑惑，则一念证圣，不假修行，自在受用，活泼泼地。①

以此段之说人之神明为性海，对比于《春秋董氏学》中解释先天之人元为性海，就字面上看是有矛盾的：前说性海为先天，后说性海禀受于天。此固是因为康有为本非有意于严密之哲学论证，故而其说也难免疏漏不周。另外如果汇通其说，也可以说所谓禀受于天之人之灵明是就已经形成为人之后所具有的灵明之性，是已然性的；而先天之灵明，是就人之可证可验之灵明之性的原初可能性而言。又说其禀受于天而言，是就人天同本于元气而言，是故此处所说之天是就阴阳二气及其理而言之天，非单指自然之天、形象之天。

总而言之，康有为从元、气、天之原初本性处而论及到人之初生，其思路既要本于以气为本质而论说天人之本性即是气质，又须从气质之本中阐述出仁体本性的出处，其说如从儒家自身理论来说明多半会陷入宋明理学家之理气之争中。康有为避开理气之争，而转从援借佛教性海之说，补儒家论说仁体本性来源之不足，以性海包含万有，圆融无碍之方便阐释元、气、天之二分阴阳乃是人性之有贪仁二者。此种方法实在是回避了从儒家理论上

① 康有为：《孟子微》，《康有为全集》第五集，第422页。

阐释的复杂性而采用了佛家一念证圣的思路之方便活泼。

（二）性出善恶之分辨

康有为早期论述本性侧重性为生之质，生之质中有爱恶仁义而无善恶分别，待智起后，扩充推度此基于自我的爱恶之心则成善恶仁义之分别，此为习而非性。但既然习之可成善恶仁义之分别，则性中必有善恶仁义之内在可能性。其中期注释经典所解说者即侧重说明后天之善恶分别从何而出，而其中又主要解说仁体本性于本性生之质中如何存在及发出。是故论述本性之关键即是说明性之善恶的可能性即发出，即性出善恶之状况。康有为之论述分四点：一就诸家分辨善恶之端分别解说；二溯诸孔子及六经中说法，重新阐释，指出性中包含善恶二端，并以魂魄二分来总结；三进一步说明性与命、智、身、心之关系；四特别说明欲望与性之关系。其中兼涉援借佛教义理参合发明佐证。今分别说明。

1. 分辨诸家论性之善恶说

通过阐释经典的方式论说性出善恶之说，首先面临的是诸家论说性之善恶不一，对此诸说当如何评判、汇通及抉择。如孟子说性本善、荀子说性本恶，而告子又复多方与孟子辩论。对此当如何解说为首要之务。

首先，针对孟子性善之说。孟子以为人性皆善，其不善是后天外在的影响，从而说人幼小之时无不是善的，谓之为赤子之心。康有为以事实论述确实有人幼小之时并非为善，而指出“孟子之言情性，未为实也”。而事实当是“性本自然，善恶有质”，同时也指出孟子说性善有其缘由，即孟子偏重于人性之中善质而言，见有不可变易者，是为天性使然，遂以之为人性本善；但其未辨善恶所禀不同。《长兴学记》中说：孟子性善之说，有为而言[①]。“孟子独标性善，就善质而指之。曰乃若其情，可以为善，乃所谓善此。以举世暴弃，而欲振救之，乃不得已之苦心，立说有为，读者无以辞害意可也。”[②]“孟子直截责人人自贼，专意教人扩充。夫有恶而防绝之甚难，不如有善念而扩充之甚易。”[③]此皆解说孟子说性善非就本体实事而言，而是就救世之方便而言：出于举世暴弃，而教人就善念而扩充之，此法较防恶之法为易。其次，针对荀子性恶之说。康有为亦从事实来说明现实中的确有见人幼小之时即有善性，长大之后亦为善。是故“孙卿之言，未为得实”。但他同时也指出荀子之说性恶也是有缘由的：由见小儿无推让之心，长大之后，禁情割欲，勉励为善，从而论说人性本恶。此于孟子见小儿无争夺之心，遂以为人性本善一样，俱是以偏概全。这是批判孟荀二家之偏见，《长兴学记》中随顺二家说法，而指出：荀子性恶之说，有激而发。结合说孟子性善之说为有为之说而论，即是说说性善是为引导人从善，说性恶是为激发人后天克制本有之贪欲而从善，是故此二说出发点不同，但所归属处则为一。“《荀子》：性者，本始质朴也，即天质之朴也。乃孟子之说，则辩名虽殊，而要归则一也。”[④]再者，针对告子之以水譬人性，以为性无善恶，习善则善，习恶则恶，如水之决之东则动，决之西则西。康有为指出此说亦未得其实，从事实而言，有人生于善处而未必为善，生于恶

① 康有为：《长兴学记》，《康有为全集》第一集，第341页。
② 康有为：《孟子微》，《康有为全集》第五集，第430页。
③ 同上，第414页。
④ 同上，第430页。

处未必从恶。同时指出告子此说之缘由是因为告子“之以决水喻者，徒谓中人，不指极善极恶也”，并引孔子说上智下愚不移之说为佐证。若就人之三品而言，孟子、荀子之论性善性恶实际都是只就中人而言：

> 但孟子之言性善曰，“其情可以为善”，则仍是性可以为善、可以为不善之说耳，并非上智之由仁义行也。荀子之本始质朴，但未加文饰耳，亦非下愚之不移也。孟、荀所指，仍皆顺就中人言之也。①

又再，董仲舒以阴阳对性情而论性之善恶，“天之大经，一阴一阳。人之大经，一情一性。性生于阳，情生于阴，阴气鄙，阳气仁。曰性善者，是见其阳也。谓恶者，是见其阴者也”②。康有为以为董仲舒此论亦未能得实，因为人性情同生于阴阳，则有善有恶，则不可有纯善纯恶，是则不可说性为阳，纯是善。又刘向亦分性情，以为在于身而不发为性，接于物而然者为情，形外谓之阳，不发谓之阴。此论阴阳刚好与董仲舒相反。康有为亦批评其说为非实：不论性之善恶，徒议外内阴阳，理难以知。且从子政之言，以性为阴，情为阳，夫人禀情，竟有善恶不也？此批评刘向之说论阴阳内外既不为定，且徒论阴阳不论善恶，则理实难知。由此批评可反观康有为实以为说性为内情为外发是许可的，但并不可以性情对应善恶，而须许性中有善恶之端，情发亦有善恶之行别，此为习而非性，此皆继承其早期思想，中期并未改变。

---

① 康有为：《孟子微》，《康有为全集》第五集，第430页。
② 同上，第429页。

最后，宋明理学家分性为气质之性和义理之性二者，张载主此说。康有为暗许张载之论。而谓朱熹之说理先于气、别于气而有为非，其以为朱熹之论是“性为人受于天之理，盖专用张子义理之性言之”。由此可见，康有为此处仍是言性有气质与义理二性，不可单论义理之性而否定气质之性。

2. 重释经典明魂魄二分

评判诸家之论善恶，既指出诸家偏颇之处，亦指出其偏颇之理由，此皆是为提出康有为自家说法而扫除障碍。又因其提出自家说法亦须有理有据，是故提出自家看法仍须从经典中找出证据，此即是重释经典，以明确自家说法。康有为之观点为性中含有善恶两端，但仅为可能性，发之为情，则成善恶之习。此观点主要针对单说性善或性恶或说性无善恶等观点，是故其于经典中所要寻找之依据即是性有善恶之说明。

此一思路仍是承袭早期思想中对经典字词的训诂方法而来，主要重新训释《书》《诗》《易》《中庸》《论语》中性字的含义。

> 夫曰天性、德性、尊之、率之、弥之，皆就善而言。若非善者，岂可尊之、弥之、率之？其当节、当修、当继成之者，以性虽有善质，而非至善，即荀子之说“性者，本始质朴也。伪者，文理隆盛也”。质朴者，犹粗恶未精云耳。隆盛者，弥之、节之、率之，加以文明。然则，孟、荀大概皆同，但标名曰善曰恶。①

此从率性的动词意思之训诂入手，从中辞出二义来：一为尊

① 康有为：《孟子微》，《康有为全集》第五集，第429—430页。

顺于性，一为节制于性。以所尊顺之性为善端、善质；所节制之性为恶端，质朴之性。由此而论证经典所说性本含有善恶二端。

除征引六经经典，从中重新训诂，寻找性含善恶之证据外，康有为亦从孔子言论中说儒家本怀。此说多是依据今文经学而论，盖康有为认为今文经学是传孔子托古改制之真精神。如《春秋董氏学》中随顺董仲舒之义，而阐释孔子论性之三品以及辟孟子论性之区分于禽兽及圣人二者。

所谓性三品即引《论语》中说中人、上智及下愚三者而分别人性有三品。以孔门说教，有因材施教之善巧：有随顺中人之教，有随顺上智之教，亦有针对下愚之教。而孟子、荀子之说性善性恶，皆是就中人而言；告子之说性无善恶，可善可恶，实际也是就中人而言。《春秋繁露·深察名号》中言：名性，不以上，不以下，以其中名之①。以中人而名性，一方面具有多数普遍性，另一方面就其善恶二端皆俱，又虽有善端，且非至善，尤须待教；虽有恶端，然非至恶，尤须克制。是故从中人而言性，是具有理论解释和实践教学上的双重方便的。康有为此处指出孔子本怀说人性善恶有三品，即指出了性含善恶，非单一之纯善纯恶或无善恶之说。王充谓“性善者，中人以上者也。性恶，中人以下者也。善恶混者，中人也”，康有为以为是。由此亦明，性有善恶。《春秋繁露》中论性善不同于孟子论性善。董仲舒认为说性善有两种比较而言的说法，一种是以人性区别于禽兽之性，以人善于禽兽，而说性善；另一种是以中人区别于圣人，以圣人善于中人，而说性善，或说为至善。董仲舒以为孟子之所谓

① 康有为：《春秋董氏学》，《康有为全集》第二集，第385页。

人人皆有之性善，即是区别于禽兽而善于禽兽之中人之善，“孟子下质于禽兽之所为，故曰性已善。吾上质于圣人之所善，故谓性未善”[①]。董仲舒之所谓善为圣人之善，则针对中人而言，即为性未善。康有为评述董仲舒此种观点时指出此处董仲舒是倾向于荀子，而远离孟子性善之论的。但康有为进一步指出说性未善是侧重后天之教化的重要性，但是如果没有先天的善端，即便有后天之教化，也不得成就至善，所以他说荀孟二家之见，只是“辩名虽殊，而要归则一也”。从此段论述中可反观不论是说性善之相对性，还是直接将之转化为性之善恶两端以及后天之教化，都说明本性含有善恶两种差别，并非单纯一种或全无。由此，康有为完成其从经典中寻找性含善恶二端根据之过程。而其归结此种观点则以随顺今文经学之观点为是。康有为总说今文经学之论性善恶之观点言：

> 性善性恶、无善无恶，有善有恶之说，皆粗。若言天有阴阳，身亦两有贪仁之性，与《白虎通》同，可谓精微之论也。[②]

《春秋繁露·深察名号》中言：

> 仁、贪之气，两在于身。身之名，取诸天。天两有阴阳之施，身亦两有贪、仁之性。
>
> 善出性中，而性未可全为善也。[③]

由此可得知，《春秋繁露》中说性中有善恶二分，是本于阴

---

① 康有为：《孟子微》，《康有为全集》第五集，第427页。
② 康有为：《春秋董氏学》，《康有为全集》第二集，第385页。
③ 同上。

阳二分，天有阴阳之施，是故身有贪、仁二气二性，若从性之统一而言，固然善是出于性中，但性中还有贪恶之存有，非全部为善。

除随顺董仲舒之说外，康有为另亦采纳别家的说法亦佐证性含善恶为儒家本怀，如说："宓子贱、漆雕开、公孙尼子之徒，亦论情性，与世子相出入，皆言性有善有恶。"

最后，康有为以魂魄二分来总结其论述性含善恶二端之说，并于此处引入佛教义理以资佐证。《孟子微》中言：

> 天则又名天性，中庸曰德性，又曰明德。传谓人既生魄，阳曰魂，是以有精爽至于神明，孔子谓魂气则无不知。又曰：知气在上。易所谓知气游魂，但有精粗之殊，故有神明精爽之气之别，其曰体魄则降，知气则上，是不随体魄而化，无死生之可言……以为生生之现受，要人皆有之。①

此处区分魂魄为气之上下升降：知气在上，则为阳，则为魂气，则为神明，则为明德，则为天性，依前文论述可知明德、神明、天性即是性海，是则无死生之可言，为生生之现受；若气为下为降，则为体魄。

> 唯人入于形色体魄之中，则为体魄所拘。投于声色臭味之中，则为物交所蔽。熏于生生世世业识之内，则为习气所镕。②

体魄与形色联用，明体魄即是形色，形色亦是出于天地。故

① 康有为：《孟子微》，《康有为全集》第五集，第426页。
② 同上。

而体魄本质上亦是气。

> 盖魂气之灵，则仁。体魄之气，则贪。魂魄即阴阳也。[①]

魂魄即是阴阳二气，人本于天，天有阴阳二气，则人身有阴阳二气，贪仁二性，即是魂魄二气。魂魄二气即是性中本有之善恶二端。此处但以魂魄二分，随顺阴阳二分、善恶二分。是故康有为总结说：尝为人性表考之，分为万度，错综参伍，曲折万变。但昔人不直指魂魄，或言阴阳，或言性情，或言精气，皆以名不同而生惑。若其直义，则一而已。

> 尝质而言之，心思之官者，魂灵也。耳目之官者，魄质也。魂魄之好不同，而常相战矣。然魂清虚而无凭者也，必藉魄乃为用。魄强实而无知者也，多背魂而自专。故魂魄交争，魄必胜矣。以魄多而魂少，魄实而魂虚，魄强而魂弱故也。故人皆纵任耳目口鼻身体，从魄以行扰，扰焉不知所之，以其无主也。昏昏然别有所适，沉沉焉若有所醉，以其无知也。积之既久，魂亦从而迷焉，则丧其天官，失其天性，坏其天身，为小人之归矣。非徒其一生，且将世世而沉沦焉。若魂灵，则清明光洁，端庄粹一，泊然无营，超然无染，能抽绎事理，能辨别是非。凡曰明德，德性，神明，皆是也。苟能立以为主，以统魄官，令物不能引，俗不能移，卓然立青云之上，不物于物而造物，阖辟卷舒，无所不可，欲仁则仁，欲义则义，清明在躬，志气如神，故成就远大，

① 康有为：《孟子微》，《康有为全集》第五集，第430页。

而为大人也。故纵欲败度而至杨广，武曌，任耳目身体之魄欲者也。让天下如尧、舜、华盛顿，舍身家如佛，立心思之魂灵者也。魂魄皆极清强，而魂能制魄，则聪明可助睿智之用，而制作大成如孔子矣。魂魄极清强，而魂不能制魄，则睿智助聪明之用，而功业成如唐太宗、拿破仑矣。其他皆视魂魄之孰强孰为用事，魂用事者为大人，魄用事者为小人。而以分数判之，可作表而考之也。故大人者，在先养其魂灵，统御其体魄而已。《大学》言“在明明德”，《诗》言“予怀明德”，《书》言“克明峻德”，以及佛氏之“明心见性”，皆先养其魂灵也。《论语》言“克己复礼”，《易》言“惩忿窒欲”，以及佛氏之“降伏其心”，皆以御其体魄而已。荀子明《礼》学，故专以制魄为主。孟子明性学，故专以养魂为先。得道不同，故条理迥异。是皆孔子之支流，而孟子得其本矣。此为孟子直指人道，普度圣法，学者宜用心焉。①

康有为论说魂气之际，说魂灵魂气即是神明，而神明即是佛教所言之性海，全体大用之真如本性。此处论体魄，亦援借佛教业识熏习之说佐证体魄之为习俗所染。其说人入于形色体魄之中，投入声色臭味之中，为物交所蔽，即如佛教所言于生生世世业识之中为习气所熏染。儒家论心性本限于现世，不论前世后生，是故儒家说天生只谓人生之前，而于其实际状况则存而不论。康有为此处引佛教说三世业识熏习之说，有突破儒家现世论之进步。又康有为以魂魄二分阐释性出善恶之理，又以魂魄相争相制说明

① 康有为：《孟子微》，《康有为全集》第五集，第437—438页。

人之趋善趋恶，于随顺善端之性善说，克制恶端之舍染取净之性染性恶说，皆兼而采之，于理论和实践上都比较综合圆融。

3. 性与其他范畴的关系

康有为中期论述心性本体，除了从性与天、性出善恶这两个主要的角度加以论述外，还兼涉性与其他一些相关概念范畴的关系，如性与心身、性与命、性与诚明之间的关系论述，这主要源于其论述心性本体的方式为在参照耶佛等诸教的视野下阐释儒家经典，所以要遍释儒家论述心性本体的各套概念范畴。现就其中主要的三组范畴简单加以说明。

（1）性与心身

康有为在《孟子微》一书中特辟一节说心身，主论性与心身之关系。其说心为：

> 心者，人体之精灵，凡知觉运动，存记构造，抽绎辨决，情感理义，皆是也，包大脑小脑而言。性者，天赋之知气神明，舍于人身而不系于死生者。以天之精气附人之心体，以魂合魄，合成人灵。故能尽其心感觉运动，存记构造，抽绎辨决之才，则能知人性神明精爽、魂灵之妙而可推知乾道变比之神矣。①

此说心包括了知觉运动、情感、理义三者，相当于现今所言之感性、知性、理性三者，总括了人之精神意识的全部内容；康有为还从现代科学的角度加以区分，说心包括大脑小脑两部分，这是对传统说心不说脑的现代转换，同时其认为心包括大脑小脑，是将运动调节能力和思维能力并而为一，总说为心之功能。

① 康有为：《孟子微》，《康有为全集》第五集，第433页。

性为天赋之知气神明，其不系于生死。又此处仍是以性为魂，而心身二者则相应而为魄矣。这是源于其论心为大小脑，是系于生死者，以魄而论之，也可成说。如此天赋之性与人之心身相和，则成魂魄相合。此种相合能够尽心知性、穷理尽性。是则康有为此段解说是在以现代科学以及佛教义理阐释孟子尽性之说。从魂魄的角度来进行阐释，其主要的理论支撑点就是康有为以佛教性海之说为魂，由此又将魂嫁接于基督教之魂灵，以此来补充儒家说天之虚幻不详，并达到沟通诸教的汇通目的。此种论述仍重在实践，非徒构建精致理论而已。其说：

> 人为天生，性为天命，收摄保任其心，无使为物诱所化，则退藏于密，清明在躬。培养扩充其性，无使由习俗所熏，则光明刚大，参赞化育矣。①

因人有心身二者，而心又有从天而受之性命，而身则能受习俗熏成物欲贪性，是故从天受性，则当保任其心，扩充其性；因有物欲诱惑、习俗熏染，是故当无使为物所化，无使为习俗熏染，如能如此则光明刚大，参赞化育。可见论心身二者，从于魂魄二分，而对于实践上而言是有舍染求净之二种修行实践，其论扩充其性，舍绝习熏物诱，俱是援佛而增强培固儒家之现世实践。

(2) 性与命

康有为言：盖命为孔子一大义，使人安分循理，迁善去恶。说命是就天而言人天关系，如就人而总言就是受，分说就是尊天、法天、畏天、知天四者；而就天而言，就是天命。人受于

① 康有为：《孟子微》，《康有为全集》第五集，第433页。

天，在康有为看来主要是仁性，但有时他也说人之心身性皆是受之于天。如说：人为天生，性为天命。此说侧重说性为人取之于天者；又如说：天与我身，我则奉天而不违。后又言：天且有尽，况受于天之人身乎？此二说皆说身亦受之于天。而就三合生人而言，身当受之于父母，而仁性之体受之于天或元气。此诸种说法，并非精密，倘若汇通，则当知康有为之说天生，实有三义：一就人生之前而言，凡人之出生之自然有者，非后天所成，则统称之为天生；二就形体之天而言，盖天地即阴阳二气，是故凡人之气质所成，则皆称之为天生；三就神明性海而言，凡人之知气而上，神明所有，非机械或死固之物，则皆从天而生。如能明确康有为说天之三义，于其诸说天生之处，细加分别，则可明了：其说人受天者为性，实是就神明性海而言；其说身之受于天，实是就形体之天地而言；其说气质天生，实是就人之出生之所有非后天所成而言。是故其说命，往往混同诸义，不加分别而言。有时说命是就人受性于天而言命，有时是就人受天之身生而言，有时又是混同二者而兼言之。就笼统而言说命，是就人受天之性而言；就分别而言时，其则强调性与命之分别，命特指人受身及生于天，又进一步突出生死祸福之受之于天。《孟子微》中言：

> 性与命异，或性善而命凶，或性恶而命吉。操行善恶者，性也；祸福吉凶者，命也。①

此说区分性与命，所突出的是性为为善去恶之主观能力之可能性及其必然性，而命则带有效果之因果性。《易》言：乐天知

① 康有为：《孟子微》，《康有为全集》第五集，第435页。

命；《中庸》言：居易以俟命；《论语》言：知天命，俱说命，但言简义晦。康有为引《孝经纬》《春秋繁露》及《论衡》说三命：正命、随命和遭命。

> 《孝经·援神契》：命有三科，有受命以保庆，有遭命以嘀暴，有随命以督行。
>
> 《春秋繁露·重政》：人始生，有大命，是其体也。有变命存其间者，其政也。政不齐，则人有忿怒之志。（康有为下注：三命之说与《孝经纬》《论衡》同。）①
>
> 《论衡·命义篇》：正命，谓本禀之自得吉也，自然而善，故不假操行以求福，而吉自至，故曰正命。随命者，戮力操行而吉富至，纵情施欲而凶祸到，故曰随命。遭命者，行善得恶，非所冀望，逢遭于外，而得凶祸，故曰遭命。②

三说之中，王充之说最为详尽。康有为从三命之中又化出三性以对比：

> 此谓三命，亦有三性：有正，有随，有遭。正者，禀五常性也。随者，随父母之性。遭者，遭得恶物象之故也。③

后文从怀孕受影响，以后天受家庭影响等方面说明三性之确有其事。康有为说三性前二者即是其说三合生人之天与父母三者；而遭命者，是后天之影响。与三命之结构已经不一样。

上说三命者，说正命都是从人之初生而言，并为延伸到生前，甚至三世等方面。但随后康有为引《孝经纬》说：

---

① 康有为：《春秋董氏学》，《康有为全集》第二集，第383—384页。

② 康有为：《孟子微》，《康有为全集》第五集，第435页。

③ 同上。

善恶报也。[1]

又转述京房《易传》说精气游魂，有多世之说，以其为孔子微言，总结说：

则其善恶之因，以为立命之报，盖在前世矣。善恶之大小，以为今世受报之大小，长短相补，轻重同计，特窈微深远，非人浅短所知也。[2]

下文复举数例以明佛教因果报应之说确然不虚。康有为此处实际即是暗用佛家因果报应之说重释儒家性命之说。虽然从表面上看，其所引用俱是从今文经学以证因果善恶报应之说为儒家本怀，但即便此为儒家本有之说，亦从古文经学兴盛以来，久已失传之说；而社会历史上之广泛流传有效之因果报应之说却多出佛家。太虚大师《佛教最要的一法与中国急需的一事》一文中指出：

此间所谓佛教最要的一法，就是从广泛因果中，指定十二缘起底异熟因果法以言；用浅显的名辞来说：就是“业报”。凡说明业报，既显然为佛教；信业报的亦显然必是佛教徒。[3]

故从历史史实、实践及佛教教理上综合而言，康有为此处实际即是隐晦且有力之援借佛教报应之说。此一点到其晚年仍为重要一点，此当尤为注意者。

---

① 康有为：《孟子微》，《康有为全集》第五集，第434页。
② 同上，第434页。
③ 太虚大师：《人间佛教文选》，北京华藏图书馆，2004年，第149页。

(3) 性与诚明

诚即诚于自心本性，无欺于自心本性；而明从穷理而言，非直接无欺于自心本性。是故康有为分自诚明和自明诚二者为不思与教。两者俱是从行与性的关系而言。其说自诚明言：

> 自诚明谓之性，不思而得，不勉而中，从容中道，所谓由仁义行，无所为而为善者也。尧舜性之也，可学而未易至者也。①

自诚明即不思、不勉、无所为为成就中和之道。这是上智、是难行道，非对中人而言。

其说自明诚为：

> 自明诚谓之教，穷理尽性，以至于命，乐天故不忧，敦仁故能爱。②

自明诚，由明而诚，谓由穷理而尽性，进而能乐天知命、敦仁能爱。此是针对中人而言。自诚明与自明诚二者类陆九渊之立其大者与朱熹之格物穷理二者之区别。又类似于佛教之顿悟与渐修二者之区别。当然两者亦可统一。

(三) 仁之扩充

论述心性本体之根本目的在于从中引出仁体本性，说性为气质，其中包含善恶两端、可以引发出善恶两种行为，其侧重处也在于仁爱之善行。康有为中期论述仁体本性与早期论述仁体本性差异不大，唯就扩充仁心之次第一点与早期论述有所差异。而正

---

① 康有为：《孟子微》，《康有为全集》第五集，第436页。
② 同上。

是在扩充仁心之次第处，其援借佛教修行之次第来掺和佐证儒家义理。今从仁之含义、仁与智义、仁之次第、欲及不仁四个方面简单说明。

1. 仁之含义

中期康有为论说仁之含义具有总结早期分散论述的倾向。其略从四个方面加以总结：仁之不忍义、仁之相人偶义、仁之相爱义、仁之扩充义。

仁之不忍义。此说为阐发孟子之说。《孟子微》中说：

> 不忍人之心，仁也，电也，以太也。人人皆有之，故谓人性皆善。既有此不忍人之心，发之于外，即为不忍人之政。①

此说仁即是不忍人之心，此是就人而言；又申发说，若就客观事物而言，即是电、以太，说电是就其普遍交通性而言，类似今日所说系统性；说以太，是就其普遍构成性而言，类似今日所说基本粒子，此二者为沟通现代科学原理而阐释，分别就物质构成及运动二性上言。后仍侧重就人之主观精神方面而言：此心性仁体，普遍为人人皆有，即是生之气质中之善端，就其内在未发而言是善端，是仁之体；若就其发之于外而言，是善之行为，即是不忍人之政，此处政乃广义之礼义行为，非狭义之政治行为。

（1）仁之相人偶义

此说仁之相人偶义是从训诂上而论及义理。《孟子微》中言：

① 康有为：《孟子微》，《康有为全集》第五集，第414页。

> 夫仁者，相人偶之谓。庄子曰：空谷之中，见似人者而喜。凡人之情，见有同貌、同形、同声者，必有相爱之心，故《中庸》曰，仁者人也。孟子传子思之道，故直指曰：仁者人也。以人行仁，人人有相爱之心，人人有相为之事，推之人人皆同，故谓合人与仁即为道也。然则，非仁即不得为人，即不可以为道。或以为鸟兽道则有矣，不可以为人道也。①

《春秋董氏学》中也说：

> 中庸：仁者，人也。注：人也，读如相人偶之人。以人意相存问之言。春秋元命苞：仁者，情志好生爱人，故其为人以仁，其立仁字二人为人。②

所谓相人偶，即是从仁之字形，从人从二而论说仁义为二人之义，进而由此引申说仁即是同类相爱之义。由此而训仁义，一侧重人，而非鸟兽动物，与说仁之不仁义中说仁为电、以太等普遍义有不同，是故此处说非仁，鸟兽道有，而非人道。此处之说，可从别处论述加以汇通，如善之相对性而言，说万物普遍之仁性，是就最低层次的善之可能性而言；说人人皆有之仁性，是就善于禽兽之仁性而言；说未曾善，则是就圣人之至善而言。又可以从有无智的角度加以区分：说万物皆有仁性，是就仁性之可能性而言；而说唯人才有，则是就人有神明之智，能够将此仁体本性加以推度扩充，乃至违逆自身之欲望而成就群体之生存等，此等皆是唯人才有。论其侧重相偶之义，有两重含义，一是就个

① 康有为：《孟子微》，《康有为全集》第五集，第 415 页。
② 康有为：《春秋董氏学》，《康有为全集》第二集，第 392 页。

体之间而言有相互之义，一是就同类之间有相类相爱之义，相互义是说虽有差异，然能相爱相助；就同类义而言，为言因其同类同形同声等，则能相爱。

（2）仁之相爱义

仁之相爱义，仍是从仁至相人偶义中引申而来。如上说相偶义中有异同二义：一谓虽人人间有异，然能相互相爱相为，是则为相爱之义；一谓因人人间似同，有同形同声等，是则能以类而相爱。是则异同是相对的，亦是统一的，说有类同则基于有人人个体之差别，说有差别则有望人类之群类相似。是故言："以人行仁，人人有相爱之心"，"仁者，情志好生爱人"。

（3）仁之扩充义

仁之扩充义，与早年间论推度之心一脉相承。另论扩充义也是从仁之相人偶义中引申而来。再者，论述扩充义，主要是用来阐释孟子性善说，侧重于人性中善端，而非侧重于恶端，如果侧重恶端，那么就需要论述克制之义，教化之义，而非扩充之义。因此，康有为说孟子性善说为一种教化之方便善巧：

> 大人小人之异，视其扩充与否耳。孟子直截责人人自贼，专意教人扩充。夫有恶而防绝之甚难，不如有善念而扩充之甚易。①
>
> 因人人之所固有而导之，因人人之所已能而拓之，是扩充下手之法，中庸所谓"致曲也"。②
>
> 自此外而推之诸天，内而推之微生物，莫不皆然。③

① 康有为：《孟子微》，《康有为全集》第五集，第414页。
② 同上，第439页。
③ 同上，第417页。

第一条说就善念而扩充较就恶念而防绝为简便易行；第二条说扩充之法是就人人之所能而引导，是现实可行之教，非强人所难一味好高骛远之举；第三条说扩充有内外之分，其义在说扩充之法，下手处虽浅近但境界深远。

（4）仁之含义总结

仁之含义，可从多方面加以说明，但却无法限定在某一特定的方面。就其体而言，固然是本于天、性海、元、气之原初可能性，即便从人而言，也是生之质中善端之可能性，就其可能性而言，尚待后天习染熏陶方可明见有效。

是故康有为援借佛教性海之论说仁性本体，若就仁之本体而言：

> 如信得自性，毫无疑惑，则一念证圣，不假修行，自在受用，活泼泼地。①

但此种境界非一般凡夫中人所能立刻得到的，故而圣人有致曲之方：

> 故圣人立政创教，皆本诸身，不为人不能行之道，而人人能从之。以爱人为体，则咸有不忍之心。以羞恶为用，则咸有不屑之意。故人人可从圣人，亦人人可为圣人。其有不能者，皆陷溺其本性使然。明珠投于污渠，外虽被污，而本体之皎洁自若也。②

此即是说若就本体而言，固然是皎洁自若；但若就人人能行

① 康有为：《孟子微》，《康有为全集》第五集，第 422 页。

② 同上，第 437 页。

能从之教法上渐进之道而言，则当从圣人以身为本，爱人为体，羞恶为用之仁心扩充之法。而此法若就用上而言，实在广大，非一言可尽，即便康有为从四个方面对仁加以说明，但此远远不足以尽仁之广深大义，是故其说仁无定义：

> 说仁无定义，此无定义，即言仁之广博，无极限。亦言仁之广泛于日常，非可定。

说仁无定义，非说仁之不可言说，不可实践，而是说仁体之用，广大深远无极限，就其扩充之本性而言，即是不当限制于任何一点，即便是人类也不可固执地限制，是故扩充至境界外可推之诸天，内可推之微生物，岂是人类之渺小可限制欤？

2. 仁与智义

康有为早期论性与智之极，以智为性之内外划分之界限，智为推度、逆违成学之动力所在。中期论智仍是承袭此一精神，唯中期阐释多随顺于经典而主扩充，兼涉反身求己。

仁心就其体而言，只是一种善心之可能性，未必一定诞生善行。那么要诞生成就至善之行，则须渐渐逐步扩充其不忍至心，而扩充其心则须大智大用，不然则会被自身之欲望本能所牵制染污，成为自贼自私之辈。

> 知言，大智也，唯大勇大智，而后能扩充其不忍之心以保四海，所谓大仁也。盖孟子之学在仁，而用力则在勇、智，学之能事毕矣。①

此处言唯大勇大智而后能扩充其不忍之心，即是承袭早年

---

① 康有为：《孟子微》，《康有为全集》第五集，第425页。

说：有推度之智后方能推度爱恶之心成就仁善。所以此处说孟子之学在仁，是就体上言，就根本目标言；而说用力则在勇、智，学之能事毕矣，是就用上言。另此处说勇，也是从早期说学贵逆人情上继承而来，唯其逆人情，逆而强学者，才是大勇。

具体说智之用，在于推度，而推度又在于见祸福、知利害，见始终，立其无废之事。是故言：

> 欲舍行为，舍知何所下手？此天然之理也。见祸福远，知利害早，见始知终，立之无废，智之条理最博而深矣。①
>
> 而智慧、勇猛、元定，皆出于心思。心灵之智，能辨其是非。心力之勇，能除其缠缚。心神之定，能坚其守持。若是者，皆在于思。思之文，上从脑，下从心。脑与心合为思，此先圣之古义，得物理之精者也。②

智之用即是本于自为调护、自为扶持的原则而自营，而自营之中最重要的就是知祸福利害之远近，而取事之废立。智之用也表现为思，心灵之思维能力表现于能明辨是非。而心力之勇则表现为能够除灭烦恼。此处除灭烦恼即是逆人情而学之义。此说与早期说理之功用极为类似。早期说理之功用为：

> 若夫上下百年，鉴古观后，穷天地造化之故，综人物生生之理，探智巧之变，极教治之道，则义理无定，有可得而言焉，观其变之动，知后之必有验也；求其理之原，知势之必有至也。③

① 康有为：《春秋董氏学》，《康有为全集》第二集，第 393 页。
② 康有为：《孟子微》，《康有为全集》第五集，第 437 页。
③ 康有为：《康子内外篇》，《康有为全集》第一集，第 100 页。

对比可见，康有为中期说智之用即承袭早期说理之功用而来。所不同的地方，中期所说为随顺今文经学，故而对于祸福利害等变化更加详尽侧重。盖董仲舒多言灾异祸福之事。

中期论智也兼涉逆人情之学，除上文所言之大勇外，《孟子微》中说反身求己之反身实即是逆反人情之身之义：

> 爱人，治人，礼人，一切当反身求己，孔子所谓“躬自厚，而薄责于人”也。命虽自天，而人当自修以配之，不得恣肆。譬立岩墙，是自求天祸，无如之何也。①

其中说自修就是自学之义；不得恣肆即是不可放纵情欲，当行克制之义；故而其中反身求己即是逆而强学之智。如此说智分正反两方面：正面说即是扩充仁心，以至于知祸福利害之远近而安排事情之废立；反面说则是反身求己。

最后，智之大用还体现在扩充仁心之次第抉择上。扩充仁心需要有次第，既不可过于急躁，眼高手低，也不可过于低贱，等同禽兽。是故如何循序渐进地扩充仁心，即是扩充之次第，而此次第抉择之功能即由智来担任。智之抉择以亲贤为先，即是一种次第。

> 仁智无穷，而人之当先，则以当务急亲贤为先。②

总结而言：康有为中期论智仁关系，主要继承早期思想，但侧重祸福和扩充至循序渐进之次第。其论智从三个方面而论：一说智之用为扩充仁心，乃至知祸福利害之远近，筹划事情之废

① 康有为：《孟子微》，《康有为全集》第三集，第441页。
② 同上。

立；二说智之用为克制己欲，反身求仁，此为逆人情而求学仁；三说智之用为抉择仁不仁及扩充仁心之次第，以亲贤为先。

次论仁与义利之关系。早期康有为分别仁义二者以仁为推度扩充，义为界限；又以哀、惧分别仁义二者。中期阐释《孟子》之际则多以仁义为里表而合论，又以义利分别而论。如说：

> 仁义不可不求。孟子之言仁义，非由外铄，直指人心人路，则无能外之矣。鞭辟近里，直指现在，舍尽一切，专求本心，扫尽葛藤，荡涤薮泽，独得直截之大道也。①

此说仁义当求，是直指人心人路，舍尽一切，专求本心；但又说专求本心，无能外之，即是说仁含摄义。这是因为：

> 《书》《大学》所谓利者，仁以安仁，是即仁义也。仁为人利，即能我利，义得人和，即得人利。但如此，谓之仁义，不谓之利矣。②

说仁已经包含义在其中，是建立在分别义、利基础上的，所以说仁以安仁，是即仁义矣。能够做到为人之利，即是能我利，如此义得人和，即是人利，即是仁义。所以说：

> 怀义心者，虽日为利，而亦义。怀利心者，虽日为善，而亦恶。③

此中说怀义心者，即是仁义合说。能够怀义心，则虽日日为利，也是义；反之则恶。因为：

---

① 康有为：《孟子微》，《康有为全集》第五集，第439页。
② 同上，第440页。
③ 同上，第441页。

> 盖一怀利心，则绝于圣人之途，而无从言者也，故以为第一义。①

此中所说怀利心，是就私利而言，而非就人利而言；其中无从言者，即是怀义心者。康有为如此辗转论辩义利之差异，其主要的目的在于不去一味否定为利，因为利也可以是为人之利，如此之利是人利非私利，是仁义。他这一点的论证是针对儒家理学家存天理灭人欲之过分，而援助佛教六度之布施义而辗转论证的，如在解释仁之含义时，其自注曰：

> 二人，言不专于自己，念施与也。②

二人，即是训诂仁字之从人从二之相人偶之义，其以施与之义阐释仁义之利，其中施与即明显采纳佛教六度之布施。

3. 仁之次第

仁无定义即言仁广博深远，泛于日常。这源于仁心之扩充外可推之诸天，内可推之微生物，那么当如何扩充此仁心本体？扩充仁心意志于智、明于义利分辨之原则。除此之外仍需循序渐进之次第，不然过于好高骛远则成空言，过于浅显则类同下智禽兽，不得进取。康有为从儒家重人伦之原则出发，随顺儒家重人伦孝道之方法。

> 人以身为重，而身从亲来，故以事亲守身为至大之事。③

> 爱亲敬长出于良知之性，欲人扩充而达于天下也。盖

---

① 康有为：《孟子微》，《康有为全集》第五集，第 440 页。
② 康有为：《春秋董氏学》，《康有为全集》第二集，第 392 页。
③ 康有为：《孟子微》，《康有为全集》第五集，第 442 页。

> “大孝不匮，永赐尔类”。凡同为人类者，皆亲爱之，此太平大同之本也。[①]

此二条说扩充仁心从孝开始之理由：上条从人以身为重，身从亲来，故事亲为大，逐步论证，其出发点从一般人之普遍人性而言，非过于高蹈玄远之言；下条说爱亲之心其本也是出于人之良知，此处良知即是仁心本性。两条相合，则明扩充仁心宜从爱亲事亲之孝道开始，进而扩充而达于天下，故而说孝为太平大同之本，此处本义为基础、起始。总结言：

> 孔子言仁，从孝弟始。中庸曰：仁者人也，亲亲为大。《传》曰：孝弟者，其为仁之本，乃人道自然之理，至顺之德也。不爱其亲，而爱他人者，谓之悖德。故仁无不爱，而施从亲始，虽墨子亦不能外也。[②]

总说扩充仁心之次第从孝悌开始，复暗援佛教布施义说施从亲始。此处说不爱其亲，而爱他人者，谓之悖德，似乎又批评佛教主出家之不近人伦之嫌疑。然细细分辨此句实表面似乎批评佛教，暗中仍是援佛释儒，因为从佛教角度来看出家似乎是不爱其亲，但若就施设之平等义看，则其视其亲与他人为平等，而平等事敬施设，与事亲义并不违背，反而较爱其亲不爱他人者更为究竟广大。是故康有为此处隐含之义并不与佛教义理究竟处违背。

康有为亦简略区分了行仁扩充仁心之次第，分为九等，分列如下：

---

① 康有为：《孟子微》，《康有为全集》第五集，第442页。
② 同上。

> 然则天下何者为大仁？何者为小仁？鸟兽、昆虫无不爱，上上也。凡吾同类，大小、远近若一，上中也。爱及四夷，上下也。爱诸夏，中上也。爱其国，中中也。爱其乡，中下也。爱旁侧，下上也。爱独身，下中也。爱身之一体，下下也。可为表表之。推远庖厨之义，孔子不杀生之意显矣。①

其中爱旁侧，爱其乡者即是孝悌之别说；而爱身、爱独身实是爱亲事亲之前提理由。其上上言鸟兽昆虫无不爱，已突破仅爱人类之局限，也已经突破儒家人兽之别的旧义，而援佛扩充儒家之不足矣。故而其后又复特别说明儒家远庖厨之义，即是佛教不杀生之义。若专就人类政治而言，则扩充仁心以至于行仁政者则有二：一在觉民，一在救民。此说从先觉觉后觉之说而引申。

4. 欲及不仁

侧重论仁善出天性、元气，则难以说明贪恶之性之所出，如果以气质之性包含善恶两端，而性就其本身而言只有善恶之可能性，那么善恶之分别则取决于后天之习染，而置先天之性于可有可无之境地。康有为就此困难于理论上并未有所建树新意。其侧重论仁善之际则主仁善出于天，出于元气，但其又不否认贪恶也同样来源于天与之身，是故当其并论善恶皆可从性出时，其所说之性是人之初生之性。康有为最终以魂魄而并论贪仁善恶，是故其对于人身之爱恶贪恶利欲等并未像理学家那样贬低到一无是处。

早期康有为为解决此种困难，从性为气质之主气论出发，认

① 康有为：《春秋董氏学》，《康有为全集》第二集，第390页。

为爱恶是善恶贪仁之可能性，其只有相对意义，而没有绝对差别义，爱侧重于仁爱之扩充，恶侧重于仁爱之有限制。此种论调在论述孔子说性分三品、董仲舒区分孟子之言性善与圣人之至善的区别中得到了进一步的肯定，但并没有就周密的理论上给予详尽的证明。康有为中期论及人欲时，仍然肯定欲望，但从中人及圣人之取舍上却做了分别，其说：

> 君子议道自己，而制法以民。使民有欲，顺天性也。不得过节，成人理也。若夫为己，则遗物蜕秽，以无欲为贵。欲为民者，有欲。欲为圣人者，无欲。①

此处论人欲以民及圣人区别对待，针对民而言，顺天性而许有欲；针对欲为圣人者，则以无欲为贵。似乎前后矛盾，若顺天性而许民有欲，岂不是说圣人无欲为悖逆天性？故而此处所说天性只是就人生之初所具之性而言，又或就中人而言之善于禽兽之善而言之天性，非就圣人至善之天性而言。两者之中，康有为实际较侧重前者，以为顺天性许有欲是扩充仁性次第之初步条件；而后者是就究竟上而言。若将人欲扩展而观，则人道之为生存而竞争，产生家国之间的争战。康有为对之亦是许可，其言：人道竞争，天之理也。如于自身家国，当力配天命、求其多福，渐进于仁。

此两处论人欲及人道竞争，都是就中人而言，也是就扩充仁性之初步而言，所以才顺天性而许可，以为进修仁道之条件。而其长远终极目标仍是以圣人无欲为的，以太平大同世界为是。故而虽则许可，亦是权宜之计，是次第之渐进中一阶段而已。

---

① 康有为：《春秋董氏学》，《康有为全集》第二集，第398页。

> 仁不仁本无定，视其所习。习于善则善，习于恶则恶，而其始在慎所习之术。一有习心，累生难改，见猎心喜，则杀根不忘。故今者乱世之人心，皆从大鸟大兽，期争啮食而来，又从太古渔猎而至，积无量世杀心而有今日。故贪杀之心极盛，人道安能致太平？今者火器日盛，甚且制毒烟药，日加而无已。杀人之器日进日新，谬种流传，生生无已，人道何从有太平之日乎？①

此段深刻揭示贪杀之心皆从往世之习染积累而来，致今日世界之战事深重、太平无期。重要的是康有为此处论述不仁之恶习的形成同样也援借佛教异熟业报的理论来加以阐释说明。其中说习心，即是无明一念冲动，形成习气种子，进而产生异熟业报，杀根不忘，是故说累生难改，积无量世而成今日知杀心。此段援用佛教之说，甚为明显，不管是语言上引用佛教名词入根、习心、无量世；还是义理上说三世异熟业报，种子熏染等义，都是十分明显且深入的佛教义理在解释儒家之不仁心之所成。

三　晚期论仁性及援佛

康有为晚年论心性本体主要集中在晚年演讲之中，其中包括1923年《开封演讲辞》，同年4月《保定河北大学演讲辞》，同年6月《济南演讲辞》，同年10月《孔子圣诞日演讲辞》，同年11月《长安讲演录》11篇演讲（《长安讲演录》中录9篇，《全集》补《督署讲演印度之亡》和《咸阳周陵讲演》两篇，是故

① 康有为：《孟子微》，《康有为全集》第五集，第446页。

共 11 篇）。如此，合 1923 年全部演讲约共 15 篇演讲。该年演讲集中体现了康有为晚年论说心性本体思想。康有为晚年论说心性本体思想具有如下五个特点：

1. 比较诸教，弘扬儒教；
2. 偏好《中庸》，论说心性；
3. 行不离道，教在日常；
4. 次第井然，施从亲始；
5. 援佛释儒，重佛在世；

这五个方面重点在第二点，即从《中庸》来论述心性本体思想。五个方面的结构思路为：第一点比较诸教，弘扬儒教是为其晚年思想背景；第二点从《中庸》论说心性本体是其晚年思想的核心；第三点重视在日常人伦中的仁心扩充，是论说心性本体的适用范围；第四点论说扩充仁心的次第从孝开始，是侧重心性本体大用的顺序次第，三、四两点主要集中在心性本体的用之实践上，而第二点则是侧重从体上对心性本体做说明；第五点援佛释儒，注重佛教修行的在世性，是其论说心性本体时特别与佛教相关的特点，这一特点普遍分布在上述四点之中，故而若就晚期思想的完整结构而言实际只有上述四点。另外其晚年思想中还有一个显著的特色：即是注重物质生活之实践。这一点是特别明确的，但就整体结构而言，是含摄在重视日常和次第之中的，只不过重视日常人伦和重视次第是偏重精神修养而言，重视物质实践是偏重物质条件而言，但总的而言，重视次第和重视人间日常生活实际已经包含了重视物质生活。

康有为晚年论说心性本体思想的风格不同早中二期，如果说早期思想风格偏重理论结构和自我创造，从而具有青春风格；中期思想偏重随顺经典及援佛释儒，具有宏大深层、渐趋成熟之中年风格；那么晚年思想则侧重综合集成、简洁老练之辛辣风格。集中代表其晚年心性本体思想的十五篇演讲，于文学美学上亦颇为可观。若就思想内容本身而言，十五篇演讲实在内容单一、无有新意，但若就文学篇章构造上而论，则同一思想内容，因观众之不同，而变化纷呈，或详或略，或侧重历史，或侧重本体，或侧重诸教比较，或侧重日常人伦，极尽变化之能事。由此亦可见，康有为晚年思想已经经由其坎坷人生经历而千锤百炼以至于固若金汤、沉淀心底，故而能随境随缘而任意发挥、挥洒自如，呈现出千姿百态，而终究又万变不离其宗，可谓张之弥六合，收之藏一芥。就其文学美学之技艺韵味而论，实在是叹为观止。

今就上述五个方面分别论述，行文分四点，而分第五点于前四点之中。

（一）比较诸教、弘扬儒教

《开封演讲辞》中开篇即简分诸教为二：神道教与人道教。以孔子之儒教为人道教，而以其他诸教如婆罗门、佛、基督、回等诸教皆是神道教；区分之关键为神道教只注重灵魂，而人道教不专言灵魂，乃是兼身兼魂。此说于婆罗门教、佛教实在是失之粗率，但其为弘扬孔教而遍弹他教，亦是策略之一。《保定河北大学演讲辞》中继承上说，更加简略。《济南演讲辞》中仍承袭上说，稍为辩说：各国各地皆有其适意之教，各教亦各有其长。而其中耶回僻远；佛教为最高妙；儒教则总各教最重之人道而成。此说若就究竟而言，故是佛教为高妙究竟；但若就适合而论，则儒教重人道为最适合。其他各教只是偏重一地一国之适宜而已。《长安讲演录》之第一篇中变化体裁，侧重诸天知识之讲演，于其后从上帝之角度比较诸教：以佛教、婆罗门教、基督教之说上帝为虚夸；现代科学说无上帝亦太过；唯儒教说上帝为昭事之宜而弘扬儒教。其主旨仍在说儒教注重人道。长安演讲之第二次演讲加入道教比较，言道教只重修魄，而儒教则性命双修，从而弘扬儒教。第三次演讲中复从上帝角度简略比较诸教，以为佛教以天为弟子不同于儒教敬天畏天，故斥佛教为不可训，从而弘扬儒教。第四次演讲中转从人伦礼制的角度比较诸教，斥他教偏离日常人伦，如婆罗门教之苦修、佛教之出家修道、基督教之离夫妻父子等，反证儒教之随顺夫妻人伦为人道教。

第五次演讲则全篇主讲比较诸教，为诸次演讲中论述诸教比较最为详尽的一篇。此次演讲综合前数次演讲中比较诸教之观点，综合地从四个方面加以论证：一从各教所崇拜之天、上帝的角度加以比较；二从各教之仪式制度角度加以比较；三从各教之主旨爱人的角度加以比较；四从各教修行之所依止灵魂加以比较。其总结的观念亦比较中允平实：以各教皆有长处，而儒教于我国国情风俗等特别适合，故而弘扬儒教，非一味片面排斥他教。

从各教所崇拜之天、上帝的角度加以比较。各教莫不尊天事上帝，如基督教、犹太教、回教之事奉上帝；其次如波斯教之崇拜太阳，也是一种特殊的事奉上帝的方式；道教信神仙也类同信奉上帝。其中只有佛教以为天帝与佛战，天帝为佛所败，成为佛的弟子，康有为以为这一点颇为可异。康有为这一观察，类似西方人之宗教观点，以宗教必有一崇拜对象，如上帝、太阳、神仙等，但由此而以为佛教不信天而信佛即于此相悖，未免过分。从佛教的角度看，佛陀也是许可信徒将佛作为可皈依的对象，性质类似上帝等信仰对象，只不过就佛教而言如此信奉崇拜未为究竟而已，只是修行的一种善巧方便而已。康有为论述此点时明确采用了当时学术界的一些研究成果，从科学研究的角度而以为基督教信奉上帝是源于佛教，基督教是亚历山大灭印度后佛教流传到西方而产生的新宗教。但其也认为基督教也同时源于犹太教，吸收佛教精神而形成的。

从各教之仪式制度角度加以比较。各教既有崇拜信奉之对象，则自然有事奉祭祀之仪式制度。如基督教之行礼、回教之礼拜、波斯教之分白蓝帽等仪式制度，康有为以为这都与佛教类似，如佛教之燃灯献花等。如此则诸教之仪式制度则与儒教之礼仪制度有类似之处，但所不同的是诸教之仪式制度是基于信奉天、上帝而有，而儒教之礼仪却是基于人道之人伦日常。

从各教之主旨爱人的角度加以比较。康有为以为各教主莫不爱人，这一点为无可议者。但爱人之方式须对于其国其风俗有所适宜才可行。如基督教之博爱，如"唾左面而仍请唾右面"等，康有为以为于我国人情恐有难行；又如佛教是舍身布施，于我国人情亦恐不能。反过来说儒教则中正和平，称物平施，于我国人情风俗甚为适宜，施以孔教，则人心悦豫，各遂其生，犹如薄棉之适体，无过不及之虑也。

从各教修行之所依止灵魂加以比较。康有为以为"若夫言灵魂，则诸教无不同者"，如基督教之言灵魂、佛教之说性海、阿赖耶识皆与儒教之说明德、神明之气类同，俱是诸教修行所依止之本心本性。但儒教与诸教在此灵魂上的区分乃在于：孔教之吃紧为人处在此，诸教丁宁超度吾人亦在此，此吾人人生之第一要义也。这就是说儒教说依止本心所行乃是行于在世人道，而诸教之依止本心所行乃是超越于在世而进至于天道乃是佛乘等。

康有为总结说：

> 孔教中庸，以智、仁、勇三达德为要。大概佛家言广大圆明，智也。耶言博爱，仁也。回教勇猛严敬，勇也。知各教不外智、仁、勇，则吾人之求智、仁、勇以立道德之基，以宏道德之量，不可不勉也。①

此说以儒教三达德摄佛耶回三教，即是“欲采大地各教主之所长，联合诸教，约吾共行之”之糅合诸教以成一教的理想。而此合成之教即是被改造之儒教。其中对于佛教则主要采纳智，在第四次演讲中也说：智者，人与物之别也。人唯大智，故生于万物之中，出于万物之上。禽兽唯不智，故为人宰割，不能抵抗。佛言波罗蜜，以智慧为第一。《华严经》言佛之极，亦云大圆镜智。智之时义大矣哉！联系早中期论心性本体时说扩充仁心，有性无善恶而至性出善恶，乃至到于圣人之至善，其关键之枢纽即是智之主导仁心之扩充。由此可见康有为论心性本体思想中于佛教之大智倚重程度之大。

总言之，康有为比较诸教之大略为：诸教各有所长，于其国其地亦各有所宜；特于我国风土人情而言，则他教殊不适宜，唯儒教适宜；又其总的理想乃是糅合诸教，采纳各教之所长而成一理想之宗教，此宗教以儒教为基本，而于佛教大智倚重尤多。其整体构想以佛教为是，适宜实践则以儒教为是，于实践中多倚佛智。

---

① 康有为：《长安讲演录》之《第五次讲演》，《康有为全集》第十一集，第287页。

（二）偏好《中庸》，论说心性

康有为早期论说心性本体始于理学，但主气论，故而往往采纳现代西方之思路而辗转论辩，企图建立一新的气先理后、性无善恶之哲学理论结构；其中期论说心性本体，则多随顺经典，侧重仁性由天出，性出善恶之阐释。早中二期引释经典，往往先依据今文经学之训诂而重新阐释心性本体之含义，其后依据其所新阐释之义而重新阐释六经等经典中性之含义，是故其广释经典，并不曾特意偏重《中庸》，但从中期之后到晚年，则愈加简洁老练，其论述心性本体，并不繁复其引用经典作文字训诂，而是简洁明了地从《中庸》的头三句入手，将此三句演绎成心性本体由天及人而演化的极简极深之表述，可谓老辣之极。

《中庸》首三句为：天命之谓性，率性之谓道，修道之谓教。第一句说性与天之关系，第二句主说性之含义，第三句说依止于性如何扩充仁性本体。三句结构井然，言简意赅。康有为于诸次演讲中都在比较诸教之后，弘扬儒教之始，从此三句之讲解切入论述，虽各次演讲稍有详略不同，但总义不变。其中以《开封演讲辞》中论释《中庸》三句为详切，故今以该篇为主，兼及他篇，转述其旨。

首先就第一句“天命之谓性”而展开阐释。康有为承袭中期论述心性之说，简明扼要地论说性即是生之质，这是从人之初生状态而言。又特别提出朱熹以性为理是不对的。其后康有为迅速地分性为阴阳、德性之性与气质之性、内外、天人、魂魄。《开封演讲辞》中说阳者为德性，在内，具仁义礼智信之德；阴者为气质之性，在外，有视、德、言、动、触之能。而在《保定河北大学演讲辞》则说阳者在外，如声色臭味触，以至饮食、男女之类；阴者在内，即仁义礼智信。此两说恰好相反，但相反只是就阴阳内外而言；若就德性之性和气质之性之分而言，却是一样的，即德性之性为仁义礼智信，气质之性为试听言动之能及声色臭味触之境。又《开封演讲辞》中说气质之性中有“德”一条，实在不明其所指为何，疑恐为听之误写，因此句后文为：率性而行，能视能听，以视听并列，当是取前句之首二能以概括全部气质之性之能。此等混乱矛盾之处，当源于康有为之思想不谨严周密之故，然其大旨并不因此而误。后《济南演讲辞》与《长安讲演录》之第二次演讲中皆同于《开封演讲辞》而说阳者德性。由此论说性之二分，进而说三合生人。三合生人之说出于其中期《春秋董氏学》中，是源于今文经学之义理。但对三合生人的解释在其晚年却频繁地援借佛教义理而加以阐释。《开封演讲辞》中论说三合生人时，在简单引用《穀梁》与董仲舒的言说后，则从佛教六道轮回之业报说及其一直误解的灵魂说两个角度详加阐释。

> 以人生人，岂非赖父母乎？若只赖天而不须父母，则程生马，马生人，能之乎？瓜生豆，豆生瓜，能之乎？若只赖父母而不赖天，则灵魂所托，六道轮回，诚有自神道、自禽兽道来者，此岂父母所能生乎？①

此说六道轮回乃出儒教之外，是引佛说以补充儒家说人生之不足；又说灵魂，康有为所说之灵魂，是针对诸教而言，如特别针对佛教而言，他是意指佛教所谓心性本体如华严之性海，唯识之阿赖耶识，或佛教所说之心，三者在康有为那里并不作区分。

① 康有为：《开封演讲辞》，《康有为全集》第十一集，第236页。

分灵魂和六道轮回二者，即是分三合生人为二者：天与人。由此而对应于仁孝二者：因人有生于天，则有取于天者为仁；有生于人者，即生于父母，取于父母者即身，则当孝于父母。所以说三合生人实际仍是本于性之阴阳二分。故而最终说性仍是总结为魂魄两者，魂即灵魂，指儒家之神明之性、明德、仁体本性；佛教之性海、阿赖耶识、心等；基督教之灵魂。魄即是体魄，即是身，又有时兼指言行视听等感官能力及其对境如色声香味触等；有时即直指为人欲，饮食男女等。若就佛教而言，当即为有染之有为法而已。

虽然人之生为天父母三合生人，但就其根本而言，毕竟是天生人，而天者，仁也，因为仁为天心，又人者仁也，所以综合起来说，夫道二，仁与不仁而已。仁为天心，是从魂的角度而言；人者，仁也，是从魄的角度而言。虽统一说是天之生人，但实际仍是二分，主要还是要从天引出心性本体中最重要的即是仁。人之率性之谓道中所谓率性，即是随顺于仁心本体。因为仁从天从人，从而人之率性就有两个方向：一要随顺仁性本体，一要随顺人道之体魄之性，此两者不可须臾而分。康有为释其中道为道路：

> 道者路也，有木路，有砖路，有石路。孔子则文饰之，品节之，上本于天，下基于人。①

此即是说率性之道，修道之道为道路，实际是有天人二者，即在天人二者之间，或说天人二者之结合。率性是从心性本体本身而言，从受之于天而言，若从道之实践而言，则要阐述道之规

---

① 康有为：《济南演讲辞》，《康有为全集》第十一集，第249页。

定，即道的范围及修道至次第。

（三）行不离道，教在日常

《中庸》首三句中的后二句的关键词为道，说道从率性和修道二者而言，说率性是从修道所依止而言，说教是从修道之实践行持而言。修道所依止即是心性本体，而修道之规定则有三：一者为于何处修道；二者所谓修道为扩充仁心；三修道之次第。其中前二者今当释。

在《保定河北大学演讲辞》中康有为释“率性之谓道”言：

> 道也者，不可须臾离也，谁能出不由户，何莫由斯道也。道之须臾不可离，可离即非道，故仍不外视听嗅味触、饮食、男女之类。①
>
> 孔子专从人身日用上设想，由小推大，而天下之万事万物皆不外是矣。②

此即说率性之道，修道之道俱是在于日常人伦之中，在人道之中，而不可能脱离人道言率性言修道，因为离日常人伦即已非道。此说于诸篇之中皆主之，如《开封演讲辞》中说孔子以人情为田，故曰道不远人，人之为道而远人，不可以为道。又说否则凡有衣食住婚嫁者，无论何教，皆不能出孔子之道之外也。其他诸篇亦详细分辨衣食住行、言行视听等日常人伦之事即事道之所在，不可离道而言率性修道行仁等。

康有为论述道在日常，是从儒家肯定在世实践而出发，也是在比较诸教之中而得出的结论。其论说道不可离，须在日常人伦

---

① 康有为：《保定河北大学演讲辞》，《康有为全集》第十一集，第 240 页。
② 同上，第 240—241 页。

之中体修的反面即是斥责离道而修之不妥。如斥婆罗门教之离日常而行苦修者之不衣不食、不屋不婚，则为出孔子之道外矣。又说朱熹之偏言理而不说气质之性，实质也是离道而修，是割孔子之地而偏安矣。而近代西方之哲学，又反过来不言理而专言功利竞争之说，以至于演成大战，死人无数，这也是对于道在日常的片面理解所致。而对于佛教之出家修行，康有为一方面说“又不能人人出家学道”，此中含义是对人人出家学道的方式是斥责的，即是以为也是离道而修；但另一方面他又指出“即能出家而徒兄徒弟，徒子徒孙，依然效法人世，则慈孝友恭之道亦同。然虽出家，亦不能逃于人道之外，即不能出于孔教之道之外矣”。

所以论述道在日常是要兼顾心性本体之魂魄的两个方面，既不可专修魂而不修魄，如康有为所说的诸教及理学家一样；又不可只修魄而不修魂，如康有为所说指道教及现代西方文化之偏重功利物质。而其所弘扬之儒教，若从魂魄而讲，则“讲魂于而运于人道之内”，“孔子之教，不专言灵魂，而实兼身兼魂，无所不包；简而言之，曰人道教而已”，“天与父母并重，故仁孝兼举，魂与体魄交养，故性命双修”；若从人道神道而讲，则“故立庙而享声名，魂魄施于罔极，以人道而兼神道，无须臾之可离也”；若从中西而讲，则“衣、食、住、夫妻、文行、忠信，即孔子之教也。然则汝实孔教矣。人无以难。盖孔子之教，人类所不能外，中西一也”；若从人欲上论，则“孔子亦非要人绝欲，只要克欲、遏欲、节欲、寡欲，能寡能节，即是明明德之下手功夫”，“夫饮食男女，人之大欲存焉。孔子许之而不之禁，但有道以节之，否则奇邪乖僻之事出焉”，是故总的来说儒教是

“圆通无碍，随时变通，无所不有，无可议者也”，“真觉量同天地，泽被寰区”。但若就我国之历史国情而言，康有为亦指出：吾国长于形上之学，而缺于形下之学，科学不讲，物质不修，固至贫弱，不能富强。今应采欧美之物质，讲求科学，以补吾国之短。若夫道德教化，乃吾国所固有，宜力保之，万不可自弃之。

其次说修道为扩充仁心。这一点在早中二期，已经详尽明确论述，康有为晚期亦只是承袭早年之说而加以精练而已。晚期康有为论说仁心主要从三个方面：一说仁心为爱心、为不忍心；二说仁之相偶义、互助义、交通义；三说仁心之推度扩充义。三说俱从承袭其早年观念。

论仁心为爱心、不忍心。如《长安讲演录》第一篇中说：仁为二人，故仁爱人，博爱之谓也。故爱一家，即为一家之仁。爱一国，即为一国之仁。爱天下，即为天下之仁。又说：至切之说，则曰仁者爱人而已。第三篇中说：人知万物为天所生，则万物一体，人当本天之仁爱以爱万物、爱同类。第四篇中说：故（仁）以不忍之心为主。此皆是说仁为爱心、不忍心。

论仁之相偶义、互助义、交通义。《开封演讲辞》中说：仁从二人，郑康成谓从人偶，盖二人相助之义。假大地我一人，则一切无所用也。既有二人，则必有相处之法矣。又参照现代西方哲学如克鲁泡特金之说言：欧人今盛行克鲁泡特金互助之义，互助者，相人偶之仁也，真人道也，固我孔子日言之仁也。此专就人而言，实际仁也可以普遍地就客观事物而言，康有为于《长安讲演录》中第一篇中专谈宇宙诸天之事时，即谈道：电有阴阳、正负之相吸，即仁之二人相爱也。他首先从训诂上说明电和神自可互训：电字与神字相似，故“示＋昌”字屈曲相通，与电字合。进而广引儒佛经典说明古代言千里相交之事即是今日之电，如因《礼记》中地载神气条，《易》中言千里之外相应之说，孔子说至诚可前知等条，俱解为电，又分有形之电为电，无形之电为神。复佛教佐证言：佛经言定有百千名，然佛必坐定者，以收电也。必凝神而后能收电，故能其他通。佛《阿含经》言壁影，人生行事，现于影壁中，亦电通也。从而进一步援借佛教业报之说释仁之交通之义为：电通之理，通于善恶，因果报应，丝毫不爽，皆电通也。

因为仁之含义为爱心不忍心，而其运动方式即是相偶、互助、交通（电通、神通）等，故而仁心之实践即是推度此心，由小而及大。《开封演讲辞》中说：人所以大过人者无他，善推心而已。此处推心，即早年所说推度和扩充。《长安讲演录》第四篇中说：故以不忍心为主，推斯心可以保四海，不推斯心不足以保妻子也。又说：故推爱一人以爱一家，爱一家以爱一国，爱一国以爱天下，皆仁之等也。其仁多者为大人，其仁小者为小人，其不仁者非人也。此等俱承袭早中二期之说扩充仁心本体。

（四）次第井然，施从亲始

行仁即依止仁心本体，推度扩充此心，但如何下手，从何处开始推度，则须讲究次第，不可太过或不及。

> 盖教主皆以慈爱为主，然亲亲、仁民、爱物有次第焉。①
>
> 然爱有差等，施由亲始。孔子立仁孝两义，而以孝悌为

① 康有为：《长安讲演录》之《第三次讲演》，《康有为全集》第十一集，第280页。

仁之本。①

仁为推度爱心，但因为爱有差等，所以须有次第，次第之中即从孝始，所以儒教立孝悌为本。进而分辨理由说：

> 言博爱而不言爱物，则爱之义未广。言众生平等而不分等差，则事有难行。②
>
> 以事理之不能也……故唯力行仁、爱吾同类之人而已。③

先说既然要博爱，众生平等固然是正确，但从现实实践而言事情却难行，理上也难以决断，所以就近从同类开始。而同类之中亦有等差：

> 同类之中，又不能人人一律仁之爱之，故必有近及远，由亲及疏焉。④
>
> 先奉吾父母、兄弟、妻子而不及其他者，非不欲爱同类也。⑤

从同类之中开始推度爱心之次第为由近而远，由亲及疏。这不是说不欲爱其他同类，不欲爱异类，而是因为“力有不能，势有不可也”，故孔子本人情以为教，“听人有夫妇，故礼始于夫妇也”。此处从夫妇开始，即是从亲亲、孝悌开始之义，俱限

① 康有为：《长安讲演录》之《第二次讲演》，《康有为全集》第十一集，第277页。

② 康有为：《长安讲演录》之《第三次讲演》，《康有为全集》第十一集，第280页。

③ 同上。

④ 同上。

⑤ 同上。

于日常人伦之家庭中。

而康有为释孝弟之行的必然性乃是援借佛教因果业报之说。其释孝为报。引《孝经纬》中解孝为报而论说人当报答父母养育之恩，并大量引用佛教说因果报应、三世轮回的公案以资佐证。如《阅微草堂笔记》中所载报应之事，如前世欠债，今生还报之事。

总结而言，康有为晚年论述心性本体承袭早年所说，但更加简洁老练。其所言说结构为：在比较诸教、弘扬儒教的大背景下，以解说《中庸》论心性本体的三句为宏观结构，论天性分阴阳魂魄二者，于中侧重于仁心推度扩充，而扩充仁心须不离于道，而在日常人伦之中，由孝发端，次第增进，扩充到家国天下，乃至突破人类宇宙等。康有为在论述上述每一点之际，都参考比较诸宗教以突出弘扬儒教之兼身兼魂、性命双修的殊胜之处，尤其对比参考于佛教。在比较诸教中，其援借佛教之究竟全面而佐证儒教之兼重魂魄，其论证虽表面斥佛专修灵魂，但实际援用佛教义理；其论述心性本体时更是援用佛教性海、阿赖耶识等学说，增强论说；其次在论说扩充仁心重在日常人伦中时，虽对佛教出家之行有所弹斥，但其以为即便出家仍不出人道，虽然没有正面提及佛教大乘菩萨道之在世大行，但并未完全排斥佛教之出家修行；最后在论述扩充仁心重视次第时，同样是援借佛教之渐修次第而论说，尤其是其中论说孝为因果业报之说，更是突破传统儒家之不论鬼神三世之限，而援借佛教三世轮回、因果报应之说，并大量引用业报公案来增加论证。是故康有为晚年心性本体论思想实在是可以是明为儒教暗则佛教，于体于用，于理于事，无一处不再需要突破儒家旧说不足处援借佛教义理以资阐释佐证。可以说佛教思想乃是康有为心性本体思想的一股潜流，其力量弥散于其全部思想之中且强劲有力。

四　诗歌中论心性本体

康有为诗歌众多，其自言有千余首，实千五百余首，凡十六卷（含《集外韵文》）之多。于其中，明言佛教词语者，两百余首。若广义而言，世间万法，无一不为佛法所含摄，况康有为之思想亦本与佛教渊源甚深，是故若言其诗皆与佛教有莫大关联，亦未为过；然此过于宽泛，与研究殊不方便。王广西《佛学与中国近代诗坛》是此方面研究的代表作，但是该书直接从美学入手，未明确从佛学入手；又其中只论梁谭二位，未曾提及康有为①，委实奇怪。梁谭二家的诗歌创作无论数量还是质量都是无法与康有为相比的。今则以其明言佛教词语而入乎诗，则名之为摄佛诗、或直曰佛教诗歌，暂为便利。康有为佛教诗歌之特色，简单而言有四：一是常以佛语入诗；二是常以教主自况；三是好铺陈诸天；四是其佛教诗歌之情调多是困厄悲声。今专就其佛教诗歌中论心性本体者而论之，故于其诗歌之总体思想及文学特色，暂置不论。康有为本体心性思想前已论述：性为生之质，含摄善恶贪仁二端，俱本于天、气、元，以阴阳魂魄而总摄二分；又魂魄相争中侧重魂灵性海之仁体扩充，仁心扩充以智为主要动力及引导安排，故又以仁智勇三德总摄心性。是故若就体用而论，则就体而言，则心性本于天、气、元，为生之质，为善恶贪

① 王广西：《佛学与中国近代诗坛》，河南大学出版社，1995 年。

仁行之原初可能性；若就用而言，则心性则为仁心不忍心之扩充，智为导引安排之力，勇为逆人情而学之力，善恶为表征，孝弟亲亲为扩充之始。又若从其论心性本体援借佛教义理而增强佐证而言，就体而言，即为华严性海、唯识之阿赖耶识等；就用而言，则心性之用为佛教依止真心之舍染求净之广大修行。

康有为佛教诗歌中表述心性本体是从体用两方面而开展的，且主要是就心而言，言性之诗句较为少见，这是因为诗歌为直接抒发情志之体裁，非论述文章，故而较少用性字来详加论述辩证。从体上言，其诗歌中言心，多从佛教真常唯心系而言真如本心、即心即佛；从用上言，其所说之心，又多为大乘菩萨性之所发菩提大心，侧重其悲愿救世性质；除此二者之外，即是一般所谓情感心智之凡心而已。今先简单论说其诗歌中说性之境况，后详细研究其诗歌中论述心之体用二者。

康有为诗歌中直接言性者，亦多从性之真俗两方面而言，言其真即是从性之本体而言，从其为仁性性海之本体而言；言其俗是从性之用而言，从其染净二用而言。康有为早在年少读书之时，即已在诗歌中言及性字，但却只是一个注解，所以算不得正式的在诗歌中言及性字，但此诗为其早期诗歌中涉及佛教义理中较为重要者。即《读书西樵山白云洞》之第四首：

> 三湖院外步长堤，堤下三湖印月低。
> 西北月同南月影，证从指月夜提撕。①

其中“三湖”下有自注云：

① 康有为：《读书西樵山白云洞》，《康有为全集》第十二集，第142页。

有三湖，上作书院。与梁铁君兄弟日夕步湖堤，时读《传灯指月录》，共证性海同源，绝无差别也。[①]

此处所谓性海同源，即是言众生皆具有本来佛性之义，又可意指儒佛二教所说心性皆是一源，绝无差别。

后至中年流亡海外，始有几首直言性字，如从体上言，则多与佛教本心本性相关，如下四句：

垢净亦何择，生灭视无常。
即心可证性，无住岂有事？[②]

诗中言垢净无择、生灭无常、即心即性、无住无事，都是就究竟本心的角度而言即心即佛，全体大用。诗中心性并言，其中性当即是真心本性，真如实性。

另一首《天籁亭》：

把卷倚危阑，看月至深夕。
松籁吹不尽，天人了性识。[③]

此诗洗练而有深致，流畅而韵远，实为五言绝句中精品，末尾一句虽过于说理牵强，宋诗痕迹较重，而不尽是唐人境界。其中天人之说即是康有为救世思想之大同之说：康有为以为佛教究

---

① 康有为：《读书西樵山白云洞》，《康有为全集》第十二集，第142页。

② 康有为：《基督新教浸礼会牧师未脱士传教中国廿年，今为僧于锡兰。吾游缅甸、锡兰，见英人为僧者数矣，皆赤足苦行，此为中国教士耳，但其所得仍是南宗，盖印度北宗已亡，但入中国。耶教出于佛之小乘，本近南宗。今印度译佛书虽二百余种，皆小乘也。惜西土佛会未闻吾中国大乘，他日译出其倾倒归心转移教宗，必不可思议也。劫有轮回，道有深浅，他日大同之世，佛教必复兴于大地也》，《康有为全集》第十二集，第313页。

③ 康有为：《天籁亭》，《康有为全集》第十二集，第370页。

竟成佛之境界过于深远，只可作为最终的理想；而就次第而言，可以逐步而进，其中介性的理想即是天人；人间之修行可以先进至天人，也可以称之为大同世界或者如法华之化城。又天人也可以理解成其之自诩，盖康有为从众生本具佛性出发，常在诗歌中自况教主，以抒发其悲愿救世的菩提大心，而在这种发心中，发心的主体他有时就自诩为历劫之天人，亦即是前世修行而成就天人，后又因见世间众生苦难而入世行救世之菩萨行。是故此处天人也可以理解成诗中抒情主体。性识即是佛教义理中真如实性及心识。

另如《赠龙积之》一首中言：

> 礼乐本天性，青云月照豁。
> 泛爱教无类，善诱义妙发。①

此处说天性，即言性从天出，本于天而言天性，又说礼乐本天性，则可明确知晓此处说的天性即是心性本体，是从天而言性中之仁性本体，只有如此此可以作为礼乐的依据。此处说性是从儒家义理而开展，并无明显的佛教义理痕迹。除此之外，其余几处俱是从一般说生来即有之性格爱好而言，言之为生性或性。如《开岁忽六十篇》中两处都说到生性：

> 虹气摩青苍，长剑碧天倚。
> 生性本淡泊，握卷穷日晷。②

> 行年已六十，生性不知老。

① 康有为：《赠龙积之》，《康有为全集》第十二集，第327页。
② 康有为：《开岁忽六十篇》，《康有为全集》第十二集，第337页。

或寿亿万岁，恒涉王量数。①

另如《上海愚园路游存庐宅落成，赋呈诸公》中说：

颇兼丘壑自娱性，创造园林小试才。
草长庭前生意绿，日携妇子步苍苔。②

所谓生性即是生之性，生性淡泊或生性不知老，或淡泊或精进，其实都是就性之实际体用而言，并非就性之本体而言。后一首但言性，仍是就生性爱好而言。

总结而言，康有为诗歌中言性从体用二角度而用，从体上言，即是言佛教之真如实性或儒家之天性；从用上言，即是一般所言之天生之性格爱好等，是本性之用显。

康有为诗歌中言心分三个方面论述：一从体论心，二从用上论心，三从世俗心上论心。从体论心多从儒佛本心上论及。

首先是依据儒家义理说心，如不忍心、赤子心、天心。不忍心、赤子心俱从《孟子》论心而出；天心是说心性本于天，是从今文经学如董仲舒出。如《巴黎登汽球歌》中说不忍心：

不忍之心发难灭，再入地狱救斯民。
特来世间寻烦恼，不愿天上作神仙。③

《陈登莱及门人陈继俨募修白沙先生嘉会楼、楚云台，求题二额。追思与简竹居旧游，写寄二子》一首中同样写道：

---

① 康有为：《开岁忽六十篇》，《康有为全集》第十二集，第 338 页。

② 康有为：《上海愚园路游存庐宅落成，赋呈诸公》，《康有为全集》第十二集，第 377 页。

③ 康有为：《巴黎登汽球歌》，《游法兰西诗》，《康有为全集》第十二集，第 249 页。

不忍心难绝，且复随慈悲。
大地无不到，现身无不为。①

《开岁忽六十篇》中也说不忍心：

猥以不忍心，百难遂集矢。
亡身及其亲，戮尸及先骴。②

《赠龙积之》：

神辩亦无量，万佛同飙忽。
推我不忍心，勾留救民疾。③

前两首诗中皆糅合儒佛，不忍之心是就儒家心性而言，后三句则糅合佛教义理以释儒家不忍仁心，入地狱，寻烦恼而灭之，不作天人而作菩萨，随顺慈悲，现身无为等皆是佛教菩萨行之义。第四首中言推度不忍之心，是为从儒家言仁心之扩充。综合四首而言此皆为康有为糅合儒佛之明证。相较于论述文章而言，论述文章表面上特别强调弘扬儒教，而内里暗援佛教义理；诗歌中则明确采用佛教义理阐释儒家心性，佛教义理之运用是较为明显，少有掩饰。也可以说诗歌是抒发情怀志向，针对自我修行的，而论述文章之论说心性体用则有教化大众之性质，联系康有为在论及对治欲望时的观点：如针对民众而言，则随顺天性，许有欲望，使其渐进于究竟；而如针对自己，欲为圣人，则当无欲。由此而论，则诗歌是为针对自己而言，是故采用佛教义理较

① 康有为：《陈登莱及门人陈继俨募修白沙先生嘉会楼、楚云台，求题二额。追思与简竹居旧游，写寄二子》，《游美国诗》，《康有为全集》第十二集，第263页。
② 康有为：《开岁忽六十篇》，《康有为全集》第十二集，第337页。
③ 康有为：《赠龙积之》，《康有为全集》第十二集，第327页。

为明显，是为求为圣人成佛之顿教；而论述文章是为教导大众之渐教也。

诗中言赤子心者如《开岁忽六十篇》中言：

> 唯吾满腔春，赤子心尚稚。
> 假年百二十，吾志自强懻。①

此处言赤子心即随顺孟子言赤子之心为性善之说，诗中说今即便已六十，但从赤子心而言，尚且年幼；即便是百二十岁，也仍自奋发，原因是因我满腔春意。此处“春”字，是譬喻成就救世至大同等理想境界之义（此譬喻之论证见后文论理想境界处）。

言天心者如《大同书成题词》中云：

> 人道只求乐，天心唯有仁。
> 先除诸苦法，渐见太平春。②

《辛酉元日赋诗二章呈寐叟》中云：

> 今（案：今字在另一版本中为又字。）为六十四遗民，历试诸艰剩此身。
> 国会大同幸亲见，天心来复望维新。③

第一首中以人道求乐对天心唯仁，即言仁为天心，此从《春秋繁露》中论仁之句化出，故此天心即是仁心本天之义。后复以佛教义理说舍染除诸苦法，然后才能进至太平之世，则是又嫁接佛教除苦义如春秋三世之义中，此皆从康有为《大同书》

① 康有为：《开岁忽六十篇》，《康有为全集》第十二集，第 337 页。
② 康有为：《大同书成题词》，《康有为全集》第十二集，第 136 页。
③ 康有为：《辛酉元日赋诗二章呈寐叟》，《康有为全集》第十二集，第 346 页。

中化出。又其中太平春一词，以春譬喻太平之世，亦可证上文说满腔春即是描绘理想境界之义。第二首中说天心望大同，其义与第一首类同，皆言天心即是仁心，唯第一首从大同世界之实现的全面而言，而第二首是从仁政一点而言。

总结而言，康有为诗歌中从儒教言辞直接言说心性本体者，有不忍心、赤子心及天心等，诗中多是从救世救苦、悲愿发心之所依止而言心性本体，又虽从儒教义理而言心性，但是诗歌中多是糅合佛教菩萨行义理而完成抒情述怀。

康有为佛教诗歌中直接从佛教言辞论说心性本体，有直说佛心、有说如如不动心；又有说归心、安心；还有直接说心等。直说佛心如：

> 茗荈芽清长日磬，壶芦本搁忽雷琴。
> 清泉白石还吾愿，僻地枯禅证佛心。①

言如如不动心如《偕犬养毅木堂、阮鉴光紫阳游汤河原不动泷，木堂请题诗》中言：

> 飞瀑轰雷响振林，风涛抟石激潮音。
> 天惊地裂皆摇动，证取如如不动心。②

此二诗从佛教术语讲是直接采纳佛教言真如本心之术语入于诗篇，但从诗文中还是可见，康有为论说真如本心是从对比中来描绘的，因真如本心出于语言之外，直接描绘是不可能的，故而

① 康有为：《须磨春日，樱、杏、桃、梅、李、牡丹、杜鹃花皆极闹，次第开落。至夏初，则梅子绿阴，落红飞尽，为之感慨。游园归，口占》，《康有为全集》第十二集，第372页。

② 康有为：《偕犬养毅木堂、阮鉴光紫阳游汤河原不动泷，木堂请题诗》，《康有为全集》第十二集，第374页。

其从僻地枯禅来对比佛心之广大活泼，又从风景之响激摇动而对比真心之如如不动。是故从文学技巧而言，采佛语入诗，能够做到自然天真，毫无牵强之痕迹，实是用心体贴方有。

诗中说归心、安心者，俱是就皈依佛教、依止佛教而有所行持之义，即是就悲愿救世之发心而言。但有意思的是两首说归心的诗歌，俱是缅怀他人之诗：

《故四品卿衔军机章京参预新政候补知府谭君嗣同》：

遍探异氏奥，遽徙筐频倾。
归心服大雄，悲智能长惺。①

《哭寐叟四兄尚书哀词》：

吾好说诸相，相见笑羲娥。
化人托曼殊，归心婆迦婆。②

第一首缅怀谭嗣同，诗中异氏即指佛家，当然如从遍字而论，也可理解为除了儒教或佛教之外之诸教诸家学问思想。考虑到谭嗣同《仁学》中糅合诸家思想欲成一整体思想，又联系后句说归心佛教两相参考，当说异氏是为除佛教之外的别家思想。后句大雄即是佛陀，归心服大雄即说谭嗣同后因随杨文会学习佛教而皈依佛门之事。第二首凭吊沈曾植，其中化人，即天人之义，康有为常以天人示现为宰官身来称赞沈曾植；曼殊即文殊师利之简称，亦是称赞沈为文殊化身之义；后婆伽婆即是佛陀，即言沈曾植皈依佛教之义。

---

① 康有为：《故四品卿衔军机章京参预新政候补知府谭君嗣同》《六哀诗》，《康有为全集》第十二集，第218页。

② 康有为：《哭寐叟四兄尚书哀词》，《康有为全集》第十二集，第355页。

诗中说安心者，如《人间二首》之一中言：

> 青山且面壁，明月自渔矶。
> 宜释冤亲念，安心是所归。[①]

《丁巳夏五、六月间，蒙难避地美森院即事》：

> 庭荫南柯方觉梦，几摊《大藏》读《楞伽》。
> 吾生自有安心法，所遇皆欣即是家。[②]

安心之说当是从禅宗二祖慧可问达磨如何安心之典故，因第一首中面壁之典故也是禅宗达磨之事，第二首中言及《楞伽经》，达磨临终即托《楞伽》以印心，是故二首诗俱是用禅宗典故，是故当说安心是慧可问达磨如何安心之典故，而非泛泛而论安心者。所谓心者，即是真如本心。

诗中直言心者众多，其中多首于《楞伽》联用，当亦是从安心之心处化出。如《赠菽园以焚余〈楞伽经〉》中言：

> 此为震旦证心书，我住南洋挟与居。
> 大海波涛渺无住，闻狮子吼证如如。

> 书三百箧被秦焚，此是焚余敝帚珍。
> 一卷《楞伽经》历劫，付君心印一时闻。[③]

此诗题中之义谓：康有为戊戌变法后，朝中焚烧其所藏之书，唯此《楞伽经》康有为随身携带，故而未被焚烧，是故其

① 康有为：《人间二首》，《康有为全集》第十二集，第 293 页。
② 康有为：《丁巳夏五、六月间，蒙难避地美森院即事》，《康有为全集》第十二集，第 343 页。
③ 康有为：《赠菽园以焚余〈楞伽经〉》，《康有为全集》第十二集，第 214 页。

言“焚余”是指焚烧之余，非是要葳园焚烧我（余）康有为的《楞伽经》，诗句中下四句也明白说明此事，读者不可误读。诗中说：证心、证如如、心印三处俱是从禅宗以《楞伽》印证所证之心的典故化出。游锡兰楞伽山所作诗中说：

野中巨石作茅庵，秋水湖堤绕树岚。
谁识楞伽证心法，传衣王子记停骖。①

康有为曾为一牧师作诗亦用到楞伽：

垢净亦何择，生灭视无常。
即心可证性，无住岂有乡？②

此二首中言心者，皆是从《楞伽》印心的角度而用典。

除用禅宗《楞伽》典故外，亦有从《维摩诘经》《华严经》及禅宗公案中化出典故而说心性。从《维摩诘经》中化出心之典故者如《题梁任甫所藏唐人写维摩诘经》：

偶来浊世任斯文，预人家国亦艰辛。

① 康有为：《游楞伽山晏那拉札布拉佛迹，楞伽即锡兰印音也。其佛迹凡四，一在后山深林中，人迹不到；一在班打拉威拉之崇山，距乾地不远，仅石上一佛足迹，无可观，吾不游。唯今哥林布之迦利腻尚有道场，而此地湖山幽胜，佛迹最夥，石柱万亿，千年前僧十五万，今零落之余，尚可一一摩挲也》，《康有为全集》第十二集，第293页。

② 康有为：《基督新教浸礼会牧师未脱士传教中国廿年，今为僧于锡兰。吾游缅甸、锡兰，见英人为僧者数矣，皆赤足苦行，此为中国教士耳，但其所得仍是南宗，盖印度北宗已亡，但入中国。耶教出于佛之小乘，本近南宗。今印度译佛书虽二百余种，皆小乘也。惜西土佛会未闻吾中国大乘，他日译出其倾倒归心转移教宗，必不可思议也。劫有轮回，道有深浅，他日大同之世，佛教必复兴于大地也》，《康有为全集》第十二集，第313页。

颇虑牵率为世醺，日读一遍心耕耘。①

诗中任甫即梁启超，梁启超藏有一幅唐人所写《维摩诘经》，康有为为之题诗。诗中义为抒发自身志愿救世之旨，如言偶来浊世，预人家国等；又说因顾虑入世太久，恐被世俗染污，故而日读一遍《维摩诘经》，以便反复熏习无漏真心。

从《华严经》中化出心之典故的如《已未游普陀潮音洞》一诗中言：

五十三参知识善，百千万偈海潮音。
无来无往不肯去，碧海青山认此心。②

此诗是用《华严经》中善财童子五十三参善知识之典故，故而其中所认所证之心即是《华严经》中所说之性海、菩提大心。从禅宗公案中化出心的典故，如《埃及棺盖露首戏拓影像自题》：

盖棺论定是何人，后死斯文话劫尘。
了尽人天偶乘化，此心未死死心新。③

此用宋临济黄龙死心悟新禅师典故，自况虽了天人无住，世界空坏，而此心不死，尤当悟新。康有为亦自注云：宋名僧有死心新，于帐中悬死字自警，因以死心为名。

其余从体性上言心之诗歌重要者唯《陈登莱及门人陈继俨募修白沙先生嘉会楼、楚云台，求题二额。追思与简竹居旧游，

① 康有为：《题梁任甫所藏唐人写维摩诘经》，《康有为全集》第十二集，第321页。

② 康有为：《已未游普陀潮音洞》，《康有为全集》第十二集，第390页。

③ 康有为：《埃及棺盖露首戏拓影像自题》，《康有为全集》第十二集，第301页。

写寄二子》，盖此诗与一般诗歌抒情言志不同，而是侧重以诗论说义理，是故其中说心者多是汇通诸教而言心性。

世界之学派，心物别两支。
希腊索格底，印度释牟尼。

象山遥接绪，指心之论师。
江门风月深，静中养端倪。

畴昔曾斋心，超出造物儿。
既现救国身，未肯脱垢衣。

教宗有运会，盛衰可感欷。
千年太平后，心学重张施。①

此处四处言心，第二句中分心物为二，犹今日之言精神物质二者，后言希腊苏格拉底与印度佛教都是主张此义，是综合而论世界学派皆是从心物二分出发阐说世界人生等。五六句言心是特指宋理学家陆九渊之说心体，亦即是人性之善端，第八句中说静中养端倪，所谓端倪即是善端。第九句中所说之心出自《庄子》之说心斋，康有为解释为超出造物之心，但随后即说不肯随顺庄子此心，因为要示现入世救世，故而不肯完全脱俗，即脱垢衣。最后一句说心学，当是总说诸教之共性为心学，并非特指明代心学。

① 康有为：《陈登莱及门人陈继俨募修白沙先生嘉会楼、楚云台，求题二额。追思与简竹居旧游，写寄二子》，《游美国诗》，《康有为全集》第十二集，第263页。

总结而言，康有为佛教诗歌中从体性上言心性本体多为糅合儒佛二家义理于一体，主要为其入世救苦之行为建立依止。其书写心性本体的文学方式多为化用儒佛典籍公案之典故，如从儒家《孟子》，佛教《楞伽》《华严》《维摩》，甚至道家《庄子》等篇中化出典故言说本心。

康有为佛教诗歌中还有大量诗句从用上言说心性本体。所谓从用上言说心性本体，即是言此心仍是依止真如本性，但是开展在具体的行持中。如就儒家义理而言，即是对仁心本性的推度扩充；若从内外而言，即是将内在于本性之中的善恶之端申发为善恶悲喜之心。故而其所呈现往往为悲心、忧心、雄心、伤心、死心、救国心。

首要的即是悲心。从佛教而言，即是菩萨行之悲愿所发之菩提心，即见众生苦空无常而不自觉，从而发心拯救。如《游西湖，馆钱塘县吴季清明府德潇署。季清神识清妙，深悟大证，哲子铁樵中道奄逝。行时索诗，赋此》中言：

化人万千身，无宅亦无恋。
总以悲闵心，了我救度本。①

《送门人梁启超任甫入京》中亦言：

悲怜心难已，苍生疾苦多。
天人应上策，却曲怕闻歌。②

《无题》：

---

① 康有为：《游西湖，馆钱塘县吴季清明府德潇署。季清神识清妙，深悟大证，哲子铁樵中道奄逝。行时索诗，赋此》，《康有为全集》第十二集，第174页。

② 康有为：《送门人梁启超任甫入京》，《康有为全集》第十二集，第176页。

婆伽婆现众生界，梦中梦话旧因缘。
造化以余为块垒，吾心悲悯亦欣然。①

言悲愿发心于康有为佛教诗歌中甚多，出于论述次第安排，大量论述放置到后文论说救世方法中，此处只简单涉及。此处三首言悲心，俱从依据佛教大乘菩萨行之义理，自况化人，欲发菩提心，入世救苦。第一首中言化人，既是称赞吴铁樵，也是自况；悲悯心是为救度世人。第二首中策励梁启超说见苍生疾苦，悲心难已，于是提出其大同方针，所谓大同理想即是此处之天人之策，盖康有为救世方针从儒家言即是从乱世进至太平、大同，次第而进；从佛教言，即是从人世进至天人净土，进而继续推进到究竟佛境，但康有为以为佛境为最究竟，当先至天人，后循序而进，方为稳妥，此从《法华》化城之说论次第，康有为以为该次第不可逾越。故而他在诗歌中说“天人应上策”，即是说天人之说是救国之上策良计。第三首中康有为甚至自诩为佛，示现世界，行救世苦行，虽然此行艰辛，但其仍旧是欣然入世。这些诗歌语气辗转回曲，颇得老杜沉郁顿挫之深致。

诗中言忧苦喜乐心者亦多，仍是从悲心延伸而来，其所忧恻者即是世间众生之限于疾苦之中，范围广大，大到家国教化等，小到自他个体生老病死。忧恻家国大事者如《借居槟榔屿绝顶英督署避暑，山趾至巅十余里，磴道单盘，兵垒环之，俯瞰山海，花木深闷，嘘吸云气，自奔亡后居此最适矣》一首中言：

体适而魂安，忉利将毋同。

---

① 康有为：《无题》，《康有为全集》第十二集，第398页。

勿复视下界，动我忧心忡！①

《丁卯二月五日，七十览揆，承恩赐寿。纪事述怀七章》之一云：

既来斯世皆吾与，未免多情侧我心。
乘愿救人甘灭溺，惊魂忧国鬃幽阴。②

前一首自况为忉利天之天人，下视人生，见众生疾苦，其心忧恻；后一首言其见国家纷乱，如入幽阴，从而心忧魂惊，但又发乘愿救人之心，甘于灭溺。

为教化事而忧者如游印度访佛迹诸篇，见印度佛教败坏而心生悲伤。《游印度舍卫城访佛迹》：

未登阙里抚遗桧，先来祇树访布金。
地上三千年教主，颓垣坏殿怆余心。③

《自大吉岭携同璧女游须弥山》：

赠我以梵经，酒筒与茶瓯。
百器皆华物，恻侧我心愀。
颇闻布丹人，望救心百忧。
岂知瑶池饮，王母醉歌沤。④

① 康有为：《借居槟榔屿绝顶英督署避暑，山趾至巅十余里，磴道单盘，兵垒环之，俯瞰山海，花木深阏，嘘吸云气，自奔亡后居此最适矣》，《康有为全集》第十二集，第215页。

② 康有为：《丁卯二月五日，七十览揆，承恩赐寿。纪事述怀七章》，《康有为全集》第十二集，第365页。

③ 康有为：《游印度舍卫城访佛迹》，《康有为全集》第十二集，第224页。

④ 康有为：《自大吉岭携同璧女游须弥山》，《康有为全集》第十二集，第229页。

前一首言舍卫城中原来佛教之祇树园现在是一片颓垣坏殿，心生悲伤；后一首言须弥山处诸般器具都是中国之物，而佛教之迹了无一二，心生恻隐。

为小事而忧恻者，如《巴黎登汽球歌》中叙述：

> 继我登者球堕地，诸客骨折心忡忡。
> 吾女同璧后来游，球不复用天难通。①

《哭寐叟四兄尚书哀词》中亦说：

> 三十五年交，于我尤心恻。
> 罢宴制服哭，天风号凄急。②

前一首叙述在巴黎登热气球见气球堕落在地，游客骨折，康有为则自然心生恻隐；后一首凭吊沈曾植之去世，见人死病俱自然生发恻隐之心。

言雄心者如：

> 唯有救国心，毕生肠内热。
> 金城植德本，阅遍万千劫。
>
> 历载备险艰，大事痛蹉跌。
> 雄心益发愤，奔走再厉揭。③

此时为祝弟子徐勤寿而作，其中言徐勤虽年迈但雄心益发，而所谓雄心者即是上句所言之救国心。此诗中二心又都是从佛教

① 康有为：《巴黎登汽球歌》，《游法兰西诗》，《康有为全集》第十二集，第249页。

② 康有为：《哭寐叟四兄尚书哀词》，《康有为全集》第十二集，第354页。

③ 康有为：《辛酉七月祝徐君勉五十寿》，《康有为全集》第十二集，第347页。

义理而阐释，第三句中言金城，即是《法华经》中所说之化城，为达到究竟佛境之中间经过之地，佛教中以之为二乘方便教化，康有为以之为太平大同之救国策略，是从次第而言。故而该诗中所说二心实际即是说依止本心，而推行天人大同之救国策略之心。

最后康有为又以此心为人皆有之，谓之同心。此于论述文章中说仁体本性为人人皆有理同。

《丙辰九月二十九夕题麦孺博、潘若海为卢毅安写扇图》：

吾门房杜有奇才，次第沉埋委草莱。
本是同心人合璧，痛看遗墨劫余灰。①

《辛亥夏五月自香港重游日本，寓任甫须磨双涛园，筑室同居。与任甫离居者十三年，槟榔屿、香港一再见，亦于今八年矣，儿女生于日本，皆不能识，相见如梦寐。任甫赋百韵诗，先有四律奉迎。答以四律》之一中云：

几阅变迁验家国，屡惊生死送居诸。
同心离处忧伤老，秋水相望恨有余。②

《赠乙盦尚书四章》之一中言：

人言经国称房杜，我信同心比范韩。
偌大乾坤偕负担，生平襟抱共艰难。③

① 康有为：《丙辰九月二十九夕题麦孺博、潘若海为卢毅安写扇图》，《康有为全集》第十二集，第333页。

② 康有为：《辛亥夏五月自香港重游日本，寓任甫须磨双涛园，筑室同居。与任甫离居者十三年，槟榔屿、香港一再见，亦于今八年矣，儿女生于日本，皆不能识，相见如梦寐。任甫赋百韵诗，先有四律奉迎。答以四律》，《康有为全集》第十二集，第320页。

③ 康有为：《赠乙盦尚书四章》，《康有为全集》第十二集，第341页。

此三首皆言同心，同心本同心同德之知己友朋，有同志向者而言，是故此等诗多是题赠友朋同志之事。如第一首赠弟子，感慨于其弟子本为同具仁心、同为悲愿救国之知己，现一一去世，痛看遗墨，不胜伤怀；第二首赠梁启超；第三首赠沈曾植。第三首中说同心时明确此心即是负担乾坤之平生襟抱，又从共字可见为同心。负担乾坤即是救国心，而救国心即是悲愿所发之本心仁心、菩提大心。

总说康有为佛教诗歌中言心性本体从体用二角度而言，是依据其论述文章中论说心性本体的思维结构，即是从阴阳魂魄二分来论说心性本体。从体上言，即叙述扩充仁心、行悲愿救世菩萨行之所依止心，其多用不忍心、天心，或用佛语如佛心、如如不动心、归心、安心、心等；从用上言，即在扩充仁心、行菩萨行中所发之心，其常用的如：悲心、忧心、雄心、同心、救国心等，其大旨皆是言见众生疾苦、家国礼教败坏等而心生悲伤恻隐，思欲发心拯救。

故总论康有为论心性本体，以佛教心性本体为手段，沟通儒佛，发挥救世大义。从时间上论分三期，如前所论。此又复从特点上总结有四特点，具体参考上所论述：一，在比较诸教之中，弘扬孔教，但实际已以佛统儒、以佛释儒；二，轻于理论，重于实践，故论心性本体也是为了重悲愿发心，故而体系建立上较薄弱；三，就表面看，康有为时有辟佛之说，但此单就末流错误而论，非全面彻底辟佛，其所辟多在人伦，而所援借多在发心，故总说康为表面辟佛，内里援佛。四，康有为论心性本体重智之大用，此说已逾越儒家旧说之范围，而多采佛智于其中。故综说康有为论心性本体是以佛教心性本体为手段，沟通儒佛，发挥救世大义。

第二节　梁启超论心性本体

总体而言，梁启超当是一位杰出的政治家和学者，而难以说其为一位思想家。这是因为梁启超并没有建立起一套完整的思想体系。但这并不意味着他没有这样的企图或倾向。如果与康有为、谭嗣同相比较的话，康有为则可以说是一位相当优秀的思想家，他基于传统儒家思想，参考古今中外各宗教各思想体系，创造性地以佛教思想为基本结构，建立起其救世大同思想学说，且不论大同思想之优劣，终究他是建立起了一套思想体系，且兼具理论性与实践性，虽其空想性质较浓，但仍不失对后世思想的启示。而谭嗣同固然因其英年早逝而未能进一步扩充其思想与实践，但从其才华横溢的《仁学》一书即可观见其基于佛学而统摄一切思想学问的宏大构思，可以想见，假以时日的话，其必可成为近代卓越的思想家与革命家。即便就《仁学》本身而言，虽多杂乱，但仍不失为一有整体系统构思的作品，故其仍可算为一位思想家。虽然论及思想家亦不必以是否成一思想体系而论，但就梁启超毕生著述而观，其作为一位政治家、学者、新文学家的色彩是远远浓于其作为一位思想家的色彩，甚至可以说其作为一位教育家的魅力也远远高于其作为一位思想家的魅力。梁启超固然也与当时诸多知识分子一样，耗尽一生精力而上下求索治国之良方，但毕竟他们的思路与风格各有千秋。

晚清之际的知识分子思想历程因时势国情之故而具有一定的共性，此不当不论，唯在其共性之上，方可论及梁启超思想之个性。

晚清民初之际，国家与民族俱陷于极大的内忧外患之中，国家领土及各项主权屡受列强之侵略，面临被瓜分而致国亡的巨大危险之中。而国家内部或陷于皇权党争之中，或陷于农民起义之中，无论内外都无法提供一个较为平和的改良环境。而周边国家，或学西方变法致强，或保守传统而致亡国。于此之际，广大士人无不昼夜担忧国事，纷纷寻求变法之道，以求救亡图存。

首起的是洋务运动，以中学为体，西学为用，主要为开办洋务学堂，改造兵工。但此种方法，只变动古老帝国的一方面，则会牵制于诸多阻碍力量之中，虽有小成，但无法获得真正变法致强的力量。甲午海战一战而败，直接让洋务运动的改革全面流产。原本是东邻小国的日本遂获得割地赔款的实利。维新派正是在这样的背景下崛起，故而康梁维新之根本动力即为救亡图存，救国救民。此也是近代思想的主题。

其次，康梁维新变法人士之思想俱是出于旧学传统，尤其是儒学传统。梁启超早年更是热衷于考据学问，其后才受康有为之影响而转向维新变法。出于旧学传统，但受到内外两种巨大的思想冲击，是为当时知识分子思想的共性。所谓内部思想之冲击影响，即是指康有为等之今文经学反对考据之学的强大冲击，因清代中叶考据学问，只论学问，不谈义理，只论著述，不为讲学，诸多学者埋首故纸堆，而不思社稷苍生之疾苦危难，此亦是国家衰弱之原因。故今文经学一方面继承考据精神，言孔子思想为托古改制；另一方面直接反对考据学者之不问世事，而大讲经世致用之义理学问，此举实唤起大批仁人志士之觉悟，而弃科举于不顾，奋起而寻求救国之方略，此为内部思想之冲击影响。所谓外部的思想冲击影响。当时门户大开，西学涌进，致当时开明先进之知识分子得窥西学之先进。不光是见闻西学之文本，亦有人士游历欧美而睹西方政治制度及风土人情等。又见日俄等习西学变法致强，故而广大士人纷纷兼习西学，于中探求救国之方。

再者，鉴于洋务运动之失败，故当时士人皆知若图习西学求变法致国强者万不可只于一二部分，稍作变革，有名无实，终是无效。故而寻求救国方略思想的思路更趋向于全面深入，要求就政治制度上由全面系统的变革，后又进而深入到开导民心，传播思想等更加深远的方面。

故而从上述三个方面综合考虑，当时知识分子之寻求救国方略的思想渐趋有三种倾向：一者求大全，二者求究竟，三者求革命。

所谓求大全者，即指鉴于洋务运动之学西方不全面，没有政治制度做保障，以致空耗民财而无实效，毁于一旦。故而从维新派开始，求法变革的范围越来越广泛大全，不光涉及政治制度上的全面变革，还扩展到经济、伦理、教育、军事、交通、宗教等方面，甚至涉及民俗民风等各个方面。无论是康有为，还是梁启超、谭嗣同都强烈地追求着大全的思想。

而梁启超自身观其毕生之论述，比起康有为之广度则有过之而无不及，尤其是其西学事业，广涉西学各大圣哲，而其对中国传统学术思想的整理，无论是通史之企图，还是专门史之创作，无一不具康有为所难企及的广度。至于谭嗣同，虽因英年早逝，但只要稍读《仁学》即可知其所谓“全体学”之主张，与冲破一切牢笼的激情，又无不是大全追求的表现。

此中大全的思想追求倾向，甚至远远超出了救国动机本身，而通达到全体人类学、全宇宙学的极大境界。此种思想实非西学所能企及，其一方面基于儒学之天人及治国平天下的思想，另一方面则更多是依据于佛学之广大境界，此实毋庸讳言，舍佛学之广大，绝无任何一宗教、思想学说能提供如此广大的思想背景与框架。

所谓究竟者，谓其初所寻求之救国方法，固是针对具体问题而实施具体方法，所谓头痛治头、脚痛治脚者。然而此种方法一方面易为其他各种力量牵制，每每连单一局部的变法亦不得奏效；另一方面，即便有效，然终究因核心问题未能彻底解决，终究不得圆满成功；又因仁人志士每寻一法，立说制度，拟诸实践，然内外时局风云突变，一法故已不及巨变，屡屡失败，而仁人志士反愈加勇猛，是故则有暂时置目前小失小变而不顾，乃立其长远计划与理想，拟于将来徐徐图之，以此之故，增进再三，则长远计划及理想者也日趋遥远究竟。但论及理想之长远究竟并不妨碍眼前急迫之实践。如康有为本于佛教净土思想及儒家大同之说而创大同思想之究竟目标，此特为理想境界，几与西方空想社会主义相类，但康有为虽有此宏大深远之理想，却有恪守次第，辗转保守，以为当世只能行小康及升平世之教化，切不可逾越次第，冒进失序，否则如印度之亡国亡种。可见究竟理想之思想倾向并不妨碍目前迫切之实践。谭嗣同《仁学》旁学杂收，欲纳全宇宙学于一体，其本于佛学之广大，固不待言，其欲冲破一切牢笼而致全宇宙道通为一的思想倾向，岂非究竟？然此究竟之学，仍不妨其投身就义，以一身之死而警天下人当奋起救亡挽劫，是亦可见究竟不碍方便。此等究竟之思想倾向，实在仍是佛学所能提供，而非儒学旧学之所本有。该论及究竟者，涉及超越，乃至出世入世之相互沟通之义，如此则舍佛学之究竟，并无他学他教能有此等究竟深义。上两点，即求全与究竟的思想倾向，实为近代思想之特征，而此两种特征之生发最初又实源于佛学。

三者，所谓革命的思想倾向。如果说追求大全究竟还都是延续着一种思想传统，将之向深广的境界推进，那么革命则意味着不再延续之前的思想趋势并将之继续推进，反而意味着要将过去的思想趋势停止，或全部摧毁，以便重新建立新的世界及其思想文化等。虽说革命并不等同于虚无主义，但无论是俄国还是中国，最初的革命者实在是不乏虚无主义者。再者革命的思想倾向同时也可以包括大全与究竟的思想倾向，即革命范围的广大与革命精神的深入究竟。革命精神在康有为的思想上表现的并不明显，即便是在其维新变法的时候，其思想虽说独创性极强，但对旧学旧势力的批评精神也十分勇猛，但康有为仍旧将之纳于托古改制之中，恪守着次第。至于其后期保皇而与革命派不合作等，固不待论。至于梁启超则反复多变，徘徊于保守与革命之间。但若就其思想之多变而论，不断学习接受新的思想方法，企图将之用于救国之实践，梁启超实际也可算为革命者。最后论及谭嗣同，谭嗣同《仁学》中冲破牢笼的精神实属中国革命之萌芽，又其本身投身就义之举，亦令后世革命者热血沸腾。虽其思想本身革命之说并不太明确，但后世革命者几乎无不受其思想与人格之极大鼓舞，故而可说谭嗣同为中国革命第一人，亦无不妥。而考察谭嗣同之革命精神实出于佛教之大无畏的菩萨行思想，又其思想所依止者又实是佛教般若思想，般若言诸法空性，无着无缚，性空缘起，则又不妨入世普度，入世普度而因般若则无畏生死，不着烦恼，不缚界限，事理无碍。是等种种皆是佛教大乘菩萨行之精神，而谭嗣同之思想与壮举皆出于是，依于是。于此亦可见中国近代革命思想与佛教大乘菩萨行精神具有深刻密切之联系。

上述三种思想追求倾向梁启超或多或少都有其倾向。而又于此倾向之上变现出其个人思想风格及思路之特性。如果说康有为、谭嗣同二者之追求大全究竟的倾向中，能够逐步建立起宏大究竟的思想体系来，并将之分步付诸实践，那么梁启超则在追求大全究竟之思想倾向之际，却始终没有建立起一种整体体系的思想系统，这即是梁启超之思想在共性之上凸显出来的个性。梁启超之思想风格及思路则有如下特点：

1. 梁启超固然也是从旧学出身，进而受到今文经学之经世精神以及西学的影响与冲击。但梁启超之接受经世之学与接受西学却不像康有为那样要依托旧学体系而辗转接受，梁启超是欣然舍弃旧学，接受新学，用其自己的话来说，则是全无成见，而康有为则太过成见。

2. 康梁谭三者皆接受西学影响，但康谭二者接受西学尤其是科学思想之影响，实际是基于佛学框架而加以接受，且较注重科学与义理的汇通互证。而梁启超接受西学似无此基础，可谓全新的接受，这也是其全无成见的心理品格所致。但如果细细深入分析，实际梁启超仍旧是以佛学思想框架为基础而接受西学，只不过较康谭二者较为隐晦罢了，梁启超接受西学知识却是全无成见之欣然接受，只不过在接受知识之后，他要花较长时间就义理上将之汇通，而这时梁启超往往乞援于佛教思想。梁启超西学视野之广阔，远非康谭二者所能比拟。谭嗣同过早去世，故不具论。而康有为即便其游历四大洲诸国之经历远较梁启超深广，但其囿于成见，则在接受西学的广度深度上仍远远不及梁启超。

3. 正因为梁启超在寻求救国之道的时候并未形成一套系统的思想，进而也就并未形成某种单一的远大理想来做导引，故而其所寻求的救国之法，往往是出于眼前之实际需求而去寻求解决之法。故而其所寻求的救国之法往往多变零碎。又因时势之变化多端，则其取法也就日趋多样，尤其是取法于西学，几可囊括西学诸大圣哲之思想，而于此等诸圣哲之思想，梁启超亦较少顾及其思想之整体性，时代国度之适宜性。因其往往只取其完整思想某一部分而引申发挥，且其接受西学又往往非读原著，而是经由日本简介而来，故其所取之法，若拟诸实践，其效果亦可想而知，必是无效。若此法无效，梁启超又必另取一法，如此辗转增学。

4. 虽然梁启超取法于古今中外诸圣哲而求用于救国，但因其急切不择，又无整体思想，究竟理想作统筹导引，故显得多变零碎，往往无功。但若如此日积月累，至某一阶段，其所学之法，杂乱于脑，必也有求整理统一之需求，且从其积累而言，其思想亦焕发追求大全之品质，其间亦有由浅入深之求究竟之品质。又有后说推翻前说之革命品质，故其仍有大全、究竟和革命之三共性，唯其思路及风格不同于康谭之先主一大思想体系者。但梁启超于积累多说之后，思欲将之整理统一之际却又与建立思想体系失之交臂。盖因其所学庞杂，本亦难以统一，虽言无非为救国救民而已，但诸说差异较大，以梁启超之力固难以将之统一，且其思欲统一之际，又复思欲再习一法以便将余法统筹，如此辗转，亦终究无法统一。故而说非其无统一、无建立思想体系之愿望或企图，实在是时势所染，亦是其性格学风所染。

5. 正因其终究无法建立一整体系统的思想体系来将所学之法统一，故而其对于每一新法之抉择判定取舍亦难以决定，于此要么推至目前具体的政治经济文化需求而做判断，而无长远之判断；要么则推之于无所判断，以为诸法皆有优劣，皆有存在之价值，由此而形成其客观的学者风格。晚年梁启超在此难以判断抉择的基础上亦曾企图以美学价值而做判断，其晚年论趣味、美学、艺术等皆是此种企图，这一企图实来自其学习康德哲学，但又因其不能全面领悟康德哲学，故并不深入明了康德建立美学在于沟通实践与知识的意趣，故而其以美学价值而欲判定诸文化思想的存在价值亦只是零碎片面的追求之一例，其效果亦是可想而知，故终其一生，梁启超并未完全有效地建立统一整体的思想体系并以之指导实践。但如果深入研究，实际梁启超是运用佛教思想企图将诸学纳入一统一体系之中，但这一体系梁启超并未彻底圆满地构建起来，但总的来说还是大致地建立了一个松散的精神主义框架。

6. 虽然梁启超不能完全建立有效的整体的统一思想体系，但如果一定要说其思想统一状态，则可见其仍在比较这一方法上建立了一种新型的思想框架，可以说梁启超为近代中西文化比较第一人，并无不妥。他人或有比较，但并无梁启超如此彻底，这从佛教义理上而言，类似有相摄法、无统摄法。而梁启超本人在谈及学佛心得之际也坦言其于法相（无论是小乘之俱舍还是大乘之唯识都）甚有偏好，而对于如《起信论》或《楞伽经》等非法相而言真心真如等统摄性质较浓的义理并无深刻的兴趣，以为过于高妙，难学难证。由此亦可见其学术风格之一斑。又梁启超暗中以佛教思想来统一诸学说思想，亦是其思想之一种统一企图，但在这种尝试中其对于佛教思想亦有众多误解，故其佛学思想前后变化较大，往往前非而后是，就其佛学总体而言，仍旧是知识大于思想。这一点后文详细随文解释。

虽说从本质上看梁启超于众多救国之道无法根本性地依据统一整体的思想理论来做判断取舍，但其毕生救国实践仍做了无数极其正确的抉择，这多源于其能够依据时势而做出决断，亦因其本于救国救民之公德仁心而非一己私心策动此种判断抉择。

7. 由此抉择而看梁启超学术风格的史学倾向，可知梁启超之史学倾向即是其企图统一诸学的比较方法的纵向运用。而反之亦可以说比较方法即是史学方法的横向运用。两者皆是同一松散的统一构想企图，但都没有能够建立起一套完整的理论思想体系，但本文后文亦将说明无论是史学体系还是比较方法体系实际皆是依顺于佛学思想结构而企图构建以庞大的思想体系，唯其思想过于松散而缺乏周密性，故而客观而言并未完全地建立其完整严密的理论思想体系。梁启超两次著史学方法论，前者侧重进化论，后者侧重本土文化论，终究未能在严格意义上建立一贯统一的史学理论，但其中用佛教因果类比文化因果律特为创造，虽不免粗糙，但却有无限的才华呈现。故而说其史学倾向，亦有顺应时势的判断抉择可能。唯其未能明确出来并构建思想体系，但这也不妨碍其成为一位杰出的历史学家，且写出大量的专门史著作，虽多有简略粗糙之嫌，但亦是新史学开端之作。

8. 佛教或佛学思想对于梁启超而言，只是其所探求用来救国救民的诸法之一，并没有像康谭那样以佛教思想为基础框架，以儒家思想为主体，容纳接受其他宗教或思想体系的思想内容，兼容并蓄，融会贯通，而构成一整体思想体系。

佛教思想本身广大精深，世间事理无不含摄其中，梁启超所取于佛教者亦多。然因其思想风格多变，又因时势多变，故其先后所取于佛教者亦多变化。此等变化，或为多层次的差异，或为前后所取差异，都奠基于梁启超对佛教定位的不同。因其定位不同，则其性质功能差异，则所取纷呈。维新变法前，梁启超受康有为、夏穗卿、谭嗣同等的影响，稍涉佛教，彼时期所理解的佛教，为与儒道二教并列之教化之学，从圣哲、仙佛而言，则为教，从士民而言，则为学，此教即人之教化之义。若从康有为之区分来看，即是人道教之义。由此定位梁启超所取于佛教实是比拟于儒家教化于人、治国平天下而已。又其见吴铁樵等学佛者多有出世之义，与康有为之言在世教化略有不同，虽其有所疑惑，但因其忙于变法，专于儒家及西学，且于佛学尚无切入之良机。

变法失败之后，流亡日本之际，涉猎西学，又渐知西人宗教之概念，且多有接触日人以西方思想改造佛教成精神主义佛教的思想，故而梁启超渐渐区分佛教与儒家，以此二者性质不同。以儒家非宗教，而佛教确是宗教，此时言宗教者即西方所言之宗教，依康有为之分则为神道教。故依据此定位，梁启超于佛教之态度一方面以其托于神佛而患其迷信，另一方面又以为宗教虽非哲学那样能令人明辨事理，但宗教与人信愿，于行事则大有裨益，故而其部分地认可宗教之于促进人之坚忍行事。其后随着其了解日本人论佛教理论的深入，又渐渐明白佛教与西方所谓的宗教亦有差异，盖佛教虽之于神佛，然仅是因缘幻现之方便示教而已，非如他教之以帝神为真实者，故其以为佛教是为智信非迷信之教，故依据此定位，其乃确认佛教之于社会群治大有功用，乃作《佛教与群治之关系》一文，以佛教为救国良方之一。

然佛教果能切实增进社会群治，其效果如何？又若以其为是，又作如何付诸实践？是以其为思想框架统筹其余，即以佛教为治国大教，统率其余政治经济文化呢？抑或只是以其为精神生活之一种，听之任之呢？又或若以其为社会精神生活之一，又当与其他诸法如何沟通配合？又如康有为等深谙佛教者反言佛教不治国，印度崇无为而亡国，佛典也屡言圣王弃国出家修道之事，针对此等义理、实践，梁启超又当如何论辩。惜乎梁启超并未就此而深入下去。盖其以佛教于社会群治之功能，仅为诸法之一种，若言其有效，亦非立刻之事，乃须待长久之日方可见效，而当时之时势每每时不我待，岂容三大劫而庄严国土？是故，梁启超后则辗转他法，不及顾佛教矣。

前言求法救亡，若因时局多变，致屡生变故挫败，则必导致寻觅日趋深入究竟广大，暂置小失，以求放缓时日，治其根本，则将来必得痊愈成功。梁启超之求法救国，虽零碎多变，然集聚时日，辗转多变，亦能趋于究竟之处，如其初随保皇，后但言救国，后又发明新民之说，此由一姓王朝而转至国家民族，又进而转至培养新民，层层递进，不可谓不深入究竟，救国非救一无力帝王，民新则国自强。此将逐渐把握问题之核心。于新民说之后，梁启超又复论国家精神及人之精神，盖其以为无论救国救民，首重者根本者当是精神文明元气等，而非突然于物质、欲望等，故其论及精神之为救国根本，乃是其趋于究竟之表现。梁启超于此之际重提佛教义理，以佛教中讲业大业报之说阐释宇宙人生演变之理，并以业力附会生命力、精神意志等西学范畴。是故，此时梁启超对佛学的定位乃是哲学，生物—心理学，其取之于佛学的乃是作为精神的业力。虽然梁启超在此对佛教颇多误解，但亦可算其论佛学为“应用佛学”之一例。且对于业报之说，其私下亦自许为其人生观之基础。盖梁启超取佛学为哲学中近于道德伦理之说为救国之法。

梁启超本多学西学，期之救国，然其晚年游历欧美，其时恰逢一战，彼西土人士俱陷虚无主义、价值倒塌之际，不以己之文明为优，反以东方文明为是。西方此等观念对梁启超这样长久以来倾慕西方文明的人来说，不啻是一种巨大的震动，乃引起其思想上的困惑。梁启超从政坛退出，专注教育和对中国传统文化的弘扬，屡作中国文化诸方面的专门史，又创新史学之体例，实欲以此长远地培养新生之民众，极类西学之启蒙，此举亦是梁启超遍求诸法而不见急效之后，乃思作长远深广打算的表现。以中国传统文化为救国之法，其基调乃在于以精神、文化之究竟为救国之根本，于此必有两种倾向：一者依据中国传统文化，由此扩展而融摄其余诸思想文化，以便演成一整体系统之思想；二者若上法不能成就，则必转而建立一松散之思想共容体系。此体系只能以比较共存为原则，其纵则取历史之时势变迁，其横则取比较交流之汇通。显然，以梁启超之学术思想思路及风格而推，其必取后者。

于此之中，梁启超之文化思想实已突破国家民族之界限，各国各民族之文化通过比较、历史演进中之交流汇通比较，则可见各种文化实可互相交流汇通，而促进全人类更进于文明昌盛之境。于此之际，佛教思想文化再次以其深远广大，兼容包并的精神境界出现在梁启超的面前。梁启超原来欲作一部佛教史，但限于时间精力，未能如愿，仅仅就其中部分问题作出了个别论文，后世统称为佛学十八篇，即言其所作十八篇佛学论文。梁启超之佛学论文从表面上看似乎仍为考据论文，但内里却有别旨：一其首重者即为作为西土印度之思想如何传入中国，进入并融入中国传统思想之中，并进而发挥创造形成具有中国佛学特色的各大宗派，此即是中外文化思想比较交流汇通的一个典型案例。可以说佛教之历史，既是横向的中外文化的比较交流汇通，也是纵向的随顺历史时势而有的方便示教文化史；其次，梁启超于此诸论文中所注重的乃是求法者的勇猛无畏的精神。此种精神即是文化比较交流汇通的精神，也是文化随顺历史时势赋予人民以救度激励的精神，更加是佛教所谓勇猛精进无畏生死的上求菩提下化众生的菩萨乘之大精神。梁启超虽然未能明确突出这一点，但无疑其服膺于此等精神洋溢于表，亦以此等精神为佛教历史之真正生命力所在，而绝非一堆故纸知识或义理而已。再者，梁启超于此诸论中再次注重的是佛教在中外文化交流汇通演变历史上艺术所承担的巨大功能，审美所赋予的巨大贡献。对美学艺术的重视，是在梁启超晚年专注于文化教育时才凸显成为一个主题的，这固然是直接来源于梁启超对康德的肤浅了解，但无疑也是其深受中国传统文化中文以载道的艺术中介论所影响。从而突出了美、艺术与中和等在教化中的强大功能，而佛教思想之传播更是倚重艺术之中介，无论是寺观建筑、雕塑壁画，还是诗词歌赋，又或梵呗琴筝，甚或书法言辞等等，无一不深深浸润佛教庄严优美的神韵，又不仅令人心灵得以抚慰宁静，且置人于佛教境界之庄严肃穆，祥宁无苦，心向神往。又一代一代激励广大信徒积善崇德，悲愿救苦，而又不执着世俗名利等。此与佛家般若方便之精神深有相契。

至此，梁启超虽仅仅是以写作佛教史为目标，而作了几篇佛学考据的论文而已，但其所透露出来的思想倾向实在是极合于佛教大乘菩萨行之精神。而梁启超所取于佛教也正是此种广大方便的大乘精神，此种精神与后世比较文化、比较文学、新史学之发展壮大乃有最初精神推动的功劳。至此可以总结，梁启超关注论述佛教思想虽然并不众多，但其思想却始终在深潜幽微之处与佛教思想保持着似断还连的关系，而由上述分析可见其毕生关注佛学共有五阶段：一，维新变法前，稍涉佛教；二，流亡日本后，知佛教为宗教，然于行事有所裨益；三，流亡日本，又知佛教与宗教之不同，论佛教有群治功能；四，中期论救国思想趋于究竟，以佛家业力说为精神之究竟；五，晚年转论文化，欲作佛教史，只作考据论文十来篇，然其中以佛教历史为文化交流汇通演变之范例，又极力歌颂求法志士之精神，其思想已深浸佛教大乘菩萨行之精神，暗含以佛教大乘精神统筹文化交流演变之思想。此为梁启超突破旧学之新思想，亦是其极具现代性之新思维。

上论梁启超学术思想思路与风格及其与佛教思想之关系，可见梁启超与康有为依循儒佛二家义理传统，构建一整体系统以接纳新学、设定理想、次第并以之实施救国方略的不同，康有为之思想为旧学综合之新运用，而梁启超则先是抛弃旧学，学习新学、西学，后又重新接纳传统，然其不立体系，但为比较交流，于此依佛教大乘广大方便之精神，开拓新思维。是故再次比较康梁切入佛教之思路异同，则可以说：康梁二者都是切入佛教广大究竟无碍的精神中，此种精神既非一神教所能具有，亦非科学之分科界限所能具有，也非儒家偏重在世所能具有，而唯有融摄在世出世，广大深远无碍方便的佛教才能具有。康有为一开始即切入到这一点，并以佛教之广大无碍、融摄西儒，创制大同；而梁启超却走了一条相反的路线：他是逐一递进地寻求诸法，最终将之融于一体而切入佛教广大无碍之精神。

梁启超政治家学者色彩浓于其作为思想家的色彩，故其论述佛教学说，亦多从佛教整体与政治关系、佛教之历史知识入手，直接论述佛教思想义理处并不多见，有亦十分浅显；如果将之比较康有为，康有为虽无佛学专著，但其论说儒学义理，大同学说，甚至科学学说，却处处引佛学义理以参考印证，而梁启超则无此汇通能力，即便其晚年已能切入佛教广大无碍之精神，亦不曾多说义理，更枉论于义理论说中参引佛说，以资汇通了。梁启超之以佛学广大无碍为汇通精神，隐含于其论学结构之中，非阐发难得明见。又康有为虽无佛学专著，又其论说文虽广引佛教义理，但亦三言两语，点到为止，不及阐发，非结合其论述儒学义理又不得明其佛学思想，但康有为艺术品位极高，留下大量诗歌，而其诗中又复有大量诗歌具有强烈的佛教色彩，甚至以论说佛学义理方式作诗，此于研究康有为佛教思想诚为一大方便，而相比之下，梁启超之艺术创作能力稍弱，书法诗歌皆输于乃师，其所留下之诗词数量极少，尚不及一卷，而其中稍涉佛教者又复少之又少，且多数为蹈袭康有为。但梁启超文学艺术之观念却较乃师现今新潮，又肯尝试，故其论小说、诗歌之革命，并尝试作小说戏剧、诗话、报刊文章等，笔耕不辍，故与康有为一旧一新，却也各有千秋。最后梁启超虽算有一部佛学专著，即论文十八篇，但其中多讲历史统计与考证，兼涉佛教文学，论及义理思想者诚为少之又少。而其论述其他诸教诸学之篇章，又恪守界限，往往不肯如康有为般参引佛说。是故综合此三点，则于研究梁启超之佛学思想诚为不便，于此亦勉力为之。

梁启超论心性本体之义理亦不多，更不论专说佛教之心性本体，其论及其他学说思想之本体为数虽不如佛教之少，但又偏于知识陈列转述，亦难以认定为梁启超本人之思想，于此唯有于此论说佛教知识及他教他学之知识中努力钩沉索隐，以期托出梁启超佛学思想之概貌。

梁启超之佛教思想最初是源于康有为、谭嗣同以及夏穗卿等的影响，而这些人的佛教思想有一个共同的特点，即从佛教之大乘菩萨行精神出发，发挥佛教在世救度修行的精神。又在此发挥之中，此诸位取之于佛教的是偏向于华严的广大深远圆融无碍的思想精神，广大即前所论说的大全，给予发挥运用的空间较广大无界限；深远即前所论述之究竟，给予发挥运用的次第以较大的自由度；而圆融无碍，即此诸位皆好讲的华严之事理无碍义理，给予发挥运用以无界限的圆融空间。故而梁启超最初所接受的佛教思想也是偏向于佛教之广大无碍之深远境界，而由此角度论及心性本体时，即偏向于真常唯心系、如来藏心等，而对于小乘或般若系，或唯识系则稍有忽略。对于小乘之尚出家，则以为其偏于出世，无法实践在世救度之理想，亦难以与儒家或西学等更加融洽地汇通。对于般若系思想，梁启超及其他诸家则以为般若系之讲空无往往有过于空无，恶空绝无之过寂的嫌疑，即便从恶空中挣脱出来，而以因缘幻有为是，也得不到传统儒家的认可赞许，张载之对于山河虚幻的批评即是儒家对此批评的代表。最后对唯识系思想而言，在晚清佛学初步兴盛并与儒家思想相结合发挥在世救度思想的时候，唯识思想并不曾占有优势，在康有为看来，原因是名相过于烦琐；但在谭嗣同那里，唯识思想仍获得了一定的发挥空间，而其发挥的空间即是在心性本体与心理学的汇通之上，这可能源于谭嗣同的佛学思想得之于杨文会及其金陵刻经处，而金陵刻经处后来成为南方唯识重镇。至于梁启超，虽然其初步并未接受唯识思想，但其后经由学习俱舍宗而发现其个人性格较近于法相，较欲学习唯识，以至于其晚年仍以年高多病之身往金陵刻经处学习唯识。其在佛学论文十八篇中，讲述佛家义理时，更是推崇佛学与心理学的沟通。故而论及梁启超之论心性本体说，尤其涉及佛学之心性本体时，实有一个转变，即从真常心系向法相唯识心系的一个转变及汇通，此亦是中国近代佛学思想发展的一个重大表现。

梁启超论佛教心性本体由此而涉及三个方面：一是真常唯心系而论及真如本体；二是就业力而论心性本体；三是就唯识系而论及心理学及其中心性本体。上述三个方面中第二点从业力的角度来论述心性本体实际具有在第一点和第三点之间过渡的性质。又梁启超论述佛学思想时，也有与其他宗教学术思想相比较而论述，但此方面对于梁启超而言，也并不太多，因其论述其他宗教学术思想时，往往恪守学术界限，较少以佛学思想来比较论述，这一点与康有为极为不同。又梁启超论述佛学思想常以简短的报刊文章体裁而呈现，故而即便论及佛学思想，也难以全面深入地论述。故而转述其佛教思想亦难以完全排斥其论及其宗教思想学术而专论其佛教思想，所以在论述其佛教心性本体思想中，仍须结合比较佛教与其他宗教学术思想来辗转论述。

一 从真常唯心而论心性本体

梁启超较早从真常唯心的角度论及佛教心性本体的是《三先生传》中，但因为此文是一篇传记，故而文中虽然论及心性，但也只是粗略地提及而已。但论说心性本体，如非佛学义理之专论，本也难以扩展铺陈，无非是即心即佛的笼统说法而已，是故于此亦无可厚非。在此文中，梁启超之论佛教精神乃是从儒佛汇通大义上而进行，其中论述心性者言：

> 以吾闻三先生者，其行孔墨之行也，其心佛菩萨之心也。岂尝有所丝毫求于天下。但率其不忍人之心，乃忘其身之困顿危死，黾焉圪焉以赴之。倘所为安仁者耶？三先生，皆不识一字，其以视读书万卷，著作等身者何如矣？年岁未邈，而知者盖鲜。三先生宁求知于人哉？然而世有盛德，辟而弗道，亦士大夫于做人之道，讲之未熟也。①

此段为全文中为传之序言，言作传之由，此世有盛德，而辟而弗道是士大夫于做人之道讲之未熟的缘故，即言教化之不足而已。又文中说三先生之心，即佛菩萨之心，则佛菩萨之心即是佛教真常唯心所言之佛心佛性，真如本心。又此处并非就心之寂然不动的本心寂体而言。文中首先说佛心与孔墨之行所依止的心是为同一，这是以儒家、墨家义理来印证佛教本心义理。这一点梁启超较康有为有所发挥，在康有为看来，以儒家本体仁心来印证佛教真心是可以的，但若以墨家之兼爱心来印证佛教本心则稍有

① 梁启超：《三先生传》，《梁启超全集》，北京出版社，1999 年，第 77 页。

欠缺。但大体不差。因康有为以为墨佛大体相类，但在行此本心之方式不同，故言稍有差别。又梁启超此处直言以佛心而行孔墨之行，实际也是说从佛教角度来看，孔墨之行即佛教之菩萨示现之义。而于此示现义中，佛心为诸行之所依止，以此本心为行之依止本体之义，而非论心别有寂灭之体。再者，梁启超言依止此心则于天下无丝毫之所求，这却是从无欲无求的角度来论说佛心之般若空性，也可以说是无私之心，无我之心。又梁启超又从儒家不忍仁心来进一步论说印证佛菩萨之心，即率其不忍人之心，则忘身之困顿。这一段论述较上一句说无丝毫之所求，似乎有退失，因为其说对于身之困顿只是忘却而已，而非完全破灭，因忘却，又复精进热情以赴。如此论说一方面说明梁启超对于佛教义理之说真心本体认识上尚有不足之处，另一方面也说明在儒佛沟通之际，仍有不尽周密之处，此一点也是康有为所有的缺点。康有为论说佛教本心，多是从发心而言，非谓证得本心，故而康有为每言天人亦有烦恼，但并不畏惧此烦恼。最后梁启超还以儒家之不求闻达的义理论及佛菩萨心，这是三先生本身所有，但梁启超也指出，自身固可不求闻达，但相对于普度教化而言，使盛德传播，有舆论、道德等实大有裨益，亦是教化之宏旨。是故总结而言，梁启超此处从四个方面论述佛菩萨心：一仁爱道德之行所依止为真心本体；二无欲无求是为真心本体；三虽有身心烦恼困顿，而不以为缚，反忘之于勇猛精进之行中，实即无畏勇猛于普度救世为真心本体之用；四于己不求闻达，于他则施设教化亦为真心本体之用。此四点前二就体相上而言，又分别就有无两方面而论，有就有真心本体，无就无妄心之欲求；后二就用上而言，又分别就事理二者而言，不畏烦恼而强为救度是就事上言，不求闻达广设教化为理上言。虽寥寥数语，实际言简意赅，体大用全。

梁启超再次明确论及佛教真心本体，则在《谭嗣同传》中。同样传记体裁，于此亦当明梁启超文学风格。梁启超毕生好作传记，诸多论述俱从传记中出，其论理说事亦往往从传记中出，此实际为中国旧史学之典型风格，梁启超之作传记精神实亦出于纪传史学之精神。以传而作史，以史而传人物精神，其重于史者实重人物之精神，而非仅进化论之原理。即便论述原理，亦非离人物精神实践而可论及。故而研究梁启超之史学之文学之思想，须于此传记体裁注意之。于此《谭嗣同传》梁启超总结谭嗣同依止华严性海之说而兼容儒耶二家，汇通为一，指导实践，悲愿救世，勇猛精进。其中论及华严性海时云：

> 又闻华严性海之说，而悟世界无量，现身无量，无人无我，无去无住，无垢无净，舍救人外，更无他事之理。……自是豁然贯通，能汇万法为一，能衍一法为万，无所挂碍，而任事之勇猛亦益加。①

此处论及华严性海之说，康有为、谭嗣同俱深谙华严义理。前文已论述康有为在《春秋董氏学》中亦以华严性海之说与今文儒家之仁性天命之说相互印证。而谭嗣同尤好尤善华严，此一点于谭嗣同恐非得之于杨文会，观杨文会之思想，虽力主起信论，而起信论与华严亦多有汇通之处，但杨文会毕生似并未就此二者发挥过多。故而谭嗣同之得华严或来源于夏穗卿或来源于康有为，此点尚待考证。

---

① 梁启超：《谭嗣同传》，《梁启超全集》，第233页。

梁启超此处之论述，先论性海之广大无碍之义，如言世界无量、现身无量等，此五句广涉世界、众生、人我、有为无为诸法诸行，皆以无字明其本体空无、界限无碍、般若之深义。但若就此而言，实未能明确言心性之有体。故其后则补充言舍救人外，更无他事之理，则以救人之事理而点出在性本空无中尚有真心所在，所谓真心者即是上文所言佛菩萨心，即此处救人之事理，也就是菩提心之普度众生心。可以就上述五句之无碍广大义说明上求菩提之依止，下二句言唯以救人为是即下化众生之实行。合此二句则是菩萨行之精要：上求菩提，下化众生，故就体相上言，仍是就有无二相而分论之。

后又言汇万法以为一，衍一法以为万。其中一法者即是心，真心本体，而万法则含摄有为无为之诸法。故而汇万法以为一，是就前五句之论无碍而言，于万法而求菩提真心之一法、之性本空无；而衍一以为万法，则为下句言救世之用，依此真心而用后得智，广开方便，入世普度众生，故言万法。当然也可以从心性角度而言，一法真心，染净熏习而成有为无为万法。故而此处梁启超较《三先生传》中更为简练地突出了心性本体之有无二相，就其无而论之为空寂之体，就其有而论则为万法万行之所依止之心。但此处较之《三先生传》而言，则亦略去染净区别的论述。因为《三先生传》中言无是从无欲无求而言，而此处言无则含括有为、无为二种法，故而义理虽更为究竟圆融，但却失之详尽明了。

梁启超之《自由书》为其流亡日本之际读学思考之笔记，该书中诸多言论虽未曾明言佛学词汇，但其所包含的思想实与佛学义理密不可分，也是其学习佛教义理，欲以自己的语言词汇而加以理解汇通的一个表现。且此书中诸多思想，虽多零碎，但实奠定其后来诸多思想，说为其思想之萌芽，亦不为过。

如其《近因远因之说》中于治国之法中比较近因与远因，其以为事固有近因远因，近因易见，远因难知，不治远因而欲治近因，则必不可得治。因近因常繁多混杂，而使人难觅头绪；远因则不然，一旦寻到，则颠扑不破，可依之而定办事之方向。故而推寻远因，则原因之数会越来越少，而据远因以定办法，如同手握纲领而捉网，有条不紊，通其一而万事毕，故而言求远因者，论事之秘诀，治事之捷法。又所谓远因者梁启超以为即是造时势而已。此处梁启超分别远因近因，实则与当时寻求救国之法茫然无头绪有关，因时势多变，就近因中寻觅一法必难以奏效，乃更求深远究竟者，以求缓缓图之，又不至于失却方向。所以求远因之法即是求究竟之谓，而于此梁启超言通其一万事毕，实与上文论谭嗣同佛学心性本体时言汇万法以为一、衍一以为万法同一意趣。若于此远因之中申发，更可得业力、真心本体之说，但梁启超言造时势，未免失之交臂。但此求深远究竟的思路毕竟于梁启超思想中种下种子，日后则可熏习现行。《自由书》中《谭浏阳遗墨》一文转录谭嗣同论佛教义理，其中论及匠心处即明言佛教心性本体：

> 动成匠心者何也？道绝言思，遇识成境，境无违顺，遇心成理，闻歌起乐，见泣生悲，非歌泣之足凭，有为悲乐之主者也。然则苟变其主，必得立地改观，所谓三界唯心，即匠心也。①

① 梁启超：《谭浏阳遗墨》，《自由书》，《梁启超全集》，第355页。

此处仍是从华严义理而论真心，其中三界唯心之处即是华严精神，谭嗣同以匠心来理解，而此处所谓匠心即是改变之义。其先言依此真心则有境、有理、有悲、有乐，此等境理悲乐，是因外在因缘而变现者，但此等俱是有为之法相。故而后言，此等有为法相必有其主，主者即心，若苟变其主，则谓匠心独运而变其心，变心改心则能立地改观，观即观想，依止所改之心，而复观色心，则与上之所谓因缘而生悲乐不同，可谓无为之心智。从谭嗣同此段论述来看，其是就一心二门而言，无论有为无为俱是从一心而变现，而作为真心之匠心，则就其能变有为而成无为，亦即舍染求净之义而言。但有为之心，在谭嗣同这里并非全然舍弃，因其所改为观，故而其论三界唯心只言改其观照，依止真心，或亦可于有为之中更行普度之义。故而言匠心，而不言寂心。谭嗣同此论当为梁启超所认同，但也不可全然视为梁启超之见解。但从《自由书》中《唯心》一篇中却可以看出梁启超实接受谭嗣同此段论述，并从艺术匠心运用上论述佛教唯心之义。

> 境者，心造也。一切物境虚幻，唯心所造之境为真实。①

后文广引诗词之同境异情之例而反复论证，虽有同一境界而因所观之心不同，则所生境相情感绝异。以此说明境为心造。梁启超总结言：

> 其分别不在物而在我，故曰三界唯心。②

---

① 梁启超：《唯心》，《自由书》，《梁启超全集》，第361页。
② 同上。

下文又就禅宗公案"风动幡动"之例说明仁者见仁智者见智之状，亦即唯心之说，其言：

> 吾之所见，即吾所受之境之真实相也，故曰唯心所造之境为真实。
>
> 若是者，谓之知有物而不知有我，知有物而不知有我，谓之我为物役，亦名曰心中之奴隶。
>
> 明三界唯心之真理而已，除心中之奴隶，则无喜乐忧惧，则人人可为豪杰。①

梁启超《唯心》这一则笔记，从内容上看，即是上承转述谭嗣同论述三界唯心与匠心的那段笔记，后梁启超又以自己的理解而贯通之。可以说梁启超之深入佛学，谭嗣同的影响不可忽略。又此则笔记虽然简短，但却结构完整，论述明确，就其结构而言，三段论述分别针对事理行三者，即情识、理智和实践三者，具有逐步深入的结构。又第一段论述境为心造，第二段论唯心造之境为真实，第三段论实践，即言摆脱心之束缚，或曰心之奴隶，以达无悲乐之豪杰境界。

梁启超这一段论述实际并非完全契合佛教义理，而是以自身之思维为主要，是以自身之理解来发挥三界唯心之深义。

首先就华严而论三界唯心，即欲色无色三界之有为无为万法皆是唯心所造，唯心所现。所谓三界一般说欲色无色三界，也可说为上中下三界，也可说为过未现三界。故而其论三界必就广大而言，不可单论人世间。然仅就人世间而言，又何须言三界唯心？但梁启超文中虽未明言，但实际所言所用俱就人世间而言，

① 梁启超：《唯心》，《自由书》，《梁启超全集》，第361—362页。

未曾涉及他界，亦未曾从时间变化上论唯心。虽然梁启超未曾就广大义上阐释三界唯心，但其就人世间而论万法万相唯心所造之义本亦在三界唯心之义中，故而其论也未曾出于三界唯心之外。

其次，梁启超于唯心所造、唯心所现二者并未严格区分。这也是他对于佛教义理疏于了解的缘故，而统一论之为唯心所造，故而可言此唯心所造是包含了唯心所现在内的。若以唯心所造，外境则无，心外无境；而论唯心所现，则可暗含心外有境，只许离心不可现之义。观梁启超全文之义及其论述，其当是暗许心外有境之说，其所论证之核心是心外有同一实境，所观所受不同而已，故其所论是论内境有变幻义，非外境有虚幻义，且此内境亦全非由心所造就，若离外境，心无所观，恐亦无有内境，如其言：

> 天地间之物一而万，万而一者也。山自山，川自川，春自春，秋自秋，风自风，月自月，花自花，鸟自鸟，万古不变，无地不同。①

此论万古不变，无地不同，非言万物之表象，而言万物之外于人心之本性，这明显是确认心外有物之本性之义。若就佛教而言，无论大小乘，皆是否认此物之我性，自性，即便小乘之论极微，之论三世实有，亦不许极微、三世实有我性自性之存在。否则即是外道之神我说。梁启超于此点实未能深辩，这皆是源于其对三界唯心之说与唯心所造之义了解肤浅，又想凭一己臆见强加理解而已。

再者，其又说唯心所造之境为真实，实在也是与佛学义理截

---

① 梁启超：《唯心》，《自由书》，《梁启超全集》，第361页。

然相反者，无论华严还是唯识，其论三界唯心之宗旨即是要指示外境唯心所造，唯心所现。是故虚幻不实，即外境虚幻不实；则相待之观心又岂能复有真实？是故内外俱谴，以趋于无内无外无真无实之本心。由此本心真如实不妨虚幻假有之因缘变现。从此义上言真心本有，是为真实，而此真心本无相，以其无念无相而为相，此固是语言之方便。若就本性而言，实离言绝道。是故佛教从未说有个体所受之境为真实者。以此论唯心所造之境为真实，若以此言一己之真实为真实，普遍之真实反为虚幻，则无复真实矣。此论固是武断荒谬之极者。

但梁启超此论背后乃有一隐含之义：此处梁启超是说世间本无真实可言，不论世间，三界皆唯心，何有真实？若有真实，则谓此心。若此心者若谓之真实，不过是一己之主观虑想而已，是其一己之见，其于一己固是以为真实，但若就广大而言，实亦并非真实。由此则可知，梁启超此说真实乃就妄心而言，此妄心认妄境自以为真实而已。由此梁启超推论出三界唯心之义实在是全无真实，人心所变造而已。其言：

> 乐之、忧之、惊之、喜之，全在人心。①

此处之心即是妄心，为其能喜乐。而梁启超论改造之心，亦是此心，以此心可于乐处不乐，忧处不忧而已，盖因心既可为喜乐，亦可为不喜不乐而已。故而梁启超此处虽处处言心，实无一处见到真心，即便其言除心中奴隶，亦不过是突破我见而已。但既没从外境上彻底克制法执，亦未曾从内境上克除心之法执，更不用说由此而破除法执而进一步见到真妄无别之真心，即三界唯

① 梁启超：《唯心》，《自由书》，《梁启超全集》，第362页。

心之真心。

梁启超此处之论述彻底暴露出此前他所理解论述之心性本体皆是认妄心为真心，皆是人云亦云之错误见解。但一方面因为其论述简短，另一方面往往从知识转述之角度而论，故而令人亦无法明辨其真假，只要稍稍详明阐释，则立刻可见其理解之误。

梁启超所体认推论的本体真心是心之用上推度出来的，既是有为善法的依止处，也是舍弃破灭有为染法（烦恼法）之所归依处。但梁启超在此既未曾完全破除外境之实在，亦未曾就般若本性上论及真心，而只即私心我见之破除论及正见，并非就深层我执而论及真心，故而其所论真心当仍是意识心之实有，并非佛教所谓本体真心。此从用上推度有为善法的依止的方法是依据儒家讲仁心本体而来，其论有为染法之舍弃归依心是从庄子之论道家无之境界而参照发明。故而说其论述真心处皆有误解，而此误解亦是近代从儒道甚至西学发挥佛学本体之处共有的误解。

梁启超之《近世第一大哲康德之学说》中较全面转述康德之思想，且全文之中处处以佛教唯识义理印证康德哲学。此中自然论及佛教之心性本体。

其转述康德之论物自体言：

> 康德曰，物之现象其变者也，物之本质，其不变者也，其变焉者，固托生于虚空与永劫之间，有生而不能无灭。至其不变者，则与时间空间了无交涉，凡物皆然，而吾侪侪类亦其一也。人之生命盖有二种：其一则五官肉体之生命，被画于一方域一时代而与空间时间相倚者也。其有所动作，亦不过一现象，与凡百庶物之现象同，皆有不可避之理而不能自肆。（案：疲而不得不息，饥而不得不食者，皆所谓不可

> 避之理也。此举其最粗者，凡百皆如是）虽然，吾人于此下等生命之外，复有其高等生命者存，高等生命者即本质也，即真我也。此真我者常超然立于时间空间至外，为自由活泼之一物，而非他之所能牵缚。故曰自由之理与不可避之理常并存而不悖者，此也。①

此处本为论述康德之所谓物自体之说，即文中所言物之本质。但在随文的解释中梁启超却避开物自体不论，却论说人之本质，此实有悖于康德之本义。康德论人之本体在《纯粹实践理性》中，而非在《纯粹理性批判》中，而又康德所谓物自体固然是包含了人之本体，但并不尽为人之本体，物自体在康德看来是假定其必然存在，此是由纯粹理性反证而有，但就其超越了人之知性而言，实在是不可知论，这也是康德之学说后为黑格尔所超越之处。而梁启超于此并未明确，冒然以人之本体替代物自体之全部而大谈人之真我，似更近于黑格尔，而离康德反远。又其论物自体为时空外别有一活泼之物，以物之实体而言人之本质，亦是误解。康德之论人之真我亦是由人之理性于实践上运用而反推出不依赖于质料界限之自由意志，而为意志纯粹立法之力，非言为物。故而其言自由之理即道德律之根源，不可避之理即非道德的感性原理，也可说是欲望原理。此两者在康德那里并非是并行不悖，恰恰相反，道德律之确定正是建立在对欲望原理的排斥和规范之上，只不过因为人之二重性，故而纯粹道德律不可能完全实践而已。是故此处梁启超仍为误解，盖源于其从日文二手论著中转得康德学说，于此二手论述又处处以一己之臆见臆测发

---

① 梁启超：《近世第一大哲康德之学说》，《梁启超全集》，第1060页。

挥，故而误解在所难免。此文中以真我而附会纯粹自由意志即从佛教义理而欲理解康德哲学。此段转述后一案注说：

> 此论精矣，尽矣，几于佛矣。其未达一间者，则佛说此真我者实为大我，一切众生皆同此体，无分别相。而康氏所论未及是。遍观全书，似仍以为人人各自有一真我，而与他人之真我不相属也。①

这里梁启超将佛学之言真我即真如之本体，与康德之言自由意志相比较，此二者类似，并以康德之说为华严圆教，同时也指出两者差异。所谓差异，即是梁启超以为佛教之真我是一，众生皆同此体；而康德之说自由意志似人人别有。梁启超此认识有其合理之处，但仍不免失之粗率。佛教之言真我固是众生共之一体。但若从有为法之生起而言，众生之如来藏实在各自别有，即梁启超后文所言众生业识妄生分别，业种相熏，果报互异，则成个体之体，而真我实无人我之别。由此而论，康德之言自由意志，此实一意志力，而如从纯粹自由意志而论则为普遍立法，人我平等。实亦是无人我之别，只因人有二重性，因其意志每缚于欲望原则，则成个别之有。又其分现象本质者，仍是就知性而言，并非就纯粹自由意志而言，盖无论物自体还是人之自体，仅是反推而有，非可知之本然状态。梁启超此处亦有武断之处。但其指出佛教真我无人我之别，后由妄识分别、业种相熏，而成就人我分别，于理甚然。既以真我附会自由意志则进一步指明佛说"有所谓真如，真如者即康德所谓真我，有自由性者也。此真如即前之真我。与真如相对者为无明。有所谓无明，无明即康德所

① 梁启超：《近世第一大哲康德之学说》，《梁启超全集》，第1060页。

谓现象之我，为不可避之理所束缚，无自由性者也。佛说以为吾人自无始以来即有真如、无明两种子含于性海识藏之中而互相熏。凡夫以无明熏真如，故迷智为识，学道者复以真如熏无明，故转识成智"①。梁启超于此实是依据《起信论》之说一心开二门区分真如无明二我为真我和假我，又以染净互熏之义而说迷误二因果序列。但以《起信论》中染净互熏之义而解唯识义，则与唯识之理恐有误解。但此义须待后欧阳竟无等论及唯识中真如不立种子而正智立种之义方才显明，梁启超于此固不能详明。但依据《起信论》之说而阐释康德之说，又以宋理学之言，互相参考印证而已，由此而加深对佛学义理的认识和理解。对于梁启超依顺《起信论》之一心二门而论心性本体，反观其初之依顺华严三界唯心义而论心性本体，则由此种转变中可见其原论华严之三界唯心之心，本义是欲指明唯心之心即当是真如之心，但若依真如心说三界唯心所造，则于真心起染法之说，难以阐释，故而彼处虽欲言真心，实仍局限于妄心。而至此明确依顺《起信论》之说一心二门义理，则明确出心造三界之心即是无明妄心，而就清净本体上言，固可说为真如本心。又此二者当如何区分？若依《起信论》而言，则一心之中俱含染净二法之种子，后依互熏之义，则成染净二法。梁启超此说与康有为之论心性本有善恶二端，依后来习气而成善恶二种性情之义颇为相近。

然此法仍有疑难，未及尽说，一心二门说中一心是就真如之体言，而二门中真如门则就用上言，已是有为之法，而一心却是无相无念之寂体。此说是否能与康德之说相互印证，又无始以来

---

① 梁启超：《近世第一大哲康德之学说》，《梁启超全集》，第 1061 页。

无明有种之说，与康德之论根本恶又是否能互相印证，此特为难题。

若详读梁启超之论，参照康德之论自由意志者，此二家差异实有难通之处。梁启超云：

> 所谓活泼自由者，何也，吾欲为善人欲为恶人，皆由我所自择（按：以其所以自由）。既已择定，则肉体乃从其命令以铸成善人恶人之质格（按：此其所以不自由）。①

又前文已述，梁启超以为康德之说真我似人人皆自己独有之真我。由此二处论述可知，若言真我为人人别有之真我，则真我自有界限，以我为界。既以我为界，何得自由？我执未破，亦难称真如。又真如门即是寂体，其寂灭无为，又超于有无之外，又岂可说言"吾"欲为善人欲为恶人。岂有"吾""自"之界，又岂有"欲""择"之事？由此又岂可称自由？故而梁启超此处不光误解《起信论》之说心真如，亦误解康德所谓纯粹自由意志。纯粹自由意志即摆脱任何限定，尤其质料与界限。其言自由，谓由自不由他，其中亦包含不由独自之个体，故其为普遍立法。故康德之论自由意志无须抉择，就其本身而言即是善。唯有人之二重性，才须抉择善恶。又恶之根本动力及根本之恶，依康德之义实仍当为自由，唯于法则与个体准则抉择先后有别，方成恶行之动力因。即为个体之准则抉择先于纯意志之法则，才给予恶行的可能。而康德诉诸宗教力量者本不在真我、自由意志，而在借助他力以改过从善，不然则陷于准则之中，无由得以重获自由而已。又若进一步追问置准则于法则之先为何因，此在康德实

① 梁启超：《近世第一大哲康德之学说》，《梁启超全集》，第1061页。

已不可知，目之为魔鬼、诱惑而已，盖此内于自由之中，固非有他因。故而若从究竟上言，康德之说与真如门有可通之处，但在康德并未明确道出，只为物自体之不可知而已，于此而诉诸他力。而康德所尽言者，皆是从人之二重性而言，故而其所论之自由意志者已在生灭门中，其中自由与不自由之欲望准则者，即对应了生灭门觉不觉二义，而非真如门与生灭门之对应。梁启超在此之认识有拔高之嫌，盖源于其混淆本觉与真如二者。此亦是历代儒学以仁心本体附会佛教真如本心之习气，于此往往始终不辨，未证说证。由梁启超之言自由性与不自由性之对待即可知此二者为觉不觉二者，又《起信论》言依如来藏故有生灭心，而不生不灭与生灭和合，非一非异，名为阿梨耶识，是故于真如本体上言如来藏、阿梨耶识方可言染净二种并行不悖。若于生灭门中言有染净互熏之义，有觉不觉二分义，又岂可言自由性与不自由性同时并存，且征之康德亦从未言自由与不自由可同时并存而不悖者。故总而言之梁启超此处以真如比类自由意志者，仍有拔高误解之处，其所论之真我、真如、真心为生灭门中本觉之心，虽本源于真如，然非真如本体。若单就佛教义理而言，梁启超之论心性本体先从华严性海而论，后乃专注《起信论》而言一心真如，此皆从唯心而论，而其后亦涉及唯识思想。但论唯识学说多法相分析，多主于业力之说与心理分析，于心性本体之说反而较少论及。若就参考其他学说相互阐释印证者而言，则广涉西学儒学诸多学说。上就康德之学说而论及心性本体之际，梁启超又插入一段论述，从宋理学之角度论述印证真如之为心性本性。其言：

宋儒欲用此义例（即起信论之说真如无明互熏之义）

> 组织中国哲学，故朱子分出义理之性与气质之性。其注大学云：明德者，人之所得乎天，而虚灵不昧以受众理而应万事者也（案：即佛所谓真如也，康德所谓真我也），但为气禀所拘，人欲所蔽，则有时而昏（案：即佛所谓无明也，康德所谓现象之我也）。①
>
> 若朱子之说明德，既未能指其为一体之相，是所以不逮佛也，又说此明德者为气禀所拘，人欲所蔽，其于自由之真我与不自由之现象我界限未能明分，是所以不逮康德也。康德之义谓真我者绝非他物所能拘能蔽也，能拘蔽则是不自由。②

此处转述朱熹之分义理与气质，又以明德对应义理之性、佛之真如、康德之真我、自由意志；气禀人欲对应气质、佛之无明、康德之现象我。于此对比之中指出，朱子之说义理之性，明德者未明其为众生共有之一体之相，所以不及佛说；又其论气禀气质，不能有效区分自由之真我与不自由之现象我，是故不及康德。就第一点而言，朱子论明德未指出其为一体之相。儒家学说多言简意晦，至朱子又多语录，未能详细分辨，亦是情理之中。但朱熹是否明言明德为个体之有，亦不得其证，只可在清晰度上论其不及佛说精致。康有为亦于其《孟子微》中论及明德，以明德为仁心本性，类比于佛之性海之说。而其论述中以生之质为性，又以本天之性为仁性本体，以此二者论说明德，乃是就人之善端而论明德，又突出性善之性为随顺方便之说，故其说自成一

① 梁启超：《近世第一大哲康德之学说》，《梁启超全集》，第1061页。
② 同上。

体，并无简晦之嫌，虽与佛说有异，然不失其实践之方便。梁启超于此处虽广涉三方，辗转论辩，却难见其抉择何处，亦或有沟通汇合之义。且又以佛说为根本，而兼以批评余二家之说。

再者就第二点而言，儒家分别义理与气质本为明辨，灭人欲存天理之说甚为明确。何故认为其于自由之我不自由之我不能明分？若谓明德者能为人欲所蔽，而真我不能为他物所拘蔽，则此批评殊为不当。因康德之说多就人之二重性言，仍有为物蔽可言；若离人之质料而言纯意志者，则为不可知之物自体而已，且物自体之自由意志当有被诱惑之危险。故不可绝对言真我别为绝对清净存在。又从佛教真如而言，梁启超亦许可真如无明互熏之义，岂不是许可有无明之蔽、人欲之蔽。又明德为气禀所拘，人欲所蔽，但为所蔽并不言此无有，舍弃遮蔽，则可复其明德，又有何不可。此处梁启超之批评实武断且不明其所指，正落宋儒之蔽而已。

《双涛阁日记》（1910 年）宣统二年庚戌日记之二月二十日记载读《起信论》事言：

> 读《大乘起信论》五页，依一心法有二种门，一者心真如门，二者心生灭门。易所称：易有太极，是生两仪。似亦与此义颇相合处。但两仪之阴阳，似不能相摄未睹圆融无碍之体相，宋儒好言太极，全是蹈袭佛说，而不知其不类也。①

此段论述本为私文，于中有误，本所难免，其先以易之太极生两仪类比一心二门之说。两处皆用“似”字，表不确定之义。

① 梁启超：《双涛阁日记》，《梁启超全集》，第 2345 页。

可知其是粗感有类不类之处，未及深研。但末句突言，“全是蹈袭佛说，而不知其不类”，其不类之说似乎有断定之义，行文前后剧变亦大怪，恐文人习气耳。

但此中亦粗略指明其以为两仪阴阳似不能相摄，于真如门可摄生灭门之义相悖。此则可见其原本之义为阴阳两仪不可对应真如与生灭，若言阴阳两仪对应觉不觉二者则似有可类之处。

日记该月之二十五日又载：

> 朱晦庵注大学，谓明德者，人之所得乎天，而虚灵不昧以受众理而应万事者也。但为气禀所拘，人欲所蔽，则有时而昏，然其本体之明，则有未尝息者（笔者案：日记本此句，《康德》一文中则被略去），此全取佛语以释经也。其所称虚灵不昧之本体即佛所谓真如，其气禀人欲即佛所谓无明，但人曷为而能得此明德于天？天有此明德，曷为唯人独能得之？而气禀人欲，又从何处突然而来？此皆不可解者，朱子窃取佛说，而将其最要因缘生法之一义斥去，则无往而可通也。①

梁启超此段日记与《康德》一文中的案注部分文字同一，可见《康德》中案注实抄录此处日记文字，后稍作修改。其中朱子所谓本体之明，则有未尝息者被梁启超删去。在《康德》一文中通过将朱熹之说本体、人欲两者分别对比于佛说及康德，以为两方面皆不如：其不及佛说者为朱子论本体未突出本体是众生所共之一体；其不逮康德者为天理人欲之界限不明。而日记中则以朱子对天理明德与人欲二者之起源即转换关系论述不明确，

① 梁启超：《双涛阁日记》，《梁启超全集》，第2345页。

以其于此处亦不及佛说，唯其采佛说而弃因缘之说，显为突兀。

若与康有为相比较，康有为以人之天性即人性之中本有天理人欲、明德气质之欲二者之端，本有即天生而有；明德为气质之神明，人欲亦是仁爱，二者之别唯有推度扩充之广狭而已，能有广狭之分又在智之有无及广狭而已。是康有为之说与康德之说人有二重性，与《起信论》之说一心二门俱更为接近，而梁启超以为天人相隔，人之得天理无由，人之独得气禀又无由，以之批评朱子之说不详切，不若佛说因缘之善巧，若以此而论佛说人无始以来即有真如、无明种，亦令人生疑于其来源，而朱子之说本有儒学简晦之风格，岂可就文论义，而不作体悟引申以曲成其义哉？故而，于梁启超而言，佛儒耶三家于理上自是有相类之处，所不同者唯有论说之详略明晦之分而已。故梁启超之比较终是知识详略之比较，而非实践功用之比较。以儒家之说虽简洁，然于实践却直接明了；而以康德之论理详明，于实践却难于实行，《起信论》在佛教诸论中本为简洁精炼者，亦以欲此简而致实践之迅捷有效而已，非若其他大部之繁复或致难以成行。梁启超所重仍在哲学之义理详明，而康有为则重在身体力行之简洁有效。此为二者论说本体及功用之差异。

上就真常唯心的角度来论述佛教心性本体，从分析中可以得知，梁启超先是以华严之三界唯心及性海之说而开始接触佛教之论心性本体，于此梁启超以个体主观之观同境而有差异理解，境唯心造之义，亦由此认为心有改造主观认识之功能为唯心之功能显现。其后梁启超切入《起信论》之从一心二门的角度论说心性本体，梁启超欲从西方哲学及宋理学的角度来理解佛教之理，以康德之自由意志及朱熹之说明德附会佛教真如之说。此种理解实质是以精神与物质、天理与人欲之二分强行理解佛教中一心二门之说，因有对佛理之极大误会，故而梁启超于此比较之中亦坦言此附会比较有诸多不相应之困境，由此比较又可见梁启超重在哲学理论知识之建立，而未及宗教或道德之实践功用。故其论述对于天理人欲之来源转换等则希望有更加明确的阐释说明，而若以佛教来说，无明为无始以来即有，既言无始，则非佛则无能知；而真如之理，又岂是理之所能明？言诠皆是方便之遮诠，唯有见道之后才可察见真如之体。

二　从业力果报而论心性本体

梁启超在论述真如本体的时候，已经通过对比而涉及了无明，此处无明并不单从烦恼法上而言，而是从有为法之远因上言。佛教中论说无明本就拥有众多流派及诸家之说法，无明之法若从纵向上言，是本源于十二因缘支之首支；若从横向上说是心所法中烦恼法的重要一支。小乘时期，以无明为我执，为烦恼杂染之因；而大乘时期又深入提示，无明有根本无明，并以根本法执为根本无明，为烦恼杂染之根本因。故而佛教中无论大小乘，诸宗于无明阐释如何，但以无明为烦恼杂染之根本因者是其共同之处。若从染净二因果序列而言，则无明为染法之因，真如佛性为净法之因。无明就根本体上言则为虚妄不实，而真如就体上言则超越真幻有无。故而在以无明为有为法之根本因的理解之中，有可能生出误解的即是有为善法之根本因是无明还是真如。又若从宇宙生成论及西学中本质主义出发来对此做理解，又皆可能演变成一元论。无论柏拉图之理念，或康德之自由意志，又或基督教之上帝，乃至近代各哲学，以此一元论而理解有为法之根本原因当归之于无明还是真如？若归之于无明，则于有为善法似有贬低之倾向；若归之于真如，则于有为染法有拔高之嫌。若从佛教而论，有为善法实际被认为是杂染之法，其根源为无明，但其可受无为净法之熏习；又若佛菩萨之入世示现，虽现有为善法之相，而实质只是无为法，是依于真如之法。但此区分于西方哲学之中则难以明晰。

梁启超在涉及无明之后，亦多从业力、羯磨等角度，企图在真如之为心性本体外，另寻觅一个角度来论述，以便更加方便善巧地与西学儒学来相互汇通。

《余之生死观》为梁启超从业力的角度论述心性本体的代表作。此文从死与不死论起，以不死者而切入论题，其言：

> 虽然，无论为宗教家、为哲理家，为实行教育家，其持论无论若何差异，而其究竟必有一相同之点，曰人死而有不死者存是已。此不死之物，或名之曰灵魂，或不名之为灵魂，或语其一局部，或语其全部，实则所指同而所名不同，或所证同所修不同，此辩争之所由起也。吾今欲假名此物，不举其局义而遍举其义，故不名曰灵魂而名曰精神。精神之界说明，然后死学可得而讲也。①

此处梁启超从不死者出发，以灵魂、精神来替代说明诸宗教、思想学说论不死者。从不死者的角度出发，固然有其方便之处，但却有着无穷的困难。这是因为人对死亡的体验难以表达，起码从生者的角度或从自身的角度，但人尚且活着，生存着的时

① 梁启超：《余之生死观》，《梁启超全集》，第1369页。

候无法真正体验死亡。哪怕是弥留之际也并不可以说死亡；而死者又不可以以生者的方式表述死亡。即便能够轮回，记忆死亡，因其轮回或者被认为未死，或被认为是他人之死，对于听者而言，终究不可体验，何况能够轮回且清晰记忆死亡者少之又少。

故而死亡难以表达体验，日常人们对死亡的体验往往是经历他人之死而想象自身之死而已，由此而论及死与不死实际都带有强烈的反证、反推及想象色彩。故而如果以不死者来切入论题，企图论及万事万物之本体或起源，充其量只能是知识之整理而已。梁启超所能做的也仅此而已。

另外在论及死与不死之际，对于何谓死之定义势必因死亡之无法体验及无法同时表述，从而死亡定义大部分带有臆想、猜测、传闻的色彩。死亡无法从理性上确证。活人通过对他人之死的体验上得来的死亡经验又往往带有夸张想象之嫌疑，如因死者之不再与生者共存对话或可触摸等等，从而构想死亡为绝对虚无。又复因绝对虚无而增生有不死者之存在，皆是生者之臆想，而未曾亲验实证，故在论述死亡之际，对死亡之定义实际有多重隐含规定，并由此而引发死与不死之争议。最后就佛教而言，论死亡绝对虚无是为恶空，而反过来论死后仍有不死者，实际又是执有。又如就真如本有而论死不死者，实又不当，盖真如本体已经超越此对待范围，既死又不死，既不死又死，实非语言思想之可确言。故而此论从一开始实际即陷入困境，而唯一能做的要么是亲验实证死亡，要么只是知识之整理，直为戏论之戏论而已。梁启超的选择仍是知识之整理贯通。于此贯通之际即寻觅一最广的范畴，统率其他范畴。如此不死者统率灵魂精神等，这是以不死为灵魂精神之共性。梁启超之论述随即转入佛教，论及佛教轮回主体：

> 旧教言轮回言解脱，佛教亦言轮回言解脱，独轮回解脱之主体，旧教唯属诸么匿，佛则么匿与拓都并言之，而所重全在其拓都，此其最异之点也，故此主体者，佛教不名之曰灵魂，而名之曰羯磨。①

此段梁启超以现代西方哲学观念理解婆罗门教与佛教之言轮回主体的差别。文中么匿即应为 unit，译为个体，拓都即应为 total，译为群体整体，而羯磨即是业。梁启超以为旧教言轮回主体者为个体，而佛教个体群体并言，但重在群体、整体，总而名之曰业。个体群体之区别在于解脱究竟与否。若从个体而解脱，但从小我神我而解脱，但解脱不为究竟，仍有我执，故佛教立业义，而求群体之解脱。梁启超此一认识实在是误解，可能其也只是接受自日本精神主义佛学以西学理解佛教之二手资料中。此误解有二：旧教与佛教之分别不在轮回主体之忧，而在轮回主体之有无实在。外道诸教皆主有轮回主体，名之为神我、极微等。而佛教以因缘义而不承认有轮回主体之实在。以其皆是因缘和合之假有虚幻，即便有补特伽罗、数取趣之说，仍是本假上立名而已，是为假我，非实有。极微义之设立也是为说明我之为极微和合，非实有我性而已。第二条误解为佛教立羯磨业报之说，非由此立轮回主体之实有，而是由此立轮回主体之因缘幻有。业之原义为动作，即是造作之义，由有造作而有因果业报之幻有，此中并非轮回主体实有之义，且亦无有整体之义。个体与整体、群体之区别一方面是别业与共业之区别，另一方面也是正报与依报的

① 梁启超：《余之生死观》，《梁启超全集》，第1369页。

区别。又解脱中小我与大我之区别，实是大小乘之区别：小乘人求自身之解脱，而大乘乃以度尽众生为宏大目标，此即大小我之分别，非佛教与婆罗门诸教之分别。是故此处，梁启超之误解重重，但其指出业力与轮回之关系仍有巨大价值。

其后梁启超复引《起信论》之义理言，识藏之中有真如、无明二识性。于此避开真如，独说无明，以无明相熏相习，业力总体生器世间与有情世间。此处梁启超因避开真如而专说无明，则说无明相熏相习，于其中相字无力略过，此处若依唯识而言当是种现相熏相习，但梁启超未能指出此点。又论无明后，突然说业力全体，于此不明业力何来，与无明何关系。又言业力总体者，为照应拓都之说，亦不明其所指。业力总体者，后文解释言：

> 佛说一切万象，悉皆无常，刹那生灭，去而不留，独于其中，有一物焉，因果连续一能生他，他复生一，前波后波，相续不断，而此一物，名曰羯磨。①

此处以一物而指代羯磨业力，若非语言词汇上之贫乏，则有认识上之偏见。羯磨业力在此实指因果业报之规律力量，其不可称之为物，其不可离万象万法而别有独存，又因果业报之生生灭灭，是相异相续，故不可直接说前后因果二物为一物。梁启超于此恐亦觉难以言说，遂引《楞严经》波斯匿王问佛变幻义而作事例譬喻说明。后犹觉不足，又以电和盐来作譬喻，其中所喻之义皆是就表里二分言，梁启超亦坦言设喻粗而不类，特举其浅近以示证耳。至此梁启超尽力说明业力之为轮回主体，所突出的性

① 梁启超：《余之生死观》，《梁启超全集》，第1369页。

质即业力为在现象变幻之下所不变的性质。而此不变者实在并非有一物之别有实在，必是于变幻之中而睹有其不变者而已，故而梁启超又进而论述因果律：

> 于是乎有因果律，谓凡造一业，必食其报，无所逃避。①

此处已经由论业力转而论因果律，此二者虽可汇通，但仍有区别，盖言业力者有从事物之角度言第一因，根本因，类梁启超言么匿者；而就因果律上言，则就理上言事物运动之安排，其律非事物亦不可离事物及其运动，类梁启超言拓都者。又如从语言上论，从业力上说但可言使之如何如何，从因果律上言则可说当如何如何，于逻辑上区别则为充分性与必然性之差别。即便言有业力者，倘因缘不具足，未必有报；言因果律者，则必然有报，倘无个别之业力，其理仍然不失其效用。

梁启超论业力因果律，从佛教中无明一支转论而来，乃是避开真如而专论在世有为法之生成运动规律。相较于从真如本心上论心性本体而言，论业力—因果律则带有研究外在客观世界起因及规律的倾向，而从真如本性上论本体，则相对具有研究内在主观世界之起因及规律的倾向。而此二者之汇合处即是不死者、灵魂、精神。实际此种统一梁启超在论康德一文中早尝试过了，其将康德所言之物自体直接等同于人之真我，即已经是将客观之本质与主观之本质汇合起来，且以佛教言众生之真如为一体而论之。故而真如即当是此处之精神、灵魂，甚至业力、因果律，此等类比，固然粗糙。但以业力之中亦含摄真如，真如之相用为生

① 梁启超：《余之生死观》，《梁启超全集》，第1370页。

灭门，又以业力因缘而显现，岂不是可汇通之处？故此梁启超下文将此所悟之汇通大义，全面展开，就学术系统而言，其论述涉及科学、进化论、遗传学、物理学之物质不变、声电光之传播、基督教之灵魂论、儒家之易变、宗法教化、人之记忆、国家社会之精神、道德榜样之力量、英雄豪杰之人格魅力等等，可谓此一理而括天下诸象，此实是以最宽泛之因果关系、影响关系，或直言即如同佛教以因缘条件来总说一切影响变化等等。如果说梁启超之所论与佛教因缘性空义有区别的话，那么就是佛教因缘关系是建立在性空之上，亦用来证明性空，故而佛教之因缘关系是彻底之幻有关系。而梁启超所论的因果关系乃是建立在事物实有的基础上而谈论一种整体泛化的影响关系，即言万物皆有关系，唯显隐不同耳。将业力—因果律类比运用于科学、基督教与儒学，就其中论及本体的部分即是佛教中所言业力之说，而就其用而言，则可涉及其他诸教及思想体系，且其中已经不光论述本体，而是从变用上论述体用二者，故而此处不再详说，而留待论述世界之构成及苦中详细论述。

三　其余通过比较而论心性本体

梁启超之论心性本体，有三个方面，即前文所述之从真常唯心的角度、业力精神的角度及唯识心理学的角度三个方面。由于从唯识心理学的角度偏重于心识结构之分析，而论心性本体的部分则为简略，固亦放置于第二部分论世界法相构成处论述。此处则就前两点论述之余，补充其通过比较佛教与其他思想体系而论述心性本体的内容。这是因为前文论述真如及业力实际也是通过将佛学义理与西学、儒学相比较而论述，唯其比较之中侧重真如本体及业力者，故分别着重论之。而除此之外，尚有多处亦通过比较而论及佛教心性本体，唯其非侧重于佛教义理，固以余论而单独说明。邓子美《传统佛教与中国近代化》一书中论及梁启超佛教思想时基本精神即是从中外文化刺激反应的理论，此实际就是论述梁启超对西学的汇通，只不过其论述中强调的是被动的刺激反应①。1899 年所作《国民十大元气论》中，梁启超论及国家元气与精神，而元气精神实即心性本体之别名，是心性本体在国家之体上所显现的本体之相。其文曰：

> 爰有大物，听之无声，视之无形，不可以假借，不可以强取，发荣而滋长之，则可以包罗地球，鼓铸万物，摧残而压抑之，则忽焉萎缩，踪影俱绝。其为物也，时进时退，时荣时枯，时污时隆，不知其由天欤？由人欤？虽然，人有之则生，无之则死；国有之则存，无之则亡。不宁唯是，苟其有之，则濒死而必生，已亡而复存？苟其无之，则虽生而犹死，名存而实亡，斯物也，无以名之，名之曰元气。②

首先论述此段内容之先，须辩文体，此段文体实用《老子》之论道文体。近代学风文风受老庄之影响，亦是不可忽略的一重要方面，尤其是以老庄与佛教互释之义。就内容上言章太炎以佛释庄即为一典型例子，而谭嗣同无论气质、文风或思想又极受庄子之影响。梁启超之文风由此文则可见其报刊文体之风格时时或

① 邓子美：《传统佛教与中国近代化——百年文化冲撞与交流》，华东师范大学出版社，1994 年。

② 梁启超：《国民十大元气论》，《梁启超全集》，第 267 页。

受老庄之影响。然其又非仅受之形式之影响，其思想上论说道之空无体性实也是佛道共有之影响。此段中言有一物就其与感性关系而论则无声无形，不可假借强取，即言此物体性上为超越；但若就其用上而观却又发荣滋长，包罗地球，鼓铸万物，此即用显体，即其体用生长包摄之功用，进而又说此物与万物运动生长变化关系而言，或进或退，时荣时枯，不知其由人还是由天。这仍是即用显体，但为就事物运动变化之用上而显其体之并行不悖，神秘莫测。又论人、国若有此物，则生机勃发，死而可复生，无之则色，或虽生犹死。这是就此物之有无而论生命之有无，即言此物乃生命之根本。最后点明此物本无以名之，强名之，为元气，亦是精神，如下文说：

> 虽然，文明者，有形质焉，有精神焉，求形质之文明易，求精神之文明难。精神即具，则形质自生；精神不存，则形质无附。然则真文明者，只有精神而已。①

对比两段文字中论“有之则活，无之则亡”，即可知上文所说元气，即是此处所言文明精神。而言精神者，在《余之生死观》中梁启超已点明即是业力、羯磨、无明、灵魂。故而辗转论证论证即可知梁启超此处所言精神即是从心性本体上而论。又对比真如本体与无明羯磨二者，梁启超显然更加侧重于羯磨业力之体用，其不用无明，而用“羯磨”“业力”二词，即可知其主业力之精神力量，而不欲用无明以贬低此种精神力量。故而后文直言：

① 梁启超：《国民十大元气论》，《梁启超全集》，第267页。

> 所谓精神者何？即国民之元气是矣。①

又此处所言元气，若比较康有为《春秋董氏学》中之论天为始为气为心性本体即可知说元气乃是从主气中标举心性本体。但梁启超此处之运用则文学色彩浓于义理色彩，并不顾及主气论与精神论二者之间的冲突。只要是从本体上而言根本者，即援而用之，其目的旨在精神文明建设之必要、之急迫，而物质性质之事当为缓而已。但于中亦可见梁启超之本体思想已经相当成熟，可于各处论述中随意运用。考之于其佛学思想，当明其所谓精神为业力之说而已。

又此文中还突出一种“求精神之精神”，其文云：

> 若夫国民元气，则非一朝一夕之所可改，非一人一家所可成，非政府之力所能强逼，非宗门之教所能劝导。孟子曰：以直养而无害，则塞于天地之间，是之谓精神之精神。求精神之精神者，必以精神感召之，若支支节节，模范其性质，终不能成。②

若细读此段论述，可见其中论述颇有意趣。首先其论元气精神不可强求，不可外求，唯直养而已。即言此元气精神本自固有，故曰养，故不须外求。又此精神唯直养，即不可以理以力而强逼之，须随顺其本性方可有之乃大。

故而说为“精神之精神”，以精神所需之条中而养其本有之精神而已。然后文又言求精神之精神，精神既本有又何须求？此固是言词之不择而已，故言必以精神感召之，而不可从性质上模

① 梁启超：《国民十大元气论》，《梁启超全集》，第267页。
② 同上。

仿强逼，故而其重点之区分乃是以为精神须以精神激发感召之，不可以形质强逼。然即言此精神本有潜在，又不许他物激发，但此精神何由得发？即便是所谓直养也须以寡欲、养气之形质模范而能逐渐生发之，故而此处梁启超为偏言精神，不惜放弃气质形质，实于其理论有诸多困难障碍，且其中宗门之教与精神感召有何差异？

故此不可全然摒弃形质而不论。由论国家精神之需要而援借心性本体之说，复强调求精神之精神。此为梁启超论述心性本体的主要思路，除此之外，论述国家精神的文献还有《自由书》中《论强权》，其中以强权为权利，即是天演之公例，其所谓天演之公例，即是进化之力量。溯其本原实即是业力而已。又《自由书》中《加藤博士天则百话》一文中论及人本质之利己心，其中以利己利他之反复论辩，于中亦见原初之利己心实亦本于无明我执而已。文中以维摩诘之病利他为反证，实指利己之心即是无明业力而已。又如《论中国学术思想变迁之大势力》一文中亦论及精神：

> 学术思想之在一国，犹人之有精神也，而政事、法律、风俗及历史上种种之现象，则其形质也，故欲觇其国文野强弱程度如何，必于学术思想焉求之。①

此中学术思想为一国之精神，犹如其文中言一国之精神为元气，其凡言精神，就其本体而言，皆出于佛教之谓无明业力之为生成本原。《新民说》之第六节《论国家精神》分四点阐释国教精神，以对身、朝、族、世界四者而知有国家，谓之为国家精

---

① 梁启超：《论中国学术思想变迁之大势》，《梁启超全集》，第561页。

神，其所论之国家精神者所源之本体即是精神本体，仍是从业力无明之作为心性本体论及。梁启超论国家精神于西方多采纳伯伦知理之论国家精神。《政治学大家伯伦知理之学说》文中第四节论主权说：

> 主权者，一国精神所由寄也，故论国家者，必明主权。①

文中以国家精神必寄托于国家主权中，是以主权释国家精神，其论国家主权之说以精神为本性，此亦出于其以业力为心性本体之思想。梁启超将心性本体思想运用于哲学与政治思想之中，是以心性本体为理论基础。由此构建其哲学与政治思想的理论基础。在此进程中，梁启超常通过比较研究而进行。上述为就国家精神与心性本体之比较而言。梁启超中期又常转述西方哲学家思想，其中亦多用经由业力说而辗转建立的精神本体来理解西方哲学思想。

> 思想者，事实之母也，欲建造何等之事实，必先养成何等之思想。②

下文又说其得此思想也，非一朝一夕所骤致，非一手一足所幸成，或自外界刺激之，或自内界启牖之，虽曰天演日进之公理，不得不然，然所以讲求发明而提倡之者，又岂可缓耶？

此段论述与《国民十大元气论》一文中论述元气之为精神以及精神之精神的一段文字比较，即可知此两段文字语调雷同，

① 梁启超：《政治学大家伯伦知理之学说》，《梁启超全集》，第 1075 页。
② 梁启超：《国家思想变迁异同论》，《梁启超全集》，第 455 页。

故可推知此处所言思想即彼处所言之精神、元气，也就是国家之精神的一个显相表现。

梁启超《近世文明初祖二大家之学说》论笛卡尔之思想言：

> 及笛卡尔兴，始一洗奴性，而使人内返本心，复其固有之自由。①

又言：

> 以上所言自由之性，无自欺之心，笛卡尔穷理学之第一义也。②

此一段文字，只于文字上看即可看出梁启超是以中国传统佛教思想、儒家思想来理解笛卡尔之学说，如说笛卡尔一洗奴性，与梁启超在《康德》一文以真如本心释康德之自由意志时说：扫除内心之奴隶，如出一辙，故知此处一洗奴性者，即是真如本心，后更言内返内心，复固有自由，言返内心复固有之自由，皆是说本心固有，性极自由而已，是从佛教真如佛性众生固有，儒家言仁心本性生民本有之义出发，又言其自由者，即言真如本心超越有无绝待，无有界限束缚之义，故言自由。下文又言无自欺之心，即是从儒家不自欺之诚而论笛卡尔思想，复以穷理之说类比笛卡尔之沉思。于此亦可见梁启超心性本体论中以真常唯心真如本体为基础，由此而沟通中西哲学思想，故而其总结言笛卡尔学说为良智之说、灵魂之说、造化之说、世界庶物之说，精深博大。

---

① 梁启超：《近世文明初祖二大家之学说》，《梁启超全集》，第1034页。
② 同上。

对笛卡尔的“我思故我在”之学说以佛教真如本体、儒家仁心本体，以及康德之自由意志来附会类比，固然极具武断粗糙。四家之义各有差别，实难以如此类比，如笛卡尔之“我在”之我，依佛教之义来观，实仍有我执在，由此内观，只是以第六意识内观七识而以为有一我在，遂执以为根本而已。此与真如本心相距甚远。又此我在之我亦难以与康德之自由意志类比，因此我在之我未必如康德所谓自由意志之自由。因笛卡尔此我为我思所呈，为我所执持，岂有康德之普遍立法之意志自由哉？至于儒家仁心本体，近代新儒家则以之为与康德之义略近。而康有为等则以之与佛教真如之心略近，此亦发挥之差异。欧阳竟无于晚年亦发挥儒家之仁心本体，以为其与菩提心略近。

梁启超理解进化论实际是从佛教因果业报之规律来进行，故而其认为进化原理之力为优胜劣汰，类似于佛教中业力之力量导致生死演变及遗传。此义当于世界构成一节中说明，此处只满足于指出其论述进化论实际是以其心性本体说中业力—因果律之为本体的思想框架而理解并接受之。

梁启超论孟德斯鸠之思想时说：

> 孟氏之学，以良知为本旨，以为道德及政术，皆以良知所能及之至理为根基，其论法律也，谓事物必有其不得不然之理，所谓法也。而此不得不然之理又有其所从出之本原，谓之法之精神，而所以能讲究此理，穷其本原，正吾人之良知所当有事也。①

又言孟氏论三种政体之元气，其说有特精者，即专制国

① 梁启超：《法理学大家孟德斯鸠之学说》，《梁启超全集》，第1039页。

> 尚力、立君国尚名、共和国尚德三者。其所谓德，非如道学家之所恒言，非如宗教家之所劝化，亦曰爱国家，尚平等之公德而已。①

此两段文字，上一段论述中以良知而理解接受孟德斯鸠法之精神，而良知之说远出于孟子，近盛于明儒心学。自明儒心学兴盛以来，多有以良知之体为佛教中真如本心来阐释。文中精神之说即前文所论述以业力为根本的心性本体。再者，梁启超言法之精神为不得不然之理，此处论述极类其言佛教之业报—因果律之说，同是不得不然之理，亦可说为儒家之天理。而梁启超于儒佛二家之论天理者显然更加偏向于佛教说因果律之详切。前论日记中读起信论而斥朱熹之不逮佛说即为一证，是故则知此处言法为不得不然之理，乃是以佛说业报因果律来转化接受孟德斯鸠之法学思想。后下一段言元气，前文已经指出元气即是精神，即本于儒佛二家之心性本体。又以功德而释元气，也是从儒家心性本体处理解孟德斯鸠之法的精神。因梁启超所谓公德，即是精神，即心性本体。后文详论，亦可参考其1900年《十种德性相反相成之义》中所论述。梁启超《论英国政治学家边沁之学说》时，亦以公德这一范畴来理解边沁功利主义的目的，而又说边沁之以为人道最善之动机在于自利，此说与《自由书》中论加藤博士之说同一，皆是以无明之心为心性本体而理解接受西方学说。

梁启超对西方功利主义、进化论学说的接受，一方面是认可其理论有部分价值，另一方面也从中国传统儒佛思想之注重仁爱利他的角度给予西学以批评，并希望取其精华而去其糟粕，建立

① 梁启超：《法理学大家孟德斯鸠之学说》，《梁启超全集》，第1041页。

一个更加优秀的群治思想。这实际上也是其倾向于佛教思想的一个重要原因。因为过于倾向功利主义物质的一面则有害于精神的建构，而反过来过于倾向精神虚蹈的理性主义一面，物质方面未免不足以跟上，可能会演变成过于玄远的神道宗教，而在这两者之间，佛教无疑最适宜群治主义，于精神物质之群治的两个方面都不过于偏颇。康有为晚年也有批评西方文化无辞让之义，过于讲究竞争，以致战争频发，希望能取西方文化中物质精神与中国重道德之文明合而成一个更加优秀的文化。

以上是就心性本体与西学的比较汇通来论述梁启超以佛教真如本体和业力本体为根本框架理解接受西方哲学与政治学思想，于中突出梁启超之精神主义本体思想，除了与西学的比较汇通外，梁启超还将佛教心性本体论与中国传统各派思想做比较汇通，同样是基于其真如本体和业力本体的佛学心性本体论来进行论述的。在梁启超论述西学时，他主要是以精神主义为主来接受西学思想，在精神主义的名义之下同时接受了西学中唯理论和经验主义两派。之所以会发生这种兼容的理解接受方式，主要原因是梁启超接受西学的理论框架是基于佛学论心性本体而来。梁启超以为佛学中论心性本体分有为、无为二本体，就无为法之本体上言是真如本心，就有为法之体言是无明、业力、因果律等，故而梁启超以真如本心为本体理解接纳西学中自由意志、物自体、灵魂、我在之我、国家精神等，而又以无明业力及因果律为本体理解接受西学中强权力、功能主义、人之自私心、进化论及优胜劣汰等原理，综合起来看梁启超对西学的态度虽然有间接的批评，但总的来说是以中学为体为框架而主动接受肯定西学中绝大部分内容。而在这种接受汇通的进程中，佛学思想以其广大究竟详明等优点无疑是提供了极大的理解空间及理论框架，这一点是中国传统思想中其他学派学说不可相比的。相较于梁启超以佛学义理为框架接触汇通西学，其专注中国传统学术思想时，尽力主张对各家各派之思想从界限上历史演变上梳理清晰。这其中不光有意分别佛学与诸家学派义理的差异，即便儒家思想内部诸派之学说也力主分辨清晰。梁启超如此强调分别清晰乃是欲于其中明晰第看出各家各派之思想学说纵横两方面的交流演变状况。终究仍是要就中国传统文化这一大范畴而论及交流汇通的精神，只不过欲知交流汇通之大义，却须先识诸家个别之思想而已。

又于其中，梁启超对于佛教思想则认为其毕竟不是中国原本的思想，而是后代由外而进入中国的思想。虽然是外来思想，经过魏晋唐宋的发展，佛教一方面适宜中国文化之特色而发展为有独特风格的中国佛教，另一方面中国旧有之儒道等各家思想亦受到佛教思想的影响，并与之有所融合，而形成儒道等学的新面貌。故梁启超于此是站在已经融合的角度而注重分析。其对西学则相反，是站在尚未分别的角度而论汇通。此两者之思路不可不辨别清晰。故而其论中国传统思想文化之构想，本就有立于民族—本土文化的意义上，而指出中国传统为可比列于西学或外来佛学之伟大精神文化，只不过各有优劣而已，而不可说中国传统文化无思想。之所以如此，一方面是因为在梁启超欧美游历时目睹西方文化之另一面，西人亦多倾慕东方文化而引发梁启超反思中国传统文化；另一方面也是国家精神、民族自豪感的表现，欲以弘扬中国传统文化以增进爱国心，民族团结心，而终究增进国民精神。1912 年《中国道德之大原》中言：

自二十年来，所谓新学，新政者，流行入中国。然而他人所资为兴国工具，在我受之，几无一不为亡国之媒。朔南迁地，橘枳易性，庸俗熟视无睹。硁硁者以趋新为诟病，而忧深思远之士，独探源于人心风俗之微，以谓唯甘受和，唯白受采，由今之道，无变今之俗，虽有圣智，不能以善治也。其孤愤轶度者，甚则谓吾种性实劣下，以此卑鄙阘冗之人，决不能竞存于物竞剧烈之世，嗒然坐听其陵而已。其不忍天下溺而思援之者，则或引申宋、明大哲之遗训，欲持严格以绳正末俗，或则阐扬佛、耶诸教之宗风，欲凭他力以荡涤瑕秽。今之论世者，其大指盖不出此诸途已。①

此段论述实是梁启超多年探索救国之道的心路历程，肺腑之言。文中言所学新学新政固然良多，且多为他国兴盛之具，但到了中国却成了亡国之媒，委实无法不令人心痛反思，故而梁启超反思是否应当如康有为般随顺国情民俗而讲究救世的次第。又论及向内的求索，如以宋明理学、或佛教、或西方基督教等宗教思想来实行救国，梁启超亦指出后二者都是凭借他力而非自力，故知在梁启超心目中，佛教思想虽已深入中国之思想文化中，但仍就是他力，非自力所独有。

后文又说：

吾以为吾国人之种性，其不如人之处甚多，吾固承之而不必深为讳也。然而人各有短长，人性有然，国性亦然。吾之所蕴积，亦实有优异之点，为他族所莫能逮者，吾又安可以自蔑。②

① 梁启超：《中国道德之大原》，《梁启超全集》，第2474页。
② 同上。

此处言人性、国性各有短长，亦自有优异之处，是他国他族不可比拟的，即是言中国传统文化思想亦有其独特之价值，此也正是其晚年专弘中国传统文化之出发点，故而反过来说：

> 佛耶宗教之言，西哲伦理之学，非不微妙直捷，纤悉周备，然义由外铄，受用实难。①

再次确认佛教思想在其看来为外在于中国人性，难以受用。故而梁启超论中国传统思想时往往并非以佛理沟通，却反而有意地将之与佛理相分别，待相分别开以便说清楚后，仍旧有沟通之义。

再者，梁启超晚年重视中国传统文化有两个出发点：一者为重视精神，二者为重自身自家精神，即重自力，轻他力。此两出发点实际即是出于佛教义理之精神，前已说明，重精神者，即是重本于真如本心与无明业力之精神主义；其重自力、轻他力，亦是出于佛教禅宗之重自力轻他力之精神，当然也含融儒家自身精神在内。可以说梁启超于无形中而大用佛教之精神，却又绝少提及佛教名相，今分儒、道、墨三家与佛学比较而论心性本体。

1. 儒佛二家心性本体论比较

早期梁启超即已经稍涉儒佛二家心性本体论。其时梁启超颇有从众之嫌，如从康有为而以华严性海之说比附儒家仁心本体，又从谭嗣同以乘愿救世之菩提心比附儒家不忍人之心。其后经由论康德之自由意志与真如本心之关系而兼涉比较朱熹论明德与真如本体之关系，以及《余之生死观》中以业力—因果律比较于儒家积善之说，至此梁启超儒佛义理之比较才得以深入。

① 梁启超：《中国道德之大原》，《梁启超全集》，第 2475 页。

在《德育鉴》《中国道德之大原》之后，梁启超已经宣布其欲致力于研究中国传统思想文化了。《欧游心影录》所记载的思想矛盾无疑加速了这一进程。《欧游心影录》中梁启超借中庸之言说“唯天下至诚为能尽其性”而标示出尽性主义，以之为国民树立的根本义在发展个性，所谓尽性主义，当即是中国传统文化的精神主义而已。

1920 年《孔子》中论述孔子思想中“忠恕一贯”时论及尽性之说，此性即是从儒家心性本体上而言。毕心尽性自成，拿现在的流行语讲，就是发展个性，从实践方面说，发展个性是必要的，从智识方面说，发展个性是必要的。这是忠的一贯，用自己的心来印证，叫作如心，从实践方面说，是推己及人，从智识方面讲，是以心度物。

此处梁启超以解释儒家心性本体为主，运用西学、佛教两家义理做参考佐证。诚即忠，即是尽性。性即本体，尽性即忠于本性，随顺本性，发挥本性，从儒家而言即是内圣外王之推度扩充仁心本体。而从西学而言即是自由，即发展个性。从佛教而言就是自印自心，又是行菩萨利他大行、普度众生。其中梁启超以忠于本性即如心，此如心即真如心，亦带有自证自印真如本心、依止本心之义。此为以佛家真如本心释孔子忠恕一贯之道。

该文第七节论孔子之名、正名处，实也潜在地运用佛教无明业力本体说做比较汇通。

> 孔子以为名是终究废不掉的，既已废不掉，若听他囫囵杂糅，一定闹到言不顺事不成，所以公共标准是必要的。①

① 梁启超：《孔子》，《梁启超全集》，第 3134 页。

又言：

> 质而言之，当时之所谓名学即伦理学，是孔子最先注意的。①

此处梁启超给予名的性质有三：即不可废、是公共标准、是伦理学。而其中终究不可废掉的即是不死之义。在《进化论革命者颉德之学说》一文中梁启超早已指出名为不死者。该文中言不死者有八种，其中第一即是儒家之名：

> 人既生而必不能无死，是寻常人所最引为缺憾者也，故古来宗教家哲学家莫不汲汲焉研究死亡之一问题，以为立脚点，尝综论之约有八说。儒家之教，以为死而有不死者存，不死者何，曰名，故曰君子疾殁世而名不称焉。又曰死或重于泰山，或轻于鸿毛，若何而与日月争光，若何而与草木同腐，此儒家之所最称也。其为教也，激厉志气，导人向上，然只能引进中人以上，而不能范围中人一下，盖犹有憾焉，此其一。②

此处明言，名即不死者，而《余之生死观》一文中梁启超之论不死者为精神、为灵魂、实即是佛教之所言业力，羯磨。唯此是就有为法之在此演变而论，非若心性真如之专注于无为法。故而可知梁启超理解儒家名及名学实际是以佛学业力—因果律之义理而理解的。

再者，该文论孔子之易学时，亦是从佛教心性本体处加以比

① 梁启超：《孔子》，《梁启超全集》，第3134页。

② 梁启超：《进化论革命者颉德之学说》，《梁启超全集》，第1027页。

较印证。梁启超论易学实从两个方面进行：一从易之为流动变化之学；一是从变化之因处，其论易为流动哲学时言：

> 孔子的这部哲学书，名叫做《易》，易就是变，就是动，一个逝字，一个生字，动的原理都包尽，方生方逝，方逝方生，非逝不生，非生不逝。人身内血轮细胞乃至肌骨毛发日日逝，日日生。人心中的意识，前念逝后念生，孔子以为宇宙所以成立，就是在此，所以叫做易。易学两个字翻译出来，就是流动哲学。①

此处梁启超论述易学之为流动哲学时，举生死、人之身体的变化以及意识的前后念变化来论证。从文中可以看出这三处佐证的实例无一处是儒家有的义例。方生方死出于《庄子》，后二例出于佛教，人身血肉之例似乎出于近代科学，但只要了解梁启超对《楞严经》卷二中波斯匿王问佛老死变化的典故即可知此例实出于佛经。而前后念之变化自是出于佛经无疑。故可知梁启超此处是以佛道二家义理补儒家义理之不足而已。

又论变化之因。梁启超以正负二力为变化之因。此同于康有为之以阴阳二者统摄一切对待之相。梁启超于此义更加发挥出全体与部分的对待来。此全体与部分即《余之生死观》中所言之么匿（部分）与拓都（全体）。进而梁启超的整体部分对应儒家之说仁义二者，又进而对应人与我二者。其文曰：

> 这两个符号（即阴阳二爻）不单代表正负两者，还代表全体与部分的概念。……仁者，人也；义者，我也。什么

① 梁启超：《孔子》，《梁启超全集》，第3137页。

是人？凡与我同类的这一种动物叫做人，什么是我，在这全体里头各人画出一部分作为自己，便叫做我。人类一切道德，或是为增进全体利益之用，或是为发达个性之用。总不出人我两途，所以叫做仁义。①

由此可知梁启超理解儒家仁义二者之区别即是以全体与部分的区分来理解的。而全体与部分之区分学说，从《余之生死观》即知为梁启超所认可的佛教义理即是兼许全体与部分，又重在整体，而全体之力、之因，即是羯磨，共业之力而已。

佛则么匿与拓都并言之，而所重全在其拓都，此其最异之点也，故此主体者，佛教不名之曰灵魂，而名之曰羯磨。②

是为明证，不须多释。

是故梁启超论儒家易学实全从佛理而论释，此与康有为之思想一脉相承。康有为早在《康子内外篇》中即已做如此类比，唯其类比不及梁启超之精确详明而已。梁启超总结其论易学时说：

但我对孔子的易有两点怀疑，第一，易学的立脚点在因果律，他的价值之大小，和因果律价值之大小成比例，到底因果律的权威，是否有这种绝对不可抗力，我们还不敢深信。③

① 梁启超：《孔子》，《梁启超全集》，第3138页。
② 梁启超：《余之生死观》，《梁启超全集》，第1369页。
③ 梁启超：《孔子》，《梁启超全集》，第3143页。

此第一点怀疑中，姑不论其所怀疑是否正确，但其确认了易学之立脚点为因果律，明确说明其理解易学是从佛教业力—因果律之框架而来。即便其所说因果律为泛指，也当含摄佛家因果律在其中。更何况佛教之言因果律实为诸教诸思想中最为广博泛化者。梁启超以佛释儒甚为明确。

1927 年《儒家哲学》是梁启超论述儒家思想最为成熟的一部讲义。此讲义从整体上而言是基于历史研究、思想史研究上的一部讲义。讲义大致分两部分：一部分从时间上整体描述儒家思想的历史演变；一部分辟出儒家思想中三个主要的问题而单独研究问题的历史。

在顺时历史考察中，梁启超以论述儒家思想流变为主体，兼涉论及佛学思想对儒家思想的影响，尤其是心性本体上。其论及唐之前，中国所传佛教保存印度佛教本来面目，中唐之前则创立中国佛教，其中主要有三宗，即禅宗、华严与天台一宗二教，此三流派皆与儒佛沟通有深刻关联。

如禅宗“摆脱一切语言文字，亦可成佛”之即心即佛的主张，对儒家思想起到了极大的影响，中唐以后儒家的心性本体上主张明心见性，即是以佛教即心即佛之心性本体释儒家尽性之心性本体论。

又如华严宗，事理无碍，由此现象界与真如界一致，尤其是宗密之《原人论》开宋儒讲心性之始。

最后天台宗主止观修行，讲修养身心的方法，对儒家心性本体之实践方法也产生极大影响。此从佛教方面论儒佛沟通，又从儒家方面论儒佛沟通。梁启超在此突出晚唐李翱的思想，在儒佛沟通上的重要性。梁启超指《原人论》与《复性书》两文，分别从儒佛双方做儒佛沟通，其主旨即是对性善性恶之二元论做调和之说，此种调和之说即宋儒思想的主要部分。

梁启超于该文中专列三个问题而论儒家思想时，所列三个问题皆是从心性本体上入手，三者为：性善恶的问题、天命的问题、心体的问题，此三个问题也是康有为论儒家心性本体说的重要问题。梁启超在此三个问题的历史考察，一、三两个问题都涉及儒佛沟通，只有天命问题他局限于儒家思想之中。

如果从儒佛沟通的角度来看儒家性之观念演变，梁启超以为可以晚唐李翱为分水岭，分为前后两部分，此实际是指宋明儒学为新儒学，宋前为旧儒学，而李翱之思想实为宋明新儒学之始，今依其旨，逐一简述。

孔子之前及孔子之时论性极少，反说天命较多。梁启超此说同于康有为。又梁启超亦略考孔子之时经典中性之含义，以为孔子之时性之含义偏于恶义，亦有中性之义，多为“当克制”之义，此说与康有为《与朱长生论学书牍》中论性之义大体雷同。至于孔子《论语》《易》之论性义，梁启超以为有冲突之处，故存疑而不详论。梁启超以为孔子之后论性始兴盛，其原因即出于教育，为人性之可通过而变更，故于教育之先，须将性之善恶等问题解决，其后才可进行教育。

由此，梁启超开始转述各家论性之善恶义。其述王充《论衡》、宓子贱、漆雕开，公孙尼子，皆主性有善有恶。《中庸》趋于性善之说，易之系辞，说卦亦趋于性善之说，但易之十翼成书情况复杂，梁启超以为不可统一而论。

告子论性，以生之谓性，即言性无善恶，进而就是对立的孟子性善论与荀子之性恶论。孟子性善说在梁启超理解来是说：人之善性，随着有生就来了，人性本善，然则恶是如何来的呢？孟子说是习惯、是人为、不是原来面目。但梁启超认为孟子性善说单作为教育手段，那是正确的；离开教育方面，从旁的地方来说，就有的说不通，无论何人亦不能为他辩护。

荀子性恶说，人之性生而有好利争夺，即言人性本来是自私、好争夺名利，故而其原本的样子，一定是恶的，要经人为，才变得好。若从教育看，荀子讲性恶，也是从教育出发，孟子讲教育之可能，荀子讲教育之必要，对于人性若不施以教育，听其自由，一定堕落。故而对于此二者之极端，不可认同，当从教育的角度来视之为手段，才是对的。至汉代性情相分，梁启超指出，董仲舒于性以外，专提情讲，虽未把情撇在性外，但渐定性情对立的趋势。在《春秋繁露》中情不离性独立，至《论衡》中，则性情截然为二事，故梁启超认为董仲舒论性有善有恶并主调和，但其后性情渐成二元对立，故至《白虎通》中以阴阳配性情时，则成性善情恶，以性情对立而论至三国魏晋时更趋浓烈。

而至唐时，韩愈又恢复到董仲舒原性说，认为性有善中恶三品之分，情中亦有善中恶三品之分，所以韩愈的思想仍是调和孟荀，只是发挥未透。这时就论及李翱的调和思想，梁启超说：

> 他用佛教教义，拿来解释儒书，并且明目张胆地把情划在性之外，认情是绝对恶的。
>
> 要保持本性，须把情去掉了。若让情尽量发挥，本性便要丧失。①

① 梁启超：《儒家哲学》，《梁启超全集》，第 4995 页。

这是李翱论性之善恶对待已经转变为性情对待了，性为善的。故而李翱复性书中言复性“将复其性者，必有渐也，敢问其方”。曰：弗虑弗思，情则不生，情既不生，乃为正思，正思者，无虑无思也。

梁启超评价说：

> 他所主张的复性，是把情欲铲除干净，恢复性的本原，可谓儒家性情论的一种大革命。从前讲节性、率性、尽性是把性的本身抑制他、顺从他、或扩充他，没有人讲复性、复性含有光复之意，如像……恢复汉人的天下，这就叫复。假如没有李翱的这篇，一般人论性都让情字占领了去，反为失却原样，如何恢复，就是去情。习之这派话，不是孔子、不是孟子、不是荀子、不是董子，更不是汉代各家学说，完全用佛教的思想和方法，拿来解释儒家的问题。①

梁启超突出李翱复性思想在儒佛沟通上的重大过渡，其后宋明儒学亦是受他的启示与影响，“周程张朱这派”其主张都从李翱脱胎出来，不过理论更较完善、精密而已。而朱子主气恶，都是受佛氏六贼之说的影响。此处所谓六贼即以六识官能为贼，当为恶之义。

梁启超论儒家仁性之范畴，以客观历史考察为方法，故而其中各观念并不代表其自身之观念，即便如李翱之以为性全善、情皆恶的佛教观念，梁启超也不完全认同。梁启超对性之善恶问题的看法也主调和论调。但其从教育的角度认为性善性恶论皆应从教育手段上来承许。又李翱的性善情恶之复性说如果从佛教义理

① 梁启超：《儒家哲学》，《梁启超全集》，第4995页。

来看仍须详尽解释汇通才可契合佛义。如说情恶之处，亦不说情全为恶，一无是处，倘全无是处，依止于何者而去情复性，佛教中虽以六识为有为染法，但亦认为六识之有分别知性是修行之重要工具。凭此且依唯识转依之义而论，亦并非完全不用六识，单转舍其染、转依其所依止而已。最后梁启超从教育的角度调和性善性恶二说皆为教育手段，其实是依据佛教教化之方便精神而言。又从理上说，仍是依据起信论一心二门之精神而来。故而梁启超并未明确说明其是否以佛家观念来统筹儒家性善性恶之说，但究其态度与精神，实在是事理无碍、方便教化的大乘精神。

梁启超论儒家心体问题，如果从儒佛关系而论，则以禅宗为分水岭，禅宗之前，儒学讲心体者主要为孟子荀子两者，尤其是孟子。而孔子之时，不十分讲，但如《论语》中称颜子“其心三月不违仁”等语，为儒家后来讲心的起点。梁启超引《庄子·人间世》中载颜子问心斋，说明儒家讲心体之说始于颜回。而孟子则大讲心学者，孟子讲心学是离开耳目之官，专门讲心；谓耳目不好，受外界的引诱，因为耳目不能思；心是好的，能够辨别是非，因心能思。梁启超认为孟子此种观念与佛教义理亦不能沟通，因为“佛家讲六识，眼识、心识……心所以能识，还是靠肉体的器官呀”，但不管怎么样，孟子在性善说中立了一个系统，自然会有这样的推论。孟子既经主张性善，不能不于四肢五官之外，另求一超然的东西，所以他说四肢五官，冥顽不灵，或者是恶，或者是可善可恶，唯中间一点心，虚灵不昧，超然而善。又从恶的角度来说，因有物交物的引诱，所以人性一天天变恶，孟子名之为失却本心。而孟子教人用功下手的方法，就是求其放心。学问之道无他，求其放心而已矣。除放心外又讲养心，养心莫善于寡欲；又讲存心，君子以仁存心，以礼存心。以养存的功夫，扩大自己人格，这是儒家得力处，梁启超评述说：《孟子》全书，讲心的地方极多，可谓心学鼻祖。又引陆九渊之评述言："圣贤之学，心学而已。"宋儒大谈心学，都是宗法孟子。

荀子亦讲心学，但与孟子不同，荀子是以"变化气质，校正各人的弱点"的方式来"化性起伪"。又荀子与孟子不同者，荀子讲心将心与耳目之官结合而论，他将目耳口鼻形体加上心为六官，不曾把心提在外面，与佛家六根、六尘正同。但心与五官不同者，谓心除了自外界得来感觉分别之外，自己能动，可以征求东西。故而荀子重外范，对知识十分注重，谓要健全知识，须在养心上用功夫。荀子更从心的角度谈及认识论："人何以知识？曰心，心何以知？曰虚一而静，所谓虚一而静"，即"心未尝不臧也，然而有所谓虚。心未尝不两也，然而有所谓一。心未尝不动心，然而有所谓静。"梁启超评述言"这是讲心之为物，极有伸缩余地，尽管收藏，尽管复杂，尽管活动，仍无害于其虚一而静的本来面目，又精密，又周到，中国最早讲心理学的人没有及得上他的了"。以至于荀子教人养心求一，治心求静，养心治心，其目的大半为求得知识。如此最初儒学二家讲心则有不同，孟子专重内部的修养，荀子专重外部的陶冶。

汉以后的儒者，对于心体问题较少论及。至隋唐时，禅宗兴起，倡导"即心即佛"，对心学发挥得特别透彻。此处梁启超首先指出禅宗说心不可全替代佛教，其论心与唯识宗论心不同。唯识主张转识成智，"完全不把心当作好东西"，"要消灭七八两识"；而反之，禅宗主张即心即佛，这是承认心是好的，一经点醒立刻与旁人不同。梁启超评述说禅宗这一立场与孟子说"万物皆备于我，反身而诚，乐莫大焉”的立论根据相同。由此根本立论的类似，禅宗思想得以极大影响到儒家。宋儒即根据“即心即佛”的主张来解释佛家经典。因为研究的对象是身体状况，休养的功夫，首先得弄明白心的本体。于此宋儒往往借助禅宗的话来解释儒家说心性本体的话。如程子讲“物来顺应”与禅宗讲“心如明镜”即同一理；又朱熹释明德时，所谓虚灵不昧，以应万事，即是明镜拂拭之说。

儒家哲学中两大重大问题，即是心性本体的问题，无论是从性的角度还是心的角度，其所讨论实际仍是同一问题，即本体问题。梁启超从历史演变角度进行考察，指出了两点：儒家思想原本固然与佛教思想各自为阵，但两者确实有相类相通之处，尤其是心性本体方面；隋唐之后，儒家思想确实受到佛教思想的影响，又特别在心性本体方面。

2. 佛道二家心性本体论比较

1920年《老子哲学》中梁启超以道家思想为主体，论述老庄思想，其中也以道佛比较的方式论及二家心性本体论上的异同。其文第一节本体论部分论及佛家本体论承顺《起信论》真如为本体的思想：

> 佛说却和这些完全不同，佛说以为什么神咧、非神咧、物咧、心咧、空咧、有咧，都是名相上的话头，一落名相，便非本体。本体是要离开一切名相才能证得的。①

梁启超这一说法是就真如本体离言绝道上而言，就离名相上而言本体是比较究竟彻底的说法。这与其在他处所理解的佛家心

---

① 梁启超：《老子哲学》，《梁启超全集》，第3112页。

性本体之说不太一样，如《余之生死观》中的观点就与此不太一样。这里梁启超可能考虑到要与老子的哲学本体说有一定汇通的余地，故而如此从究竟离言上进行阐释。故而他说“心真如门是说本体，心生灭门是说名相”。又引《大乘起信论》中说真如者言：“以一切法悉皆真故，亦无可立，以一切法皆同如故，当知一切法不可说不可念，故名真如。”如果从《起信论》此段文字来看，片面强调真如本体之离言名相也并非是圆满的，因为一切法皆真故，本体是无可立，本体亦即在名相之中，所以说本体仍旧不妨碍因缘名相之缘起，这也是《起信论》一心开二门的缘故所在，故不可片面单言真如本体而不论心生灭门。

梁启超论说老子哲学之本体论言：

> 他说的“先天地生”，说的“是谓天地根”，说的“象帝之先”，这分明说道的本体，是要超出“天”的观念来。①
>
> 然则道体到底是有还是无呢？老子的意思以为有咧无咧，都是名相边上的话，不应该拿来说本体。正如起信论说的：真如自性，非有相，非无相，非非有相，非非无相，非有无俱相。②
>
> 究竟道的本体是怎么样呢？他是“寂兮寥兮”“视之不见听之不闻搏之不得”的东西，像起信论说的“如实空”。他是“其中有精，其精甚真，其中有信”的东西，像起信论说的“如实不空”。他是“独立而不改周行而不殆”的东西，像起信论说的“毕竟平等无有变异不可破坏”。他是

① 梁启超：《老子哲学》，《梁启超全集》，第3113页。
② 同上。

"可以为天下母""似万物之宗""是谓天地根"的东西，像起信论说的"总摄一切法"。①

梁启超这一大段的论述，此处只摘取其中重要的部分，是企图理解老子哲学中对本体的描绘，但是老子哲学中对本体的描绘甚为玄密，单从其自身的语言描述来理解，如果说是要正当地理解，似乎只能重复老子的原话，或者干脆就是无言了。所以如果要理解这种很玄密的描绘只有一个办法，那就是从另外一个思想系统来进行理解，这也是理解所能进行的必然方法。这一点实际上是梁启超全部比较思想的一个基础，如果没有这个基础他的比较方法将不可进行。比较是建立在企图理解自身对自身无法理解的基础之上，从而必须从自身之外来观照，才能理解。第一段引文中言老子所言的本体是超越性的，是超越出天的观念，如果是超越性的，那么如何得以理解呢，这将是不可理解的，甚至是不可获得的。第二段因为进一步详细说明此超越性是超越出名相的，这里的名相还不单单是指语言表达，实际上佛教所谓的名相就是一切有为法，一切因缘所起法，就近代的狭隘的理解也可以说是语言。如此本体就是超出一切有为法，一切语言言说之能表达，如果一定要表达，那也只能是说其"不能表达"而已。这样似乎就将对本体进行理解的道路都堵死了。这个时候梁启超引用佛教《起信论》中的说法来进行理解，起信论中说的是真如本体之有无相：即非有非无非非有非非无非有无俱。在此通过引用起信论中描绘真如本体的言语来对老子哲学中的不可言说，超出名相的本体进行理解。但是如果从起信论所描绘的情况来看，

① 梁启超：《老子哲学》，《梁启超全集》，第 3113 页。

实际上理解并没有获得，因为起信论中所言无非仍旧是真如本体的超越名相而已，所不同的只是换了一套言说系统而已。但是通过这样的引用阐释说明，来自不同思想系统之间的相互阐释，似乎理解之门被打开了。梁启超在此虽然没有明确说明这一点，但是他无疑这么做了。单独地描绘中国传统文化的任何思想本身，都是难以对其获得理解的，只有通过将其与其他思想系统进行比较汇通，才能够从外在的角度获得对自身的理解，这一点同样适用于理论和实践之间的修证。第三段梁启超全面地从佛教义理尤其是起信论中说真如本体的角度来阐释道家思想。这一段互释共分四个方面，如从起信论的分科来看就是真如本体的如实空、如实不空、平等、总摄一切法四个性质。如从《老子》的描绘来看，则如实空对应是道体超越感知的性质；如是不空对应道体实有自性的性质；毕竟平等对应道体对于万物平等关系；总摄一切法对应的是道体作为万物的根本。从这个四个方面来看，描述是比较完整的，且是就本体与万物名相之间的关系而周密的描绘。故而梁启超评述说：老子哲学，很合着佛教所谓“真空妙有”的道理。梁启超上述的实际只是就真如本体而言，并没有就生灭门而论，所以说真空则可，如说妙有，则有拔高之疏漏，起码他这里的论述并没有突出老子哲学中有无相对的妙有内容。但如果就总体而言，也是比较合适的。另外就道体之超越性，如何才能真正获得，而不仅仅是从理上面描绘，或者思想之间的比较而已。因为所谓思想上比较，其实就是名相上的转换而已，类似一种文字游戏，从佛教的角度来看也只是戏论而已。故而梁启超又特别地说明修证这一点，同样他也是从佛教的角度来理解印证的。

然则我们怎么样才能领会这本体呢？佛经上常说“不

> 可思议”，寻常当作“不能彀思议”解，是错了。他说的是“不许思议”，因为一涉思议便非本体，所以起信论说“离念境界唯证相应”。老子说的，也很有这个意思。他说：“知者不言，言者不知”，又说：“其出弥远，其知弥少”，又说“为学日益，为道日损，损之又损，以至于无为”。因为要知到道的本体，是要参证得来的，不是靠寻常学问智识得来的，所以他又说“绝学无忧”。①

此段解释老子哲学中绝学离知之说时，即从佛教中参证来理解。这固然是因为《老子》一书中论述此种方法过于简晦玄密，而佛教中论说这种方法则要详明得多。梁启超在别处曾经指出这里所说得不思议和参证是就直觉上而言，这是从西方哲学的角度来理解的，至于真正的证悟他则坦言自己并未曾得到，也无法说明。故而只能就各种学术思想体系之间辗转比较说明理解。

1920 年《老孔墨以后学派概观》中第二节之三专论庄子。该文首段即标明庄子学说与佛教之关系深刻密切：

> 昔托尔斯泰因感于“人生无意义”，几于自杀。其后得有宗教的慰仰、精神生活，因而复苏。杨朱一派，盖对于人生无意义之一语，有痛切之感觉；而此种感觉之结果，则归于断灭自恣，则于自杀无以异也。庄子则从无意义中求出意义，谋人生心物两方面之调和，故其结论与杨朱派截然殊途，而为后此大乘佛教之先河焉。②

此段从人生有无意义之实况，以及解决方法而论，指出庄子

① 梁启超：《老子哲学》，《梁启超全集》，第 3113—3114 页。

② 梁启超：《老孔墨以后学派概观》，《梁启超全集》，第 3309 页。

之思想概况乃是就无意义中求出有意义，以此与大乘佛教相类似。梁启超此说之指大乘佛教之菩萨行的救世意义：其所说人生之无意义是就本体上而言，人生固然是苦空无常无我；但从菩萨行上而言，人生以是自度度他之实践，则是有意义的实践。故而此处所说有无意义即是从心性本体上论述佛道二家思想。那么如何说明此无意义中之有意义之本体呢？梁启超言：

> 而吾侪因此乃生一种向上的推求，知现实境界之外，确别有“真我”存在；而此真我即为吾侪最后安慰之所。于是有谓真我完全与现实境界为二物，必脱离现境，始能与之相应者，则印度多数外道及小乘佛教所说是也。有谓此真我与现境非一非异，吾侪可以不舍离现境而与此真我契合者，则大乘佛教所说是也。而庄子之学则近于大乘者也，所谓“独于天地精神往来”、所谓“充实不可以已，上于造物者游，而下与外死生无终始者为友”，皆言契合真我之义。所谓“不傲倪于万物，不谴是非以与世俗处”，所谓“应于化而解于物也，其理不竭”，皆言不舍离现境之义。《天下篇》又言“内圣外王之道，暗而不明，郁而不发”。庄子著书之意，将以明其暗而发其郁，契合真我者，内圣也。不离现境者，外王也。①

此段梁启超解释庄子思想之大概为内圣外王之说，又以大乘佛教之菩萨行精神阐释内圣外王之义，以上求菩提之真如本性为内圣，以下化众生而不离世间之义释外王；又于佛教之中排斥小乘而偏赞大乘。且其中所言向上的推求实是取于儒家精神。可见

① 梁启超：《老孔墨以后学派概观》，《梁启超全集》，第3310页。

梁启超以为道家思想无论老子还是庄子都是近于佛教思想的，而这其中最重要的即是两家在心性本体论上的类同。下文简述《庄子》内篇七篇中大义，一一皆以佛理释之，此处只满足于指出梁启超论道家心性本体论实从佛家心性本体论中辗转参照印证。

3. 佛墨二家心性本体论比较

梁启超对于墨家学说特别重视，因为墨家学说中有很多内容与现代西方科学哲学比较接近，故而近代以来的思想皆弘扬墨家以攀比于西方学说。梁启超可谓此中先驱。梁启超曾作《子墨子学说》和《墨子学案》两著，又亲自注释墨家经典，可谓不遗余力。墨家思想究其重要者约有四点：兼爱、重利、宗教和论理学（即类今时逻辑学）。其兼爱类论理学、重利类经济学。故综合四点课知墨家思想从今日眼光来看，约有四学：宗教学、伦理学、经济学和逻辑学，不可谓不全面。此四个方面梁启超在论述中一一皆曾从佛教义理的角度给予佐证参考。今约其关系心性本体论的部分略加说明。首要说明者即是墨家之宗教思想，梁启超概括墨家宗教思想为三点：天志、明鬼与非命。梁启超论墨家之宗教特色是从整体宗教含义而出发的，非就中国传统之教化，也非从佛教一家宗教之含义而出发。故而其《子墨子学说》中首先言明：

> 墨子之宗教，与寻常之宗教颇异。寻常之宗教，或迷信一神，或迷信多神，二者必居其一于是；而墨子则兼一神众神而并尊之者也。寻常宗教，必为出世间的；而墨子则世间的也。①

① 梁启超：《子墨子学说》，《梁启超全集》，第3160页。

梁启超论墨子之天志时，极少明言佛教义理，但其言天之说颇有于宗教可取之处。梁启超首先梳理说中国传统文化中说天凡有四种类型：就形体而言天，就主宰而言天，就命运而言天，就义理而言天。墨子论天为其中第二义，即就主宰义而言天。墨子言天，梁启超以为即是为其兼爱主义做铺垫，做前提条件。梁启超总结墨子之天义有四性质：天为万事万物之标准、天有人格、天常在、天尊贵且为义之所出。其后则论天之欲恶与报施。

墨子之明鬼说，梁启超以为即是鬼神教之性质。而墨子明鬼之目的，梁启超以为并非绝对的迷信，直借之以为改良社会之以方便法门云尔。《子墨子学说》之第五章中梁启超以灵魂之观念复又专门讨论墨子之明鬼说。此论之义仍是从生死之分别而论，亦如《余之生死观》中所区分，有死者有不死者，而不死者即灵魂、精神、业力无明等。而此处梁启超则以墨子所说鬼者为不死者，展开论述，故而其说墨子明鬼，实亦带有心性本体论之色彩。其言：

> 灵魂之观念，此实决生死轻重问题最要之条件也。苟无灵魂，则死后更无余事矣。……于是乎其所重莫甚于生，其所畏莫甚于死，此民之所以日偷也。故世界大哲，莫不以死后问题为立教之源泉，佛有涅槃轮回天堂地狱之名，耶有末日审判往生天国之说，皆使人知区区十寒暑之所经历，至短至幻皆不足道，以身殉责任者，正所以求真利真福于来兹也。①

这里梁启超首先明确诸种宗教立死后不死之灵魂义的目的在

① 梁启超：《子墨子学说》，《梁启超全集》，第3182页。

于使人莫贪恋此生，莫畏惧死亡，而当求未来之真福利。实际即是说明灵魂不死之说为方便教法之一法门，其所引以为理证的正是佛教方便教化的道理。其后梁启超又从实证的角度说明不死者之确有：

> 灵魂之果有过无，死后之灵魂（即所谓鬼者），其状态当若何？在昔哲学论者，以是为属于不可思议之部分（斯宾塞分哲学为可思议的、不可思议的之两部分），谓终非此冥顽躯壳所包之脑识能研究之。虽然，死后之必有鬼，则诚如墨子所谓征诸史乘征诸口碑征诸闻见。无论何人，不敢持极端的武断谓其必无也。（鄙人于距今九年前有数月间与鬼之交涉，历史甚多，故鄙人笃信鬼，以其词枝蔓，今不具述）。今勿具论，但彼“鬼学”者，（文言之曰“魂学”），至今已渐成为一有系统之科学，即英语所谓“哈比那逻支”（hypnologic），日本译为“催眠术”者……①

此处梁启超从逻辑、科学、自身亲历等三个方面逐一论证灵魂鬼魂之确有，不可论之为绝无。至此梁启超乃引佛教道理而论之曰：

> 明生理与心理之关系而已。而佛说所谓三界唯心万法唯识之奥理，至是乃实现而以入教科矣。②

梁启超这一说法十分中肯，其以为所谓唯心唯识明鬼灵魂之说，实际即是生理与心理之关系学说，从佛教的义理来看也的确

---

① 梁启超：《子墨子学说》，《梁启超全集》，第3181。
② 同上。

当如此理解，故而佛教所谓实证者也当从心理和生理两方面来实证，而非仅仅是理论见解上的哲学说明而已。梁启超这一说法中暗含之义固然是认可佛教说法之广大正确，但其这里用来说明的仍旧是墨家学说，在于指出墨子明鬼仍旧是就心理上求无畏惧之安慰，从而是能够实践世间伟大道德之方便法门。

> 墨子明鬼，明此物而已。此物明，则人之视生死也，不期轻而自轻，乃无挂碍无恐怖，而唯从吾心之所安以汲汲实行，则实行之力莫能御焉。①

文中所说无挂碍无恐怖之言辞明确取自佛经中，亦说明此处释墨子明鬼之手段之目的实皆是以佛理而释墨家义，且亦从佛教业力无明以及唯心唯识的心性本体论的角度来加以说明。

梁启超论墨子之非命说也从佛教援借义理而加以佐证充实。《子墨子学说》中言：

> 其足以为墨子学术树以奥援者，则佛之因果说是也。佛说一切器世间有情世间，皆由众生业力所造。
>
> 故佛教者，有力而无命者也。藉曰有命，则纯为自力之所左右者也。呜呼，佛其至矣。使墨子而闻佛说也，其大成宁可量耶？②

此处梁启超自己明言为援借佛教论因果业报的规律义理来阐释墨子之说非命，其中业力之说是回到梁启超在《余之生死观》中所阐述的业力—因果律本体论。其中说佛家之有力无命，是从

---

① 梁启超：《子墨子学说》，《梁启超全集》，第3181页。

② 同上，第3166页。

佛教说众生之命运业报是由其自力所造，也当由其自力来改造来超越，故而说有力非命，其中力即是从业力、因果报应规律之必然性上说其为力。梁启超这一段论述在《墨子学案》中是原文照抄，可见其对这一点论述的重视程度，也从中可见梁启超是相当重视从佛教义理的角度，尤其是以业力因果律之为本体的角度来阐释理解补充中国传统文化思想。

墨子为实利主义，其重利之目的为兴天下之利，而除天下之害。梁启超认为生计与道德到底有密切之关系，欲讲德育，必于生计问题植其大原。梁启超论述墨子重利之动机却从西学中辗转而至佛教义理。其从西学中功利主义者的理论来理解墨子重利主义：

> 近世日本之加藤弘之推演达尔文边沁之绪论，大提倡利己主义，谓人类只有爱己心，无爱他心，爱他心者，不过“知略的爱己心”耳。凡言以利他为利己之一手段也。此等极端的性恶论，其偏僻自无待言，然固持之有故言之成理矣。墨子专利用此等知略的爱己心，以为爱他主义之因缘，佛法有实有权，此可谓墨子之权法也。①

此一段辗转论证，固是为墨子论辩。但其中从佛法之权实义理上理解墨子之重利主义，亦可见梁启超之苦心。且其从西学功利主义中论爱己心，实际是从佛教所谓无明业力为本体之说出发而建立的，此说在《余之生死观》以及论边沁和加藤等文中已经有所论述，此不具论。

墨子学说的其他部分因少涉心性本体论内容，虽然其中论兼

---

① 梁启超：《子墨子学说》，《梁启超全集》，第3171页。

爱以及逻辑学部分内容较多涉及佛学内容，唯待其他部分再行论述。

至此，梁启超从佛教角度论述心性本性的内容大致论述完毕。总结而言，共有三个大的部分：一从真常唯心的角度论述心性本体；二从业力因果律的角度论说心性本体；三从中西思想学术比较汇通的角度论述心性本体。就总体而言，梁启超论说佛教心性本体论早期依据华严性海之说，中期以来多依据起信论之说一心二门分真如和业力两者分说心性本体，晚期多从唯识角度分析心识之构成。在其论述之中并未专门论说从佛教角度来论说心性本体，而是从比较佛教与其他诸教诸学术思想的角度论述心性本体，在此历程中其对西方哲学、政治学等的理解多是依据佛教心性本体为基本理论框架来比较接纳西方学说之说本体本质的内容，发展成为精神主义；在对中国传统文化的研究中，梁启超多通过比较区别的方式分别佛教思想与中国传统文化思想的异同，其中也大量援借佛教义理来理解佐证补充中国传统思想的简洁论述，但就总体精神上而言，梁启超专注中国传统文化思想的研究本身是出于精神主义的要求，期望通过研究详明中国传统文化思想增进国民精神，故而其根本思想仍旧源于精神主义，也就源于佛教中真如本体和业力因果律等心性本体论之实践精神。不可讳言的是，梁启超虽然没有就佛教义理做详明的专门的书写论述，但无论在研究中外何种思想宗教学问之际，其字里行间时隐时现的佛教义理以及援此而比较汇通印证的思想，无一不暗示着佛教思想实在是梁启超思想中极其重要的一部分，其承担着基础理论框架的功能，也承担着注重学术思想必为实践之所用的精神大义。如无此两者，梁启超既难以广泛研究诸种学说思想，也难以将诸种思想学说汇通一如，若无佛教思想中所推演出的精神主义大义，梁启超所研究诸种学术思想的努力将只是肤浅知识的罗列堆积而已，而不能彰显其于实践的巨大功用，也难以实行梁启超救国救民的伟大抱负。

第三节　谭嗣同论心性本体

谭嗣同佛教思想甚为粗略统一，谭嗣同于《仁学》及其他论著文章中多是汇通佛教及其他宗教或思想学说而论，并未单独详切论说佛教思想，但在此汇通之中，谭嗣同又多以佛学思想为基本理论框架来统摄诸学派思想。因其佛教思想如此深潜统一粗略，故而本难以详切分别其中内容为心性本体、世界构成及苦、理解及方法等方面，若就其以通论仁学而言，通既可以说是心性本体之状态，也可以说是心性修行之理想状态，若就通之动态而论，通更加可以说是世界之生成及修行之完成的进程，此通即是染净二种因果序列。因此可以说通即是谭嗣同佛教思想或者说谭嗣同思想的全部，实在难以分别其中体用、方法与理想、顺逆两种演变次第等等。但为了行文方便，仍须分别其中各个层次分别论述，但如此强行分别论述，势必会将通之义理分从四个角度反复论述，难免有重复之嫌疑，但如此也是在所难免。就心性本体论而言，谭嗣同同时取于佛教中华严性海之说、唯识之真如本体（有时也从有为依唯识上说阿赖耶识）之说、中观般若之无性之说，企图汇通为一体，又在此基础上融摄儒家之说仁、性、元；道家说无；墨家说兼爱；基督教说灵魂、博爱；西学科学之说爱力、吸力、物质等等，将之统统汇通为一体。故而即便谭嗣同说以太、仁、灵魂等其实皆是本于佛理而论述心性本体。《仁学》第一节首先说明全宇宙之本体：

> 偏法界、虚空界、众生界，有至大、至精微，无所不胶粘、不贯洽、不筦络、而充满之一物焉，目不得而色，耳不得而声，鼻不得而臭味，无以名之，名之曰“以太”。其显于用也，孔谓之“仁”，谓之“元”，谓之“性”；墨谓之“兼爱”；佛谓之“性海”，谓之“慈悲”；耶谓之“灵魂”，谓之“爱人如己”“视敌如友”；格致家谓之“爱力”“吸力”；咸是物也。①

谭嗣同此段论说颇有《老子》的行文风格，首先说明有一超越之物，说其超越是因其不胶粘、不贯洽、不筦络，又不是五官之所能感知；且超越语言的表述；又超越范畴对待，可以说既大又小，既充满又存有。故而是无以名之，强名之曰“以太”。但此本体之物，既然是超越性的存在，故而其本身难以感知，只能从其运用中感知，故而说显于用，这是即用显体之说。最后谭嗣同从汇通的角度来说明，此超越性的存在之物即是儒家所谓的仁、元、性；儒家所谓的“兼爱”；佛教所谓的“性海”（即华严宗之性海之说）、慈悲（此是从用上言）；基督教所谓的“灵魂”，博爱；格致家（此即指西学科学家，尤其是物理学家）所谓爱力、吸力。谭嗣同此处汇通古今中外各种体系之思想于一体，实即汇通于佛理之中；又此汇通之中是体用并论，从言语上

---

① 谭嗣同：《仁学》，蔡尚思、方行编《谭嗣同全集》，中华书局，1981 年，第 293—294 页。

说用到显体之词汇，但就体上言仍旧是即用显体，故而于言体之辞后必备显用之描绘。此为总说各种心性本体之名相与运用描绘，下为分说。

一 以太

《仁学》二十七界说中同样用以太与仁、电、心力等互通之义释心性本体，且其中仍旧从即用显体的方式说明本体。

> 一、仁以通为第一义。以太也，电也，心力也，皆指出所以通之具。
>
> 二、以太也，电也，粗浅之具也，借其名以质心力。①

第一条中说明以太即是仁、电、心力，也是通用的工具，这里工具即是从用之义。第二条中继续说以太即电，是通用之粗浅工具，主要用来说明心力，是以质心力，这里的质是形成气质之义，即言心力之心性本体等从体上言本不可感知，但从用上言则有质体，即为以太、电等工具，仍就是从用上显体之义。

《仁学》第一节中总述以太本体的通用为凝结，此处凝结即是上文所言质之义，此说法是从气化成质的理学理论而来。

> 夫人之至切近者莫如身，身之骨二百有奇，其筋肉、血脉、脏腑又若干有奇，所以成是而粘砌是不使散去者，曰唯以太。
>
> 由一身而有夫妇，有父子，有兄弟，有君臣朋友；由一

① 谭嗣同:《仁学》，蔡尚思、方行编《谭嗣同全集》，第 291 页。

身而有家、有国、有天下，而相维系不散去者，曰唯以太。

身之分为眼耳鼻舌身。眼何以能视，耳何以能闻，鼻何以能嗅，舌何以能尝，身何以能触？曰唯以太。

与身至相切近莫如地，地则众质点粘砌而成。何以能粘砌？曰唯以太。

剖其质点一小分，以至于无，察其为何物所凝结，曰唯以太。

而元之数，则巧历所不能稽，而终无有已时，而皆互相吸引不散去，曰唯以太。

其间之声、光、热、电、风、雨、云、露、霜、雪之所以然，曰唯以太。

更小之又小以至于无，其中莫不有微生物，浮寄于空气之中，曰唯以太。①

此处排比列出八个唯以太的论证，所论即是以太之通用。首先说明以太通用的范围广大无限，其所涉及有：身体组织及五官、人际、社会组织、微观质点、物、元、自然现象如声光电雾等、微生物等，总结起来可见人与物、微观与宏观等皆被涉及；其次又论以太之通用形式为：粘彻不散、维系不散、触、凝结、吸引不散等等。此中粘彻、凝结、维系、触、吸引等皆是使得种种分别现象相互触及吸引成一整体而不散开之义，亦即是通之义。但此中所说通之义尚且没有触及精神意识方面，即便是说到了人之身体，也只是就生物功能而言之整体功能的形成。

在《仁学》第二、三节中，谭嗣同进一步指出人脑与意识

① 谭嗣同：《仁学》，蔡尚思、方行编《谭嗣同全集》，第294—295页。

等也是以以太为本体而维系不散成就功能运用的。

> 以太之用之至灵而可征者，于人身为脑。其别有六：曰大脑，曰小脑，曰脑蒂，曰脑桥，曰脊脑，其分布于四肢及周身之皮肤曰脑气筋。
>
> 独至无形之脑气筋如以太者，通天地万物人我为一身。①

此两处即说明以太之用也涉及人脑，而人脑在此是含大小脑全体部分而言，且文中谭嗣同也指出人脑出生意识分别人我，同样是出于以太之运用；在第三节中谭嗣同从反面说明以太通用之功能如被破坏则有麻木不切之病。故而可见以太之为本体是通于精神物质两方面的。

《仁学》第四节中谭嗣同除了指出以太的功用有通的功能外，还说明以太之用还有生万物的功能：

> 夫仁、以太之用，而天地万物由之以生，由之以通。②

这里是以仁和以太互用而说明生万物的巨大功能。

《仁学》第九节中从反面说明作为心性本体的以太是不生不灭的。

> 仁乱而以太亡乎？曰：无亡也。匪唯以太也，仁固无亡；无能亡之者也，亦无能亡也。③
>
> 不生不灭之以太乃如此哉？或曰：不生不灭矣，何以有

① 谭嗣同：《仁学》，蔡尚思、方行编《谭嗣同全集》，第295—296页。
② 同上，第297页。
③ 同上，第300页。

善？有善则仍有生灭。①

就性名之已立而论之，性一以太之用，以太有相成相爱之能力，故曰性善也。②

第九节对以太功用的说明深入而转折，且此处深入转折仍旧是将以太和仁相互并置而说明的，共阐释了三点：第一点是作为本体的以太的不生不灭；第二点是以太有相成相爱之义，此处相成相爱即是前文之凝结不散等功能，如果说凝结不散等功能有客观的性质，那么相成相爱则有伦理性质；第三点是说明以太之善为不生不灭之独善，非对待之善，故而此善即是无善无恶之本体善，谭嗣同称之为独善。此独善在《仁学》第十一节中得到进一步的说明：

然原质犹有六十四之异，至于原质之原，则一以太而已矣。一故不生不灭；不生故不得言有；不灭故不得言无。谓以太即性，可也；无性可言也。③

此处从两个方面说明：一是从微观构成上说明，即说以太为原质之原；二是从性上说明，以太为不生不灭，则以太为性，以太为独善，从性的角度来说，即是无性。无性并非是说全无性，而是说无善无恶之性，可以说即是独性，无性之性。故而此处两个方面的说明，一是从体上说明，从有上说明；一是从用上说明，从无上说明；说以太为原质之原，即是从体上言，从有上言；说以太为无性之性，即是从用上言，从无上言。又这两个方

① 谭嗣同：《仁学》，蔡尚思、方行编《谭嗣同全集》，第 302 页。

② 同上，第 300 页。

③ 同上，第 306 页。

面分别沟通了西学科学和儒佛二家义理。

谭嗣同心性本体思想并非就此而止，而是于此更加深入。因为谭嗣同此后更进一步地说明作为本体的以太虽不生不灭却又是有生有灭，只不过这一有生有灭是有微生灭，区别于大生灭之大轮回而已。《仁学》第十五节中言：

> 不生不灭乌乎出？曰：出于微生灭。此非佛说菩萨地位之微生灭也，乃以太中自有之微生灭也。①
>
> 人之能出大轮回与否，则于其细轮回而知之矣。细轮回不已，则生死终不得息，以太之微生灭亦不得息。②

如果说谭嗣同在第九节中的说明是深入的话，那么此处的说明和后文第十九节中的说明则是巨大的转折。这一点也是谭嗣同思想援借佛教思想的原因。这是因为如果仅仅就西学哲学或儒家义理而论，只要指出作为本体的以太具有生成万物、统摄凝聚万物、相成相爱万物的功能，而其自身又是不生不灭、无善无恶、即用显体的功能，也就可以了；并不需要继续说明作为本体的以太仍旧有微生灭之通用性质。但于此之际，又复深入揭示作为本体的以太（仁体、心力、无性之性）复有微生灭，此微生灭与不生不灭和合于以太一体之中，此实是援借佛教义理而深入扩展儒家以及西学学说。首先在转而论述以太之有微生灭之际，谭嗣同插入论述了华严一多相容的义理。一多兼容是将大轮回之生灭深入化，如果说大轮回之生灭变化仍旧是有对待之转变，因为大轮回之生灭具有一定的延时保存，尤其是人之生命在大轮回的说明

① 谭嗣同：《仁学》，蔡尚思、方行编《谭嗣同全集》，第312—313页。
② 同上，第313页。

中，是基于一期生命而言，故而仍旧是有生死对待的；而通过一多相容义理的引入，则彻底将此对待破除，因为一多相容没有三世的延时说明，因为一多相容同时就意味着三世一时，故而对待全然破除。所以从此处可以看出，谭嗣同此处已经引入了佛教义理，尤其是其所擅长的华严义理，他由此佛理的引入也就将以太有微生灭无对待的义理深入下去了。其次，谭嗣同以此引入将大轮回生灭与微生灭则区分为两种生死序列，其区分则是大轮回生死的序列是有对待转换的，而微生灭则是无对待的生死转变。这两种序列的区别实际是从佛教义理而来，也就是佛教中染净二种因果序列。大轮回生死即是一般所谓六道轮回的有为染法的因果序列；而微生灭则是佛教修行的有为善法乃是无为善法的修行次第，也就是净法因果序列。最后此处谭嗣同实际还是隐含地摄入了唯识义理的，其说以太生成万物，统摄万物，而其自身不生不灭，这是以以太为阿赖耶识，是有为法所依止；而谭嗣同又进一步说阿赖耶识有微生灭，则是说明阿赖耶识本身也是无始以来生灭变化种现熏习所成。再者，阿赖耶识中有不生不灭者，又有微生灭之净法因果的可能，这也就是说明谭嗣同暗示赖耶中含有真如种子的真如本体，依止于此方可成就修行的净法序列。这里乃是华严与唯识思想的融合。所以综合上述三点可看出谭嗣同论述以太之为本体的深入之处，皆是援借佛教义理而来。故而谭嗣同说以太之微生灭为另一种生死序列为“日新”，《仁学》第十八节中言：

> 草木不新，丰缛者歇矣；血气不新，经络者绝矣；以太不新，三界万法皆灭矣。①

① 谭嗣同：《仁学》，蔡尚思、方行编《谭嗣同全集》，第318页。

《仁学》第十九节中直接说：

> 日新乌乎本？曰：以太之动机而已矣。①
>
> 以太之动机，以成乎日新之变化，夫固未有能遏之者也！②

第十八节是从反面来说，如果以太不微生灭地日新，则三界万法皆灭；而第十九节中则从正面说以太之动机即是日新之本。也就是说明以太之微生灭为日新之序列。日新之说本为儒家学说，故可知此处谭嗣同是以佛释儒。

在《仁学》第二十六节中，谭嗣同直接以唯识义理来说明以太，但谭嗣同此说甚为难解：

> 其谓有始者，乃即此器。世间一日一地球云尔，若乃日、地未生之前，必仍为日、地，无始也；日、地既灭之后，必仍为日、地，无终也；以以太固无始终也。以太者，亦唯识之相分，谓无以太可也。既托言以太矣，谓以太有始终不可也。③

谭嗣同从器世间之始终问题开始说明器世间之无始无终，则以太亦无始终，这是从以太为有为法之所依止而言，故而谭嗣同说以太为唯识之相分，此处相分即是上言之器世间，非就以太之本体而言，而是就用显体而言。故而总言以太无始终。但后文谭嗣同则从唯识而言，器世间等皆是识所变现，而识却是无始有终，所谓终即是转识成智之终。故而从这个论述的前后整体来

---

① 谭嗣同：《仁学》，蔡尚思、方行编《谭嗣同全集》，第 319 页。
② 同上，第 321 页。
③ 同上，第 331 页。

看，当知谭嗣同此处所言以太是就有为依之阿赖耶识所言，又从赖耶变现相分乃至器世间说明以太是唯识之相分，故而不可固执名言而以为谭嗣同论说以太之为心性本体仅是从染法上而言。但谭嗣同也并非以此为终，而是在此基础上进一步说明此皆是在识的层面论及，并非究竟。故而其后论及转识成智，乃是就以太中隐藏之真如本体而言。但总的来说，谭嗣同论述以太之为心性本体仍多是从有为依止上而言。但其中仍旧隐含真如本体之为净法所依的内容，但是这一点谭嗣同并没有详切说明，尤其是《仁学》第二十五节中论微生灭之起始为无明之处，更说从有为染法之生成而言，但其后在则说此“皆非本心”，因为“以心所本无也”。第二十六节中又复区别智慧与业识，其言：

> 智慧者，孔谓之道心；业识者，孔谓之人心。人心外无道心，即无业识，亦无由转成智慧。①

此处智慧即从真如本体而言，业识者即从阿赖耶识、以太为有为所依而言；故而道心和人心二者之分别即是有为无为所依二者，且此两者亦为一体，即人心外无道心，即言真如本体隐含于阿赖耶识中，不然则无由转成智慧。故而谭嗣同此说实际仍旧暗含了《大乘起信论》中一心二门的义理，也是无为依唯识中承许赖耶中暗藏真如种子，为法界等流的义理。但此处谭嗣同并未说得十分明确，而对有为法之生成转化说得较为明确。

---

① 谭嗣同：《仁学》，蔡尚思、方行编《谭嗣同全集》，第 332—333 页。

二　仁

《仁学》一书以仁为名，本即以仁为主体，但实际考察来看，全书言仁之处也是集中在该书的前半部分。且其中论述仁体也是多结合其他思想体系范畴来综合论述的。上文论述以太之际，即已经将仁和以太并列而论，也是以仁来阐释以太的意思。谭嗣同《仁学》自叙中即已经论述仁之本体含义，其仍从通之含义来论述仁之本体含义。

> "仁"从二从人，相偶之义也。"元"从二从儿，"儿"古人字，是亦"仁"也。"无"，许说通"元"，是"无"亦从二从人，亦"仁"也。故言仁者不可不知元，而功用可极于"无"。①

此处谭嗣同从考据的角度出发，论述仁之相偶之义，而相偶是对待之破除，也就是通之义。故而仁与元、无二字二范畴之义皆通。故而二十七界说中谭嗣同又广说仁之本体义。其中第一条即说：

> 仁以通为第一义。②

第十一条中又言：

> 仁为天地万物之源，故唯心，故唯识。③

① 谭嗣同：《仁学》，蔡尚思、方行编《谭嗣同全集》，第289页。
② 同上，第291页。
③ 同上，第292页。

此条中论说仁为天地之源，是从生成的角度而言仁为本体；后说唯心唯识，是将心、识并论，故此处所说心是从识的角度而言，并非从本心的角度直接说明，但此心中仍旧是暗含了真如本心。

二十七界说中还有诸条进一步说明了仁为本体的诸种性质，如说仁为不生不灭之体：

十三、不生不灭，仁之体。①

此即是从以太之为不生不灭之处说仁是不生不灭，超越生灭；但此处也说明了仁并非是如以太之具有徵生灭者。

又说仁之为不动者：

十二、仁者寂然不动，感而遂通天下之故。②

复说仁为一，即是统一之义，即整体之义，破除对待之义：

十七、仁一而已；凡对待之词，皆当破之。③

最后说仁与智慧及名二者的关系而论及染净二种因果序列：

五、“仁”亦名也，然不可以名名也。恶名名者，故恶名；知恶名，几无仁学。

六、不识仁，故为名乱；乱于名，故不通。

十、智慧生于仁。④

五六两条中说明仁与名的关系，仁具有有名、无名两种关

---

① 谭嗣同：《仁学》，蔡尚思、方行编《谭嗣同全集》，第292页。
② 同上。
③ 同上。
④ 同上，第291—292页。

系：仁可以是名，但就其本质而言无法命名，命名只是勉强名之，只是强名之。但如果完全不去命名仁体，则也是对仁学的彻底否定。故而说不识仁，则为名乱。这实际是说仁体之有名实际即是生成名学之义，而所谓名实际即是有为法之生成。谭嗣同这种思想即是《起信论》中心生灭门中之有为法生成之说。而第十条中说智慧生于仁，则是说真如本体也是出于仁。如此仁中含有名与智慧两者，即是一心之中有真如生灭二门之义，也是阿赖耶识中含有真如种子和染法种子两者之义，也是染净二种因果序列。从中也可以看出谭嗣同论述仁学之义，并未完全恪守儒家旧义，而是实实在在地以佛释儒，由此而深化扩充了儒家仁学之义，使之于有为无为两种法方便阐释。

《仁学》正文中皆有对仁之此两种性质的具体说明，也就是从有为法之生成统摄和无为法之依止上分别说明之义。如《仁学》中第三到第九小节中处处论及仁之本体性质，此处皆是就仁与以太二者并列的关系而论。如第三节中说仁为一身之统一，不仁则麻木，仁则异域为一身；第四节中说仁为通不仁为塞，仁则从身家国乃至世界地球等皆成为一体；第九节中言仁如以太一样为不生不灭之体。虽有仁之乱，名之乱，但仁终究不亡。

> 匪唯以太也，仁固无亡；无能亡之者也，亦无能亡也。
>
> 不能强有，虽仁至如天，仁乎何增？不能强无，虽不仁至如禽兽，仁乎何灭？不增，唯不生故；不减，唯不灭故。①

仁为无能亡者；仁也是不增不灭者，此是就仁之体而言。又

① 谭嗣同：《仁学》，蔡尚思、方行编《谭嗣同全集》，第300页。

此处言不增不减不生不灭皆是采用佛典用语而论述仁体，明显是用中观般若之义阐释儒家仁体之说。又《仁学》第四十五节中论述仁之为道即是通，通有四种类型：

> 仁之为道也凡四：曰“上下通”。天地交泰，不交否；损上益下，益反之损，是也。曰“中外通”。子欲居九夷，《春秋》大黄池之会，是也。曰“男女内外通”。“子见南子”是也。终括其义，曰“人我通”。此三教之公理，仁民之所以为仁也。①

这里谭嗣同从四个方面说明汇通之义：上下通、中外通、男女内外通和人我通。前三者皆从空间上言上下中外内外，后二者又从人上而言男女、人我之通。若总结谭嗣同对仁的体用的描绘来看，共是从三个方面来论述：第一是从体上言仁为智慧所生出，也是无性独善之处；其次则从有为无为、染净二种因果序列而说明仁之为本体。从有为法之依止上说明，仁为万法之源，生出万法、统摄万法；从无为所依上说明仁之本义为通，可汇通上下中外内外男女人我等各种对待之法。故而所说的通即是佛教中修行之次第，也就是净法因果序列。故而谭嗣同说仁之本体实与其说以太之为本体思路同一，皆是援佛释儒，以扩充深入儒家之说，汇通出世在世之修行方法。

三　无性

谭嗣同说“知乎不生不灭，乃今可与谈性”。其说性言：

① 谭嗣同：《仁学》，蔡尚思、方行编《谭嗣同全集》，第364页。

> 生之谓性，性也。形色天性，性也。性善，性也；性无，亦性也。无性何以善？无善，所以善也。有无善然后有无性，有无性期可谓之善也。善则性之名固可以立。就性名之已立而论之，性一以太之用，以太有相成相爱之能力，故曰性善也。①

谭嗣同这一段论述甚为简洁深刻，其中义理甚为复杂。首先谭嗣同采取了《孟子》中告子之言生之谓性之说，以为生之为性。这一观点与康有为的观念极其雷同。其后于生之谓性中分出两点论述：一说形色天性为性，一说性善之性也为性，这是因为生之为性中包含了形色之可能，也可包含了仁爱之善性，此观点仍与康有为之论性同一。但最后一点谭嗣同说性无亦是性，则较康有为深入。以无性为性，是出于中观般若之思想，康有为较少论及。谭嗣同则将之揉合于其中。对之的解释是说无善无恶本身即可为一种善，由此无性即可为一种更加根本之性。从无性之性上言性有相成相爱之功能，故而说此无性之性即是善。故而可见此处谭嗣同是以佛教义理阐释儒家本性之说，因儒家并未讲无性，主性之有，或善或恶，或三品等，但佛教却是说无性，又无性即无自性之义。

又从性情分别而言，谭嗣同亦作调和之说。其认为不可以说性为善，情为恶；而当说性善则情亦善、天理善人欲亦善。而恶之产生是后天所形成，即习气所成，故而说“习也，非性也”。如此性与习相比较而言，则性本为无性，而习则为后天所有，是故“以性所本无故，性所本无，以无性故”。

---

① 谭嗣同：《仁学》，蔡尚思、方行编《谭嗣同全集》，第300页。

无性非说全无性质，而是说性有生灭变化之义。这是因为性即以太，以太不生不灭，又有微生灭，故而说性之为无性是不生不灭，无性为性是微生灭。谭嗣同言：

> 一故不生不灭；不生故不得言有；不灭故不得言无。谓以太即性，可也；无性可言也。[①]
>
> 性即一，故而不生不灭，不可说有也不可说无，此说即是无性为性之义。

又总结说：

> 凡所谓有性无性，皆使人物归于一体而设之词，庄所谓道行之而成，物谓之而然也。谓人有性，物固有性矣；谓物无性，人亦无性矣。[②]

这里谭嗣同指出就名上言无论是说有性还是无性，其实都是施设教化之方便，皆是使人物归于一体的施设之词。而归于一体即是谭嗣同所谓之通。谭嗣同不论性之有无本身，而论性之有无只为施设教化之方便，此处实在是突破了儒家旧说而援借佛教义理扩充深化之。

四　灵魂

灵魂之说是康梁谭三家论述宗教时不可忽略的一点，在康有为那里灵魂即是真如本体，仁心本体；在梁启超那里灵魂即是不

---

① 谭嗣同：《仁学》，蔡尚思、方行编《谭嗣同全集》，第306页。
② 同上，第311页。

死之精神本体，也是真如本体本身，此二家对灵魂之说都没有过多批评，而多持顺通之义。谭嗣同本义也是要汇通灵魂之说，但其汇通是从批判西方灵魂之说的局限之处开始的。谭嗣同批评灵魂之说有两点：第一点是批评西方灵魂之说只限于人，而其他众生则无灵魂之说；第二点是批评西方灵魂之说中原罪之说，以为西方人之原罪说是将灵魂泥于体魄之中。针对第一点谭嗣同直接说明灵魂即以太，谓物无灵魂，则谓物无以太，则破坏以太为全体之本体之说。针对第二点，谭嗣同说如果承认原罪，则人之罪源于祖先，而不是源于自身。这在义理上与佛教义理说自造业自受报之说极为差异。故而谭嗣同批评说：

> 且彼所重者灵魂，而原罪于前人，是又专重体魄矣。体魄为前人所遗，岂灵魂亦前人所遗乎？然则前人之灵魂又何往？若谓转为后人之灵魂，是一性自为轮回，与其教之宗旨不合，与永乐永苦尤不合也。审是，则灵魂亦自有罪而自受之；自无始来，死生流转，曾无休息，复于生体魄不生灵魂之前人何与也？①

此处谭嗣同指出基督教所重在灵魂，但却原罪于前人，谭嗣同以为这种观点是源于其过于重体魄，而非真正重灵魂。因为体魄是前人所遗留，而灵魂非前人所遗留。故而推原罪于前人，则推罪于体魄，则又与其重灵魂之说相矛盾。然则其说则谓灵魂灭绝之说，若谓灵魂可遗留于后人，则于论永乐永苦相矛盾。因为灵魂若可遗留后人，则当永乐无苦；若谓灵魂无罪复可遗留后人，则原罪之说又复不成立。辗转论证皆有矛盾。

---

① 谭嗣同：《仁学》，蔡尚思、方行编《谭嗣同全集》，第311—312页。

谭嗣同又从儒家余庆余殃之说论这儒家论遗留后人之说附会因果律之说，也是泥于体魄之论：

> 《易》虽有“余庆余殃”之说，殆以观形起化言之，所谓余者，庆不一庆、殃不一殃之谓，必非余而遗诸后人矣。乃中国之谈因果，亦辄推本前人，皆泥于体魄，转使灵魂之义晦昧而不彰，过矣！①

谭嗣同这一说法与梁启超在《余之生死观》中的观点刚好相反，梁启超是以儒家余庆余殃之说附会佛教因果业报之说，所强调的是共业上的影响，也是说明家国本身也有本性遗传之义。但谭嗣同却不同意此说，谭嗣同之义仍旧是说灵魂为个体之所有，前后相承而已，故而遗留后人者只是体魄，而非灵魂。但梁启超在此却说灵魂本为真如本体，是众生所共有，自不是自体所有。这是因为梁启超所言灵魂之说徘徊于阿赖耶识和真如本体两者之间，这一点前文已经论述过了；而谭嗣同论说灵魂之说则恪守在阿赖耶识上，只说真如本体是隐含在阿赖耶识中，但并没有直接说灵魂即是真如本体。

谭嗣同虽然批评灵魂之说，但其批评仍旧是企图改善灵魂之说的局限，而将之汇通于佛教义理之中。故而《仁学》第一节中谭嗣同直接说以太之为心性本体即是耶教所谓的灵魂，其用即是博爱。二十七界说中将灵魂和体魄二者联合而论，既区分两者分别为智慧之属和业识之属，又强调说灵魂体魄两者在平等义上可转换。故而谭嗣同所说之灵魂仍有从智慧，及真如本体上而言的可能。《仁学》第四十八节中说：

① 谭嗣同：《仁学》，蔡尚思、方行编《谭嗣同全集》，第312页。

> 知者，灵魂之事也；行者，体魄之事也。①

此处所言知者是就智慧上而言，非但就识上而言。

又第十三节中说：

> 今使灵魂之说明，虽至闇者犹知死后有莫大之事，及无穷之苦乐，必不于生前之暂苦暂乐而生贪着厌离之想。知天堂地狱，森列于心目，必不敢欺饰放纵，将日迁善以自“兢惕”。知身为不死之物，虽杀之亦不死，则成仁取义，必无怛怖于其衷。且此生未及竟者，来生固可以补之，复何所惮而不亹亹。此以杀为不死，然已又断杀者，非哀其死也，哀其具有成佛之性，强夭阏之使死而又生也。是故学者当知身为不死之物，然后好生恶死之惑可祛也。②

此处谭嗣同以灵魂之说为一种方便教化，谓有灵魂之教化，则使人迁善以自“兢惕”，不畏死亡。故而此中谭嗣同谓灵魂即是不死者。而不死者即是具有成佛之性。故可知谭嗣同说灵魂之说，已经暗含了人皆具有佛性之真如本体之说。而上文所批评的泥于体魄之灵魂说，也仅仅是就西人论灵魂之说的旧说而批评，而此处他所说之灵魂学说，乃是经其改造之新灵魂之说。而谭嗣同改造灵魂之说仍旧是援借佛教之佛性学说。

五　心力

心力之说本从方法上论及，但体上言也可涉及。如二十七界

---

① 谭嗣同：《仁学》，蔡尚思、方行编《谭嗣同全集》，第 369 页。

② 同上，第 309 页。

说中以仁、以太、电三者来比类心力，又说以太、电等皆是用来显示心力之工具，故而可见心力较以太、电、仁等范畴而言更加根本。

《仁学》第四十三节中说心力为最大，无不可为。又言心力之实体，莫大于慈悲。慈悲为心力之实体。此说是以用显体，侧重心力之用而论救世方法。但如果就体上言，心力即是体。此论与第一节中言以太时说以太即是佛所谓性海，谓之与慈悲之义相应，皆是就用上而言。又如第四十五节中云：

> 心力可见否？曰：人之所赖以办事者是也。吾无以状之，以力学家凹凸力之状状之。①

此也说明心力本身超越感知，但可以从用来显，即此处从凹凸力来显示心力之存有通用。此节末尾中随顺唯识义理而说心力为根本智：

> 佛氏之言云："何是山河大地？"孔氏之言曰："何思何虑？"此其断意识之妙术，脑气所由不妄动，而心力所由显。仁矣夫！②

谭嗣同论述唯识转识成智之说虽有一己发挥之义，但所论大义亦不差池。其说断意识之说，如不拘泥于此全然切断意识功能之错误的话，那么就可以将之理解为转意识成妙观察智之义，而全面而论即是开悟见道之义，由此谭嗣同说脑气不妄动，心力由此显，则此心力当是根本智之义。后由心力发挥而生成各种力之

① 谭嗣同：《仁学》，蔡尚思、方行编《谭嗣同全集》，第363页。
② 同上，第365页。

妙用，当是分别智之运用。故而谭嗣同之论心力仍旧是从佛教尤其是唯识义理上论说心性本体之义。张德钧《谭嗣同思想评述》一文较早提及谭嗣同思想是以唯识为基础之一，用西学明佛学，讲转识成智①。总论谭嗣同论心性本体之说可以看出，谭嗣同无论是从以太、仁、灵魂，还是直接从心力的角度论述心性本体，都援借佛教义理论述心性本体。故而其既是以佛教心性本体之说汇通其他诸教诸派思想学术之论心性本体，也是援借佛教论心性本体的义理深化扩充其他宗派思想如儒家学说、基督教学说、西学科学学说等。故而可说谭嗣同有以佛教心性本体论来统筹诸家心性本体学说之义。

第四节　小结

本章论康梁谭三家心性本体论。心性本体论为三家思想之基础，也是三家用之以调和汇通诸教诸说之理论基础之一。三家心性本体论皆抉择佛教心性本体论为三家整体思想整体汇通的工具之一，并以之来统率汇通诸教诸说；在此探索之中，三家各有保守激进之差别，各有侧重之不同，今更为料简。

从佛教而言，心性本体即是佛性论，为修行之所依止，为修行之根本可能性，由此可汇通佛性、涅槃、真如、如来藏、真心、本心、本觉、终觉、法界、法体等诸多范畴。若等而次之再论，则可有染净二心之论，以染心为有为法之依止，以清净心为

① 张德钧：《谭嗣同思想述评》，《历史研究》1962 年第 3 期，第 27—60 页。

无为法之依止，其中染心如阿赖耶识，清净心如真如，由此而有心性本净本染之争论。从儒家思想而言，心性本体历来有理气之争，但不论如何争论，仁心本体似乎是诸家所共认，只是看诸家从何种角度来阐释仁心本体而已。不管如何，仁心本体在儒家即是伦理实践之所依止。最后从西学哲学或伦理学粗略而论，精神本体既有哲学本体论之基础功用，也有伦理实践之基础功用。故而总说，无论从何种角度来说，心性本体论皆有理论和实践上的基础作用。而在论述分析此诸种学说理论心性本体论中，佛教心性本体论在康梁谭三家看来都特别的深远广大究竟，这其中的原因是因为三家认为佛教心性本体论能够有效地调和心性本体之有无染净始终等对待矛盾。如佛教真常唯心系论真心实有，般若系论空性根本，但此有无对待在二系之中皆可有效调和汇通。由此，三家方有由最初的援佛沟通诸家心性本体论到最终以佛教心性本体论统率诸教诸说，有效汇通诸教的理论尝试。

论康有为心性本体分四小节，三小节以早中晚三期分析康有为心性本体之前后演变，第四小节单从康有为佛教诗歌中论其从发心的角度阐述佛教心性本体。康有为整体思想上儒家色彩浓郁，但潜在地却于各项论证之关键处援借佛教义理扩充变革。早年康有为心性本体论说气质为性，就人之初生论原初义，就爱恶无别论单一性义，就有善有恶之可能论是气质而非理之义。由此则有顺逆二学，顺为自营，逆为克己。早期康有为特别强调逆学成仁，潜在地突出智之本体性质。一方面说气质为性，另一方面重智为体，似重现儒家理气之争。但康有为之思路是在儒家思想矛盾之关键援借佛教重智的心性本体来调和理气对待。其所谓气质为性从人之初生爱恶无别上论其为性，实际是取之于佛教真常心系一心二门之一心，进而论爱恶之有为染心，智之本有为净心，此即一心二门之论，由此调和理气对待。由此康有为多处以佛教本心印证儒家心性本体。中期康有为转而随顺于传统儒家仁心本体论。但理气之分正如染净之分一样，侧重于其中任何一方，都会导致对另一方的阐释生起困难。故而随顺仁心本体，则对烦恼、恶等的阐释具有理论困难。康有为的处理方式是借助三合生人的说法来加以调和，此说虽表面上显现为今文经学，但究其实质当仍为佛教心性本体思想。如何能从理论上有效地说明从仁心本体中演绎出善恶性情等诸种分别是此理论的困难处。康有为并没有像传统儒家那样以恶为后天外在，而是从华严性海之说入手，经由气分阴阳、三合生人、性出善恶等一系列论证反复说明性海之中就包含万有，所有对待在此即已圆融无碍。即便在魂灵体魄二分的分析中，康有为也援借佛教义理说明体魄是为业识所染，而魂灵则是神明。此处又恢复到早期所援一心二门的佛教义理中。康有为晚年论心性本体承袭中期论点，更加回归到《中庸》首三句的阐释中，就风格而言，更加圆熟简练，但创新已不多。康有为论著中明倡儒教，故而论佛教心性本体多为潜在援借；而在佛教诗歌中，则因诗歌较论著更为私密，故而省却诸多顾虑，正面言说佛教心性本体处更多更直接。康有为佛教诗歌主旨多为直接言说发心悲愿入世救苦之菩萨大愿大行。故而总论康有为论心性本体，显层面上以儒家心性论为主，但在边缘处往往援借佛教心性本体义理来调和并建构；故而就潜层面上言，康有为实是以佛教心性本体来沟通儒佛、汇通诸教诸说从而为其救世思想奠定基础。

梁启超早年同时受到康谭二家的影响，见解上多持心力之说，但总体而言，其对佛教义理颇多疑虑。后远渡东洋后，又受到日本精神主义佛学的影响，辗转反复，一方面他希望获得宗教在现实社会中的群治组织能力，另一方面又厌恶宗教的迷信色彩，在反复思考抉择之后，他以为佛教思想能够调和上述矛盾，故而作文论佛教与社会群治，提倡佛教为有益进化之宗教。故而梁启超在论佛教为社会群治宗教之前，论心性本体明确是依据华严性海之说而强调心力作用，偏重唯心哲学思想，实践上强调精神力量和英雄主义。但在论述内在精神力量的时候，梁启超对染净二心的对待关系却产生极大困惑，主要是由于其接受到部分西方功利主义政治学说，该学说以人之自私心为心力本质，此说难以于中国传统儒家仁心本体、佛教真如本体相沟通。故而此后，梁启超主要的努力方向即是从理论上有效地调和染净二心的对待问题。梁启超的处理方式是多样的，其中一个方面，仍旧是从华严性海包含万有，融摄有无染净的方向上进行，此意见于其以佛教义理论康德一文中。其后更以《起信论》之一心二门说而融汇染净二心对待问题。另一方面，梁启超又从因果业报的角度加以汇通，其以羯磨一词含混指代染净二心所依止。就羯磨的个体前后轮回上言，羯磨主要是染心所依，就羯磨在群体间的横向流动上言，羯磨主要是净心所依，此处梁启超实际有混淆了阿赖耶识和真如二者的嫌疑，但若详加分辨也可以看到二者在其论述中已经有所汇通。《余之生死观》一文全面地贯彻此思路，以不死之羯磨汇通了灵魂、精神、真如、法界、仁心、业力、易变、记忆、国家精神、道德榜样的力量、英雄主义等等。此文论述虽含混掺杂，但却奠定其以后的理论思路。晚年梁启超论心性本体其实有二途径，一是简单就无我之境上说心性本体为空性，但因此经多为实证之境，故而梁启超多回避；二是从分析心识结构入手，以纵横二序列而论心识结构之演化。此论是深化其佛教心性本体论，也是其以佛教真如心性本体为基础统率汇通古今中外各说的理论基础，是对羯磨说的深入回应，是对其精神主义佛教思想的总结。故而总说，梁启超从本体到结构，从体到用完整彻底地运用佛教心性本体统率汇通诸种思想学说，建立自身救世思想并付诸实践。

谭嗣同论心性本体明确是从佛教义理而来，总说为心力之说，突出精神理想、心智力量对社会和个人改造的重要作用。但谭嗣同的理论论述却绝非如此简单，其在《仁学》中庞大而混杂地以佛教心性本体之心力范畴汇通了诸多思想范畴，就其主要者而言有西学中表物质本体的以太、有儒家心性本体之仁、有道家心性本体之无、有西方宗教中表心性本体之灵魂。这些范畴涉及古今中外物质精神有无染净等等各方面，谭嗣同统统将之汇通为一，即是心力本体。而对心力本体，谭嗣同又从佛教义理上加以阐释，其阐释也广摄华严性海、般若空性、唯识赖耶（此处赖耶含摄真如）等诸宗要说。虽然谭嗣同未能详尽地对佛教心性本体诸说进行汇通，但总从佛境而论，说心力为大、佛境深远、有无不二，即已经粗略地统一了诸说分歧。故总论谭嗣同明确以佛教心性本体统率汇通诸说而建立自家救世思想并付诸实践。

总论三家心性本体皆以佛教心性本体论为调和手段，汇通诸说，构建自身救世思想。

第四章　论世界构成及苦

从第四章到第六章，其结构以佛教四谛而编排。第四章为整合苦集二谛而论三家说世界构成及苦；第五章论三家说救世理想；第六章论三家说救世方法。以四谛论论三家思想，最初仅限于康有为。如释东初《中国近代佛教史》中所论①，后如高振农《佛教文化与近代中国》中也说康有为佛教思想暗合四谛论②。麻天祥《佛学与人生》中论康有为实际也是依据此来编排，分为四个部分：人生、救世、佛教史和佛家哲学③。

第一节　康有为论世界构成及苦

康有为佛教思想具有典型的四谛结构：说心性本体类似于佛

① 释东初：《中国佛教近代史》，台北：中华佛教文化馆，1974 年。
② 高振农：《佛教文化与近代中国》，上海社会科学出版社，1992 年。
③ 麻天祥：《佛学与人生——近代思想家的佛学思想》，中州古籍出版社，1993 年。

教中说修行之所依止真如本心；说世界与苦，类似于佛教中苦集二谛，大乘中说法相；说大同净土等理想，即是佛教中灭谛，大乘中佛乘净土；说救世方法，如佛教中道谛，大乘中说方便法门。此结构思路也可以从现代逻辑思路获得理解：论心性本体如同原理，世界与苦如同问题及原因，理想如目标，方法即是解决问题的方法。这也就是说佛教四谛的思路结构实际即是现代逻辑之提出问题、分析问题、设定目标、解决问题的思路结构，十分简洁明了，并无任何宗教神秘不解之处。康有为于此亦是清晰明了，故而其思想才能如此清楚地符合佛教四谛结构，而且其思想至晚年愈加地简洁老练，而运用起来却变化多端，前文论述其晚年心性本体论思想时已经窥见一斑。此章论说康有为分析世界与苦，即是依据佛教四谛之苦集二谛而论述，其中包含四个大的部分：一是康有为对世界构成结构的认识，类似于佛教中蕴界处三科之分析世界，康有为对世界的认识和分析总体来说是援借佛教三科六界的方法，但其中也纳入儒家对在世的一些分析说明，如三世说、家国天下等界限；故而对世界的构成结构分析中又分为时间和空间两部分。二是康有为对众生的分类，这一部分内容仍然是儒佛两家思想结合在一起的，既有依据佛教而由的众生分类，也有依据儒家甚至现实社会历史中的众生分类，实际分析中对于实际社会历史中形成的党派等众生分类仅做简单提及，而不详尽分析，盖论文非详细论说政治历史之问题。三是对世界之苦的描绘，其中又有两个部分：普遍的苦和特殊的苦。四是对苦因的分析，如普遍的苦因、特殊的苦因等。

释东初《中国佛教近代史》中论及康有为对宇宙世界的划

分，说其思想受到华严十法界之影响颇深①。

一　世界构成

（一）时间的构成

1. 三世说

佛教所说三世为过去、现在、未来三世。部派佛教中说一切有部认为三世皆实有，说“三世实有，法体恒有”；而经量部和大众部则只承认现在实有，过去未来皆无，说“现在有体，过未无体”；大乘唯识同样只承认现在有体，过未无体；华严宗则说一念含九世，即三世中复有三世，共九世，九世合一念，又称十世。

康有为所谓三世，在其早年论述之中，实指三代，即夏商周三代。如《康子内外篇》中说：

> 上古之时，智为重；三代之世，礼为重；秦汉至今，义为重；后此之世，智为重。②

此处以智礼义配三世，所谓三世即介于上古和秦汉之间，即是夏商周三代。又如《康南海先生讲学记》中言：

> 孔子以前，皆讲“三世”。洪水时，人与水争；周公时，人与兽争；孔子时，人与人争。③

此处分人之所争为三世，其所谓三世为：洪水时、周公时和

① 释东初：《中国佛教近代史》，台北：中华佛教文化馆，1974 年。
② 康有为：《康子内外篇》，《康有为全集》第一集，第 109 页。
③ 康有为：《康南海先生讲学记》，《康有为全集》第二集，第 106 页。

孔子时，其中洪水时为上所说之上古时，而周公时当扩展为上所说之夏商周之三世，而孔子时当是春秋之后，也就是东周至秦汉间。故而此处所说三世较上所说三世为扩大，其中重要的区分是以孔子为界限分第二世和第三世。

同样在《康南海先生讲学记》中康有为已经开始正面阐述今文经学之《春秋公羊传》中的三世义，《康南海先生讲学记》之《公羊·张三世例》中说：

> 隐、桓、庄、闵、僖为衰乱世，文、宣、成、襄为升平世，昭、定、哀为太平世。衰乱世为高祖、曾祖时事也。升平世为王父时事也。太平世为己与父时事也。有见三世，有闻四世，有传闻五世。①

后文又说：

> 所以三世者，礼为父母三年，为祖父母期，为曾祖父母齐衰三月。立爱自亲始。②

康有为此两处解释俱是就《春秋繁露·楚庄王》中说三世之言而论：

> 《春秋》分十二世，以为三等：有见，有闻，有传闻。有见三世，有闻四世，有传闻五世。故哀、定、昭，君子之所见也。襄、成、文、宣，君子之所闻也。僖、闵、庄、桓、隐，君子之所传闻也。所见六十一年，所闻八十五年，所传闻九十六年。于所见微其辞，于所闻痛其祸，于所传闻

① 康有为：《康南海先生讲学记》，《康有为全集》第二集，第122页。
② 同上，第123页。

杀其恩，与情俱也。[①]

从《春秋繁露》原文与康有为之讲解参照而看：董仲舒所谓三世是从孔子记载历史的方式上而论，时间近的为有见世，即是亲眼所见；时间稍远的为所闻世，即是听说的；时间再远的为所传闻世，即言是辗转听说得来的。此定义为非定数，但董仲舒后文详细确定了三世之年代，并由此而指出孔子作春秋时对三世之事的批判态度各有不同，是为春秋微言大义。是故董仲舒说三世定义是从时间远近而论，但其分时间远近即已经有阐发微言之嫌疑。而康有为之阐释则引申其说，以衰乱世、升平世、太平世重新理解三世。但此时康有为如此重新阐释亦不确定，是故其后又复从丧礼之时间重新说三世，其中所谓三世即守丧礼的对象不同而区分：为父母、祖父母即曾祖父母，分别为三世。此说仍旧是从时间上来区分三世。后说立爱自亲始，是指守孝之时间为近于己的时间长，如父母则三年，而曾祖父母只需服齐衰（丧服的一种）三月，所以说立爱自亲始。

针对《春秋繁露》中三世之义，康有为在《春秋董氏学》中的阐释为：

> “三世”为孔子非常大义，托之《春秋》以明之。所传闻为据乱，所闻世为升平，所见世托太平。乱世者，文教未明也。升平者，渐有文教，小康也。太平者，大同之世，远近大小如一，文教全备也。大义多属小康，微言多属太平。为孔子学，当分二类，乃可得之。此为《春秋》第一大义。

① 康有为：《春秋董氏学》，《康有为全集》第二集，第324页。

自伪《左》灭《公羊》而《春秋》亡，孔子之道遂亡矣。①

此段解释已经开启后来论孔子托古改制的精神，故而文中说孔子托三世说于《春秋》中以明之。再者，此段解释较上文所引《康南海先生讲学记》中论三世说更进一步，因为此处又以孔子说小康、大同之世而配康有为所谓升平世、太平世二者。并就此二者区分轻重，太平世为大同，文教齐备，实当为遥远理想，故而微言即可，而升平之世则为切近之所求，所以说大义多属于小康，小康即升平世。此从社会进化次第的角度论说三世，虽未明言，但已暗含。如《万木草堂口说》中言：

孔子言礼不及大同，专言小康。②

到《春秋董氏学》为止，康有为说三世已经不同于早年以三代论说三世了，而是转而依据今文经学公羊春秋之意旨阐释三世，复有进一步发挥己见：以据乱、升平、太平三世而重新阐释三世，并有以《礼运》中所言小康、大同来配应三世。由此可见康有为之新三世说也是托古改制：将他自己的改制思想托之于孔子、董仲舒。

在写作《春秋董氏学》之后，康有为即依据此中所开启的新三世说，广加发挥、引申、运用、完善，既用之来遍释群经，也用之来解说现实时事等。康有为中期所注释的众多经典，有一些已经佚失不见，今所能见到的有：《中庸注》《孟子微》《礼运注》《论语注》。而像《大学注》《孟子注》等就散佚不见了。又此四部经典注疏，其中对三世说的发挥虽各有侧重，但总起而

① 康有为：《春秋董氏学》，《康有为全集》第二集，第324页。
② 康有为：《万木草堂口说》，《康有为全集》第二集，第160页。

言四部注疏仍当是同一时期的作品，其思想主旨仍是相通的。

《中庸注》当是四部经典注释中较早的一部，因为该注释中论三世说并没有完全固定为据乱、升平、太平这一新三世说。而是在运用新三世说的同时，又从因果报应的角度阐释了三世甚至多世的观念。

> 《京氏易说》有一世、二世、三世、四世、五世、六世归魂游魂，故宿世造善恶之因，而今世受报，此传于魂者也。[①]
>
> 虽迟速有时，错综不同，而为善必报，大德必受命。不于一世、二世三世、四世、五世、六世而报之，亦必于十、百、千、万世而受之。[②]

上句引京房易释中有说因果报应为隔世，时间有从一世到六世不等者；后一句又进一步发挥说，即便不是六世之内受报受命，也必在千百万世内受报受命。康有为这一说法仍旧是从时间差别上来说明三世，与《康南海先生讲学记》中以守孝时间之不等说三世有类似之处，唯体系不同，此处是因果报应的体系，守孝时间等差是礼学体系。又佛教中亦从因果报应上说三世，佛教中所说三世仍旧是过去、现在、未来三世，因果报应在过未现三世中轮回受报；但佛教中又说报应有三报：现报、生报、后报。所谓现报，即是当生当世即受报；所谓生报，即是下一生下一世即受报；而所谓后报，即是要等到下下世及之后才能受报。三报的说法与康有为此处说的六世受报理论颇为相似，其中生后

---

① 康有为：《中庸注》，《康有为全集》第五集，第375页。
② 同上，第377页。

二报即类似一到六世，乃是千百万世之受报。又此处所说之世，当为一生之义，而康有为之新三世说之世则是泛指，时间也当较一生要长，而《春秋繁露》中的世也是要比一生要长的时间段。其后于《论语注》《中华救国论》中康有为则说世为三十年。

《中庸注》别处论说三世则承袭康有为新三世说。

> 孔子以天地为仁，故博爱，立三世之法，望大道之行。太平之世，则大小远近如一，山川草木，昆虫鸟兽，莫不一统。大同之治，则天下为公，不独亲其亲，子其子，务以极仁为政教之统。后世不述孔子本仁之旨，以据乱之法、小康之治为至，泥而守之，自隘其道，非仁之至，亦非孔子之意也。①

此段文字中描绘太平大同之治，几成定式，此后康有为凡论说大同太平之处，无不是原文不动地转述此处言辞。文中之义有二：一是发挥新三世说，说仁为其基础，如不以仁为基础，则会误解误用三世说，如守旧派不以仁为三世基础，导致以小康为究竟的狭隘看法。康有为此处已经涉及对三世顺序问题的说明，此前并没有论述到这一点。三世之次第顺序是严格不可变动的，还是可以跳动超越的，或者是可以颠倒轮回的等等一系列问题，此时还都没有全面铺开，毕竟康有为无意于严格的理论论证，而重在实践，新三世说毕竟简陋，需要逐步完善起来。故而就对三世说有守旧固执的可能，康有为进一步完善其说：

> 孔子之法，务在因时。当草昧乱世，教化未至，而行太

① 康有为：《中庸注》，《康有为全集》第五集，第379页。

平之制，必生大害。当升平世，而仍守据乱，亦生大害也。譬之今当升平之时，应发自主自立之义、公议立宪之事，若不改法则大乱生。①

此处所完善的是三世说的相应和次第，总言即是因时，补充说就是因时制宜。所谓因时，即是要考察实际社会是出于哪一世，制宜即是要制定相应的制度礼仪。那么这就是说三世有客观和主观两个部分，其中客观的部分即是时，主观的部分就是因时之制。如果主客观、时制之间不相应、次第不相应，那么就会大乱。所以说保守或冒进都是要出大乱的，重要的是适宜、因时。康有为在这里稍稍就理论上完善了三世说的顺序问题。但其完善此困难并不是出于理论上的兴趣，而是实践上的意趣，后一句康有为立刻将所完善的部分理论运用到政治批判上，指出依据新三世说的理论，当今是升平时，就应当因时地制定升平世的制度，也就是立宪。一言以蔽之：康有为此处即是为了鼓吹立宪制。至于三世之说如此运用，恐怕对于康有为而言，本就可以如此灵活操作。假如现在要鼓吹共和制，康有为也同样会再发明一个新的说法来鼓吹提倡共和制度，而今时或许就不一定是升平世了，说不定就是太平世了。

又从疆域上论三世之差别，并论三世之重叠：

有拨乱世，有升平世，有太平世。拨乱世，内其国而外诸夏。升平世，内诸夏而外夷狄。太平世，内外远近大小若一。每世之中，又有三世焉。则据乱亦有乱世之升平、太平焉，太平世之始，亦有其据乱、升平之别。每一小三世中，

① 康有为：《中庸注》，《康有为全集》第五集，第387页。

又有三世焉。于大三世中，又有三世焉。故三世而三重之，为九世。九世而三重之，为八十一世。展转三重，可至无量数，以待世运之变，而为进化之法。①

康有为这一论述有三重发挥，较前更加挥洒自如。第一个发挥是就疆域扩张而区分：其国、诸夏、天下（包含夷狄）。这一发挥的重要性在于完全将原本建立在时间性区分上的三世转变成空间性的差别。第二个发挥是将三世精致化，原本三世是粗略的，难以详尽地说明一个时代，尤其是面对无限的未来，康有为明显地采用佛教义理，尤其是华严中重玄的结构，来建构其三世三重，乃至无量的阐释结构。华严宗说一念九世或十世的观念和康有为此处三世重叠的说法具有极强的相似性，是十分明显地模仿佛教义理的例证。第三个发挥是以近代西学中进化论为印证三世说。三世说如果没有三重的结构，那么要么是过于粗略而失去其解释效果，要么就会转变成三世循环论，而无法辗转增进，这是康有为无法认可的。于是他援借华严宗帝网重叠的理论结构，又采纳进化论的精神，构建起来一个不断循环增进的三世结构。以进化论来阐释印证三世说，在此处是第一次尝试探索。

《中庸注》中已经提到三世说要以仁为基础，但是还没有就仁心推度扩充的详细秩序给予配应三世的说明，而只是就疆域的扩张程度上做了配合三世的区分。故而在《孟子微》中康有为借孟子说仁而就仁心扩充之次第再次发展三世说：

孔子立三世之法：拨乱世仁不能远，故但亲亲。升平世仁及同类，故能仁民。太平世众生如一，故兼爱物。仁既有

① 康有为：《中庸注》，《康有为全集》第五集，第387页。

等差，亦因世为进退大小。[①]

此处康有为明言，仁之等差是因世之等差而变化。又若结合《中庸注》中就疆域等差而分别看：亲亲对其国，同类对诸夏，爱物对天下，可以看出这个对应当是不匹配的。如此不匹配在康有为看来可能是大小三世的差别：此处就仁之等差而说的三世是大的三世，而前面就疆域说的三世是此大三世中的小三世。但是对于这样的矛盾或者理论上严密的阐释，康有为还是没有兴趣的，他之理论灵感往往是即兴的，而其之所以如此草率多变，无非是为了变化的现实实践之需要。如果说前文论说三世是为了鼓吹立宪制，那么此处说三世可依仁之扩充等差而别，则主要是为了说明今世为升平之世，仅能爱同类，仁人民，而无法或不可超越地去兼爱物，如同佛教之戒杀一样，是故只能寄希望在将来太平世，必定可以发明食物，以物代替肉食，从而完成佛教之说戒杀不食肉。此处虽是单单就戒杀食肉而言，实际是可以扩展到佛教戒律所克制的全部在世人欲的方方面面。康有为如此辗转论证无非是要说明在世之教应当随顺人情，渐渐增进；不可过于超越莽撞，不然要么是此精进根本就不会成功，要么是会出乱，如同佛教修行中如果过于精进则容易走火入魔，而如果过于懈怠，又会重新堕落，所以应当适当中道。康有为的意思是与佛教中道同样的，但他却是以批评佛教过于究竟精进而完成其理论建立。故而他说：

佛之戒杀，在孔子太平世必行之道，但佛倡之太早，故未可行。必待太平世，乃普天同乐，众生同安，人怀慈惠，

① 康有为：《孟子微》，《康有为全集》第五集，第415页。

家止争杀，然后人人同之也。①

康有为对佛教的态度只有这一点异议，即佛教外人伦逆人情。而在这里他以为佛教外人伦的根本原因是佛教所说过于究竟，或者是仅仅就最终最高的目标而言，而没有详细说明通达此目标的一系列过程阶段，尤其是在世修行的阶段。此当是康有为于佛教未曾深入之故，即便以康有为熟悉的华严经为例，无论是《十地品》还是《入法界品》，无一不是极重渐修次第。而康有为斤斤计较的声色之欲不可断，亦是其决心不大，难舍声色之故，非他人无法断，于教理上言，亦非要皆断。此二处康有为皆有误解。但康有为之意亦不在此，他总结说：

> 凡世有进化，仁有轨道，世之仁有大小，即轨道大小，未至其时，不可强为。孔子非不欲在拨乱之世遽行平等、大同、戒杀之义，而实不能强也。可行者乃谓之道，故立此三等以待世之进化焉。②

注意此段文字中说平等、大同，由此字眼方可窥见康有为辗转论证之实践动机，如果说前文说三世因时为倡导立宪制为正面论证，那么此处说三世配仁之等差，则是为反面论证，其所欲为立宪而批评者即是革命倾向之说平等、大同者。康有为此处若从道理上说固然不差，但关键是实际生活在历史中的人，如何能够准确地判断他所处的时代是什么世？当康有为说他所处的时代是升平之时代，当立宪，不可革命，这是他的判定，而事实是立宪并没有成功，而民族革命却是成功了。是故立此道理固然不差，

① 康有为：《孟子微》，《康有为全集》第五集，第 415 页。

② 同上，第 415—416 页。

但关键仍在于现实之判定及实践行动。

《孟子微》中还有一处发挥亦是重要之处：

> 孔子先发大夫不世之义，故乱世去大夫，升平去诸侯，太平去天子，此进化次第之理。①

前面之发挥就国家、政治理论而言，此处则就国家制度而言，从太平去天子之说可以看出是共和之义，而非君主立宪。那么去诸侯之义即是君主立宪之义，又去诸侯如果参考升平世为内诸夏而言，则可以发现康有为认为升平之世有结束分裂实现国家统一的含义。这从下文他引世界各国皆削封建而统一之史实可以看出。故而此处从政治制度的角度论说三世差别，其中的现实意义既有反对列强对我国之侵略，反对军阀之混战，要求结束分裂，实现民族统一之要求，也有希望建立君主立宪之政治制度的现实意义。

《礼运注》中因《礼运》中讲述到小康大同之分，故而又特就大同为理想、小康为因时方便而配合三世之渐进做说明：

> 大道者何？人理至公，太平世大同之道也。三代之英，升平世小康之道也。孔子生据乱世，而志则常在太平世，必进化至大同，乃孚素志。至不得已，亦为小康。②

后文又强调说：

> 发明制作之礼，不过为拨乱世。其志虽在大同，而其事

---

① 康有为：《孟子微》，《康有为全集》第五集，第450页。
② 康有为：《礼运注》，《康有为全集》第五集，第554页。

只在小康也。①

三世说如果配合过未现三世来看，则据乱世可推向过去，太平世可以推向未来，只有升平世对应当下现在，故而在用三世说来解释历史现实的时候，其重点即在据乱，对照小康大同时，也即是重在小康；而太平世之大同是作为理想来描绘的，所以作为一个理想志向是可以，但实际事务却仍是在小康，不光孔子如此，康有为本身也是如此。这是三世说现实意义中最重要的一点，也被称之为权，在《论语注》中康有为主要从权、权衡的角度对三世说做说明，并且采纳佛教中关于次第的说明来辅助论证：

> 孔子之《春秋》有据乱、升平、太平三世，《礼运》有大同、小康，《易》有潜龙、见龙、飞龙、群龙无首、归魂、游魂、若执一而不知时中，则为拘儒小儒而害大道矣。故孔子之道主于时，归于权。其未可与立者，信道不笃；其未可与权者，执德不弘，皆未足与议也。②

文中广说孔子诸书中论述之此等差别，若于此固执则为不可，称之为不知时中，所谓时中即因时而中，中即适宜之义。故说主于时，归于权。后又说如果对此道理信心不足，则无法和他共立此道；如果在执行过程中，没有宏大的德性，那么就不能给予其人权衡的力量。又康有为为说明不可执一，复依据三世三重的道理指出判断事物之三世是十分复杂的，不可固执，当之权衡。

---

① 康有为：《礼运注》，《康有为全集》第五集，第557页。
② 康有为：《论语注》，《康有为全集》第六集，第453页。

> 然世有三重：有乱世中之升平、太平，有太平中之升平、据乱。故美国之进化，有红皮土番；中国之文明，亦有苗、瑶、僮、黎。一世之中可分三世，三世可推为九世，九世可推为八十一世，八十一世可推为千万世，为无量世。太平大同之后，其进化尚多，其分等亦繁，岂止百世哉？其理微妙，其事精深。①

此处说三世可重叠递进至无量世之理，与《中庸注》中的说法同。所不同者是此处为指出三世说的微妙精深，尤其是在判定实际事务上，康有为举美国之进化尚有土番，中国之文明尚有苗黎等少数民族，其言下之意即是对于以三世说来判定现实社会历史，不可执一，而应当灵活权衡。

康有为又复引佛教义理辅助论证：

> 孔子之道，本神明，贯天地，育万物，广大精微，本末精粗，无所不有。即其粗迹，如升平、太平之世，大同之道，亦欲尽人而教告之。然精义妙道，亦唯根性至上之人能闻之，否亦须中人以上乃能领受。苟非其人，则闻之惊骇，轻泄微言，反为无益。或未至其时而妄行，未至其地而躐等，更滋大害，且为永戒，虽精义妙道，反因流弊而后不敢行。若以天人之故而告愚人，则诲之谆谆，而听之藐藐，终日言而无闻。佛与诸大菩萨言，而初学菩萨无闻，可证此也。②

文中之义为孔子之道广大精微，但是要因时因地而教化实践

① 康有为：《论语注》，《康有为全集》第六集，第 393 页。
② 同上，第 421 页。

才可，否则要么让人惊骇，要么成大害无益，甚至让人以后也不敢再行。于此理，康有为援借佛教中天人教化愚人，愚人虽然礼貌恭敬地整天听闻，但却毫无收获；又说佛与大菩萨（八地之上）言说佛理，而初学菩萨（指发心菩萨）却连听都听不到，更不用说听得懂听不懂了。康有为此处引用佛教一俗一真两个譬喻来佐证三世说之运用一定要因时因地灵活权衡才可。

《大同书》是三世说的全面成熟的运用。《大同书》既总标出太平大同的理想，也逐步描绘由据乱到升平到大同的整个次第的进化过程及中间政治制度等等各方面的演变。所以说是康有为人类总体学的一部通书。康有为在《绪言》中说：

> 吾既生乱世，目击苦道，而思有以救之，昧昧我思，其唯行大同之道、行太平之道哉！遍观世法，舍大同之道而欲救生人之苦，致其大乐，殆无由也。大同之道，至平也，至公也，至仁也，治之至也。虽有善道，无以加此矣。①

这是站在据乱之世的基础上远望太平大同的理想而言救世理想及由此理想而生发的由据乱而至大同的方式：即是升平小康。康有为全书之论述此处无暇遍述，只指出书中以三世分别等差而作两大表格，此二表格几概括全书内容，即是《人类平等进化表》和《大同合国三世表》。此二表格内容即是全书内容之总括。表格分三列，《人类平等进化表》所分三列即是：据乱世、升平世和太平世，以此三世划分人类全部历史进程，内中条目众多，如以据乱世时人类多分级，而升平世则少级，至太平世则齐同无级，此处级即是阶级。《大同合国三世表》就国家形态演变

---

① 康有为：《大同书》，《康有为全集》第七集，第6—7页。

配三世，分三列为：一为大同始基之据乱世，主要形态为联合旧国；二为大同渐行之升平世，形态为造新国；三为大同成就之太平世，形态为无国而为世界。于下详尽描述各阶段社会政治经济文化等各个方面的变化，多达百余条，十余页篇幅。

康有为晚年仍坚持三世说，也鼓吹社会改革，如《中华救国论》中鼓吹共和时说：

> 夫世者，三十年之谓；百世者，三千年，今近其时也。孔子预计据乱小康之法，只行三千年中，尔后则先行升平，皆平世大同法也。今者共和告成，君主已去，乃由据乱而入升平之世，孔子自有升平太平大同之道，推诸四海而准者也。①

此处一改中期为鼓吹立宪而说三世，谓今已入太平世，当行大同之法以配合共和之制。又晚年诸演讲中康有为则以为三世说仍当因时权变，求其适宜，而不可固执。如《长安讲演录》之第四次演讲中云：

> 吾国人向轻外，此据乱也。今引欧美文明为友，而轻各野蛮国，升平也。一切可推之，亦可推三世为九世，有据乱之据乱、有据乱之升平，有据乱之太平，有升平之据乱，有升平之升平，有升平之太平，有太平之据乱，有太平之升平，有太平之太平。各地世既不同，制亦相反。今中国尚有生番，而俄已行过激。因时制宜，与世消息，孔教固无所不

① 康有为：《中华救国论》，《康有为全集》第九集，第327页。

包，所谓“溥博渊泉而时出之”“道并行而不悖”也。[①]

此处以我国轻外为据乱，而开放谓升平，实际是依据中期以疆域而区分三世来分别的，以疆域配三世则说：内其国为据乱，内诸夏为升平，内夷狄而成天下为太平；对应此处说轻外即内其国而为据乱；引欧美为友即是内诸夏，而轻野蛮之国，即是外夷狄，故而是升平。后又详细演变三世重为九世，并指出各地世不同，制度也不同，重要的就是因地因时而制宜。

康有为三世说理论，根本的来源固然是董仲舒《春秋繁露》，但董仲舒只是就《春秋》历史材料来源之时间而区别三世，康有为由此而发挥的新三世说与董仲舒的三世说差异较大。康有为的新三世有两个最大的特点：一是次第增进，也就是进化；二是可重叠演变至无量世。这两个特点实际都与佛教义理极其类似，尤其是后者，与华严宗之九世十玄门之说如出一辙。而前者，论次第增进，看上去可能与佛教说过未现三世轮回的轮回义不同，而与西方进化论较接近。但是康有为的三世之次第增进，与佛教之分：凡夫、菩萨、佛；凡夫、二乘、佛菩萨等等修行次第类似程度更加接近。尤其是康有为在《论语注》中以愚夫、天人、初学菩萨、大菩萨、佛来类比佐证；另如从义理上说，康有为熟悉的《大乘起信论》中分：始觉、相似觉、终觉三者，亦与三世说的三分及其类似。所以康有为之论三世说次第增进绝对不可离开佛教修行次第学说的影响。

① 康有为：《长安讲演录》之《第四次讲演》，《康有为全集》第十一集，第284页。

2. 劫

如果说康有为用来分析时间的三世说主要的是儒家思想，就其产生和解释问题中受到了佛教义理的影响的话，那么康有为另一个常用来说明时间的观念则完全是从佛教义理中生发出来的，那就是关于劫的观念。

康有为对劫的观念并没有理论上的申发，而且多见于诗歌中的运用。论述文中几乎没有说到“劫”字，粗略检索，只有一处用到“劫”字。《戊戌轮舟中绝笔及戊无拔后》：

> 我专为救中国，哀四万万人之艰难而变法以救之，乃蒙此难。唯来人间世，发愿专为救人起见，期皆至于大同太平之治。将来生生世世，历经无量劫，救此众生，虽频经患难，无有厌改。愿我弟子、我后学体吾此志，亦以救人为事，虽经患难无改也。地球诸天，随处现身，本无死理。至于无量数劫，亦出救世人而已。聚散生死，理之常，出入其间，何足异哉？到此亦无可念，一切付之。唯吾母吾君之恩未能报，为可念耳。
>
> 光绪二十四年八月九日，康长素遗笔。①

此段绝笔书为康有为在戊戌变法失败后乘轮船流亡海外途中所作，文体类似佛教之发愿文，文中没有因变法失败而悲哀退却，反而更加精进，乃发愿说愿己及弟子于无量劫中都以救人为念，勿惧生死。此等精神实令人敬佩。梁启超亦曾提及康有为此种精神：

① 康有为：《戊戌轮舟中绝笔及戊无拔后》，《康有为全集》第五集，第4页。

> 故每遇横逆困苦之境，辄自提醒曰：吾发愿固当如是，吾本弃乐而就苦，本舍净土而住地狱，本为众生迷惑烦恼故入此世以拯之，吾但当愍众生之未觉，吾但当求法力之精进，吾何为嗔恚？吾何为退转？以此自课，神明俱泰，勇猛益加。先生之修养，实在于是；先生之受用，实在于是。①

康有为这种精神类似于越挫越勇型的心理性格，故而梁启超说其每每遇到横逆困苦的境遇，就以佛教发心发愿的方式提醒、促进自己，是为“以此自课”，然后就神明俱泰、勇猛益加。

康有为全部诗歌有一千五百余首，而佛教诗歌（以明言佛教词语者为是）有两百余首，而就是在这两百余首佛教诗歌中涉及“劫”字的诗歌尽然就有七十一首之多，尚不论一首之中或有多处说“劫”字。大概地算起来，可能平均每三首佛教诗，其中就有一首要提到“劫”字吧。康有为可谓是名副其实的历劫诗人了。

“劫”字，梵语为 kalpa，巴利语为 kappa，音译过来就是劫波、劫跛、劫簸、羯腊波等。“劫”字原义为分别时间。《大智度论》卷三八中云：劫簸，秦言分别时节。又曰“时中最小者六十念中之一念，大时名劫”。故而慧苑音义上曰：“劫，梵言，具正云羯腊波，此翻为长时。”所以劫原义是分别时间之单位，如同节；一般运用时又特别指很长的时间段，对应于很小的时间段：念。所以佛经中说到世界成坏时多用劫。《祖庭事苑》中云：日月岁数谓之时，成住坏空谓之劫。

一劫时间为多长，诸经论中多是相比较而言，如按自婆罗门

---

① 梁启超：《南海康先生传》，《康有为全集》第十二集，第 429 页。

教，说法亦不一，有说一劫为大梵天之一白昼，或一千时，即人间四十三亿二千万年；有说一劫四时，即圆满时、三分时、二分时、斗争时，共四百三十二万年，并认为现在即处于斗争时。

关于劫的分类，诸经论说法也不一，如《大智度论》分大小二劫；《法华经》分：夜、昼、月、时、年五种，《法华经》中的劫并非是指长时；《大毗婆沙论》卷一三五中分三种：中间劫、成坏劫、大劫；《俱舍论》分四种：坏劫、成劫、中劫、大劫；彰所知论卷上分劫有中劫、成劫、住劫、坏劫、空劫、大劫等六种；瑜伽师地论略纂卷一下载有九种劫，即：（一）日月岁数；（二）增减劫，即是饥、病、刀小三灾劫，称为中劫；（三）二十劫为一劫，即梵众天劫；（四）四十劫为一劫，即梵前益天劫；（五）六十劫为一劫，即大梵天劫；（六）八十劫为一劫，即火灾劫；（七）七火为一劫，即水灾劫；（八）七水为一劫，即风灾劫；（九）三大阿僧祇劫。

又积大劫之数为十百千，乃至积数至阿僧祇，则称一阿僧祇劫（梵 asamkhyeya-kalpa），累积至三，称为三阿僧祇劫。但其时量之计算复有多种异说，大毗婆沙论卷一七七列举四说：一说如前；一说积中劫至阿僧企耶为一阿僧祇劫；一说积成劫；一说积坏劫。菩萨地持经卷九谓劫有两种，一者日月、昼夜、时节、岁数无量，故称阿僧祇；二者大劫无量，故称阿僧祇。后者与婆沙之正义相同，前者乃就岁数劫而言。

又现在之住劫称为贤劫，往往用来指陈现在。

劫又多于灾难结合在一起，称之为劫难、劫数。这是因为佛经中说世界成坏时，常说中劫有小三灾，坏劫有大三灾。八十中劫为一大劫，一大劫即总括成、住、坏、空等四劫，是一期世界之始末。中劫中定有刀兵灾、疾疫灾、饥馑灾等三灾出现，称为小三灾。关于三灾出现之时限，有不同之说法。依大毗婆沙论卷一三四载，于各中劫中之减劫，人寿每减至十岁，三灾即出现。刀兵灾者，是时人心嗔毒增上，相见即兴强猛伤害之心，手所执者皆成利刃，各逞凶狂，互相残害，经七日七夜方止；疾疫灾者，继刀兵灾之后，非人吐毒，疾病流行，遇辄命终，难可救疗，都不闻有医药之名，时经七月七日七夜方止；疾疫灾后起饥馑灾，天龙忿责，不降甘雨，由此饥馑，人多命终，经七年七月七日七夜乃止。坏劫时，器世间坏，有火、水、风等三灾，称为大三灾，以别于前说之小三灾。其中，火灾由七日轮出现而起，风吹猛焰，初禅以下悉被焚烧。水灾由雨霖而起，第二禅以下悉被浸没。风灾由风之相击而起，第三禅以下悉被飘散。其次第初以火灾坏灭七回，再以水灾坏灭一回；水灾之后复有七火。如此水灾满七次，更起七火，之后起一风灾，第三禅以下器世界均被飘散。总计有八次七火灾，一次七水灾，一次风灾，即所谓六十四转大劫。以故，初禅以下之器世界，每经一大劫即遭一次破坏，第二禅则每经八大劫遭一次破坏，第三禅则每六十四大劫遭一度破坏。色界中，唯第四禅不为三灾所坏。故初禅大梵天之寿量为六十中劫，即一大劫（除空劫二十劫），第二禅天寿量八大劫，第三禅天寿量六十四大劫。此中一大劫称火灾劫，七火灾劫称水灾劫，七水灾劫称风灾劫。

康有为诗歌中常用到劫基本上就上述两个含义而来，一说时间长，二说劫难。康有为佛教诗歌中首次用到“劫”字，早在康有为少年读书时期即已经用到了。如《秋登越王台》一首中云：

十七史从何说起，三千劫几历轮回。[1]

此首推测可能作于光绪二年，康有为十九岁时，因《我史》《康南海自编年谱》中载康有为该年读史颇多，且以为有得，而诗中说十七史，是故推测可能作于该年。但此时言及三千劫及轮回义，又恐过早，因康有为最早也是在光绪四年，即二十一岁才开始学习静坐，而且此时之静坐当是依据理学家或心学家之修行方法而习静坐，并非完全按照佛教方式。因此时康有为并未大量接触佛教典籍。又因康有为早年大量阅读佛教经典最早也当是光绪五年入西樵山读书时，后光绪十年，即二十七岁时，据《我史》载，早岁在海幢华林读佛典颇多。故而总结起来看，如果按照诗中说读史书为因，可推测该诗作于光绪二年，而依据康有为早年接触佛教时间而推测，该诗最早当在光绪四年，即二十一岁时。而依据《康有为全集》中《延香老屋诗集》中排列顺序而论，该诗后有《初游香港睹欧亚各洲俗》一首，该诗题后有注云作于己卯年冬月，己卯年即光绪五年，二十二岁时。是故依此推测该诗当作于光绪五年年底之前，此为最晚时间。桑咸之、阎润鱼《康有为诗文选译》中首选该诗，直接说该诗作于光绪五年秋，可能也是就《延香老屋诗集》中排序而推测出来的，但读该诗，觉其中气概迥非光绪五年居西樵山之出世修静之心态，恐更为早。于此诗大约为同一时期另有一首诗中也提及“劫”字，《登粤秀山顶五层楼》中云：

沧海有时经烬劫，布衣何处不王侯。[2]

---

① 康有为：《秋登越王台》，《康有为全集》第十二集，第143页。

② 康有为：《登粤秀山顶五层楼》，《康有为全集》第十二集，第143页。

诗中说沧海有时经烬劫，即言山河大地有劫今成灰烬之义，关于劫火之灰烬为一典故，慧皎《高僧传》卷一中《竺法兰传》中云：

> 又昔汉武穿昆明池，底得黑灰，以问东方朔，朔云不委，可问西域人。后法兰既至，众人追以问之，兰云：世界终尽劫火洞烧，此灰是也。朔言有征，信者甚众。①

由此可知所谓劫烬劫灰即是坏劫时大地为火所烧后所余之灰烬。

上述二诗即为康有为佛教诗歌中较早运用到“劫”字的诗歌。从中可见康有为年少时用“劫”字基本只是取其时间长，沧海桑田之义。在此之后，有较长时间康有为的诗歌中都再没有出现“劫”字，直到《风篁岭龙井寺》一首中才再次出现，该诗作于光绪十五年，可参《新编中国名人年谱集成 康有为 梁启超》。诗中云：

> 佛堂新筑半寮初，病废残僧亦独居。
> 茗罢劫余空叹息，辩才当日果何如？②

于此诗同一时期还有：《庐山谣》《栖贤寺》两首，俱与《龙井寺》一首同样，俱是该年由京归乡途中游玩寺观中所作：

《庐山谣》：

> 我来经丧乱，九十九寺皆在焚劫中。③

---

① 慧皎：《高僧传》卷一，《大正藏》，第 50 册，No. 2059，第 323 页上。
② 康有为：《风篁岭龙井寺》，《康有为全集》第十二集，第 167 页。
③ 康有为：《庐山谣》，《康有为全集》第十二集，第 168 页。

《栖贤寺》：

> 及兹经丧乱，败垣倚灌木。
> 天主辟教宗，来此纵焚毒。
> 佛法虽有劫，岂不动怅触？①

诗中皆言经丧乱，并以此丧乱而言劫。诗中丧乱可能是指康有为三妹在该年四月去世，《新编年谱》（《民国康长素先生有为梁任公先生启超师生合谱》简称，后同）中云：

> 四月公之三妹卒，先是妹婿游湘琴，以去岁六月卒，因商务之亏，负债甚多，皆妹任之，竟以忧劳殒亡。妹聪明强记，端庄寡言，好学不倦，公长妹二岁，甚安友爱，妹以贫而死，公因远游而不能救助，哀恻殊深。乃为文遥祭之。②

此处所说祭文即《祭三妹游孺人文》，从夫姓游故言游。是故由此几首诗中言劫可见，康有为在早年用到“劫”之后，长达十年之后，再次用到“劫”字时，是在经历亲人去世之事而用“劫”字的。比较十年之前用“劫”字的情况来看，十年前用“劫”字，稍为虚空，而十年后中年痛失亲人，用“劫”字颇有深切人生变故之感慨，况且此时康有为一来没有中进士，二来多次上书言变法却不达，又由此而获得众多非议，种种条件汇聚一起，无怪乎康有为发此劫难中人之感叹。

康有为再次在诗中用到“劫”字，则是光绪二十年时，也就是五年之后。这一年夏秋之际，康有为同时题赠给友人诸篇诗

---

① 康有为：《栖贤寺》，《康有为全集》第十二集，第170页。

② 杨克己编：《民国康长素先生有为梁任公先生启超师生合谱》，台湾：台湾商务印书馆，1982年，第59页。

歌，如《示任甫》《示孺博》《示任父、孺博及曾重伯翰林》《为某僧书扇》等，诗中之义也颇雷同，俱是自诩为菩萨，历劫入世，悲愿发心，欲救众生疾苦之义。康有为自认他开悟于光绪十年，并以《止观自证》一诗为证。在《止观自证》一诗中康有为即以入世救苦为毕生宗旨。所以光绪二十夏秋之间的几首诗，诗中自诩菩萨，欲发心历劫入世救苦，自然是得益于其自认之开悟。但如以开悟时间为光绪十年，那么光绪二十年之诗作言历劫入世救苦之事，则时隔十年之久，于阐释恐非应景。光绪二十年康有为所遭横逆之事实在是多，《康南海先生自编年谱》中载：五月在京城下车伤了脚；七月被人弹劾，《新学伪经考》之书版被朝廷勒令烧毁；十月弟子曹著伟因入山学道以至于感瘴而死。以如此众多之悲惨之事，结合梁启超说康有为“每遇横逆困苦之境，辄自提醒曰：吾发愿固当如是”云云，则可理解该年康有为频繁地以诗抒发悲愿救世之志。而有结合光绪十年康有为自认开悟以来，遭遇悲事，则有可能将证悟以来之所悟深入转化。是故光绪二十年这几首诗歌应当是康有为自从自认开悟以来首次深化所悟之悲愿入世的思想，而这从诗歌中也可以明显地看出来，即是对劫字的运用得到了深化。如果说康有为年少之时诗歌中用到劫字，那只是尝试性地运用刚刚学到的新词而已；那么在光绪十五的运用，就是将“劫”字结合人生亲朋之生死而转化入诗歌的抒情之中；那么光绪二十年运用“劫”字，则是将劫的观念和思想相结合，可以归纳出一个递进的秩序来：修辞—抒情—思想。从思想观念的角度而言，康有为用“劫”字于诗歌中，这是第一严肃深入地将“劫”字与悲愿入世救苦的观念相结合起来，从而说是康有为历劫思想的第一次成熟的运用。而从诗歌来看，涉及“劫”字的两首诗皆诗全篇用佛教典故，较为完整地阐述佛教菩萨行愿的大乘思想，并将之完美地与自身抒情言志、酬赠友人、自勉励他相结合起来。

《示任父、孺博及曾重伯翰林》：

> 三千劫里横金翅，二六时中看白牛。
> 终日散花忘结习。诸天闻乐少淹留。①

诗中“三千劫”，言劫之广长，或者也可以说是三千大千世界与一劫之长，分别从时空而言；金翅，为金翅鸟，康有为常用此来譬喻改良精英等，相对应的就是用蛇来譬喻保守派，这是用佛教神话中金翅鸟食蛇的典故做譬喻以抒发其改革社会政治的理想志向；二六时中，即是一昼夜，此按佛典中之计时而言；白牛，典出《法华经》，喻一乘法，或言大乘。第三句用《维摩诘经》中维摩诘居士说法，天女散花的典故，此为宋明以来佛教诗词中常用之典故，其中结习为烦恼之义。诸天即诸天人，康有为以此譬喻弟子。从全诗来看，此前四句同样是每句用佛教典故；且全诗之内容，无论看白牛还是讲法散花，甚至后文的入泥犁救重囚等，无一不是在所历之劫中。所以说这首诗实在是康有为历劫思想第一次成熟且全面的运用。

《为某僧书扇》：

> 浩风无量劫，所历知几舍。
> 三十有二相，现示随变化。
> 偶披垢腻衣，来税人间驾。

① 康有为：《示任父、孺博及曾重伯翰林》，《康有为全集》第十二集，第 172 页。

说尽千万偈，漆灯明暗室。①

此诗相比较于上一首而言，则该七言为五言，实际是变得简洁流畅了，内容方面也更加明确。诗中虽然是以菩萨入世救苦的大行赞叹某僧，但实际仍旧有自我抒发情怀的意味。同样，劫字放在首句，以统率笼罩全诗后面的所有内容。

历劫成为康有为佛教诗歌的母题，这一母题还以别的名字出现。如阅劫：《登第释褐，谒辟雍释奠，文庙摩挲石鼓，门外进士提名碑千百，乙未新提名碑已立》第二首：

石碑数百泐提名，进士历今元与明。
若问中华大掌故，此为阅劫千佛经。②

如成劫：《示门人陈千秋随生，曹泰著伟、潘藻鉴镜涵，三子者，皆学道勇猛、证澈生死者。兼示韩云台》：

陶轮一掷何尝动，巢睫三飞自栩然。
七日装成千万劫，水流花放不知年。③

诗中“陶轮”典出《维摩诘经》：

又舍利弗。住不可思议解脱菩萨。断取三千大千世界。如陶家轮。着右掌中。掷过恒沙世界之外。其中众生。不觉不知己之所往。又复还置本处。都不使人有往来想。而此世

① 康有为：《为某僧书扇》，《康有为全集》第十二集，第 172 页。

② 康有为：《登第释褐，谒辟雍释奠，文庙摩挲石鼓，门外进士提名碑千百，乙未新提名碑已立》，《康有为全集》第十二集，第 172 页。

③ 康有为：《示门人陈千秋随生，曹泰著伟、潘藻鉴镜涵，三子者，皆学道勇猛、证澈生死者。兼示韩云台》，《康有为全集》第十二集，第 176 页。

界本相如故。①

以陶轮譬喻三千大千世界，以制陶人将陶轮从左手放到右手一事譬喻菩萨掷三千大千世界过恒沙世界之外，以陶轮被左右转换而不觉譬喻三千大千世界中众生被掷而不觉，是故诗句中说陶轮一掷何尝动？诗中动静互待、动静互转。

又“巢睫”典出《晏子春秋》：

公曰：“天下有极细乎？”晏子对曰：“有。东海有虫，巢于睫，再乳再飞，而不为惊。臣婴不知其名，而东海渔者命曰焦冥。”②

所谓“巢睫”即言有极小之虫，以蚊虫之睫为巢，于中生育飞翔，而蚊虫不觉。诗中用此典故是说大小相待一如之义。

有此两个典故之譬喻方可理解所引第三句之典故及含义。诗中说七日者，仍典出《维摩诘经》中说：七日为一劫，一劫为顷刻。是故七日之短与一劫之长时相待而生灭，从而可见诗中当是说长短相待一如之义，与前文之动静、大小相待一如之义类似。从而最后一句才可以说不知年岁之长短变化。

所以康有为就历劫的观念中是含有长短相待一如的辩证观念的。也正是因为长短可以相互转换，历劫和一念之间才可以相互转化，这样就和华严宗之一念三千之旨意相结合。

历劫又可以称之为经劫，即经历长劫：

《梧州四咏》之一《南汉钟》：

---

① 鸠摩罗什译：《维摩诘所说经》卷一，《大正藏》，第14册，No. 475，第546页中。

② 李万寿译注：《晏子春秋全译》，贵州人民出版社，1993年，第392页。

渺渺苍梧云，慷慨王霸业。
钟声能感人，浩荡经千劫。①

在历劫观念的运用中，起初劫与灾难的联系并不强烈，劫之长时义比较强烈，这是因为对于发愿而言，长时的含义比较重要；而对于由劫来描绘世界的成坏时，劫的灾难义才会变得强烈一些。康有为虽然这两个方面的含义都运用到，但其中长时的含义强于灾难的含义。如上文所引各诗句中“劫”常常与千、三千、千万、无量等表长时的数量词联合在一起运用。所以总结而言，康有为从光绪二十年开始正式地运用劫字于诗歌中，申发悲愿入世救苦的心志及思想观念，在这期间其所运用的劫字表长时的含义较灾难的含义强烈。但随后不久，光绪二十四年，也就是说差不多还是五年左右的时间，戊戌变法失败，康有为开始流亡海外。戊戌变法失败，六君子被杀，其中含康有为弟弟康广仁，而康有为也险些丧命，这一事件乃是康有为毕生最重要一事。康有为认为这一事件为真正的一次历劫，此处“劫”字的含义十分强烈地突出劫难之义。前文所引康有为绝笔书中即论述文体中运用到劫字的时候，就随即和患难联用，从而使得“劫”字中劫难的含义得以显明地突出。也就是从这个时候开始，康有为该历劫的运用为劫灰、劫余，也就是说他认为他能够在戊戌变法中死里逃生，是一次劫难之余，劫难之后尚余下的灰烬，这个灰烬已经是含有心灰意冷、死灰难复燃的哀伤心情了。康有为用劫灰、劫尘、劫余有十五六处，不可谓不多，五分之一多的比例。而且他运用劫灰这一用法一直持续到晚年，可见他认为戊戌变法

① 康有为：《南汉钟》，《梧州四咏》，《康有为全集》第十二集，第179页。

失败之后的全部岁月都只能算是劫后余生罢了。

《环翠楼浴后不寐，夜步回廊》：

> 电灯的的照楼台，夜屧游廊几百回。
> 明明如月光难掇，渺渺微尘劫未灰。[①]

该诗是变法失败后短暂流亡日本时所作，诗中尚且以为世界虽然是在劫中，但是还没有最终灭亡，只剩余灰残烬的程度，也就是说还有机会为救世而努力。但是这种心态并没有持续多久。《暹罗太子为僧，坐禅绝世，频忧中国，见人辄问吾起居》：

> 流离万死亦天哉！空话维新剩劫灰。
> 暹国高僧经绝世，频烦问我起居来。[②]

这首诗是流亡印度之际所作，诗中十分明确地说，维新变法现在只能是空话罢了，已经只剩劫灰了。

其后如游美国时，作诗《游美国诗》第一首《美中文明诗社以诗来乞评定，因择其佳句凑诗七章》（案：此诗题中云七章，但全集中实录六首，亦未说明为何因，恐遗失）之尾中说：

> 锐志拼为鸾翮锻，庸才何忍燕巢焚。
> 劫灰飞尽看沧海，回望神州已夕曛。[③]

游埃及时，《埃及棺盖露首戏拓影像自题》：

> 盖棺论定是何人，后死斯文话劫尘。

① 康有为：《环翠楼浴后不寐，夜步回廊》，《康有为全集》第十二集，第192页。

② 康有为：《暹罗太子为僧，坐禅绝世，频忧中国，见人辄问吾起居》《康有为全集》第十二集，第205页。

③ 康有为：《美中文明诗社以诗来乞评定，因择其佳句凑诗七章》，《游美国诗》，《康有为全集》第十二集，第263页。

了尽人天偶乘化，此心未死死心新。[①]

回国后，更是有劫余之感，《丙辰元旦感事书》：

甲子书犹晋处士，庚申史作宋遗民。
百千劫后成灰日，十九年来去国身。[②]

晚年五十五岁生辰之际仍言劫灰，《壬子二月，自须磨双涛园迁近月见山下，须磨寺侧公园前桃樱满山，居有小园，适吾五十五岁览揆，门人梁启超等十余人连日为寿，且作诗会相慰藉，赋三章》：

月见山前海有痕，须磨寺里佛仍尊。
劫灰飞散知何世，逋客孤羁得小园。[③]

康有为虽然在戊戌变法之后的余生都用劫余、劫灰等词，但是其灰心之意实际并没有保持多久，很快他也就恢复斗志了。《借居槟榔屿绝顶英督署避暑，山趾至巅十余里，磴道单盘，兵垒环之，俯瞰山海，花木深闳，嘘吸云气，自奔亡后居此最适矣》：

葱浥见神人，游戏识化工。
我生历万劫，不复嗟途穷。[④]

---

① 康有为：《埃及棺盖露首戏拓影像自题》，《康有为全集》第十二集，第301页。

② 康有为：《丙辰元旦感事书》，《康有为全集》第十二集，第326页。

③ 康有为：《壬子二月，自须磨双涛园迁近月见山下，须磨寺侧公园前桃樱满山，居有小园，适吾五十五岁览揆，门人梁启超等十余人连日为寿，且作诗会相慰藉，赋三章》，《康有为全集》第十二集，第369页。

④ 康有为：《借居槟榔屿绝顶英督署避暑，山趾至巅十余里，磴道单盘，兵垒环之，俯瞰山海，花木深闳，嘘吸云气，自奔亡后居此最适矣》，《康有为全集》第十二集，第215页。

该诗是流亡槟榔屿之际所作，诗中言虽历劫千万，也正是因为历劫千万，从而也就没有必要为以此失败而嗟叹穷途了。是故诗中明言不复嗟途穷。

其后，康有为广游印度，访佛寺探佛迹，但是所见所闻都是印度已无佛教，佛教在印度已经衰败到无可见的程度。康有为为此大为感慨佛教本身也在经历劫难。劫难本来就是不可避免的，是生死无常之本然。由此康有为亦不复沉湎于灰心之中。《自阿喇霸邑寻佛教僧寺，有人言刹都喇有之，至则绝无；寻至了忌喇爹利，即古之舍卫也，亦无佛迹。大教经劫，感慨而歌之》：

> 遍寻佛教万里无，成住坏空亦非相。
> 亿劫变幻只须臾。
> ……
> 此月曾照瞿昙面，诸圣河沙皆曾见。
> 今我感怆人间世，劫无免者如水逝。①

此诗反复用“劫”字，题即是叙事，已经于中有感慨佛教经历劫难，因此感慨而作诗歌。后诗中说劫无可避免，如同水流之逝去。后《游印度舍卫城访传迹》题中亦说：大教如斯，浩劫难免。《巴黎登汽球歌》（节选）中有处说：

> 忽视地球众生苦，哀尔多难醉腥膻。
> 诸天亿劫曾历尽，无欣无厌随所便。②

---

① 康有为：《自阿喇霸邑寻佛教僧寺，有人言刹都喇有之，至则绝无；寻至了忌喇爹利，即古之舍卫也，亦无佛迹。大教经劫，感慨而歌之》，《康有为全集》第十二集，第 223 页。

② 康有为：《巴黎登汽球歌》，《游法兰西寺》，《康有为全集》第十二集，第 249 页。

这首诗中所阐发出来的“随便”的态度，于康有为十分少见。虽然该诗这四句前面有见众生苦而哀悯之义，但随后以历劫无数，而对之无欣无厌、随其所便了。《送曼宣行，兼示薇、璧。时薇、璧亦次第行》：

> 次第花开百草生，来游一月阅枯荣。
> 海田世事看成劫，眷属苍生未免情。①

这一首中仍然是说已经历劫无数，但是与前一首不同的是康有为根本无法做到无欣无厌之随便态度，所以诗中说眷属苍生，此为未免情。

而《埃及棺盖露首戏拓影像自题》中则更加进一步说：

> 盖棺论定是何人，后死斯文话劫尘。
> 了尽人天偶乘化，此心未死死心新。②

如果将这一首诗中所呈现出来的心态与前面几首所表现出来的心态比较来看：康有为显然是经历了一个自我恢复的过程，从最初的心灰意冷，到后来提醒自己不当嗟叹穷途，再到后来从历劫无数而让自己无喜无悲，然后却发现想要放弃眷属苍生的心是不可能的，于是康有为重新振作，应当了尽自己救世救苦的理想，这一颗心并未死心，即便死心也应当重新恢复，是故借助死心新禅师的典故，说出追求理想之不死心、之勇猛、之精进。等康有为再次回到印度游历的时候，他的心态已然不一样了，《九月避地再游印度，绝无僧寺，伤念大劫，感怀身世》：

---

① 康有为：《送曼宣行，兼示薇、璧。时薇、璧亦次第行》，《康有为全集》第十二集，第285页。

② 康有为：《埃及棺盖露首戏拓影像自题》，《康有为全集》第十二集，第301页。

全印无僧无佛法，有生尽劫尽离忧。
本来不作生天想，为拯斯入甘狱囚。①

这首诗如果简单地和早期的历劫诗歌对比来看，表面上看可能没有什么区别，几乎直白地说出为救如囚众生而入如地狱之世界中来。但是如果考虑到这中间是经历戊戌变法失败这一重大事件的话，那么康有为在经历如此重大的失败，而后仍旧能够恢复到如青春少年般的直抒宏愿理想，实在令人赞叹。如有一人，为救国民，亲朋丧逝，离国去乡，海外漂流十五载，居无定所防刺客，仍能不舍当初救苦心，未曾死心复如少年发雄心，怎能不令人感叹赞美。重游印度之际，对于之前印度已经无佛教之大教劫难的感叹，如今康有为却恢复信心，坚信他日佛教必定能重新复兴，《基督新教浸礼会牧师未脱士传教中国廿年，今为僧于锡兰。吾游缅甸、锡兰，见英人为僧者数矣，皆赤足苦行，此为中国教士耳，但其所得仍是南宗，盖印度北宗已亡，但入中国。耶教出于佛之小乘，本近南宗。今印度译佛书邑二百余种，皆小乘也。惜西土佛会未闻吾中国大乘，他日译出其倾倒归心转移教宗，必不可思议也。劫有轮回，道有深浅，他日大同之世，佛教必复兴于大地也》：

方今佛蒙劫，全印无僧坊。
正当耶宗盛，大地莫与强。

时固有盛衰，道难逃阴阳。

① 康有为：《九月避地再游印度，绝无僧寺，伤念大劫，感怀身世》，《康有为全集》第十二集，第312页。

是时为帝耳，虽劫何损伤。①

该诗篇幅较长，为康有为游历海外所发明之新诗体。其中说劫之观念，一方面说劫有轮回，另一方面说即便是沦入劫难中，亦有什么损伤？结合前面的论述看，前面已经要重发救苦之雄心，而本诗中似乎反过来说即便是陷入劫难也没有什么可担忧的，即言将后路排除。

康有为在经历了这样一个历劫：初发心—劫难—灰心—挣扎—重新恢复雄心。康有为将经历这样一个过程称之为：出劫，就是从劫难之中出来了，类似新生之义。《己酉除夕前二日，酬梁任公弟寄诗并电问疾，六章》：

神州沉矣哀哀劫，吾道非耶莽莽伤。
共笑屠龙宁误学，殊方饿死可悲凉。

家国牵连溺爱河，有身可患奈之何？
预知历劫欢喜受，最痛生民忧难多。

而今出劫过来身，去去冥飞别有春。
朵朵莲花开乐土，天天世界现微尘。②

① 康有为：《基督新教浸礼会牧师未脱土传教中国廿年，今为僧于锡兰。吾游缅甸、锡兰，见英人为僧者数矣，皆赤足苦行，此为中国教士耳，但其所得仍是南宗，盖印度北宗已亡，但入中国。耶教出于佛之小乘，本近南宗。今印度译佛书虽二百余种，皆小乘也。惜西土佛会未闻吾中国大乘，他日译出其倾倒归心转移教宗，必不可思议也。劫有轮回，道有深浅，他日大同之世，佛教必复兴于大地也》，《康有为全集》第十二集，第313页。

② 康有为：《己酉除夕前二日，酬梁任公弟寄诗并电问疾，六章》，《康有为全集》第十二集，第315页。

该诗为康有为晚年之作，题中纪年为1909年。诗中用三个“劫”字，可以说三个“劫”字差不多代表了康有为历劫之三个阶段：哀哀劫为初发愿历劫的阶段；历劫对应戊戌变法前后之历劫变化阶段；出劫为流亡海外经历灰心到重发雄心之后这一阶段，因为已经重发雄心，所以是出离劫难，也因为康有为终于回到祖国而不必流亡海外的意思。是故诗中以出劫而瞻望了未来：春、乐土。康有为诗中常用春譬喻佛教中乐土、净土或儒家大同太平世界。莲花和乐土即是净土宗之西方极乐世界。“天天世界现微尘”一句的内涵是要将此五浊世间转变成佛国净土之谓，而非要另觅一净土世界，可见康有为救世思想仍旧注重在世人间，也与佛教中难行道类似。康有为回国之后，故地重游，多有诗作，诗中亦每每发劫后、出劫之感。《游灵隐寺、飞来峰，寺经毁后重修，甚丽，殿前石塔无恙，重摩有感》：

> 焚余殿阁又庄严，百劫归来问塔尖。
> 大热泉声犹作冷，已空山色不妨蕊。①

诗中以殿阁、泉声、山色三处譬喻自己历经百劫归来，虽然表面上看起来冷淡，但是实际内心仍然为救苦救民之事热情高涨，这就如同殿阁一样，过去被焚烧了，但现在又被修建起来依旧庄严；又如同泉水，本身是热的，但是看起来好像是冷的；又如同有修行的人心中已经能将山色看为虚空不实，但这并不妨碍他依旧能就虚幻上看到花蕊渐生，即将满山遍野、开到荼蘼。康有为此处的观念是指经历劫难之后，人则能够依止本心，不为外

① 康有为：《游灵隐寺、飞来峰，寺经毁后重修，甚丽，殿前石塔无恙，重摩有感》，《康有为全集》第十二集，第324页。

境所惑，但是依止本心空诸色相，并不是遁入虚无，而是以依止本心的智慧，更加深入地入世救苦。类似佛教中登菩萨位，依止后得智，广行深行六度，行菩萨道。《丙辰元旦感事书》：

> 甲子书犹晋处士，庚申史作宋遗民。
> 百千劫后成灰日，十九年来去国身。①

此诗叙事，描述康有为历劫之经历，到十九年后回国，统称为历劫，而回国后则称之为劫后成灰日。

《丁巳二月五日览揆诗付善伯、蘋漪》：

> 同民不离人间世，忧国犹存劫后身。
> 老子娑婆思揆日，乡中扶杖物皆春。②

《坐主顾渔溪先生别二十三年，相见沪上。用善化相国韵写呈，兼介寿》：

> 神武衣冠口黑头，重逢劫后话沧洲。
> 心存故国旌旗动，春在先生杖屦游。③

此两首诗，用“劫”字都言劫后，但言劫后，并没有衰老之气，反而有振奋理想的气概，两首中皆用“春”字瞻望未来。第二首中理想境界只是故国而已，第一首中理想则是娑婆世界，且放出豪言，老子娑婆；此句为康有为自诩之名句，因为在好几首不同的诗中俱采用此句，可见他对此警句之珍爱。而拐杖与春

① 康有为：《丙辰元旦感事书》，《康有为全集》第十二集，第326页。

② 康有为：《丁巳二月五日览揆诗付善伯、蘋漪》，《康有为全集》第十二集，第338页。

③ 康有为：《坐主顾渔溪先生别二十三年，相见沪上。用善化相国韵写呈，兼介寿》，《康有为全集》第十二集，第338页。

联用的譬喻在两首诗中异曲同工。

总结而言，康有为用“劫”字，是以佛教观念观察世间时间变化。而其于诗歌中运用“劫”字又与自身抒情言志相结合。从康有为运用“劫”字的历程看，可以区分五个阶段：一是早年尝试用“劫”字时期；二是中年用劫字抒情时期；三是发愿历劫时期；四是流亡海外的劫余时期；五是归国后的出劫时期。劫的观念既是康有为自身观照的工具，也是他观察世间的工具，因为他对国家人民以及佛教等宗教之生存灭亡都是通过历劫、劫难来表述的。康有为运用“劫”字在诗歌中表述时间，与通常表述时间有所不同，用“劫”字表述时间一方面和发愿欲长时入世救苦相关，另一方面与经历劫难相关。从这两个方面来看，康有为以佛教思想观念来观照世界，指导自身的人生实践肯定是无可置疑的，但同时也可以看出，康有为对世界的时间性构成并不完全是法相之精深的研究以及描述，而是侧重修行实践的次第，所以可以看出康有为之思想重实践轻理论之品质。

（二）空间的构成

1. 诸天

对超出此世间时空的描绘，为儒家思想所缺乏。这是因为儒家传统侧重在世，对于超出此世间的时空及存在等，一般都持置之不言的“子不语，乱力怪神”的态度，但是若细细研究起来，也可以发现有些儒家典籍中间是涉及超越性的内容，不论是天、鬼神等，还是前世后世、祸福报应等等；另外从《论语》中对祭祀态度的多重解释中也可以挖掘出儒家对超越性存在的探讨。宋明理学以来，过于侧重理论性的心性说明，对鬼神等也是从归、申等抽象运动的角度来说明，从而间接地化消了儒家本来虽具有但本就不浓重的超越色彩。所以到清代中后期，经由反对理学而复古到汉学的今文经学在辟除理学家过于侧重抽象理论的时候，也就转而侧重经世致用，而经世致用不光是政治性的、道德性的，也必然关系到祸福灾变等民生日常事务；而此时此际，西学渐入，科学对物质性世界的详细分析，对超越性事物的科学分析，无疑为此提供了重新切入的可能性。所以当时从科学的角度，无论是进化论、电气知识、生物知识、医学解剖知识，还是宏观的海外地理知识、宇宙知识等等，几乎都被当时先进的知识分子拿来吸收，并几乎全部用来切入传统文化学说，或用来参考发明儒家新意，或用来证明佛教所言不虚。康有为尤其是此种实证主义之代表。他对宇宙世界的描绘即是其这一思想的典型表现，他对此固然是没有什么深入的创新的发明，但是同时采纳西学、儒道释三教而相互混合比较发明，似乎在当时也成为一种潮流，其中更加带有一股抵抗攀比于西学的民族主义色彩。

康有为对宇宙世界的空间构成分析，可以分成两个主要的部分：一是诸天，其中包括宏观和微观两个方面。宏观来看，所谓诸天就是指超出人世间、地球的存在，从现代科学而言，即是宇宙；从佛教的角度来看，就是诸天。而微观的部分，康有为说得比较粗略，但是还是作为一个不可缺少的构成部分涉及了。二是人世间的状况。对人世间的空间分析，可以从多个角度来分析，佛教经论中也从多个角度来进行分析。康有为早期曾经尝试从门、地理的角度来做分析，所谓门的角度实际上就人之类型及其欲求问题而分设的门类，颇近似于学科分类；而地理分析则是严格的空间分类标准，但是康有为对此不能深入，所以后来就渐渐放弃了，最后他还是从界的角度来进行分析的，界的观念已经和他的大同说相联系在一起了。所以从这些进程简单来看，康有为对于客观的知识分类分析并不重视，也认为这样的分析描绘并不能带来实践上的急迫效果，从而他自己是侧重于紧密关切实践的知识分析，但就其总的态度来说，他其实并不反对客观性的知识分析和描绘，反而是提倡的，只要是条件俱足的情况下，康有为显然是乐于详尽地客观性的描绘知识的。

所谓诸天，这里包括微观和宏观两个方面，因为康有为说宏观诸天比较详尽，有专著《诸天讲》；而微观方面康有为说得不太详尽，只是零星涉及，但也是不可缺少的部分，所以论述的顺序，先将简略的微观方面叙述，后专就宏观诸天上进行说明。

2. 微观元气

康有为从微观的角度说世界构成，是和他论述主气质论宇宙生成及心性本体不可分离。其论述宇宙生成或心性本体之原初由气而生，其中气即具有构成世界之最小单位的意趣。在《康子内外篇》中康有为描述为：

> 夫天之始，吾不得而知也。若积气而成为天，摩励之久，热、重之力生矣，光、电生矣，原质变化而成矣，于是生日、日生地，地生物。①

这一段文字在论述心性本体时也曾引用说明过，现在就其中论述气、热、力、光、电等可见康有为此时已经在传统儒家学术之中援引了大量的西学科学知识。但是这里可以很显明地看出，西学中学来的热力光电等等用来形成的是原质，这个带有基本生命单位的概念，显然无法对应于西学中的任何一个单位，当是康

① 康有为：《康子内外篇》，《康有为全集》第一集，第110—111页。

有为之发明，如果一定要对应可能对应分子之类粒子，而且这个概念是带有传统文化色彩的，可以揣测康有为是如此的“西学为用，中学为体”：运用西学中热力光电等等，实际——醉翁之意不在酒——而是为了用他们来说明传统心性本体理论中的气质，由气到质的转变过程。

康有为接触西学最早是在光绪八年，即1882年，当时康有为从北京返回广东途中经过上海，购置了一些西学书籍，《我史》中记载：

> 道经上海之繁盛，益知西人治术之有本。舟车行路，大购西书以归讲求焉。十一月还家，自是大讲西学，始尽释故见。①

而《康子内外篇》作于1886年左右，那么其中带有西学的影响则无可厚非。又康有为在光绪八年接触西学之后，在光绪十年，即通过显微镜观察微生物，进而参照佛教义理，自认开悟，并作《止观自证》一诗以作证。在《我史》或《康南海自编年谱》中都详细地记载到康有为由观微生物而论述到微观世界的构成问题。

> 至十二月，所悟日深，因显微镜之万数千倍者，视虱如轮，见蚁如象，而悟大小齐同之理，因电机光线一秒十万里，而悟久速齐同之理。知至大之外，尚有大者，至小之内，尚包小者，剖一而无尽，吹万而不同，根元气之混仑，推太平之世，既知无来去，则专以现在为总持。②

---

① 康有为：《我史》，《康有为全集》第五集，第63页。
② 同上，第64页。

此处即康有为所记载开悟的一部分内容，因为首次接触到显微镜，通过显微镜看到微观世界变大，康有为从佛教的角度开悟出大小等的齐同之理。此处指开悟当只是依据理学或心学之修行而言，解悟到一二世间道理而已，与佛教所谓真正的见道开悟仍有很大距离，但康有为似乎认为这就是佛教中的开悟，此姑且不论。文中涉及微观之事，如至小之内，尚包小者，剖一而无尽，这是说可以无穷分解；但后面又说根元气之混仑，这里的根元气即是构成世界的微观元素，元气等都是儒家的说法，而根既带有根本的含义，也有从佛教说五根、二十二根而来的含义，同样具有生成世界的含义。

康有为这一次解悟经历对其一生的影响巨大，其晚年仍然能够回忆起这一次影响深刻的经历。如1912年与梁启超书信中言：

> 吾少读佛典，所得即如此，……以显微镜悟物之无大小也，以星光电光物之无久暂也，云云。①

又1923年，与谭达印书信中说：

> 吾之所得，又与佛殊。吾昔三十年前得一显微镜三百倍者，以视一菊花瓣，大盈丈。悬蚁视之，大若车轮。今显微镜有千八百万倍，则一蚁之大几万丈，过于泰山十倍矣。镜若再增亿兆京陔秭壤沟涧正载极恒河沙无量数不可思议之，如蚁之大，亦同增。今我地球不过二万七千里，每里一百八十丈计之，吾地大概四百八十六万丈。十万倍之显微镜照蚁，有一分八厘之身者，蚁大一里。若以四涧八沟六壤之显

① 康有为：《与梁启超书》，《康有为全集》第九集，第283页。

微镜视蚁，则蚁之大有四百八十六万丈，同于吾地球矣。若加镜至正载极恒河沙之位，则蚁大于吾地百万倍。若加镜至无量数不可思议之议字位，视蚁之大过于吾地球者为一正倍十万万万。若以议位全部改号码，以千文记之，则一议位为天字，又同一十百千万亿兆京陔秭壤沟涧正裁极恒河沙无量数不可思议之一部为地字，加至谓语助者焉哉乎也之也字为一位，有此显微镜扩大此蚁，则蚁之大岂吾人之思，拟议之所能及。今姑勿推算地字及也字之蚁，但以天字之蚁，或只以比地大之蚁推之，一人之身有三万万血轮，蚁亦为三千万血轮，既大同于地，则其中亦有生物，亦有国土，亦有文物人伦礼乐，男女父子，夫妇君臣，兵争流血，其寿极短，比吾人殆亦千百万分之一. 其中哀乐、忧悲，苦恼亦与吾今人类同焉。若推至也字之蚁，其比地大之蚁之大不可思议. 而也蚁之中，其有国土、人物、人伦，礼乐、寿夭，殆亦同然。此自极小破而推之者。夫小者无尽，则大者之无尽，亦吾同焉。①

此信不惮其繁地逐一推度小大之变，上所引者为就微观方面之推度，后文尚有就宏观上的推度。盖康有为之义本在由此推度解悟出小大远近等之一如可变。如信中言一蚁之中亦有生物、国土、文物人伦礼乐、男女夫子、夫妇君臣、兵争流血等等。

《春秋董氏学》中康有为依据儒家今文经学，以气、元、天三者来论说心性本体，也同时解说宇宙生成，其中元即具有本源元素之义，而元就是本质尔言，仍旧是气，可以称之为元气。但

① 康有为：《与甥女谭达印书》，《康有为全集》第十一集，第311页。

在解释元、气的时候，康有为直接将之与佛教中华严性海相联系而论述心性本体，并没有就构成物质世界的基本元素的继续讨论下去。在《春秋董氏学》中论说构成物质世界构成基本元素的，除了最基本的气之外，康有为还提及十端。所谓十端，即《春秋繁露》中所说十端：天地阴阳火金木水土人。此十端即是天地、阴阳、五行与人，合并起来为十端，康有为说其是统之为元，散之为十端，由此十端而能生万物，尤其对于其中的五行，康有为在别处认为即是佛教中常说之四大。《万木草堂口说·礼运》中说：

佛氏地、水、火、风，即儒家之五行。[①]

由此十端与佛教则可汇通：

天之为道，广微高远，不可得而测。而圣人以与人并列为一端。皆元统之，乃极奇之论。真与佛氏之三十三天与人并为轮回等。该圣心广微，含运太元，则天地乃为元中细物，亦与人同耳。[②]

此处以十端中天地与人并列之理殊为奇怪，于是援借佛教中说三十三天与人皆在轮回之中的说法来佐证十端之说。后则说天地就其原本则是太元之中的细物，所谓细物即是最初的形态，类似分子细胞之类。所以此处之细物即是构成世界的基本微观元素。康有为又从气的角度来说明微观的基本元素，他称之为气点，所谓气点当是所谓质点。气化之后就形成质。《春秋董氏学

① 康有为：《万木草堂口说》，《康有为全集》第二集，第160页。
② 康有为：《春秋董氏学》，《康有为全集》第二集，第373页。

·气化》中注释说：

> 人比蟭螟硕大极矣，不能见纤小之物，若自至精之物推见，则气点之联接极粗。人怒则血赤冲面，声能辟易。人气点感动流通相淆，乃自然之势。①

文中气点非董仲舒原文中所有，乃康有为增添出来之术语。此气点即是气化所成之质点。气流通无形，而气化成质点之后方可成形，所以气点当是构成物质之基本单位。

此种种探索，到《孟子微》中，康有为则将心性本体和微观构成元素结合起来：

> 不忍人之心，仁也，电也，以太也，人人皆有之，故谓人性皆善。②（此文中以太，在《新民丛报》版本中是没有的，当是后来重新增添上去的）

以太，为当时翻译西学中用来表示构成宇宙世界的最微细的基本构成元素，谭嗣同专门有以太说之论，看见当时以太说之流行。康有为在此文中增添出来以太，即有将心性仁体和电、以太等基本粒子构成世界的理论将结合的尝试。而在这中间，需要注意的是康有为从主气论出发，气论固然可以说是儒家学说之一支，但电、光、以太等则是现代西学之概念，而这其中由气转成物质之基本构成，也就是气点，质点之说，则非两家学说所有，实际即是来自佛教之说极微。参考《康子内外篇》中说积气，即是此处的气化；原质，即是此处之气点。在积气到原质中间是

---

① 康有为：《春秋董氏学》，《康有为全集》第二集，第 374 页。
② 康有为：《孟子微》，《康有为全集》第五集，第 414 页。

热力光电等形态。从这个对比中可以明确地看出形成之气点、质点等极其类似佛教说无方分之极微，而此极微并非气本身，也不是热力光电等，倒是与以太类似，实际以太即被用来对应极微。

总结而言，康有为从微观角度论说宇宙构成与其主气论宇宙生成及论说心性本体论密不可分，其理论要点有三：一是气为最基本的宇宙构成元素，但气之本态为不可见无形，气有阴阳两种运动，即是升降散聚等矛盾相对的运动。二是气阴阳运动后形成气点，进而形成各种基本构成单位，如原质、质点、以太等等，名异质一。三是辩证相对的原理：微细之物可无尽分，极大之物可无尽大；但就终结言也可以说不可分者为元、为气，因为气无所谓分不分，能分者必已经是质点。

3. 宏观诸天

康有为论说宏观诸天本即与论说微观元素结合在一起，这源于其依据佛教义理之大小一如的观点。但康有为论说宏观诸天还有另一个来源，即从西学中天文学，如果说前者比较侧重义理方面，那么后者就比较侧重实事。如从微观宏观相结合的方面看，康有为在记叙光绪十年解悟时，前后稍有不同。

如《我史》和《康南海自编年谱》中说微观事较多，而宏观事则较少，只有说“知至大之外，尚有大者”，后说诸界位：“以诸天界、诸星界、地界、身界、魂界、血轮界统世界焉。”后则没有继续申发。1912 年与梁启超的书信中更加侧重义理的申发，是故是就大小宏观微观统一而言，非特别言说宏观诸天，信中言：“大小久暂既破，于是以诸天为体，亦以日用常行为用”，此后则引理学家心学家之言论佐证此理。只有到 1923 年与谭达印甥女的书信中才分别就微观宏观两个方面都详尽言说，可能是针对年少无知者多加教导的意思，所以才不厌其烦地详细说明，信中说：

> 今以吾地与金木水火土天王海王二百余游星之绕日也，流星日陨，为吾地同胞之死也者，不可胜数也。吾日与二十八宿为恒星同绕昴星，彗星之频岁流出为如日之死亡善数也。诸昴星共绕之团为星云天，诸星云天共绕之团为星气天，诸星气天共绕之天，由此转推之，亦一十百千万亿兆京陔秭壤沟涧正裁极恒河沙无量数不可思议也。以千文记之，此议天为一位，又推至焉、哉、乎、也、之、也位天，其大不可思议，其展转推之亦不可思议也。以吾地有国土、人物、人伦、礼乐，则诸星诸日之有国土、人物，亦有人伦、礼乐、夫妇、父子同，其有苦乐、忧惧、寿夭、得失同。自诸恒星之视吾地，其小已不可思议，况星云、星气诸天之观我地乎？又况也天之视我地乎。又况吾地之一人其为最小最短之物，曾何足记，则深足为哀苦悲忧烦恼乎？①

此段与上文推度微观一段类似，从地球开始推算，辗转论及宇宙，但是其中诸多推度，却并没有完全按照西方天文学知识来说明，显然是康有为自己根据传统知识加以推度的，如将二十八宿加入银河系，又如说星云天、星气天，如果说星云还是属于天文学中的概念，那么星气则为康有为推度的星体概念。此段文字后面随即引用佛教中说色界天之四禅状态，可见康有为论说诸天还是时刻联系佛教知识的，这是因为儒家义理对于诸天的知识是严重缺乏的，而佛道二教以及西方科学中天文学则此方面知识则

---

① 康有为：《与甥女谭达印书》，《康有为全集》第十一集，第 311—312 页。

较多，尤其是天文学依靠高倍望远镜等工具有实证亲见的基础，非一般宗教之言说诸天令人生疑。

这一说法在《大同书》的绪言中也提及，辞句与此类似：

> 火星、土星、木星、天王、海王诸星之生物耶，莽不与接，杳冥为期，吾欲仁之，远无所施。恒星之大，星团、星云、星气之多，诸天之表，目本相见，神尝与游。其国土士女、礼乐、文章之乐与兵戎战伐之争，浩浩无涯。①

如果将此两段文字对比来看，辞句几乎一样，所描写的内容也差不多一样。

如果从实事的角度来论述诸天。康有为《康子内外篇》中特辟二章：地势篇和肇域篇，但这两个章节中康有为所论述的大多是地理和学术风气民族精神等的关系，并没有拓展到地球之外的诸天。而在1896年左右在万木草堂的各种讲学笔记中，康有为倒是有一些涉及讨论诸天的内容，但内容比较零散，多为一般西方天文学知识，如《康南海先生讲学记》中一条云：

> 光绪二十一年，考出恒星二百四十余。地绕日之说为高白尼所创。恒星之光与日同。经星之光，用镜见之，其光缩小，恒星则不然。日之黑点发出来十四万里地，约五万岁。人之生约在五千年前。以地中之物质考之，地绕日一次，地长皮一寸。②

此当是康有为所知之西学天文学知识，文中高白尼即今译之

① 康有为：《大同书》，《康有为全集》第七集，第5页。
② 康有为：《康南海先生讲学记》，《康有为全集》第二集，第109页。

哥白尼。文中经星，当指行星，相对恒星而言。经星，实际既可指恒星，有时也特别指木星，即岁星，康有为在这里恐也未曾区分清楚。又说地绕日一次，地长皮一寸，不知典出何处，由此荒诞之说。

又如《康南海先生讲学记》中一条云：

> 天者气也。苍苍者，其濛气乎？其大无外。空中积实，皆星也。其小者为恒星。星实为从日而生，目力所常见之。日统摄八星。八星者何？金木水火土五星，另有天王、海王二星，本地球为地星，共为八星。凡八星皆有人类，西人言之详矣。日有吸力，故能统摄诸星。诸星皆运日而行。本地球每岁运一周，每日有自转力，一转为一日。月为地球所生，现未有人类。月无光，假日之光以为光。日浊，明外影。日清，明内影。——佛氏云。①

读此段，于中亦可见康有为欲以西学天文知识补充儒家知识之不足，如文中以气来说星之本质，此说当为康有为自度之说，又说小者为恒星，亦非确说。其说太阳之行星有八，但是当时他所接触之天文知识尚未曾提及冥王星。又康有为以为行星上皆有人类，此则明显为推度之言，虽推之西人之言，亦难逃杜撰嫌疑。最后该条末尾仍旧提及佛教，其说日之清浊是可见内外影，此说出于佛典。由中可见康有为说诸天大凡联合西学之天文学和佛教说诸天之知识，用来补充说明儒家说天之简略不足处。此在早年则为简略，而至晚年则演变成《诸天讲》一书，亦可见康有为对宇宙诸天之事兴趣颇浓。

---

① 康有为：《康南海先生讲学记》，《康有为全集》第二集，第119页。

《诸天讲》，或名《诸天书》，康有为自序中说完稿于1926年夏，而实际写作开始于其二十八岁时。

> 二十八岁时，居吾粤西樵山北银河之澹如楼，因读《历象考成》，而昔昔观天文焉。因得远镜，见火星之火山冰海，而悟他星之有人物焉。因推诸天之无量，即亦有无量之人物、政教、风俗、礼乐、文章焉。乃做《诸天书》，于今四十二年矣。①

该序言文末又说：

> 丙寅讲学于天游学院，诸门人咸请刻布此书，以便学者。虽惭简陋，亦足为见大心泰之助，以除人间之苦，则所获多矣。春编校于西湖一天园开天天室，夏五避暑焦山大观台听涛书屋，日俯长江听奔涛，校成序之。②

丙寅年即是1926年，与二十八岁间隔四十二年。

又《南海康先生年谱续编》之民国十五年即1926年也记载：

并为诸生讲诸天书，成则刊布于世。文后附康有为自序。

是则，《诸天讲》当是早年即已经起草，可能已经写完；晚年讲习，或有增补，后校订并自序刊布。故而其中思想当是以早年思想为主，也间杂有晚年思想。

康有为讲述诸天的初衷并不是客观的科学精神，而是别有所取。其自序中辗转申明之，其要旨有四：

---

① 康有为：《诸天讲》，《康有为全集》第十二集，第12页。
② 同上，第13页。

（1）康有为认为诸星上有人生于其中，又说地球即一星，则世间人实即是天人，由此而提出天人之说。

> 夫星必在天上者也，吾人既生于星中，即生于天上。然则吾地上人皆天上人也，吾人真天上人也。人不知天，故不自知为天人。故人人皆当知天，然后能为天人；人人皆当知地为天上一星，然后知吾为天上人。①

此段主旨即是从天文学的科学角度来论述人为天人，实际即是从科学论证儒家人本于天而生有天性、仁性，人本即是天人，即言人本有仁性本体，而人不知自为天人，即言人之智为障碍，导致人不能自识本性。所以文中又说：生而为天人，诸天之物咸备于我，天下之乐，孰大于是。生为天人，即是孟子所谓万物皆备于我之旨意。从中可见康有为说天人，即是重新阐释儒家人本有天性仁体之义，只不过他不再承袭宋明理学之抽象理论说明，转而从天文学之科学实事上辗转说明。而从这样的角度曲折说明，则势必要借助西学和佛学，因为此二家在这个方面说得较为详尽。

（2）论证出人本即是天人，如同论述出人本就有仁性本体，那为何还要修养身心，历练世事，甚至治国平天下呢？如果说论述人本有仁性本体，仅仅是一种可能性，要真正成就仁爱之心之行，则必须要在世间人事中扩充仁心，或随顺地扩充推度仁心，或逆返地克制私欲、超越自我小我私心、进而扩充仁心。那么从天文学上论证也是同样的道理：人生在地球上，尚且不知道生在地球上，而只知道生在一家一乡一国中而已，则必以此自己一身

① 康有为：《诸天讲》，《康有为全集》第十二集，第11页。

一家乃至乡国等极限，而私爱之，如此则不能从究竟上扩充仁心本体以至于成就圣人。是故康有为指出人们实际是“为地亦隘小矣，其为人亦苦而不乐矣”。那么反过来的意思即是要求人们能够突破身家地域乃至文化风俗等等狭隘偏见，而由此扩充仁心，即便是欧美之说，其实也是有偏狭性质的，不可以全部依据。

(3) 既然人虽本即天人，人却又偏于狭隘之见，不能自知为天人，当如何？康有为则曰：教之。其说：

> 故诸教主哀而拯救之，矫托上天，神道设教，怵以末日地狱，引以极乐天国，导以六道轮回，诱以净土天堂，皆以抚慰众生之心，振拔群萌之魂。显密并用，权实双行，皆所以去其烦恼，除其苦患，以至极乐而已。①

各宗教在康有为看来还是分成两者：神道教和人道教。此处主要说明的是神道教，即基督教、佛教以及此处没有提到的波斯教、回教、婆罗门教、道教等等。此观点在康有为晚年演讲之中已经讲解得十分详明圆融。那么神道教的主要方法就是通过天堂净土等来引导众生。康有为这一段讲解，虽然是兼涉基督教，但实际以佛教为主。

但康有为又认为仅仅以净土天国来拯救众生有的时候可能不能够对症下药：

> 然裹饭以待饿夫，施药以救病者，终未得当焉。以诸教主未知吾地为天上之星，吾人为天上之人，则所发之药，未

① 康有为：《诸天讲》，《康有为全集》第十二集，第12页。

必对症也。①

康有为这一段讲解十分巧妙。从表面上看，似乎在说因为从前科学不发达的原因，所以过去各宗教讲述诸天的时候，都不能明白地球也是行星之一，其本质即是与其他天体一样，那么人也就是天人之一，从而当时诸宗教皆以地球人为非天人，为五浊世界之人。那么在康有为看来各神道教在这样的错误观念之下所发出的拯救世人的方法也就自然不能对症下药了。而康有为这段论述的暗含的意思是：儒家本天而言人，在义理上实际上符合现代天文学之科学实事，那么儒家提出的救世方略就教他教更为对症下药，更为适宜。康有为此论证实在是牵强，以偷换概念之法，而主旨即是论说儒教人道教之本天说人说仁为适宜之教。但从前，儒教和其他宗教一样未曾看到地球也是行星之一，人本天人。儒家所言人为天人，是就人之仁性本体为先天即有，非后天所生而已。又其他宗教，如佛教未必不曾说明人实际也是天人，只不过是欲界天中一类众生而已，因为人苦乐均等而特别说明而已，但人与天人以及鬼地狱旁生等实际都是在欲界之中。而欲界或一大千世界皆是在风轮之上而建立，即是明言地球亦是一天体，人实际为天人之一。康有为对此实际是用佛教思想，却反过来排斥佛教。盖其本意只在于他认为佛教之救世过于玄远，而儒教则相对侧重在世人伦之中而拯救之。

（4）最后康有为说明现代天文学及我国古代之天文学星象学之研究可以互相印证，得到诸天之事实。论述这一点主要是为了说明康有为自身讲述诸天之条件，以及权威性，方便听众建立

① 康有为：《诸天讲》，《康有为全集》第十二集，第12页。

信心而已。而从他自身而言，则为了说明自身入世救苦之悲愿。

> 吾之谈天也，欲为吾同胞天人发聋振聩，俾人人自知为天上人，知诸天之无量，人可乘光以太而天游，则天人之电道，与天人之极乐，自有在矣。
>
> 虽惭简陋，亦足为见大心泰之助，以除人间之苦，则所获多矣。①

可以明确地看出康有为讲述诸天的本意并不在于客观的科学的描述，其主旨即是发明佐证其天人学说，使得人人自知本为天人，即是人人本有成为天人的可能，将来是可以乘以太而天游，享受天人之乐，享受天人之乐即是去除人间之苦。康有为天人之说明显地是采用佛教论说诸天之说，附会天文学以为其他星体有生命，最终是为了说明儒家人本于天，天人合一之说，而这一学说的核心即是依据人本于天，从而人天生具有仁心本体，从而依止仁心本体在此世间人生中扩充仁心，乐天安命，而不逾越界限。此即是康有为认为的适宜的救世方略，其之所以适宜救世儒家区别于其他各教的侧重在世。

综合此四点而论，可以说康有为诸天说，实在是以现代科学的天文学和佛教诸天说的方式阐释儒家天人学说的一个尝试。序言代表着康有为晚年对诸天说重新深入的理解，康有为基本上是从佛教四谛的结构重新说明其诸天说的理论价值的：第一点说明天人之说的依止，指明地球人本就是天人，即是说明人人皆有天性仁心，从佛教大乘而言，即相当于说明止观之所依止；从儒家而言，即相当出体，点明心性本体；同时需要说明的，此处依止

① 康有为：《诸天讲》，《康有为全集》第十二集，第 13 页。

心，也带有理想的意味，因为众生本为天人，最终要成就的也是成为天人，此中区别只是知不知而已，故而知为天人，即是天人，本是天人，依止天人而行天人之事而已，所以在康有为的理论中所依止心同时也就是灭谛之理想。第二点说明人不知自己为天人，而囿于偏狭私欲之中。这一点从佛教来说即是苦集二谛的并说，指出我执为无明，也就是说明苦的原因；从儒家而言，即是说用，用分大小：于一身家国之用为小用，于天下宇宙之用为大用。第三点说明如何使人自知为天人，如何真正成为天人，即是诸教之教化，即是道。从佛教而言，即是道谛；从儒家而言是谓修道之谓教，圣人之教化，儒佛在此同一个道理。教化之理想即是成为天人，自知本为天人而行天人之事，从心体上而言，也就是获得仁心本体，依止仁心本体，扩充之、推度之，乐天安命。第四点叙述自己的条件和愿望，这一点在佛教义理中即是修行大乘之首要的发心，发菩提心，欲上求菩提，下化众生，欲在三大劫中长时修行六度之义；而这一点在儒家，则为陆九渊所谓先立乎大者，或者如《中庸》中所说自诚明。

《诸天讲》中分十五篇，首篇为通论；其后分别是地篇、月篇、日篇、游星篇（所谓游星即是行星）、彗星篇、流星篇（其他星系之流星）、银河天篇、霞云天篇、诸天二百四十二天篇；后诸篇又分别为：上帝篇、佛教说诸天、历篇、仪象篇、附篇。其中所谓霞云天，康有为以为是银河系之上的一天：银河天之上为霞云天，亦名涡云天。覆盖如涡，大星白如云如雾，亦名星云星雾，故名涡云。其光与恒星周围直接，中央明灿如核，五色如霞，远者渐薄渐消。从康有为的描述来看所谓的霞云天，形状也是与银河系类似为漩涡圆盘状。因就现今天文学的研究结果看，银河系之外为众多河外星系，但就银河系和河外星系的关系看，他们之间并没有十分严密的系统以便组成一个更大的单位，所以银河系和河外星系的关系是松散的，可以统一称之为星系团，所以并没有康有为所说的作为一个统一的系统的霞云天的结构，也不可以如康有为所说诚为“他天之别一宇宙”。是故此处当是康有为依据古代星象学的名称，然后按照已经发现的星系的规律想象推测出来的。由此康有为进一步想象推测出诸天共有二百四十二天，并列出名称，分十九个大类，共二百四十二天，其中十九大天分别为：欲天、情天、色天、非色天、识天、非识天、非非识天、想天、非想天、非非想天、灵天、光天、清天、郁天、玄天、洞天、混天、太天、元天。康有为对此推测自言说：

> 欧人测天，至霞云天而极矣。法（此字疑误，当为“盖”字）古人不知有霞云天，则心目中、出（此字疑误）记中，皆无霞云天也，而今有矣。然则为今人未能测者，霞云天之上必有天，又必有无量天，可推也。佛只言二十五天，道之十八天，皆极少数，吾今推之为二百四十二天，亦岂能尽哉？推至无尽，非笔墨心思所能尽也。姑以此推想，以寄大天无尽之一端焉。吾于此二百四十二天中，各发明其中天人国土繁植，尤吾尽也。其弘大奇诡，不可思议，议暂未能宣也，但以天名附于霞云天之后。①

从康有为这一段自叙中可见，所谓二百四十二天，确实是康有为想象推测出来的，而且他也说明他是从佛教之言二十五天，道教之言十八天推测出来的。而且他甚至还将这二百四十二天中

① 康有为：《诸天讲》，《康有为全集》第十二集，第83—84页。

国土人情都设想出来了，出于时机问题，他没有在文本中给出来，文本中只给出了二百四十二天的名称。从名称中看，可以很明显地看出他的确是参考了佛道二家的一些术语而发明出诸天名称，其中涉及佛教的诸天有如：焰摩天、忉利天，此二者俱在下欲天，康有为此处说焰摩天与忉利天的顺序不一样，佛教中以忉利天为欲界第二天，焰摩天为第三天，兜率天为第四天，而康有为这里说焰摩天上为忉利天，忉利天上为兜率天，或许是康有为记错了；兜率天在中欲天；化乐天、自化乐天、化自在天，此三天类似佛教中化乐天，他化自在天，此三天俱在下情天；福生天、不烦天、不恼天、广果天、广净天、遍净天俱在想天；华严天、无量净天、无量光明天、无量寿天、善见天、善现天俱在非想天，其中华严天当是从《华严经》华藏世界中化出，无量寿天但是从无量寿佛之西方极乐世界净土化出；另外如欲天、色天、识天、非识天、非非识天、想天、非想天、非非想天，与佛教中欲界天、色界天、识无边天、非想非非想天四天名称类似，当是由此四天推想而出。

康有为于后文亦专辟一章论说佛教所说诸天，分三十三天、二十八宿、日、月、寒暑、盈亏共六小节简单罗列佛教中涉及天文知识的内容。后于总结中批判佛教中说天文处与现代科学天文学有冲突之处，又指出佛教中所言之诸天只是在太阳系内，尚未到银河系，更不用说涉及康有为所推想出来的诸天了。所以康有为一方面说佛教天文知识似为荒诞：然以佛之大智，开口荒远，言无量数，能穷极诸天，层极数十，亦仅穷及日界。甚矣，人固甚愚，虽穷诞极夸，亦自有限，蕞尔而极小也。另一方面也指出：各教主生在古昔，未有精镜，谈天无有不误。吾敬诸圣，亦不欲多议。虽然不多议论，但康有为还是明确指出：盖佛所言世界以千增级者，不过随意拟议推算，非谓实也。所以康有为从学者角度认为佛之智慧亦有限：诸教主生于此微尘地球上称尊，不过比众生蠢蠢稍有智慧耳。诸教主亦一生物，智慧即有限，诸天之教主称尊于其球内者，百千万亿，如恒河沙数，不可思议，其智慧之高于吾地教主者，亦不可思议。然极智慧终亦有限。

4. 康有为诗歌中的诸天

康有为佛教诗歌中也大量涉及诸天，诸如：梵宫、焰摩天、兜率天、天宫、诸天、非非天（非想非非想天）、化乐天、善见天。除了总称天宫、梵宫、诸天等外，特指之各天在《诸天讲》中都涉及。佛教典籍中说诸天既指空间性的存在，也指居住在该空间中的有情众生，此两者紧密不可分离，尤其是色界天人，因为色界中的宫殿等空间性存在是色界天人所变现的，不可以先于或后于天人的存在而存在；又无色界就没有物质性的空间存在。但在康有为的理解中，尤其是其在《诸天讲》中结合现代天文学的观念来讲诸天的时候，诸天应当是物质性存在的，而且是先于天人而存在的，可以具有没有天人的诸天，如月球等。今但就侧重空间性存在的诸天而论，侧重于天人的诸天放置到后文论述众生分类中说明。康有为佛教诗歌中涉及诸天时，有总说，有分说。总说则为诸天、天宫、梵宫等，分说则是焰摩天、兜率天等诸天。康有为诗歌中运用诸天大多数是作为社会发展理想的譬喻而运用，类似于天国净土，但康有为不直接用佛教之极乐净土、或基督教之天堂，而是用诸天，这是因为他既要考虑到儒家人本于天的观念，也考虑到诸天天人是作为一个中介性质的过渡状态，而不是究竟状态，介于这两个考虑康有为描绘社会发展理想或者自己救世的就近目标时常用诸天天人来指代。

（1）总说诸天

康有为诗歌直接总说诸天的诗句相当众多。粗略统计约有24首，其中有的诗歌中多次重复用到诸天。在这24处诸天中侧重于空间性质的诸天有十首左右。在这些诗歌中，康有为常常以菩萨天人自诩，叙述其原本为菩萨为天人，曾经在诸天居住或游历过，因见到人间疾苦，故而悲愿发动，入世救苦，这是康有为佛教诗歌的基调，多成千篇一律的模式。如较早运用到诸天的诗歌，《示门人陈千秋随生，曹泰著伟、潘藻鉴镜涵》：

> 相轮示现历万亿，世界往来经八千。
> 偶入银云光大地，更骑金翅过诸天。①

前一首诗中以菩萨或天人自诩，叙述其在多劫之中示现化身，骑着金翅大鹏鸟，在诸天之间游历，偶然进入银云（当是指银河系），发现众生疾苦，于是就光芒照耀大地，入世救苦来了，《巴黎登汽球歌》中有四句说：

> 诸天世界多乐土，一星一界何殷繁。
> 礼乐文章皆特别，七宝绚烂生妙莲。②

这一首是在巴黎登热气球后所作诗，诗中描绘升入空间想象诸天世界的情形，诸天世界皆是乐土，一个星球就是一个世界，其中礼乐文章都和地球不一样，如同佛教中西方极乐世界一样，

① 康有为：《示门人陈千秋诸生，曹泰著伟、潘藻鉴镜涵》，《康有为全集》第十二集，第176页。

② 康有为：《巴黎登汽球歌》，《游法兰西诗》，《康有为全集》第十二集，第249页。

具有七宝，生出美妙的大莲花等等。这完全是以佛教净土中西方极乐世界的模本来想象诸天世界的形态，《与邱菽园论诗，跋卷尾三首》：

> 鸟啼花放知何世，水绕云阴自在行。
> 别有诸天千世界，化城无碍赶纵横。①

这一首诗歌较能代表康有为诸天思想，诗中说在地球之外别有诸天，这些诸天的性质如同《法华经》中所提及的化城。之所以提及化城，一方面固然是从教化的角度来说，诸教主以净土天堂等来诱导众生；另一方面重要的是化城在《法华经》中是指代二乘法，是为了到达一乘正法之究竟佛乘的中间状态，是一个善巧方便法门。从这个说明中是可以看出康有为论说诸天、天人、大同等理想其实都是就适宜方便而建立的中间状态，并非究竟境界，也就是说康有为讲述理想特别重视次第，其说诸天即是化城，即是中间状态，过渡阶段。

（2）总说天宫

康有为佛教诗歌中总说天宫，多于地狱联用，以突出地狱即天宫，天宫即地狱的即心即佛的思想，这一思想的会通意义，即为说地球人本即是天人，人本于天，即有天性仁心，由此与儒家天人之说会通；其实践意义即突出世间即可以是天宫净土，不必逃避遁世而求净土天堂，是则当在世入世实践，由此侧重儒家之入世精神。

《久不见菽园，以诗代书》：

---

① 康有为：《与邱菽园论诗，跋卷尾三首》，《康有为全集》第十二集，第 317 页。

地狱天宫皆净土，华严流转现刹那。

如是南华真实境，浩浩天风吹大罗。①

《借居槟榔屿绝顶英督署避暑，山趾至巅十余里，磴道单盘，兵垒环之，俯瞰山海，花木深闷，嘘吸云气，自奔亡后居此最适矣》：

纵浪听大化，地狱亦天宫。

妙境既清绝，峭崖罕人踪。②

《题梁任甫所藏唐人写维摩诘经》：

神游诸天身入尘，地狱天宫亦何分。③

此三首诗歌都说地狱天宫无差别、皆净土。第一首中还指出华严净土与刹那示现平等一如；第三首中说明地狱天宫之所以无有差别，是因为康有为本身以天人自诩，其身入尘世的目的也是为了将地狱改造成天宫，所以对于他自身而言，地狱天宫无有分别，皆可乐住，皆是游历，不生悲喜差别。但这也不是说地狱天宫完全没有差别，说起无差别只不过是就本体上而言，也是就天人之居住时心境而言，但实际地狱天宫还是有差别的，所以入地狱当发悲智以求拯救地狱众生。

《开岁忽六十篇》中说：

---

① 康有为：《久不见菽园，以诗代书》，《康有为全集》第十二集，第206页。

② 康有为：《借居槟榔屿绝顶英督署避暑，山趾至巅十余里，磴道单盘，兵垒环之，俯瞰山海，花木深闷，嘘吸云气，自奔亡后居此最适矣》，《康有为全集》第十二集，第215页。

③ 康有为：《题梁任甫所藏唐人写维摩诘经》，《康有为全集》第十二集，第321页。

天宫游汗漫，地狱入恻悱。
岂敢惮患难，但发吾悲智。①

诗中悲愿入世救苦的志愿一如既往。

(3) 梵宫

康有为早期还用过梵宫这一词汇，但梵宫究竟是指梵天之宫室，还是指具有印度或佛教色彩的宫室，并没有明确区分，且用梵宫之佛教诗歌甚为少见，多用来指代楼阁：

《癸亥二月住海门舟中》：

清净鏊岩来佛土，参差楼阁尽梵宫。
不登彼岸体怊怅，逝水伤怀住坏空。②

从诗歌中言佛土、彼岸、坏空等词语来看，梵宫当与佛教关系紧密，佛土对梵宫，是故梵宫当是指佛国净土，而非仅是印度色彩的楼阁。从而梵宫即是康有为所谓诸天理想的别称。

上三者为总说，下为分说，如说焰摩天。焰摩天为欲界第三天，在康有为《诸天讲》中焰摩天属于下欲天。康有为用焰摩天多是酬赠诗，赞叹他人为从焰摩天下凡入世之天人，又从焰摩而想象有光明火焰等瑞相。

《游西湖，馆钱塘县吴季清明府德潇署。季清神识清妙，深悟大证，哲子铁樵中道奄逝。行时索诗，赋此》：

君从睒摩天，来领莲花界。

---

① 康有为：《开岁忽六十篇》，《康有为全集》第十二集，第337页。
② 康有为：《癸亥二月住海门舟中》，《康有为全集》第十二集，第353页。

偶现宰官身，苍生知所赖。①

《辛酉七月祝徐君勉五十寿》：

金精正芒寒，本自焰摩发。
独立放光明，照耀争白日。②

前一首中赞叹吴季清为从焰摩天入世之天人化身为官员，其人是苍生之所赖，即言吴氏为天人示现入世救苦。后一首诗意类似，唯突出了焰摩天人的光芒耀人，譬喻徐君勉人格魅力光彩照人而已。

此说兜率天，兜率天为欲界第四天，补处菩萨所在之天，弥勒菩萨亦在兜率天之内院。康有为用兜率天似乎并无特别用意，只是一般性地替代诸天而用。

《漓江杂咏》：

峭壁千峰摩顶圆，净无尘土立风烟。
崚嶒倒影晴江上，疑是身游兜率天。③

《金光梦词》中说：

命终生兜率，示现见兹例。
人间共七年，天上七日耳。④

两首中皆有游历兜率天的含义，后一首为悼念亡妾之作，故赞叹亡妾何旃理死后往生兜率天宫，则是暗示亡妾本为天女。

① 康有为：《游西湖，馆钱塘县吴季清明府德潇署。季清神识清妙，深悟大证，哲子铁樵中道奄逝。行时索诗，赋此》，《康有为全集》第十二集，第174页。

② 康有为：《辛酉七月祝徐君勉五十寿》，《康有为全集》第十二集，第347页。

③ 康有为：《漓江杂咏》，《康有为全集》第十二集，第180页。

④ 康有为：《金光梦词》，《康有为全集》第十二集，第376页。

再说化乐天，化乐天为欲界第五天，以其天人为化人，以化人而享受娱乐，故名化乐天。康有为运用化乐天仍然没有特别用意。

《癸亥四月游北戴河，偕叔玑婿同游，写与》：

> 暮卷涛声看海浴，朝飞霞翠挹山妍。
> 东山月出西山雨，士女娇游化乐天。①

《金光梦词》中说：

> 他化与焰摩，下降偶游戏。
> 妙光及化乐，上腾还剪记。②

第二首仍旧是悼念亡妾之诗，诗中广泛提及他化自在天，焰摩天、妙光天、化乐天，无非广作铺陈譬喻亡妾堪为天人而已。

另如非想非非想天、善见天，康有为都曾运用，但都是一般性地替代诸天而运用，并无特别用意。

（4）诸界

从空间的角度对世界进行分类描绘可以从微观的极微构成上进行，也可以从宏观的三界诸天的角度进行，除此之外还可以从界的角度进行。所谓界即是集合的界限，集合以有情众生为基础而组织形成。所以形成有界限的集合即是依据同类的原则形成有情众生的极限。康有为从界的角度对世界进行分类描绘是介于纯粹空间性的分类和有情众生的组织分类之间，可以说即是群体的范畴。界，有时又称之为门，康有为建立界或门，主要用来处理

① 康有为：《癸亥四月游北戴河，偕叔玑婿同游，写与》，《康有为全集》第十二集，第411页。

② 康有为：《金光梦词》，《康有为全集》第十二集，第376页。

群体的治理问题，类似今日所言的社会群体的治理。这一思想主要反映在康有为两部著作中：《实理公法全书》和《大同书》。这两部著作代表了康有为全体人类学的研究意趣。

康有为此种学术意趣为我国传统思想文化与近现代思想文化转化时期的一种表现，因为国门打开，学术思想文化的视野也就随即得以开拓，如何整体地思考中国传统思想文化，它在全人类的思想文化中占有什么的地位等问题，必定是当时众多开明知识分子反复思考的问题。以全人类为基础，整理思想文化学术等，从中妥善地安排中国传统思想文化的位置，则成为当时开明知识分子的思想趋向。康有为、梁启超、谭嗣同都有此种思想意趣。

《万身公法书籍目录提要》揭示出康有为进行此种思考的尝试角度。在进行此种大全思想的思考中，首要的问题是如何从传统思想文化中找到适合建立全体思想文化的范畴，将之与西学中类似的范畴加以汇通整合。《万身公法书籍目录提要》中展示了多个角度，如书籍目录提要这一题目即揭示出康有为企图从目录学的角度，想通过学术书籍目录整理的角度进行整合；又如“公法会通”一小节，揭示出康有为企图从公法以及会通的角度进行整合；实理一词揭示康有为欲从理的角度进行整合；另还有欲从历史、学案的角度进行整合的尝试。整体地看该提要，康有为考虑到目录学、法、理、史四个方面，前三者为横向，后一者为纵向，纵向的考虑较为简便，即是历史，因为时间维度是单一的；但整体历史的书写仍然必须建立在横向分类的基础上，因为同一时间点所发生的事件众多，历史书写不可能同时书写。是故问题的关键仍在于横向的分类。那么横向分类中理法二者就抽象程度上而言，显现出较为简便的性质。康有为考虑理法时，强调的是理法二者的互补，法在此为法制，即是人为的制度；而理康有为强调的则是祸福公理，是在“公法有时不及治”的情况下发挥补助的作用，实际即是人为之外的规律，此二者即康有为所谓义理、制度两端。这样即可看出，康有为所暗含的全体人类学的实质当是人类发展之规律，这一规律可以与西学中进化论、佛教中净土思想、儒家大同说三世说相互会通起来。如此的社会发展规律的思想意趣其实仍是历史性的考察，从中企图达到的是如何正确地瞻望当时中国的未来命运，尤其是在国难深重之际，此种思想愈加迫切。康有为称这种思想意趣为“演大同之义”。

《实理公法全书》中开出十门：夫妇门、父母子女门、师弟门、君臣门、长幼门、朋友门、礼仪门、刑罚门、教事门、治事门。前六门为人际关系门类，为人；后四门为管理制度门类，为事。后四门皆两两相对，礼仪与刑罚相对，教事治事相对。教事即是针对义理，治事针对制度。十门建立明显从儒家修身治国平天下之次第而来，前六主人际关系，出于儒家宗法人伦体系；礼仪与刑罚，分顺逆二者，顺者行合礼仪，逆者付诸刑罚；教治二者统一成立教而治。

《大同书》中依天干十支分列十界，其中一入九去，分列如下：

入世界观众苦
去国界合大地
去阶界平民族
去种界同人类
去形界保独立
去家界为天民

去产界公生业

去乱界治太平

去类界爱众生

去苦界至极乐

总的来说，康有为建立诸界仍然是凑足十界，以求在数目上圆满。这种追求源于儒佛经典，如《春秋繁露》中论述十端，又如《华严经》中描绘十方世界。《大同书》中的十界不同于《实理公法全书》中的十门，《实理公法全书》中的十门仍然处于儒家传统宗法制度的分类之中，而《大同书》中的十界更加接近现代西学的分类；十门分类的标准不一，分人事二类，而十界分类则稍稍统一，以人群组织性质而统一分类标准。十门分类的思路是建立在随顺本体而从上往下的结构，十界分类则建立在逆反去除的反向顺序中。十界建立以大同世界为终极目标，通过逐步破除小界限而会通到大界限的方式，企图最终达到大同极乐世界。这一方式之实质是扩充不忍仁心的次第。十界的建立明显受到佛教十方世界以及修行次第的影响，但并不完全依据佛教义理，同时也参考西学范畴，将这两者与儒家思想相结合。

二　众生的类别

对世界的分类说明，无论是按照微观的气之构成、宏观的诸天，还是就人群组织的界来分类说明，其基础都是以居住于该空间中的有情众生。所以在论述空间性分布的时候即已经涉及该空间中的有情众生，尤其是诸天说和界限说。康有为论述世界的空间分布其主旨要么是从世界的构成上论述儒家的心性本体，要么是从居住空间的次第改变论述儒家修道的次第。

康有为在其佛教诗歌中形象地描绘了各空间中有情众生的情况，这种描绘往往具有譬喻色彩。康有为佛教诗歌中常提及依据佛教而有的有情众生有诸天、龙、蛇等。

康有为论述诸天主旨并不在于科学研究，也无关于佛教之法相研究，而是借助天文学和佛学知识辗转论证说明其儒家之天人学说：其说世界的微观构成是为了说明儒家之天元气之宇宙生成论及心性本体论；其说宏观诸天即是为了说明儒家之人本于天之义理，同时也指出其救世之理想也是以天人为目标。康有为佛教诗歌中也有大量涉及诸天的诗句，其中诸天既有指代空间性的天界之义，也有指代此天中所住有情众生的含义，此二义在佛教中本不可分，因为色界天中天人所住宫殿即是该天人所变现，而非先于天人即存在，是故论述诸天之空间性的同时实际也即是论述该天之有情众生。康有为佛教诗歌中涉及诸天的词语有：梵宫、焰摩天、兜率天、天宫、诸天、非非天（非想非非想天）、化乐天、善见天。除了总称天宫、梵宫、诸天等外，特指之各天在《诸天讲》中都涉及。康有为于诗歌中运用到诸天，仍与其天人学说及理想是紧密相连。

（一）总说诸天的诗歌

诸天在康有为的诗歌既指空间性的诸天，也指诸天中所居住的有情众生，其说诸天是从起天人说思想出发，强调的是诸天的天人性质，所以用诸天来指代人物的时候，往往具有赞叹性质，也具有指示大同说的理想性质。光绪二十年（1894）康有为在《示任父、孺博及曾重伯翰林》一诗中首次运用到诸天：

　　三千劫里横金翅，二六时中看白牛。

终日散花忘结习。诸天闻乐少淹留。①

该诗也是康有为正式以劫才表述其历劫救世思想的首篇。诗中所说诸天在这里特指其弟子，如题中所言梁启超等。以诸天譬喻弟子，而以维摩诘自诩，以天女散花譬喻、维摩诘讲法譬喻自己讲学之事，实际即是以菩萨入世救苦自诩，譬喻自己悲愿入世救苦的志向。诸天的运用多和《维摩诘经》中的天女想联系而用：

《华首台》：

青山若现庄严相，白水时闻清净音。
尽日孤青常说法，诸天华雨万重深。②

《与幼博弟再游罗浮，先至华首台》：

蝙蝠不来胡蝶飞，诸天花雨长霏霏。
华鬘会上散珠玑，半月龛中孤坐微。③

《吾新村居灵洲山西，童时来游，辄拟小隐。廿年南北，未成山居，每有希文圭峰月下之叹。自强学会散而归，丙申三月偕幼博及群季游金山，寺僧出纸索书，写与》：

大海潮来龙听法，诸天花散佛闻因。
灵洲山色还清净，坐数风帆过几巡。④

---

① 康有为：《示任父、孺博及曾重伯翰林》，《康有为全集》第十二集，第172页。

② 康有为：《华首台》，《康有为全集》第十二集，第178页。

③ 康有为：《与幼博弟再游罗浮，先至华首台》，《康有为全集》第十二集，第179页。

④ 康有为：《吾新村居灵洲山西，童时来游，辄拟小隐。廿年南北，未成山居，每有希文圭峰月下之叹。自强学会散而归，丙申三月偕幼博及群季游金山，寺僧出纸索书，写与》，《康有为全集》第十二集，第183页。

《将至桂林，望诸石峰》：

> 方员纵横间尖曲，如植杖笏覆瓶盂。
> 晓日穿云射峰影，诸天旌盖落清都。[①]

《己酉除夕前二日，酬梁任公弟寄诗并电问疾，六章》中说：

> 胜驾诸天散众香，旧乡临睨故回翔。
> 斯文坠地道将丧，大浸稽天旡可伤。[②]

《赠乙盦尚书四章》中说：

> 诸天出入四飞扬，国土熏闻想众香。
> 下界梦回惊蚁斗，宰官身现看鸾翔。[③]

《金光梦词》中说：

> 诸天多天女，岂卿能自记。
> 金光别世界，或彼佛来暨。[④]

这几首中诸天都是和花雨联用，也和说法讲法结合在一起，当是运用《维摩诘经》中维摩诘说法，天女散花的典故来以菩萨自诩譬喻自己悲愿入世救苦，以讲学说法教导众弟子而救世的方法。后三首中诸天和众香联用，仍然是典出《维摩诘经》中香积国的典故，从而诗中的主旨仍然是以维摩诘菩萨自诩，譬喻

① 康有为：《将至桂林，望诸石峰》，《康有为全集》第十二集，第 185 页。
② 康有为：《己酉除夕前二日，酬梁任公弟寄诗并电问疾，六章》，《康有为全集》第十二集，第 315 页。
③ 康有为：《赠乙盦尚书四章》，《康有为全集》第十二集，第 341 页。
④ 康有为：《金光梦词》，《康有为全集》第十二集，第 376 页。

自己以讲学为方式的悲愿入世救苦的志愿。最后一首是纪念侍妾的诗歌，诗中诸天和天女联用，既以天女譬喻亡妾，同时又以维摩诘暗喻自己。

戊戌变法失败之后，康有为开始流亡海外，进而其遍游欧美，在旅途中康有为留下了大量诗歌和游记。在这些诗文之中康有为常用诸天来譬喻欧美国家，因为在当时的康有为看来欧美国家代表着先进国家，相比较于落后的中国，那么落后的中国就如同五浊世间，而现今的欧美国家就类似于诸天胜境了。

《巴黎登汽球歌》中说：

> 或者已渡东亚海，临睨禹域为潸然。
> 或者以我恶浊世，突出诸天之外焉！
>
> 诸天世界多乐土，一星一界何殷繁。
> 礼乐文章皆特别，七宝绚烂生妙莲。①

《入墨国境》中说：

> 政俗诡奇文野见，榛荒开辟古今遒。
> 诸天未历吾犹憾，老子娑婆纳地球。②

诗中诸天实指的是所游历的欧美诸国，但也可以看作是康有为理想中的诸天世界。

另外还有直接以诸天譬喻自己的诗歌：

《薇，璧二女别，以母张氏夫人逝世来沪奔丧，送葬于茅

---

① 康有为：《巴黎登汽球歌》，《游法兰西诗》，《康有为全集》第十二集，第249页。

② 康有为：《入墨国境》，《康有为全集》第十二集，第269页。

山。事讫分散，以七月十八日同行。会少离多，又有家国存亡之感，老夫虽有天游之学，亦复凄黯不可为怀。同游半淞园拓影，得诗四章送之》中说：

> 频来读画不能得，此别游园强作欢。
> 我本诸天自超度，死生契阔感盘桓。①

《丁卯二月五日，七十览揆，承恩赐寿。纪事述怀七章》：

> 易终未济仍无闷，书创大同谁见知？
> 无量诸天八千返，众生不救欲何之。②

《乙丑十月三日，散原道兄冒雨来一天园赏菊，饮酒话旧，及晚冒雨归，不及留。丧夫人及冢嗣师曾，今多年矣，余哀未已，不作。故有以解之》：

> 伤魂能令聪明灭，问道应知天地宽。
> 丧死有期哀必节，诸天食喜望加餐。③

第一首中明确地说我本诸天，第二首中说诸天轮回，其志愿仍是救众生，最后一首中自勉励人说应当努力加餐，看破生死，最终仍是要保持充足的条件以便入世救众生。

---

① 康有为：《薇、璧二女久别，以母张氏夫人逝世来沪奔丧，送葬于茅山。事讫分散，以七月十八日同行。会少离多，又有家国存亡之感，老夫虽有天游之学，亦复凄黯不可为怀。同游半淞园拓影，得诗四章送之》，《康有为全集》第十二集，第 348 页。

② 康有为：《丁卯二月五日，七十览揆，承恩赐寿。纪事述怀七章》第五，《康有为全集》第十二集，第 365 页。

③ 康有为：《乙丑十月三日，散原道兄冒雨来一天园赏菊，饮酒话旧，及晚冒雨归，不及留。丧夫人及冢嗣师曾，今多年矣，余哀未已，不作。故有以解之》第五，《康有为全集》第十二集，第 381 页。

总结而言，康有为佛教诗歌中运用诸天且侧重指代诸天有情之天人时，多是从譬喻的角度或是自诩或者赞叹他人，以自己或他人为诸天天人，历劫游历诸天，后或偶然或悲愿入世而救世疾苦；有时也以诸天天人来指代人类当努力的理想状态，即是天人。

（二）康有为佛教诗歌中的旁生

康有为佛教诗歌中常用的旁生类有情众生为龙、蛇、金翅大鹏鸟，这三类也是佛典中常见的旁生类有情。康有为运用龙蛇等意向具有譬喻象征色彩。龙或金翅鸟通常用来譬喻社会精英、代表进步的改良派等进步人士，而蛇甚至蚊虫等，则象征着落后保守阻碍社会进步和改良的保守主义者。

早在康有为年少读书之际，康有为的诗歌中就已经涉及龙蛇等佛典此句。如《秋登越王台》：

> 混混蛇龙最可哀。①

《送张十六翰林延秋先生还京》第二首云：

> 家在故乡仍是客，身留一发不如僧。
> 天涯我动龙蛇感，秋雨相过共一灯。②

此两首诗差不多同一时期所作，诗中龙蛇并用，即是指人群中优劣共存之平庸状。此是龙蛇意象的象征意味并不浓烈，也没有特别的分别譬喻。

《题黄仲弢编修〈龙女行云图〉》：

---

① 康有为：《秋登越王台》，《康有为全集》第十二集，第 143 页。
② 康有为：《送张十六翰林延秋先生还京》，《康有为全集》第十二集，第 144 页。

风鬟雾鬓现天人，下界骑龙转法轮。
不嫁娉婷真可惜，空将云雨泣乾坤。①

这一首中为题画诗，因画中即是龙女骑龙，所以诗中也就直接言明龙女骑龙传法的状况。此诗为第一次龙蛇分开使用，且独用龙做意象，但没有象征意味。

《示任甫》：

神鬼天龙日夜围，时时说法万花飞。
金轮千转相不动，紫府灯光宝焰微。②

《示孺博》：

万花飞舞妙音天，大醉骑龙过日边。
未解吞针尽一钵，还应面壁度千年。③

仍旧要到光绪二十年，即 1884 年，康有为首次正式运用历劫母题作诗抒发悲愿入世救苦情怀的时候，才可以看到康有为诗中成熟的运用龙的意象来做譬喻象征。第一首中神鬼天龙是譬喻弟子，同时也是护法的譬喻，而诗中作者是自诩为维摩诘菩萨的，所以诗句中说说法时有万花飞，即是用维摩诘说法，天女散花的典故。第二首同样用天女散花的典故，但是骑龙过日边，当是化用《法华经》中龙女的典故。后文吞针用鸠摩罗什的典故，面壁用达磨祖师的典故。此四句句句用典，所扣住的主题即是自诩菩萨祖师大德等，抒发悲愿入世救苦之宏愿。

---

① 康有为：《题黄仲弢编修〈龙女行云图〉》，《康有为全集》第十二集，第 155 页。

② 康有为：《示任甫》，《康有为全集》第十二集，第 172 页。

③ 康有为：《示孺博》，《康有为全集》第十二集，第 172 页。

以神鬼天龙为护法后成为康有为常用的诗歌意象，另如：

《将至桂林，望诸石峰》：

> 灵山大会天龙鬼，狮象夜叉集众徒。
> 而我游戏于其间，说法纷纷点头颅。①

《旧作诗奔亡多佚，门人梁任公请搜刻之，凡得千余篇，题辞》：

> 教宗国土纷劳尔，神鬼天龙可护之。
> 终是多情乐激妙，妙音天上感心脾。②

前诗中天龙鬼以及狮象夜叉等集中到灵山听法，说法者即是康有为自诩之佛陀，而听法者即被譬喻为天龙鬼兽的众弟子；第二首中说家国宗教等有神鬼天龙等护法护持，由题目可知，此处神鬼天龙等护法即是赞叹梁启超等弟子。

另金翅鸟也被康有为用来譬喻英雄式的人物或维新变法的进步人士等：

《示门人陈千秋随生，曹泰著伟、潘藻鉴镜涵，三子者，皆学道勇猛、证澈生死者。兼示韩云台》：

> 相轮示现历万亿，世界往来经八千。
> 偶入银云光大地，更骑金翅过诸天。③

《示任父、孺博及曾重伯翰林》：

---

① 康有为：《将至桂林，望诸石峰》，《康有为全集》第十二集，第185页。

② 康有为：《旧作诗奔亡多佚，门人梁任公请搜刻之，凡得千余篇，题辞》，《康有为全集》第十二集，第366页。

③ 康有为：《示门人陈千秋随生，曹泰著伟、潘藻鉴镜涵，三子者，皆学道勇猛、证澈生死者。兼示韩云台》，《康有为全集》第十二集，第176页。

三千劫里横金翅，二六时中看白牛。
终日散花忘结习。诸天闻乐少淹留。①

《故四品卿衔军机章京参预新政候补知府谭君嗣同》：

大哉仁学书，勃窣天为惊！
金翅来大鹏，溟海掣长鲸。②

这些诗句中金翅即金翅大鹏鸟，在此都是譬喻诗中所赞叹的对象，如康有为门人弟子，如谭嗣同等，譬喻性质与以神鬼天龙譬喻弟子一样。

戊戌变法前后，康有为因感慨于维新保守两派之斗争，而重启龙蛇意象做譬喻：

《寄赠王幼霞侍御》：

修罗龙战几何时，王母重开善见池。
金翅食龙四海水，女床栖凤万年枝。③

此诗含义晦涩，当是讽刺慈禧重新执政之义。诗中修罗与龙的战争，即是譬喻保守派与维新派之斗争，诗中王母、女床皆是譬喻慈禧重新掌权之义；诗中金翅吃龙，当是暗喻保守派迫害维新派人士之义。故而龙是譬喻维新进步人士，修罗、金翅鸟等则是譬喻保守派之爪牙。

此诗开创龙与其他旁生斗争的譬喻母题，与一金翅食龙的譬喻母题，此后康有为反复运用这两个譬喻母题，其所传达的含义

① 康有为：《示任父、孺博及曾重伯翰林》，《康有为全集》第十二集，第172页。
② 康有为：《故四品卿衔军机章京参预新政候补知府谭君嗣同》《六哀诗》，《康有为全集》第十二集，第218页。
③ 康有为：《寄赠王幼霞侍御》，《康有为全集》第十二集，第184页。

皆类似，如《居香港，英辅政司骆乞通华文，能论中国事，频来慰问，请茶会，索诗。港督卜君存问殷殷，派警士廿人保卫，夫人赠画。感谢并呈》：

> 风云激惨澹，天地有倾缺。
> 金翅食龙子，海渡翻沸潏。
> ……
> 扫除二千年，秕政一旦脱。
> 龙漦流大庭，兵气缠宫阙。
> 尧台痛幽囚，党狱惨流血。
> 龙蛇斗仓皇，蝼蚁命轻绝。①

《久不见萩园，以诗代书》：

> 长天一月夜来曛，龙蛇斗血海生波。
> 鼠啮犬吠有摇机，鸟鸣花放独婆娑。②

《游美国诗》之第一首：

> 龙战于今血未分，十年国事不堪闻。
> 太阴入黑磨雷电，旭日升天曀雾云。③

第一首诗十分集中地描写戊戌变法失败，光绪被慈禧囚禁等事，诗中龙子譬喻光绪帝，而金翅则相应地成了慈禧的象征，

---

① 康有为：《居香港，英辅政司骆乞通华文，能论中国事，频来慰问，请茶会，索诗。港督卜君存问殷殷，派警士廿人保卫，夫人赠画。感谢并呈》，《康有为全集》第十二集，第200页。

② 康有为：《久不见萩园，以诗代书》，《康有为全集》第十二集，第206页。

③ 康有为：《美中文明诗社以诗来乞评定，因择其佳句凑诗七章》，《游美国诗》，《康有为全集》第十二集，第263页。

“瀛台痛幽囚”一句暗指光绪被囚禁，“龙蛇斗仓皇”譬喻新旧两派之斗争。后两首皆以龙蛇之战譬喻新旧两党之争。

另外康有为佛教诗歌中也常用蚊虫、老鼠、狗等旁生意象来譬喻保守派之爪牙，如上第二首诗中说：鼠啮犬吠有摇机；又如《即事有感》：

> 求仙采药久蹉跎，普度深惭过爱河。
> 炉火冲天丹未就，蚊虫下界扰何多。①

此诗中下界蚊虫过多，即是指保守力量过于强大，而进步力量的仙丹却还没有炼成功，也就是力量未曾积蓄强大之义。

此处论康有为对众生类别的区分，主要依据诗歌中譬喻而有，因诗歌中借助譬喻而多于佛教色彩，又其中具有强烈对比色彩，诸天与旁生、龙对蛇虫等即是维新人士与保守人士之对比。另康有为诸多著作中也有非诗歌譬喻性的对众生种类之分别，如《大同书》中对男女性别、人种肤色、种族等区分研究，此诸种众生分别虽并无明确佛教色彩，但实际已含摄于佛教义理之中，但此诸种区分特为实际运用之故，故而此处但提及而暂不作具体分析。

三　世界之苦

萧公权《康有为思想研究》中评述康有为佛教思想论苦时说，康有为论苦之根源为社会制度，而佛教论苦之根源为人欲；

① 康有为：《即事有感》，《康有为全集》第十二集，第212页。

又说佛教解脱方法是去人欲，康有为之方法却是改制满足人欲[①]。张朋园和张灏，乃至汪荣祖皆特别指出康有为好欲之思想，尤其见于《大同书》中。但萧公权此说未免肤浅。康有为《大同书》中论苦之根源是界限之说，此界限之说浅可说为制度性，深则可推进到我执分别等之界限。执其浅而责其不深，并未汇通之说。二张一汪多有师承偏见，未能公允。康有为对在世界中存在之苦的描绘可以从两个方面加以说明：一是普遍的苦，二是特殊的苦。所谓普遍的苦，即康有为认为世界的存在具有一定的规律，此规律是指一种发展序列。这种序列可以从多角度来阐述：如从儒家的思想观念来说明，这种序列之根本即是仁心扩充推度的次第，反映在实际历史上就可以说成为三世说，经由据乱到达升平最后到达太平，这是总的粗略的三世，三世可以重叠演变成无量层次的三世；从儒家的思想观念还可以说是小康和大同，经有小康到大同，当然在小康之前也是乱世。对三世演变的说明前文已经详细说明，此处不说。如果从佛教的角度来阐释，康有为比较侧重于渐修的次第，如从凡夫到声闻到菩萨最后到佛，或直接就大乘而言，从凡夫到初发意菩萨，到大菩萨，最后到达佛；也可以说从凡夫到达天人最后经由天人再到达佛；或者从空间上说明，从人间凡夫达到化城或各种佛国净土，在化城或净土中继续修行最终达到佛境。如果从西学的角度来看，康有为会认为此种发展序列即是进化论，康有为所理解的进化论即应当与孔子所描述的三世相汇通；又或者从西方科学的天文学的角度来看，康有为也认为此种序列可以是从地球人达到诸天人如太阳

---

① 萧公权著、汪荣祖译：《康有为思想研究》，台北：联经出版事业公司，1988 年。(该书原著出版于 1974 年)

系、进而银河系，进而到霞云天，天人比地球人有更多的享乐，包括物质和精神两方面。康有为的全部思想几乎都是用来说明世界演变、社会历史发展的这种序列，而在此序列中他又特别强调处于中间状态的世界、社会历史发展形态。那么这种处于中间状态的发展形态如果比起初级阶段来，固然是有巨大的进步，但是比起究竟终极的境界来说，又具有极大的不足和局限。这就如同康有为论说人性之善一样，人性之普遍善，比起禽兽之善，固然是善于禽兽之善，从此比较中可以说人性之善可以称赞；但以人人皆有之普遍人性之善比起圣人之善，则普遍之善又具有极大的局限，如其只能爱及亲友，不能逆反一己私利而扩充仁心到达同类之外，进而到达爱禽兽、爱天地万物的圣人境界，从这样的比较来说，普遍之善也可以称之为未曾善。由此类比则可知，康有为所说普遍之苦即是宇宙世界、社会历史发展过程中，处于那必经的中间阶段时，相对于更高的阶段境界而言所具有的不足与局限。因为这种苦就发展而言是无法避免的，因为次第不可猝然逾越，是故次第之苦不可避免，正因为不可避免，故而是普遍固有的苦。康有为在《大同书》中通过去九届而论及的各种苦即是此种普遍固有之苦。而所谓特殊之苦，是指人为原因，不能够遵循宇宙世界、社会历史的演变秩序，或慢于次第，或快于次第，并且固执于此种过犹不及的状态中，产生了极大的灾难性后果，这种苦即是特殊的苦。特殊的苦并非没有原因，原因很繁杂，即有过去世的原因，即业报等；也有现在世的原因，如教化、情智等等方面条件的不足，视野上的不足等等，进而导致不能正确地判断自身所处的阶段，有的或许能够判断自身所出的阶段，但却不能按照所处阶段所需的方法来配合增进社会历史的发展。从根本上说，阻碍或冒进社会历史之发展次第的根本原因仍然是人之心性本体没有能够借助智的力量，有效地扩充仁心，而是相反地陷入一己私欲之中，为过于狭小的界限所限制，将全部情智能力都用于满足过于狭小的界限群体或利益中，从而间接地导致了阻碍或冒进社会历史的正常有序的发展进程。在康有为的论述中特殊之苦多为保守守旧派及其行为言论，也涉及一些激进革命派，其所带来的特殊之苦，在康有为看来即是冒进之苦。不管是普遍的苦，还是特殊的苦，康有为论述世界之苦的时候，都是侧重于说此世间，甚至就是当是那个时代的苦病等局限与不足，也只有是言说当下之苦才具有实践意义。不然，则在到达终极目标之前的每一个阶段都是有苦的，有局限的，在还没有到达那个阶段的时候，频繁地言说那个阶段的苦，只会障碍人们进入那个新的阶段，而不会有引导的实践效果，而对于过去的苦的言说也同样没有意义，既然已经过去了，言说它之苦乐已然无有意义，除非是建立在忆苦思甜的纪念意义上，而纪念意义最终也是为了促进人们珍惜当下之乐，克服当下之苦，追求未来之乐。所以终究而言，言说世界之苦，适当的方式即是言说当下之苦，由此促进并帮助人们找到克制消除当下之苦的道路，即是适宜的救世修道之法。康有为言说世界之苦也是侧重言说当下之苦。

（一）普遍之苦

在《大同书》之前，康有为就已经涉及论述世间的普遍之苦；况且《大同书》中的思想早在其正式成书之前就已经处于构思甚至草稿阶段。那么论述世间普遍之苦的观念亦当早在《大同书》正式成书之前。但是就目前全集来看，《大同书》正式成书之前，又确实没有任何著作哪怕是讲义口说之类明确而系统地以苦来论述此世间相对于理想目标的局限性。而诗歌中倒是有较明确的运用，但是诗歌中的运用限于体裁问题，一方面多运用意象来譬喻，另一方面诗歌中言说到苦也比较粗略，而不可能像《大同书》中阐述得那么详尽细致。由此而可以推测得到的是：一为论说此世间普遍之苦，对于构思大同理想可能并不是最核心最艰难的部分，所以并不需要酝酿太久的时间，也就无须将其推得过早，很有可能在《大同书》正式成书的前后几年内康有为将之系统思考并以苦的名义梳理出来。二是早期虽然没有正式地以苦的名义论说世间之苦，但从别的范畴中还是可以发现早年论苦的痕迹。三是《大同书》带有强烈的佛教净土色彩，那么以苦的名义而论说世间众苦，并将之纳于入世界观众苦的名义之下，也是明显地受到《华严经》中入法界品的经品题目影响；另观众苦，也同样是佛教常说的观察世间苦空无常无我。如此论述在于指出，因为《大同书》中论说世间普遍众苦是带有极强佛教义理色彩，而康有为历来写文章都是阳儒阴佛之风格，所以在《大同书》正式成书之前没有发现明确以苦之名义论说世间众苦的痕迹，并非说明康有为没有思考酝酿此观念，而是出于其明确的佛教色彩，康有为并没有过多地形诸文字。

康有为早期论述世间普遍之苦，有五个角度。第一个角度是从整体义理上说明，《康子内外篇》中康有为设“未济”篇于第二篇，于该篇中康有为认为儒家《易》终以“未济”卦，含义深刻。其含义有二：一者成与毁有相待相成之理，故而若成终究亦有毁，有毁亦有新建立乃至于有成，从而整体看来是未济；二者有实践上的意义，如果不遵循未济的深刻意蕴，那么“躁者不知察此，急于一时，以赴事功”，即便成就，也于人之益无几。而圣人则不急于一时，知进退存亡之理。所以说未济之深刻含义即是遵循适宜的次第，既不障碍或落后，也不冒进或逾越。那么从这个意义上说，不察未济之急躁即是苦，又未济之中有各个阶段，是则每阶段其实亦有苦，但此苦为必然固有之苦，不可急躁冒进而欲除之，只可循序而进。康有为论说未济之义，所援借的佛教义理是依据《华严经》说八地菩萨，不舍诸有，随喜顺受，此即是说八地菩萨留惑润生，驻世普度之义，而非彻底无余涅槃。那么菩萨所不舍之诸有，就其本质而言仍是苦或苦种子。故而这里从援借的佛教义理处也可以看出康有为说未济即是言苦。二者就仁心为不忍之心来看，所谓不忍之心，其所不忍实即是苦。如《康子内外篇·不忍篇》中所描述不忍之境：疾病困之、境遇限之、少嬉老衰，功业不过千里，名声不过三千年，父子不相养，兄弟不相恤，终岁勤劳而无以为衣食，老翁无衣，孺子无裳，牛宫马磨，蓬首垢面，兄弟颠连困苦等等，一一皆是所不当忍、不能忍者，而诸所不忍者即是苦。《戊戌轮舟中绝笔书及戊午跋后》中再跋部分描绘亲身体验不忍之心时写道：吾姊妹少同游处，至亲爱妻以终身望我，其亲义报劳至矣。子女既来安之，习与相亲，其有痛苦呼号，岂能忍而置之。推之族人、乡人、邻人，见有颠连困苦者，亦复恻恻然不忍。又推之邑人、郡人、国人、大地百国人，见有颠连困苦者，亦复恻恻然不忍。又推之生物困苦者，亦复恻恻然不忍。方拿破仑杀欧人五百万，吾国不知，等于诸星。今则欧洲大战，每闻兵死，辄恻恻痛之。然则吾既心知诸星诸天之复有人物矣，其有困苦亦复恻恻然不忍。尽吾觉知之所及，即吾不忍之所及。此段中一路推度，由小及大，小到一身家亲，大到宇宙万物，见其颠连困苦皆有不忍，是故不忍之境，即是宇宙万物之颠连困苦。三者就仁心扩充上而言，所要超越之小界限即是苦，此义同上说不忍之心，其所推度中每一小界限相对于更大的界限而言，即是苦。四者从逆人情而成学上而论，所逆之人情即是苦。《长兴学记》中言：夫勉强为学，务在逆乎常纬。顺人之常，有耳、目、身体，则有声、色、起居之欲，非逆不能制也。顺人之常，有心思识想，则有私利隘近之患，非逆不能扩也。人之常俗，自贵相贱，人之常境，自善相高，造作论说，制成事业，与接为构，而目惑荧，而心洽就。此中所当逆者如耳目声色之欲，私利恶习等等，无一又不是苦，即《大同书》中所说人情之苦、人道之苦。最后就性出善恶而言，其中质朴之恶实即是苦。康有为论说性之善恶，前文已详尽论述，若就心性本体而言，性无善恶之别，但有善恶两端，实即是善恶之可能性；但若就后天发出而言，则有善恶之分，此善恶即是后天之习气。而其中所谓恶者即是陷入一己私利之中，不肯扩充仁心。《孟子微》中康有为从阴阳魂魄二者分辨善恶，其言：体魄之气，则贪。吾尝见狂疾之人，只知食色，不识母妻，是其魂尽去而魄犹存也。又言：人之生世，与接为构，莫非物也。借耳目为接物之官，即以耳目为化物之具。纷华遍印于我脑，嗜欲深移于我情，其始借以为欢娱，其后大生其爱恋，爱极生缠，缠极生习，爱缠辗转，熏习浓深。于是不能自主，甘为物役，舍身亡身以从之矣。此中言贪、狂疾、缠、习等皆是从佛教中援引，皆是烦恼心所法，即是苦谛，实即是苦。是故，总结而言，康有为在《大同书》正式成书之前，虽没有明确以苦来描绘世间普遍之苦，但却从其他方面广泛地论及了世间普遍之苦。

《大同书》中康有为系统而明确地论说此世间当下普遍之

苦。该书第一卷名为“入世界观众苦”，其绪言中详述康有为对当时世界之苦的深刻体验，如论战争之苦尤为深切。其言：

> 若夫民贼国争，杀人盈城，流血塞河，于万斯年，大剧惨瘥，呜呼痛哉，生民之祸烈而救之之无术也！人患无国，而有国之害如此哉？若夫烹羊宰牛，杀鸡屠豕，众生熙熙，与我同气，刳肠食肉，以寝以处，盖全世界皆忧患之世而已，普天下人皆忧患之人而已，普天下众生皆戕杀之众生而已。苍苍者天，厚厚者地，不过一大杀场大牢狱而已。①

此段描写，康有为极尽文学铺张之能事，读来令人触目惊心。《大同书》全书皆有赋体之铺陈特色，此种特色实际也是康有为从大乘佛典之铺陈华丽的文体风格中接收到的影响。此处康有为是总体而论世界普遍之苦，突出其中战争杀人之苦。但如果为了真正地拯救疾苦众生，康有为认为仅仅粗略地感叹世间之苦是不行的，他认为“既生乱世，目击苦道，而思有以救之，昧昧我思，其唯行大同太平之道哉”。为此又说：人道之苦无量数不可思议，因时因地，苦恼变矣，不可穷纪之，粗举起易见之大者。于是下分说世间普遍诸苦，其中共分六大类，共三十八苦。转列如下：

人生之苦七：投胎、夭折、废疾、蛮野、边地、奴婢、妇女

天灾之苦八：水旱饥荒、蝗虫、火焚、水灾、火山、屋坏、船沉、疫疠

人道之苦五：鳏寡、孤独、疾病无医、贫穷、卑贱

人治之苦五：刑狱、苛税、兵役、有国、有家

① 康有为：《大同书》，《康有为全集》第七集，第3—4页。

人情之苦八：愚蠢、仇怨、爱恋、牵累、劳苦、愿欲、压制、阶级

人所尊尚之苦五：富人、贵者、老寿、帝王、神圣仙佛。

康有为在《大同书》中所开列出来的六类三十八种苦，其分类未必如哲学般严谨周密，康有为自己也预先说明苦的数量是无量不可思议，又会因为时间地点的不同而变化，所以无法穷举，当然也就无法周密地分类，因为其是变动不居的。若不计较康有为分类之粗率，而就其分列诸苦而论，则可见其论述诸苦，以人所受之苦为主，并没有论及非人类之有情，其中言天灾者，也是就人而言之灾害。

论述人所受之苦，从人生说起，并不涉及生前死后，以一生为界限。其中前三者为客观之苦，非人力所能改变；中间二者为人为力量所能改变，人治就人群制度而言，人情是主要就人之个体而言；最后一大类与前五类不同，为特别分别的一类。前五类皆非人之主体，而是外在于人的可避免或不可避免的力量，而最后一类非客观存在之力量，而是所追求的力量，对于某一特定的个体而言是尚未实现的状态，但对于另一些个体而言则是已经实现了的状态。而这些状态之所以特别地提出来，只是因为这些状态在一般的认知中会被认为是快乐的，非苦的，那么特别地提出来是为了专门揭示出这些表面看上去是快乐幸福的状态其实仍旧是苦。所以总的来说诸苦分类的方法是从客观人为以及内外自他三个方面进行分类的，如前三苦为客观之苦，是自受苦，其中一三类为内苦，二类为外苦；四、五两类为人为之苦，第四类为外苦，第五类为内苦，两类皆自受苦；第六类为主观之苦，为内苦，为他受苦。

在此所列诸苦中需要特别注意者有四者：一为妇女之苦，后文中康有为专门论述了妇女所受之诸苦，康有为这一点带有极强的现代性；二、三为有国有家之苦，其是这两点也应当是人所尊尚之苦，因在一般的认知中家国二者也是人所尊尚的，也是被认为幸福安康快乐的。当康有为在后文去家去国两处专门论述家国之为界限所带来的苦；四为神圣仙佛之苦，尤其是其中论说佛之苦，从实际的论述中看，康有为并不是就佛之究竟境界而言苦，而是就世俗眼光看待成佛之路的苦，是故其苦是就世俗谛而言之苦，与前几条所言之苦并不相同。

最后若将诸苦分类和后文去九界去除诸苦对照而看，可以发现两者并不完全对应，因两者分类方法不一样。六类三十八苦是按照内外自他而分，有主要是就造成苦受的对象而作的分类。去九界中按照去除界限的秩序，具有一定的次第：即由去除小界限，合并为大集合，最终达到大同世界，甚至进而到达佛境。

（二）特殊之苦

普遍之苦是指按照正确适宜的次第而演进中无法避免的相对而有的局限，而特殊之苦则是指并未按照正确适宜的次第而演进，而是因种种人为的原因导致或快或慢的错误演进。康有为称这种苦为病，康有为论述病具有三个阶段：维新变法时期，维新变法之后（流亡时期），晚年时期。在维新变法时期康有为论述国家之病主要在于保守的政治制度；在流亡时期，康有为论述国家之病主要在于变法方法的抉择；晚年时期康有为基本继承了流亡时期的论述，但也加入了新的内容，如对西方文化过于讲究竞争的批判，认为这也是一种病。这是从时间顺序上说明的。而如果从对象上说明，那么康有为主要论述的病是国家政治制度，同时兼涉宗教、经济、文化等方面，可以说康有为对国家病症的分析论证是相当全面的。此处因并非专门论述其政治思想，而仅是从病的角度涉及政治内容，故简略说明，不详尽论证。

康有为在维新变法时期论述国家政治制度的病症内容，主要集中在康有为历次《上清帝书》中，其中涉及的内容相当广泛，政治、军事、经济、文化、宗教等等，几乎全部都有涉及。《上清帝第二书》中，康有为稍稍总结而言，中国之病症在于壅塞：

> 夫中国大病，首在壅塞，气郁生疾，咽塞致死。欲进补剂，宜除噎疾，使血通脉畅，体气自强。今天下事皆文具而无实，吏皆奸诈而营私。上有德意而不宣，下有呼号而莫达。同此兴作，并为至法，外夷行之而致效，中国行之而益弊者，皆上下隔塞，民情不通所致也。夫以一省千里之地，而唯督抚一二人仅通章奏，以百僚士庶之众，而唯枢轴三五人日见天颜。然且堂廉迥隔，大臣畏谨而不敢尽言。州、县专城，小民冤抑而末由呼吁。故君与臣隔绝，官与民隔绝，大臣小臣又相隔绝，如浮屠百级，级级难通，广厦千间，重重并隔。①

此处康有为以壅塞来概括国家政治制度上的病症，所谓壅塞也可以称之为隔塞，其表现为社会阶层、管理机构、地方与中央等之间都是相隔而不通。《为译纂〈俄彼得变政记〉成书可考由弱致强之故呈请代奏折》中亦指出中国败弱之因，为百弊丛积，皆由体制尊隔之故。在《上清帝第三书》中康有为描述得更加具体一些，将外患内忧的状态用饱含忧患激情的笔触写出来：

---

① 康有为：《上清帝第二书》，《康有为全集》第二集，第44页。

> 破都畿，亡越南，失琉球，累经败创矣。诸臣苟安目前，不预筹自强，遂至有今日之事。然向者之败，不过偿金币，失属国而已，虽复苟安，可延旦夕。今则割及内地，渐剪腹心，其势疾蹙。
>
> 不过三四年间，而吾属国尽矣。甲午以前，吾内地无恙也，今台湾一割，三垂皆界强邻，狡焉思启，岂能以礼让为国哉？
>
> 且民心既解，散勇无归，外患内讧，祸在旦夕，而苟借和款求安目前，亡无日矣，今乃始基耳。①

此处康有为描述了三种国难之病：第一是国家主权被冒犯、领土被入侵，如八国联军之入侵北京，如台湾被割地，且赔款；第二是附属国丧失，如越南、缅甸、朝鲜、暹罗等；第三是内讧。文中总结说：外患内讧，祸在旦夕。

《外衅危迫分割洊至急宜及时发愤大誓臣工开制度新政局折》（总理衙门代递折）中就内部政治之病提出更加深刻的分析：

> 然皇上虽赫然发奋，思变图存，职窃虑数千年之旧说，易为所牵；数百年之积习，易为所滞。夫非常之原，黎民所惧；吐下之力，庸医畏投。非有雷霆霹雳之气，不能成造立天地之功；非天下之至强者，不能扫除也。②

此处所说积习为病，较上文所说内讧之病症，为更加深入。

---

① 康有为：《上清帝第二书》，《康有为全集》第二集，第68—69页。

② 康有为：《外衅危迫分割洊至急宜及时发愤大誓臣工开制度新政局折》，《康有为全集》第四集，第13页。

内讧即积习之一种，之表现。如果说上文所讨论的病症是横向的，集中在外部原因中，如他国入侵等，那么此处则集中讨论内部原因，就纵向上做深入讨论。内讧是横截面的一个表现而已，真正引发内讧甚至外患的还是内在的长久的积习。所以积习，也就是守旧，不肯维新变法乃是病症根源所在。

《上清帝第六书》中亦明确说明守旧不知变为大病：

> 夫方今之病，在笃守旧法而不知变，处列国竞争之世，而行一统垂裳之法。此如已夏而衣重裘，涉水而乘高车，未有不病暍而沦胥者也。
>
> 法既积久，弊必丛生，故无百年不变之法。况今兹之法，皆汉、唐、元、明之敝政，何尝为祖宗之法度哉？又皆为胥吏舞文作弊之巢穴，何尝有丝毫祖宗之初意哉？今托于祖宗之法，固已诬祖宗矣。且法者所以守地者也，今祖宗之地既不守，何有于祖宗之法乎？夫使能守祖宗之法，而不能守祖宗之地，与稍变祖宗之法，而能守祖宗之地，孰得孰失，孰重孰轻，殆不待辨矣。虽然，欲变法矣，而国是未定，众论不一，何从而能舍旧图新哉？①

文中明确言道：方今之病，在笃守旧法而不知变。积习守旧为病中有两个论证：一是理证，即从儒家经典上说明论证，如从《大学》之说日新；二是从事证，即从实际事实上来论证，即上文所引守祖宗之法与守祖宗之地的关系，守其法即是为了守其地，今守其法不能守其地，则当变法。

康有为于保国会之条例中提出三保：保国、保种、保教。其

---

① 康有为：《上清帝第六书》，《康有为全集》第四集，第17页。

中所说保教即是要保儒教。而从文义可知，所需保者，即是有病有危机者，则教亦有病危衰败。《请商定教案法律厘正科举文体听天下乡邑增设文庙谨写〈孔子改制考〉进呈御览以尊圣师而保大教折》奏折中言：

> 西人谓吾为无教之国，降之为三等野番。故近年使臣皆调从非洲，横肆凭陵，实用待野蛮之法，故由国弱所致。而国弱之故，民愚俗坏，亦由圣教坠于选举、四书亡于八股为之。故国亡于无教，教亡于八股。故八股之文，实为亡国、亡教之大者也。①

此处论说国教之衰败，即是说儒教之衰败，又从两个方面论证：一是对照于西方人的观念，西方人以其宗教而对比于中国谓中国无宗教，康有为则认为并非没有宗教，而是有教却衰败；二是儒教之衰败为衰于科举与八股之制度，最终导致了亡国之大病大危机。《致张克诚书》亦说"举国但知图利，而不知保教"，但又无奈地说到"竞争新世，强胜弱败，自然之理也"，所以从竞争上来说儒教之衰败是自然之理；但从私心上来说，康有为又偏向于儒教之振兴，所以说："呜呼，每念吾教之式微，忧心殷殷，中夜以思，未尝不感激而涕零也。"故而要担起弘道之重任。

总结而言，康有为在维新变法时期所言说的特殊之苦即是其所言说中的病，也即是当时国家之内忧外患，而康有为之分析又特别地集中在三个方面：一是横向上的内外病患，横向上至外患

---

① 康有为：《请商定教案法律厘正科举文体听天下乡邑增设文庙谨写〈孔子改制考〉进呈御览以尊圣师而保大教折》，《康有为全集》第四集，第94页。

为列强之威胁入侵，然其根本原因在横向上的内患，即国家本身的衰弱不强，而不强的病患在横向上而言，即是壅塞阻隔的政治格局，其在政治力量上的一个表现就是内讧；二是纵向上的病患，如果说横向上的病患还只是一个病患的症状表现，一种时间截面上外在表现而已，那么纵向上的病患则带有原因的溯求色彩，纵向上而言，病症即在于积习弊端而成为守旧不肯变法；三从内外纵横两方面特别地说宗教或国教，实即是儒教之病患，乃是一切病患之最根本原因。但并不可以说儒教本身为病患之因，而是说科举八股对儒教的败坏，导致无教的状态，最终导致了亡国亡教的现状。所以从上述的分析来看，三种病患的分析实际上有递进的关系，外患为最表层也是最明显的病患，但根本病患在内不在外，而内患非一时之不隔，而是长久形成的积习，长久形成的积习又是因为对儒教的破坏导致了无教的状态。

康有为在维新变法失败之后流亡海外，在此期间其论说国家之病苦既有继承早年维新变法时期的观念，也有因为时代变化后产生的新的病患分析。1899 年 10 月《保救大清皇帝公司序例》一文为其流亡海外之际，比较系统详细地论述国家病症。该文以维新变法失败，慈禧等守旧派恢复旧政为背景，讨论国家之病患，其云：呜呼！我中国至今日，盖几几亡矣。呜呼！我四万万同胞，皆将为奴隶虫沙矣。病症危殆，不可胜言，今粗言之。文中明言病症，下分列诸病症：

一曰土地、人民分割。

一曰失路权。

一曰失利权。

一曰失兵权。

一曰失用人之权。

上为亡国之病苦，下为设想亡国之后的苦端四种：

一曰重税之苦。
一曰凌辱奴贱之苦。
一曰驱逐之苦。
一曰绝种之苦。

此处分说两类九种病苦，第一类五种病苦为外患，第二类四种苦为内忧之苦；又此处所描绘的确表现在病苦的症状上而没有涉及原因，如果说考虑到原因的话，此时的康有为可能将原因更多地放在保守派恢复旧政上，从而没有过多地挖掘深层的原因。康有为流亡之际，经历了我国政治变革的诸多变化，如从共和到革命等等，康有为对此诸多变革都给予了深入思考，但他还是坚持自己的救苦救世策略，从而指出其他各种变法方式的误区。而所谓误区也就是没有按照适宜的次第演进的人为之病患。《告同胞印事书后》中言：

今吾中国之病，但求民权、立宪二药医之，则可立瘳，而为大地人种之巨无霸矣。兹用革命自立之方医之，吾恐如印度之一剂毙命。首难之麻喇加人，虽欲联邦而不能而就灭也。中国果服革命之药，则死矣无可救矣；操革命自立之医者，恐如林大剂之逾垣夜遁而不得也。①

此处已经在分辨各种救世救苦方法的优劣，但就对革命方法的批评而言，康有为此处认为不恰当的方法即是不合于次第的方

① 康有为：《告同胞印事书后》，《康有为全集》第六集，第369页。

法，那么就是一种病患。《物质救国论》长文中专辟一节《论中国近数十年变法者皆误行》，其中指出当时中国变法之误区有二：一误于空名之学校，再误于自由革命之说。该文虽然只指出两点，但对于自由革命的深入分析，却不能因为革命最终的成功而丧失价值。

康有为晚年论述国家之病患除了继承上文已经提及的各种病患，还特别提到一种病患，即不应全然师法欧美而全弃国粹，因为西方过于强调竞争的进化文化不一定是适合中国。1902 年《泰西以竞争为进化让义几废》中说：观其俗，考其义，让之大义几废，而于进化有益，于风俗无损，亦异矣哉！又说：中国近者教俗败坏，虽尊让义而仅有让席、让美之虚文，若其他爵位、财产之实，亦未尝让焉。然虽不崇让，亦不重竞争，两无所立，此其所以败欤？1913 年《中国颠危误在全法欧美而尽弃国粹说》中言：夫政治非空言理想所能为也，以政治法律皆施于人民者，必与人民之性情习俗相洽相宜，乃可令下如流，施行无碍也。非可执欧美之成文，举而措之中国而即见效也。此两处皆指出全法欧美不但效果不佳，恐怕还有危害。除此之外康有为晚年还特别提到中国古来思想皆重人伦道德，但又轻视物质经济，这实在是一个巨大的缺失，所以就病患上而言，这也是一个巨大的病患，所以康有为专门写作《物质救国论》来弥补此缺失。

最后总结而言，康有为论述特殊之苦即是论述国家之病患。在论述国家病患之中，维新变法时期是康有为论述国家病患最为全面深入的时期，其论述有三层递进的结构，最表层的病患即是外患，内层的病患是政治结构上的壅塞不通，进而是千百年之积习和儒教不兴（或说被误行）。在中期康有为侧重于救世方法的适宜不适宜上论述国家病患，此处保守派或激进派都不合乎次第从而也就是病患。晚年康有为在经历了广泛的欧美游历之后，指出救苦救世还是应当适宜国情民俗，是故一方面不可全然师法欧美，尤其是竞争无让之文化；另一方面也不可全然依据传统文化不重视经济物质的发展，而应当效法西方发展科学物质文明。

四　苦因分析

在描绘叙述世界之苦的时候，康有为已经涉及苦的原因了。如描绘普遍之苦的时候，即指出普遍之苦的原因即是界限；如在分析特殊之苦的时候，即指出特殊之苦的原因是多层的，如就国家病患而言，有外患入侵，其本于竞争，已经是一种原因；又论内在原因，就政治而言，即应是政治结构上的壅塞不通等等。

从特殊之苦的分析来看，首先是外在的病因，如列强之入侵瓜分等；其次是内在的病因，如政治结构制度等的壅塞不通，其有四个表现：壅塞、尊隔、内讧、自私。这样分内外两种病因，犹如医学上引发疾病的内外因：外邪入侵，内理空虚，阴阳失调等。又此处内外之病患皆是横向关系，又有纵向关系。首先就内在原因而论其纵向的原因，因为不通肯定不是一下子形成的，所以要考虑其历史的原因、三世的原因，所以从时间性的原因考察来看，那么积习和守旧就是纵向上的内在原因。其次就外在原因而论其纵向上的原因，外在原因即是外在力量的入侵，当然也并非一下子就形成的，而是长久形成的，这种长久形成的习惯其实是一种竞争或进化的自然之理。

无论是守旧之积习还是竞争之自由，都是阴阳二气力量的表现，守旧之积习出于阴，而竞争之自由出于阳。但如果两者越过适宜的程度或阶段，就会形成阻碍或冒进的力量，从而对宇宙世界、社会历史的演进造成危害。所以守旧积习更多是造成了阻碍正确次第的演进，是慢于正确适宜的次第，造成的后果是落后挨打；而竞争进化，似乎是积极进取，但如果过于冒进，同样是会越过应当的次第，从而引发战争、屠杀、侵略，又由此引发革命，最终为了恢复到平衡，而付出了巨大的代价。所以守旧和激进都是不适宜不正当的，应当平衡地发展。而所谓平衡地发展也就是符合正当次第的发展，适应特殊国情民俗的发展，既不过于守旧，也不过于激进，而是循序渐进地发展。这种发展次第如果从儒家的角度来理解就是要正确地判定所处时代是处于三世中的哪一世，三世重叠中的哪一世，并有此而正确地安排发展的教化、制度等等；如果从佛教的角度来看，就是正确地判定所处的时代是处于修行的那个阶段，并由此正确地安排修行的次第和实践；如果从西学上来看，也就是正确地判定所处时代是处于进化中的那个阶段、历史发展中的哪个阶段，并由此正确地安排政治经济的发展目标和手段等等。所以其中的关键就是如何能够正确地判定自身所处的阶段。能够正确地判定又是建立在如实理解次第的建立之上的，也就是说首先要深入地相信并理解各种教化理论的次第说明，即接受教化的熏陶并积极深入地理解。这也就要求教化、广泛的宗教的施行，而不能仅仅是如同科举、八股一样地破坏教化；也不可以像佛教末流一样过于遁世隐化，也不可以像西学一样过于崇尚竞争；而是要全面地结合起来，要在日常人伦之中施设教化，施设教化的时候要阴阳平衡、随顺人情、循序渐进、方便善巧，既要有长远的目标，也要有易于下手落实的次第。

如果从联系心性本体来看，所谓次第即是心性本体的扩充推度的次第。其在社会历史上的反映即是三世说、佛教的渐修次第论、西学中进化论等等。所以就其本质而言是心性本体扩充推度的次第。康有为论说心性本体是主张心性本体中含有阴阳二气、善恶二端，也就是善恶二者之可能性，此二可能性须经由智的顺逆两种力量的引导才能够成为仁爱的行为，而所谓顺逆两种引导也就是通过随顺人情或逆人情而成学的方式来扩充推度心性本体，不然心性本体的行动就是限于自身之生存而已，从而不能够扩充到更大的范围。由此超越自身自私的范围，将仁爱扩充到自身之外的范畴上，由此逐步扩充推度，达至整个宇宙世界万物，才是仁心的最终目标。为了实现这样的宏伟目标，则需要循序渐进的次第，故而随顺和逆纬两者都需要，但要根据实际的情况来善巧地施设。从这样的角度来说，世界之苦的根本原因即是心性之囿于自身，不肯扩充，而即便肯扩充，但也难以一下子达到全宇宙世界万物的最高程度，从而仍旧是在有限的苦病之中。而如果在扩充的过程之中，不能够循序渐进，不能够根据适宜的条件善巧地进行，而是或慢或快，或保守或激进，那么就会产生无尽的病苦，甚至会倒退沦落。

第二节　梁启超论世界构成及苦

梁启超论述世界之构成，并未像康有为那样从诸天世界的构成上来论述，也没有像康有为那样对微观世界的科学学说表现诸多兴趣，梁启超对西学感兴趣的主要集中在政治学、哲学和经济学之中，故而其所说世界之构成并不太从世界之器世间和有情世间的详细说明上进行，对于这些方面梁启超往往是极其简洁地提及而不曾给予详细的说明。但是梁启超对世界构成的说明却比较注重从佛教心识方面来论述，这源于其晚年对佛教唯识学比较感兴趣，而唯识之中对心识构成的法相说明比较详细。总的来说，梁启超论说世界之构成有纵横两个方面，也有体用两个层次。就其体上纵横而言，其中横者即是从心识结构的法相上说明心识之构成，纵向上即是从因果业报的角度说明心识以及众生的染净二种因果序列；就其用上而言，横向上乃是就文化思想之中外比较，突出其中的交流汇通精神，纵向上而言即是就文化的历史演变而言，重视文化思想在历史时势中的变化。就用上而言，其广泛研究中外诸种思想文化及其交流汇通是其思想之表现，其专注于中外各种思想文化的历史书写也是其思想之表现，而此纵横两个方面的功用在佛教史的书写之中无疑是得到了全面综合的表现，因为佛教史既能够体验中外文化的交流汇通，也能够体现文化的历史流程，更加可以从中突显文化之功用、人物之精神的伟大作用。在此基础之上，梁启超论述世界之苦，首先是就精神之功用而论及其弊端，其次乃是就精神文化在交流汇通和历史演变中的弊端，也就是说或有不能自主自由，或有不平衡发展，或有个体与群体之间不能和谐等等问题。故而其论述世界之苦，多数并非是从根本处论述世间之苦，更多数是从现实问题出发，论述此弊端，这也是于康有为不同之处。故而康有为可说带有宗教家之气质，而梁启超实绝无宗教家之气质，其接纳佛教思想更多是从哲学义理和个人安身立命两者接受理解并运用到实践以及学术之中。楼宇烈《近代中国佛学的特点及其评价》中总结出四个特点，其中有一个特点即是唯识[①]。此后如麻天祥、邓子美等各著作皆专列章节论近代唯识的状况。

一　就体上言横向心识结构

梁启超《双涛阁日记》中载1910年2月29日读佛典言：

> 昨夕竟又不能成寐，在榻上读《俱舍论大意》（日本赍藤唯信所著），遂尽二百页，治佛学大约须先从此入手。盖大乘教破我法两执，然我执之形相，俱舍宗小乘教言之最详。其所以破之者，又较浅显易于领会，而诸法名目及其因缘，唯《俱舍论》列举最悉，若不治此，而先读《大乘经论》（笔者案：此处书名号梁启超全集本所有，疑为梁之笔误，因此处非特言某一经论，而是泛指大乘经论，则不当有书名号），决无从索解也。吾今将俟《起信论》卒业后，即读《俱舍论》，次乃读《成唯识论》，此或合于入道次第耶？[②]

又其1918年9月29日与林宰平信中言：

> 奉教饶益实多，读经法已受持（小字自注：顷读《圆觉》）殊觉有妙绪，唯净土一宗向非所嗜，念佛功德之信心不起。公能举此宗入门之书相饷否？相宗书欲从窥师《识

① 楼宇烈：《近代中国佛学的特点及其评价》，《文史哲》1986年第1期：第36—44页、81页。

② 梁启超：《双涛阁日记》，《梁启超全集》，第2347页。

论述记》入手何如？贱躯确已复元，可以从事矣。[1]

该年10月4日致林宰平信中又言：

> 欲从事相宗者，因《圆觉》太高妙，恐不易入，且诸名相之解释，尚未精了，即义谛无从莹澈，故拟从繁重处入，既公见规，当稍缓之。《圆》《楞》（笔者案：此处《楞》未明是《楞伽经》或《楞严经》，恐为《楞伽》，但不确定）两经疏解，何本最善，读大疏（笔者案：大疏当为《圆觉大疏》）文句何如？[2]

引此诸文，为统一说明梁启超之学佛偏好与其佛学思想之关系。梁启超学佛实偏重于法相名言，此亦是初学者往往发心欲学之处，但此亦与梁启超个人之性情学术风格相近。因梁启超多学西学，风格之中又颇多学者气息，故而于大乘中宗教气息稍浓之真常唯心系思想不太相应，而于法相名言详明之俱舍唯识二宗则以为容易切入。其日记中言《俱舍论》法相名目及其因缘详细，他以为容易切入，而读大乘经，无从索解。从这个描述来看，是指其读《大乘起信论》之困惑难解，故而后文言待读完《起信论》之后，当读《俱舍论》。对此研读经论书目要说明者是，梁启超此时当在日本，而其所读佛教经论实受日本佛教偏好之影响，《起信论》之真伪乃当时日本佛学界研究之热题，而《俱舍论》更是日本佛学研究之重点。故而梁启超之读经论并非从佛教修行次第上进行，当然也没有依止善知识从其教诲而阅读经论，实际是受到学界时尚之影响自行阅读而已。又《起信论》

---

① 梁启超：《1918年9月29日致林宰平》，《梁启超全集》，第6022—6023页。
② 梁启超：《1918年10月4日致林宰平》，《梁启超全集》，第6023页。

本即是为“以广论文多为烦，心乐少文而摄多义能取解者”之众生为对象而施舍的方便教示。故而《起信论》就其义理而言实是圆满精密，但就此法门而言则是针对根器较佳者而示教，因为文简义多深，非有详细讲解或参考他书或经论相互阐释而难以明了。故而梁启超上来即读《起信论》，于诸多难解之处《起信论》未必能详细说明，故有众多无从索解者，这本是当然之现象。而梁启超由此以为大乘高妙难入，欲从《俱舍论》入手，《俱舍论》实是小乘总结之作，于诸名相自然有详细解释，但如果从大乘佛教而言，或从一乘教而言，退却大乘转宗小乘，亦是不如理之见。

与林宰平的两封书信，与上述日记相隔八年，此时梁启超已经回国。信中所述其学佛偏好，已经由欲学《俱舍》转而欲学唯识，此亦与当时金陵刻经处倡导唯识有关，盖当时唯识学实为佛学中最时尚者，因其于名相之详明，义理之精密足以抵抗西方哲学，故而众多知识分子皆尚唯识。梁启超接触唯识实也是因此风气所致。且其时梁启超读《圆觉经》，而《圆觉经》实与《起信论》同一性质，皆是如来藏体系的经典，也皆是言简义深之经典，故而梁启超又发生困惑，言《圆觉》太高妙，不易入，欲学唯识，然唯识易学易入哉？唯识恐更难入。又信中提及梁启超对于净土宗素无嗜好，因其以为念佛信心难生起，但此次因林宰平而接触净土宗后，梁启超阅读《竹窗笔记》《云栖遗稿》，据其自言，信心得以增长。故而知梁启超从情感上认可佛教者，当是从阅读净土宗而感受到信心上有一定帮助，另外其自身经历中尝言有与鬼之交涉的情况，故而深信业报之说，此两者实为梁启超私下情感认同佛教之最重要者，而从义理上言，则偏向于名相说明，小乘则宗俱舍，大乘则宗唯识。至于真常唯心如来藏系之《起信》《圆觉》，甚至《楞伽》《楞严》诸经，梁启超虽然阅读，也曾在各著作中讲解运用，但似乎自己并不承认有深刻之认同。故总体而言，梁启超佛学思想上偏好法相，但不一定从唯识上论，之所以如此既有其个体性格之原因，也有当时时尚风气之因缘。

梁启超较早谈论心识构成者是为论康德思想一文，即 1903 年《近世第一大哲康德之学说》，在该文中梁启超是较系统地运用佛教义理阐释理解康德哲学思想。由此亦可见，近代以来最初接受康德哲学的角度乃是从佛教义理，而非儒家思想处，后世新儒家方从儒教心性之说理解接受康德学说，但从理学心学来理解接受康德学说，终究仍是从佛学处来理解接受康德之思想，此中细微差别，此处不具论。研究梁启超思想与康德思想关系中，以黄克武《梁启超与康德》① 一文和程恭让《以佛学契接康德：梁启超的康德学格义》② 一文为佳作。黄文掌握有丰富详尽的日文资料，分析尤其详细，对梁启超如何接受和误解康德有精确的说明。康德之批判哲学分人类心性能力为三：感性、知性和理性，其中理性从功用上可分为二：纯粹理性和实践理性，即理性之知性运用和理性之实践运用。又康德晚年在纯粹理性和实践理性之间又探索出判断力心性功能，此即从美学之角度沟通纯粹理性与实践理性之分离，此沟通手段从纯粹理性和实践理性之各角度分

① 黄克武：《梁启超与康德》，《中央研究院近代史研究所集刊》1998 年第 30 期，第 101—148 页。

② 程恭让：《以佛学契接康德：梁启超的康德学格义》，《哲学研究》2001 年第 2 期，第 37—44 页。

别进行，共有二法：即优美和崇高两种判断力之运用，前者即后世所谓美学。

梁启超译康德所谓三种心性能力为：视听作用（其小字自注云：此实兼眼耳鼻舌身所受者而言，举一例余耳）、考察作用、推理之作用。又梁启超译理性或心性能力为智能，故而此三种功能皆称之为智能之三种作用。若从佛教而言，此三种功能当称之为识之功能，难以称之为智能之功能。且梁启超既以智慧为全部心识能力，而说智慧有三种作用，又以智慧为理性，说有两种作用，即上言综合判断及实践运用两者，此为梁启超对于康德哲学之误解。又梁启超译康德之批判哲学为“检点”哲学，较之批判倒也适合。其类比康德哲学与佛教之唯识学，其言：

> 康氏哲学大近佛学，此论即与佛教唯识之义相印证者也。佛氏穷一切理，必先以本识为根柢，即是此意。①

此中说此意即是指康德指检点（判断）哲学之思路，为探求人类心识能力之根源为何，即梁启超之言：康氏以为欲调和此两派（笔者案：指唯理论和经验论二者，梁启超译为论定派和怀疑派），必当先审求智慧之为物其体何若，其用何若，然后得凭借以定其所能及之界，于是有所谓检点派之哲学出焉。又说，康氏则直搜讨智慧之本原，穷其性质及其作用也；康德则从事于内者也。此处梁启超无论是说审求智慧之体、讨智慧之本原，还是说从事于内，皆是解释康德批判哲学即检点之思路，由此而将之与佛教汇通，以佛教之教理，尤其是唯识，亦穷一切理，必先以本识为根柢。

---

① 梁启超：《近世第一大哲康德之学说》，《梁启超全集》，第 1056 页。

关于梁启超这个理解和汇通，需要说明的是康德批判哲学探讨人类心识能力之全部及根源，其全部即康德之建筑术，以知情意三者全面探讨了人类心识能力；其所谓根源者即是其批判之思路，其所谓批判乃是建立根基的意思，使得人类认识能力尤其综合能力有先天之依据，而此依据就康德哲学而言实际是反推出来的；这与佛教之说本体是有区别的。第一，佛教所谓本体，如果就真如本体而言，是离相离念，超越有无的，可以说有根基的作用，也可以说是如实而空；第二，康德所谓的根基为先天综合判断能力，而佛教中如果就因缘之义而言，实际是虚妄分别，执持为有，这中间分析力的层分较大，而综合力的成分则较少。故而两者之间稍有差别，但以从大略上而比较，确有类似之处。

是故当梁启超以智慧而同时译人类心识能力、理性能力，尤其是实践理性之运用能力时，已经脱离康德之哲学，而以佛教唯识之义理在进行解释。且在就唯识义理来解释的时候又将真妄二心混为一谈，即真如和阿赖耶识是统一混为智慧的。虽然梁启超在别处有分别此二者之真妄差别，但此处却未曾分辨清楚。

就智慧之视听作用（即感性认识）而言，梁启超以康德所谓感性认识与佛教所言六识比较汇通：

> 五官者，《楞伽经》所谓前五识也，智慧者，所谓第六识也。①

此处梁启超又以第六意识为智慧，故其于此处于智慧之理解具有极大的随意和混乱，可能也是为了方便以佛教心识义理来理解康德哲学。如果其以智慧为心识之全体根本，又复以第六识为

① 梁启超：《近世第一大哲康德之学说》，《梁启超全集》，第 1057 页。

智慧，那么其即是六识论者，其与唯识之主八识论差别甚大。姑不论此。梁启超又以康德之说“五官及我智慧两相结构而生知觉，非我随物，乃物随我也”。此说类唯识中言意识与前五识之共有状态，但佛教中也分别指出有五识单独作业的情况，也有第六识单独作业的情况，如独头意识等。

进而梁启超论康德之说综合能力，梁启超译康德之综合能力为思念：

> 然后彼复杂者始得单一，彼零碎者有连续性。智慧之力，如是如是。是故感觉唯对外物有能受性，而彼思念复能进取，总万为一。思之云者，综合而已。①

针对此段，梁启超下按云：

> 佛言受想行识，康氏所谓感觉即受也，所谓思念即想也。②

此处是从五蕴的角度来说明心识的分类，以感觉对应受蕴，以综合判断能力对应想蕴，此两处比较汇通皆有其一定的合理性，因想蕴即有从触受中变现境相，从而可以进一步以语言符号的方式再确定指代之义，而综合能力也即是指综合整理感官印象之义。且康德在论述先验综合能力时也曾提出一种图型模式，其中主要的心识能力为想象力，此图型模式即与佛教五蕴之想蕴中取相之义颇为类似，梁启超可能是阅读介绍康德的日文二手著作，又或者是没有仔细阅读，故而没有注意到康德论想象力和图

① 梁启超：《近世第一大哲康德之学说》，《梁启超全集》，第1057页。
② 同上。

型模式的内容。这是就感性能力之综合杂乱而言，但如果就综合能力之与因果关系之建立上考虑的话，则单月想蕴来说明，就会显得十分单薄，这里重要的区别是，康德之说综合能力是心识的主要能力，其实是类似于佛教中所言之心王八识的能力，而非各种附属的心所能力，故而如果考虑到因果关系的综合构成需要先验综合能力的作用的话，那么势必要指出综合能力当为心王之主要功能。但又如果梁启超坚持康德学说中智慧为第六意识，而没有七八二识的话，那么先验综合能力则难以建立，因为第六意识主要的功能即是了别，而非综合，真正对应综合能力的其实末那识，因为末那识有根本我执，而我执实际即是综合内在感觉材料而以为有一主宰之我，康德在论述主体我之形成时也提及先验综合能力是形成主体我的基本功能。而梁启超显然对此复杂深刻的哲理没有来得及细细研究，匆忙之下就以想蕴来理解接纳先验综合能力了。而且以思念来翻译，其实他所译之念字，实为精妙。因佛教中言一念三千，一念即可言于真如本体中初出一虚幻不实之动念，而此动念可以说即在阿赖耶识中落下种子，则如此从阿赖耶识和种子义说明念字之具有前后相异相续之能力，念本有记忆之义，则综合能力由赖耶之相异相续之义可建立，而末那识执阿赖耶识见分以为内在之我，则综合为主体我之义又可成立。可见梁启超“思念”一词翻译本精确富有灵感，则可惜论述义理处失之于粗率。其后梁启超论康德之知性能力，即先验综合判断能力在知性上的运用，主要是指因果关系构建的运用上，梁启超以佛教中说空间与时间来论述，即从华严性海和帝网两处来论述，其理甚为乖异，留待其论述空间与时间部分再行论述，此处不具言；又论及康德之理性能力时，梁启超则从儒教格物的角度来理解，此终究是本于佛家真如本性义理之上，上文论心性本体时已经讨论过。

梁启超再次详细论说佛教心识构成问题则到其晚年专论佛教的十八篇论文之际了。《梁启超全集》中收入第十三卷《翻译文学与佛典》，其中《佛陀时代及原始佛教教理纲要》及其附录《说无我》、《见于高僧传中之支那著述》之附录二《佛教心理学浅测（从学理上解释“五蕴皆空”义）》都是解释心识之构成情况。这几篇文章创作年代比较靠近，故而其思想内容也比较靠近，具有两个共同点：一是这几篇文章都从佛教五蕴的分科体系来进行心识构成之研究，要说明的是从五蕴进行心识构成的解释就不仅仅就内部心识构成来说明，而是已经包含了色相的，而色相究竟是外部还是内部，还是说以内含摄外，这都需要详细的说明。所以本文亦视其方便而做调整；二是这几篇文章都将佛教心识分析和心理学相联系起来，企图从现代心理学的角度给予佛教义理以解释，也同样企图将佛教心识义理转化成现代心理学来实践运用。此处姑不论其心理学之应用，单就其中心识分析的部分加以讨论。

《佛陀时代及原始佛教教理纲要》中在讨论原始佛教心识结构之前首先说明佛教是建设在极严密极忠实的认识论之上，用巧妙的分析法解剖宇宙及人生成立之要素及其活动方式①。梁启超这一认定即明确自己是从哲学的角度或者价值理论的角度来看待佛教的，从哲学的角度来看待佛教又比较侧重认识论和价值论两个部分，其中认识论部分是为主要的部分。而在梁启超看来，佛

① 梁启超：《佛陀时代及原始佛教教理纲要》，《梁启超全集》，第3744页。

教认识论主要的方式既是分析法，是分析世界和人生的构成要素及其活动方式，如果将这一点和梁启超之前论述康德哲学的观点对比看待的话，那么梁启超晚年所认识的佛教与康德哲学具有较大的差异，康德哲学是综合的、批判的，也是建立基础的，但是佛教的认识论是分析的、分别的。可以粗略地说这两者的方向是相反的。这也是梁启超晚年研究佛教义理时偏向原始佛教的原因所在，而且梁启超晚年研究佛教偏向原始佛教应当也是受到了日本人研究佛教的影响，日本人研究佛教多从哲学和历史角度上研究，而较少从宗教学角度进行研究，如此则认为原始佛教代表着佛教的真面目，而后来的大乘佛教则以为并非是佛亲口所说，而是从原始佛教演变而来。故而其研究比较侧重原始佛教，梁启超应当是受到这一风气的影响。从认识论的角度出发，欲解释世界和人生的成立和构成问题，佛教从因缘的角度给予说明。而因缘在梁启超理解来即是：关系。他说：他（因缘）是表示宇宙一切现象都没有绝对的存在，都是以相对的依存关系而存在，依存关系有两种：同时的；异时的①。在这里梁启超以相对关系来说明因缘，突出的是因缘和因缘所起法之间的依存关系，但是却没有突出法之虚实的差别，虽然说从依存关系上来推究是可以推究出诸法无我的，但是如果不明确说明清楚，从无常中是否能够有效地推究出无我来呢。又梁启超迅速地把因缘之依存关系从时间角度分为两种，也就是纵横两种，说同时的就是横向的依存关系，说异时的就是纵向的依存关系。异时的依存关系，即所谓“此生则彼生，此灭则彼灭”。此为因而彼为果，同时的依存关

① 梁启超：《佛陀时代及原始佛教教理纲要》，《梁启超全集》，第 3744 页。

系，即所谓“有此则有彼，无此则无彼”。此为主而彼为从①。这是对佛陀在《阿含经》中反复解释因缘的四句所作的新的解释，将这一偈颂任意拆分，以二、四两句为异时关系的说明，以一、三两句为同时关系的说明。历来对此四句有众多不同的阐释，此难具言。梁启超这一理解不知其所本何处，抑或是其自己所领悟，推测其作如此区分当是从四句中生灭、有无而区分。而一般对此缘起义理的说明是从缘起和缘生两个角度来区分的，即言此有则彼有，此无则彼无为缘生法；而此生则彼生，此灭则彼灭为缘起法，此二法之关系又是事理之关系，缘生说实，缘起说理。梁启超的区分当是说生灭是有时间性的，即是异时的关系，而有无当是已经暂存的，则为同时异地的关系。所以若向究竟处推究，也可以汇通，异时的关系即可以说缘起性缘起法，同时的关系也可以说为缘生法。但这其中仍有一点需要指出，梁启超在异时关系说明的时候，只就因果这一单线关系而说明，并没有提及缘之条件关系，这是过于狭隘的说明，因缘之中既已经说明有因有缘。不管怎么样，梁启超终究从佛教说因缘中推出相对依存这一简单哲理，也是相当宽泛的哲理说明。但是如此宽泛的哲理想要说明完整无疑是困难的，梁启超已经就异时关系做了精简，那么同时关系梁启超也立刻做出了精简说明，他说：

> 佛所谓“同时依存关系”者，最主要之点是：“主观的能认识之识体”与“客观的所认识之对象”相交涉相对待而成世界。②

① 梁启超：《佛陀时代及原始佛教教理纲要》，《梁启超全集》，第3744页。
② 同上。

普遍存在的同时依存关系立刻被转换成了主客观关系，这无疑是西学中认识论痕迹过于严重的影响及其表现了，虽然佛教义理中也很重视主客观之关系，但缘起法中却并没有如此严重地以主客观关系替代普遍的因缘依存关系。下文梁启超从五蕴开始切入同时依存关系的说明。

首先他引用并解释经中常言之“识缘名色，名色缘识”，将识和名色对待起来，然后说五蕴中色蕴即名色之色，余四蕴即是名色之名。色指宇宙间一切物质及人身上眼耳鼻舌身诸器官，此处解释是简单的说明，例如宇宙间一切物质中并没有区分出有无质碍，若无质碍者是否是色，则没有说明；又人身上之器官中也没有说明扶尘根和净色根的分别。名指心理活动的状态。再做总结说，色为物质和生理的现象，名为心理的现象。总此二者为认识之对象。然后又将识和名色对待，说识为主观的要素，名色为客观的要素，相对待就是因缘。梁启超这些理解几乎每一步都需要详细地分辨。首先他既要说识为认识之对象，又要说识为主观之要素，这其中就分识为两者，是说识中确实有两者，还是说识可以区分人身自身二者呢？这没有说清楚。当说识为主观要素的时候，受想行等是主观还是客观也没有说清楚，依他的说法来看，似乎是说作为心理现象，也是认识的对象，故而是客观的，并非是主观之识。其后依次论断极端的唯物主义和极端的维心主义都非如实之相，其否定的依据也难以看出有什么令人信服的地方，并未就佛教因缘论和唯物唯心二者做出明确的区分。

《论无我》中对五蕴的解释更加详细，对五蕴的解释即是横向上同时依存关系。该文首先说明五蕴之蕴为类聚、积聚的意思，此则详细分别五蕴各蕴的含义。列图如下：

一色蕴(Bupa)物质态=感觉之客观化
二受蕴(Vedana)感觉
三想蕴(Sanna)知觉联想印象　　所认识之对象
四行蕴(Sankhara)执意、思维
五识蕴(Ninnana)了别,集起　　能认识之主体

对比论康德一文中的粗糙，可见梁启超此处更加详细精确，其中受蕴仍是从感觉上理解，想蕴比原来要更加详细精确，原来是说思念、综合能力，这里明确说为知觉联想印象，也就是综合能力，只不过是从联想的功能上对感觉印象进行综合。识蕴的解释也更加详细，除了表示出了别之外，还列出了集起的意思，这样识蕴就不光是第六识了，因为集起之义非第六识所有，而是心所有，即第八识所有，这是从藏识之摄藏义，心之集起义而来的。同样对五蕴的简化还是从认识论之主客观划分而来，前四蕴为认识对象，后一蕴为认识主体，这中间的细微问题仍旧存在，例如行蕴中含有大量心所法，其实就是认识的功能，如何能当作认识对象。但梁启超也说上面的翻译是有未明未惬之处，他在下文的阐释中逐一说明。

首先就色蕴而言，比起《原始佛教教理大纲》中所述要详细得多，既从《阿含经》上说明，也从唯识之《大乘广五蕴论》中转述，特别说明标出了无表色，而不再是前文之简单说物质和生理现象了。如表所示：

<table>
<tr><td rowspan="4">色</td><td>（甲）
四大种</td><td>地界坚性、水界泾（笔者案：恐为湿字所误）性、火界暖性、风界动性</td></tr>
<tr><td rowspan="3">（乙）
四大所造色</td><td>（一）五根＝眼根、耳根、鼻根、舌根、身根</td></tr>
<tr><td>（二）五境＝色境、声境、香境、味境、及触境之一部分</td></tr>
<tr><td>（三）无表色</td></tr>
</table>

梁启超此处分析色蕴突出四大种的分析方式，其早在《论希腊古代学术》的时候就提到四大科的问题，并且以四大种附会希腊古典学术，其论调和派之三家时第一派即以四大论派而名，小字自注即说佛书以地水火风为四大，故取以名。其中即以佛教四大附会希腊如唵披铎黎（Empedoeles）之原质。而于《论无我》这一文中又特别说明四大种是就物质而言，四大所造色指物质之运动，这两者不可混淆。并说无表色中分极略（笔者案：即是极微）、极迥、定所生、遍计所起等。其中极略即极微，极迥为声光等无形之物质。定所生为定力所变现之幻境。遍计所起为幻觉变现。梁启超这一说明也是带有极强的个人色彩。又或者其本于某日本佛学家之说，今不得考知。梁以为极微为无表色，此说未见于诸经论中。极微不可见为大小乘所共认，但其非未无表色，因其当是有质碍之色，而无表色为无质碍之色。又不论四大种，还是所造色，其实都是极微所和合而成，如何可论极微为所造色，此亦是怪异之处。是故此处说无表色，其中梁启超臆测的层分极大，不足为据。但其所划分较之《原始佛教教理纲要》以及论康德两文更加详尽而已。

受蕴想蕴皆类似于前之论述。独行蕴，梁启超特别说明，以行蕴所含广大复杂，以表格特别说明。在识蕴中依唯识义列八识。今先出其表后再说明行蕴及识蕴二者。

<table>
<tr><td rowspan="12">法</td><td rowspan="10">有为法</td><td>色蕴</td><td colspan="2">色法十一种(五根五境及无表色)</td></tr>
<tr><td>受蕴</td><td colspan="2">心所法中之受法</td></tr>
<tr><td>想蕴</td><td colspan="2">心所法之想法</td></tr>
<tr><td rowspan="7">行蕴</td><td rowspan="6">(甲)除受想外余心所法</td><td>(一)遍行法五种之中三(触作意思)</td></tr>
<tr><td>(二)别境法五种</td></tr>
<tr><td>(三)善地法十一种</td></tr>
<tr><td>(四)烦恼法六种</td></tr>
<tr><td>(五)随烦恼法二十种</td></tr>
<tr><td>(六)不定法四种</td></tr>
<tr><td>(乙)不相应行法二十四种</td><td></td></tr>
<tr><td rowspan="2">无为法</td><td>识蕴</td><td colspan="2">心法八种(眼耳鼻舌身意识末那识阿赖耶识)</td></tr>
<tr><td colspan="3">六　种</td></tr>
</table>

此处实际是基于唯识百法明门所出。梁启超于此的进步是确定五蕴中受想二蕴为心所法，这一点是前文所没有确定的。故而其在表中说明行蕴时特别说除受想心所法外余心所法；第二点是识蕴中依据唯识立八识说。且没有提出一意识说，或六识、七识说。其解释识蕴云：

> 识也者，能认识之自体，而对于所认识之对象，了别其总相，能整理统一一个个之观念，使不想挠乱，又能使个个

> 观念继续集起不断者也。其实色受想行，皆识所变现，一识蕴即足以包五蕴，所以立五名者，不过施设之以资观察之便利，谓意识活动之过程，有此五者而已。①

这一段论述乃是梁启超在转述经论中名相后自己总结的理解，所以也就特别重要，带有其自身思想的特色。首先论中说识即是认识之自体，此说到底是就识蕴而言，还是就阿赖耶识而言，不得而知。如就识蕴而言则难以说有自体，因识蕴可分八识，自然无有一自体。而如果就阿赖耶识而言，是否有自体尚须讨论。梁启超这么说是为了与现代哲学相沟通，因西方哲学实际是一意识论者，其认为人类心识功能总其所论为意识一种而已，并不如唯识之论八识。其次梁启超说识之功能，总结有二：一为了别，二为集起。但其言了别，则言了别其总相，整理各观念，此说殊不解，既言了别，当分别见相，进而分别内外心相而已，何得言了别其总相，又整理各个观念，但其中使观念不挠乱则确为了别之功能。集起不断，其实就是相续之义。故而总说识之功能，梁启超实际是从西学分析综合二功能来理解的，并未完全按照佛教之义来理解，如唯识中分前五识、第六识、末那和阿赖耶识各个功能之不同。如前五识能了别但不能思量，第六识能思量但不恒常，末那识恒审思量，第八识具有摄藏能力，但无思量了别功能。梁启超于此不加分别，而直接说有综合分析二功能，故其说分析是就意识而言，说综合是就第八识而言，但第八识只是摄藏功能，并非综合能力，前文已经说明，所谓综合能力实际就是末那识的我执心所能力。

---

① 梁启超：《说无我》，《梁启超全集》，第3754页。

《佛教心理学浅测（从心理学上解释“五蕴皆空”义）》一文仍旧是以五蕴为基础分析心识结构。但该文实际是为一演讲，当是就前文所论述之义，更做一通俗简单的说明而已。但其中部分内容仍旧是有前后变化差别。其简明分别五蕴为：

色——有客观性的事物

受——感觉

想——记忆

行——作意及行为

识——心理活动之统一状态①

梁启超首先说明其训释是粗糙的，不见得和五蕴内容吻合。又说依此观念，用西洋哲学家用语对照，可以勉强说，前一蕴为物，后四蕴是心。

梁启超这一说明和前文的论述则有了巨大的差别。首先就五蕴个体而言，其中想，梁启超直接说为记忆，这是十分有意思的一点，在论述梁启超论康德之文时本文提及梁启超当时译想为思念，其中念字绝妙，因念中本有记忆之义。但当时梁启超译想为综合能力，后到《论无我》中梁启超论述想为心所法，为联想感觉印象为一整体者之功能。而至今文，则直接说成记忆。此中前后多变化，但终究是不离心理能力中综合前后念之功能，而非就佛教取相之义而论。不管是思念、综合、联想，还是记忆，梁启超所要突出的就是前后念的相续问题。故而在此说明识蕴的时候他也突出了识蕴之为心理活动的统一状态，这如果从佛教的义理来说明，是比较偏重于阿赖耶识之摄藏功能的，但并不偏向识

① 梁启超：《佛教心理学浅测》，《梁启超全集》，第3899页。

蕴之分析八识的义理。又此处识五蕴中，与此前以前四蕴为认识对象，识蕴为认识主体不同，此处以色蕴为物，而以后四蕴为心。此说是回到《原始佛教教理大纲》中分五蕴为名色二者的划分中，而与《论无我》中以前四蕴为认识对象，后一蕴为认识主体不同。那么在这里梁启超详细分析了五蕴之划分，他提出两种划分的办法：一种是就物心而言，色蕴为物，后四蕴为心；另一种是就我我所为划分原则，前四蕴为我所，识蕴为我。

该文中解释色蕴，在说明色蕴之蕴为集聚义后，以可见有对、不可见有对、不可见无对三相而分别色蕴。虽然没有明确说明无表色，但从其不可见无对中仍旧是可以看出无表色的存在。其后说受想行三蕴，主要基于经论，如《广五蕴论》《杂集论》《辩中边论》等论，偏重于唯识一系。但其中说想蕴的时候，则言：我们遇见一种现象，像用照相镜一般把他影照过来，形成所谓的记忆，做"诸言说"的资粮，便是想。这里明确是将佛教想蕴取相之义和记忆功能相汇合的意思，但是这一解释仍旧是狭隘的，因为取相之相并不一定就是视觉性的相，用照相机做譬喻不一定合适。最后梁启超总列五位诸法，则依据《俱舍论》，而没有像前文那样依据《百法明门》：

<table>
<tr><td rowspan="17">五
位</td><td rowspan="5">色法
(十一)</td><td>五根</td><td colspan="2" rowspan="5">色蕴</td><td rowspan="14">五蕴</td></tr>
<tr><td></td></tr>
<tr><td></td></tr>
<tr><td>五境</td></tr>
<tr><td>无表色</td></tr>
<tr><td>心王</td><td colspan="3">识蕴</td></tr>
<tr><td rowspan="9">心所法</td><td rowspan="4">大地法</td><td>受</td><td>受蕴</td></tr>
<tr><td>想</td><td>想蕴</td></tr>
<tr><td>思触欲慧念
作意胜胜解</td><td rowspan="6">行蕴</td></tr>
<tr><td>三摩地</td></tr>
<tr><td>大善地法</td><td>信勤舍惭愧无贪无
嗔不害轻安不放逸</td></tr>
<tr><td>大烦恼法</td><td>痴放逸懈怠不信
昏沉掉举</td></tr>
<tr><td>大不善地法</td><td>无惭无愧</td></tr>
<tr><td>大烦恼法</td><td>忿覆悭妒恼害恨谄诳</td></tr>
<tr><td>不守地法</td><td colspan="2">悔眠司伺贪嗔慢痴</td><td></td></tr>
<tr><td>不相应法
(十四)</td><td colspan="3">得非得同分无想果无想定灭尽定命根生相住相
异相灭相名身积压身文身</td><td></td></tr>
<tr><td>无为法</td><td colspan="2">择灭无为非择灭无为虚空无为</td><td>无为法</td><td></td></tr>
</table>

就其中识蕴，梁启超再次详细说明。其说识就是能认识的自体相，以心王法为能认识的，也就是能认识的自体相，其余色法、心所法，不相应行法和无为法都是所认识的。但这里没有指明无为法是可缘，但为正智所缘，非别心法可缘。针对六识和八

识的说法，梁启超这里也指明初期佛教说六识，后来愈加紧密才说八识，这是依据一般佛学的说法而论。论六识功能取了别义，指出了第六意识有特别的功能，即可缘不可见有对和不可见无对之色法，而前五识只能缘可见有对的色法。又说意识为心理活动的统一态，这是六识说而言。如就立八识义而言，则指出集起心为第八识、思量意为第七识、了别识为第六识。于此中说明心有两种功能，即生灭和相续。这一说法梁启超是随顺于《大智度论》的说法，其后有随顺唯识《显扬圣教论》和《解深密经》的说法，以阿赖耶识为相续心之集合体，具有摄藏和执藏的功能。以此指出主观自我的形成即是妄执相续心而以为有一主宰之我，类似于笛卡尔之"我思故我在"。从这一篇演讲的内容来看，梁启超论述心识构成中当以此篇最为契合佛说，其他诸篇都有探索之义。但此篇中主要的精神仍旧是想从西方哲学的角度来理解佛教心识义理。总结而言，梁启超分析心识结构之横向依存关系，主要是从五蕴分科角度来说明，其中侧重分析的是识蕴，以识蕴为认识之主体，而其余诸法为所认识之对象。在对色蕴的分析中，梁启超起初重视无表色，后放弃对无表色的分析，但就其所认识对象的分析而言，实际是含摄内外诸法的；在对识蕴的分析中梁启超认识到佛教中六识论和八识论的差别，而对应于西方哲学的主要是六识论，他的分析也是以六识论为主，兼顾说明八识论。其中主要的区别就是他企图将认识主体统一起来说明，这是依据于西方哲学意识本质的思路，但这一点在佛教中难以确定，无论是六识论还是八识论，都难以确定认识自体有统一的体性的存在，就阿赖耶识而言，其相异相续实际是分析的，而之所以能够形成一个统一体，其实是末那识的妄执。佛教此种观念和西方哲学的意趣有着极大差异。梁启超直到最后才渐渐地明确到这一点，这也是其反复分析五蕴以求得出五蕴皆空的观念实质的一个目的。

二　就体上言纵向心识结构

再说异时的依存关系。梁启超以十二因缘来作为异时依存关系的代表。十二因缘的说明其实也很复杂，从佛教本身的发展看，解释也是多样的：如三世二重因果说，二世一重因果说、二世二重因果说等等，都不尽相同。再者，从现代哲学的角度来看，十二因缘支的分类其实不是同性质的各支排列，这在佛教中也是有争论的。若论及十二因缘支之含义时，有说为五蕴之分位，有说为作用或状态。故而要想说明清楚十二因缘本身即是一番烦琐的工作。但在做通俗讲解的时候似乎并不需要如此详尽的解释。梁启超是从老死开始向上推的，这是逆观十二因缘的方法。同时梁启超明确地说：从无明到老死这十二件，都是以因果连锁的关系，组织成人生之一期，其中最主要之枢纽，则尤在“识”与“名色”。这就是说梁启超确定要从心理状态上来解释十二因缘，以此避开烦琐的佛教经典阐释；又其从心理状态上解释十二因缘，则认为十二因缘是对应人的一期生命，而非三世或二世，这种说明方式即便与梁启超偏重的唯识宗之二世一重因果也是相出入的。梁启超从解释十二因缘各支含义开始，现将其解释如原图排列如下：

(1) 无明：无意识的本能活动

(2) 行：意志之活动

(3) 识：能认识之主观要素

(4) 名色：所认识之客观要素 义已详前

(5) 六入：感觉的认识机关——眼耳鼻舌身意

(6) 触：感觉

(7) 受：爱憎的感情

(8) 爱：欲望

(9) 取：执着

(10) 有：世界及个体之物理的存在

(11) 生：各个体之生存

(12) 老死：各个体之老死

首先需要指出的是梁启超此处以触为感觉，受为爱憎的感情，这与他在论康德一文中的意见不一，彼处他以五蕴中受为感觉。其次要从一期生命中以时间顺序来有效地解释十二因缘支具有一定的困难，例如从无明到行，如何解释清楚无意识的活动到有意识的意志活动；识与名色中名的关系到底如何？从有到生老死之间如何有效地过渡。梁启超论述十二因缘是逆观十二因缘，从果来推其因的方式，对于因果是否要同性同质则没有说明。如按照其逆观的顺序来看其中对关键问题的解释：首先看从生推有是如何解释，如果按照三世两重因果的说法来看，生实际是概括了来世中一期生命的，而有却是从异熟识之有来说明生命之命根之有，阿赖耶识之有。但梁启超从一期生命心理现象来解释，则说生即生命，生命之条件为有，有为三界有，其中他解释三界有的时候，说三界有为器世界和有情世界，但这里只给出了两界，并不完整。原本说三界有是指欲界、色界和无色界三界有，而如果从器世界有情世界来说明的话，往往会演变成四种世界，如有情世界、器世界、经验世界和内心世界四种世界。如果帮助梁启超来汇通的话，那么其有情世界当是包含了经验和内心世界两者的。然后梁启超说“必须有此世界，然后生命有所寄托，故列为第三件”，这里的第三件是说从逆观的顺序来看，有是老死到生到有的第三件，而不是第三世界。同时这里的观点其实和佛教观念不尽相同的。梁启超说生命之可能必以有世界方可成就，这带有唯物主义的特色，而佛教却是说有世界其实是生命之心所造所现，即便是小乘或者原始佛教时期也没有说明必先有世界然后有生命。如果是这样，那为什么不将有支放到十二因缘的首位呢？而如果梁启超说这只是一个条件而已，那么就不能够说是主要的原因，也不能说必须有此世界，然后有生命之寄托，如果这么说那么无余涅槃则无法解释。再者就识和名色之间的关系而言，对于识，如果从三世两重因果来说，或者从唯识来说，识应当是阿赖耶识，识和名色之名是有区分的。只有这样解释才能够清楚地解释“名色缘识、识缘名色”的循环。梁启超也看出前文在说明名和识之间的关系的时候没有说明清楚，故而此处特别说明：

> 识本是四蕴之一，属于名之一部分，但佛从认识论的立场特别提出识为能认识之主观要素，其关系略如一家族中有主人，主人本家族之一员，但以主人治家，主人与家便立于对待的地位。佛之别识于名色，意盖在此。①

这是从五蕴的角度说明识之别立的理由，是中肯的。但如何说明名色和识之间的循环因缘关系呢？梁启超之解释颇为模糊不

① 梁启超：《佛陀时代及原始佛教教理纲要》，《梁启超全集》，第3745—3746页。

清。可能他的意思是就主客观的对待而言，说两者皆是构成要素，不可偏于一方而已，故识缘名色和名色缘识就是从此平等义上言。但这样解释的时候就已经在用同时的依存关系来解释异时的依存关系了。

最后来说明一下无明、行和识三者之间的关系。梁启超说识即认识活动从意志而来，意志又从无意识的本能活动无明而来。这个解释无比的简洁明了，似乎毫无问题。但是认识活动从意志中来，这却是有问题，如果从康德的思想来看，认识活动和意志活动，实际上是同一个理性能力的不同运用而已，理性只有一个，运用的范围不同而分成纯粹理性和实践理性两者而已，这如何可以理解成认识活动从意志而来呢？如果将意志说成理性，那么认识活动即是理性的一个运用的话，那么在意志之前又怎么会有无意识之本能活动呢？这也是与康德的思想相冲突的，康德所谓的本能活动，其实仍旧是在自由意志之内的，只不过赋予其先天的禀赋性质而已，也就是不可归咎性。这是从西方哲学的角度来说明梁启超这个解释是不合理的。如果从佛教的角度来说明，则有两点梁启超未曾说明清楚，第一点是无明缘行，行缘识中是否涉及染净的区分问题，真如本体将放置到哪里？如果真如种子或者正智种子没有说明，那么解脱之可能性就成了问题；如果要放置，那么放置到何处，又如果是放置在无明中，那如何解释无意识的本能活动中有真如种子或正智种子。第二点是无明为无意识的本能活动，那么本能活动是不是就是最初的起始，无明之前又是什么，如何说明无始无明的说法。梁启超对此只能坦言这是粗略的说法而已。其后他也列出有部三世两重因果来解释十二因缘的图表，并以此简单收尾。

梁启超从纵向异时依存关系论说心识构成除了从十二因缘角度外还从业与轮回的角度加以说明。这一角度因为和精神主义联系较深，故而也是梁启超佛教思想的一个重点。今先从《原始佛教教理纲要》一文中论说业与轮回的部分开始，然后再回到《余之生死观》中对业力业报说的广泛对比汇通及运用。

首先梁启超说明业力说的因缘，是佛教看待世间的态度与一般不同之处，即非有非无的态度，佛教因缘业力论既不是无因论也不是断灭论，其实无因论即是断灭论的一种，这里梁启超没有区分清楚，他只是说明了非断的一类，而非有的一类单是非有我之自性，如执持有第一因，有神我因等才是执我，如不执此，则为非有。

其次梁启超说明业之含义。业为羯磨，是“各人凭自己的意志力不断的活动，活动反应的结果，造成自己的性格，这性格又成为将来活动的根柢支配自己的命运。从支配运命那一点来说，名曰业果或业报”。这里梁启超仍旧是从意志力的角度来理解业力，且此业力是个体性的。业力造成的影响被梁启超理解为性格，如果从梁启超这个解释来看，势必会认为业力发生的范围是在一期生命之中，因为一般所言性格的形成大凡是童年时期形成，影响的是成年时候的行为。但梁启超后文将此性格概念是扩大了理解的，所以其性格当是超越一期生命的含义。

再者梁启超说明业力不灭的原则。这个时候他就说业报的范围不是局限在一期生命之中，而是超越于一期生命的。如果是色身的死亡，业力却不因此死亡而灭尽；业力之灭尽是要随着业之活动即意志活动的尽而尽，这里的论述有点循环，似乎在说业力要随业力本身之尽而尽，实际上梁启超说的是业报或业果之不受报要随着业之活动的灭尽而灭尽，如果从因果上来说明，则更加明确：果之尽当随因之尽而尽，如果因不存在，则自然无果之存在。而如果仅仅是色身的死亡，那么业力仍旧存在，转向别的方式，也就是转到另一个生命体上，这种转换状态，梁启超说就是轮回。这样梁启超从事和理两个方面解释了业力和业报轮回的含义。

梁启超又通过紫砂壶的譬喻说明业报行相是业业相引，自业自得。但这样并不妨碍业可以区分为自业和共业两者。他说共业为同分共业，即是社会性或者更为广大的是人类全体活动留下来的魂影，如国民性、学风。而自业他说：本人渍得最深，大部分遗传到他的今生或者他的子孙，是之谓自分别业。这里梁启超突破佛教旧说的是遗传到他的子孙这一点，这其实是儒家的讲法，并非佛教严格的说法，佛教中自业就是自受，不可能传到子孙身上的。如果说通过家庭的影响传到子孙身上，那已经是共业了，也就一个家庭的家风而已。而如果说是身体形的遗传，那也不是自业，而是体质的共业，而且遗传也并非一个人的原因，而是要集合夫妻双方的基因才会发生，所以这里其实是因缘和合而生的，并不可以立刻说就是异熟识的自业受报。再者佛教中论业报，其实主要是从恶业上论说，也从有为法上论说，故而业要区分善恶性，甚至有无善无恶的无记业。此处梁启超没有特别说明。

梁启超描绘轮回是相当形象的，他引用黎士德威夫人（Mrs. Rhys Davids）所作的图表来描绘：

$$A - A' - AA'' - AAA''' - A^{n} \cdots\cdots anB - B' - BB'' - BBB''' - B^{n} \cdots\cdots bnC - \cdots\cdots$$

他解释说：

譬如 A 是假定的一个人本来的性格，他时时刻刻活动不休，活动的反应（即业）渐渐添上别的新成分（笔者按：注意此处说新成分，但说新种之熏习），变为 A'，次第往前活动去，从前的业依旧保留，随时又添上新的变为 A''、A'''，到最后把这一时期的经验都积集起来变为 A^n，便是这一期生命所造业的综合。这个人的肉身，受物理原则的支配（笔者按：又当注意此处肉身死梁启超以为是物理原则支配，而没有说明这也是与业报有关的），到某时期当然会死去，但 A^n 的业依然不灭，得个机会，他便变而为 Bc（笔者按：此处当为 B'，恐全集本有误。）其实 B 是由 A^n 突变（笔者按：此处梁启超谓此变为突变，何为突变，在 AB 之间是一期生命的结束和新生命的开始，梁启超没有说明中有的情况，也没有说明这中间的业力转换问题，而谓之突变，此解释甚为不清楚）而成，表示他突变的关系，可以写为"anB"（笔者按：同样此处当对应图表为 anB' 才对。），以后 bnC、cnD、dnE 递续嬗变下去，都是如此。

梁启超评述言，这就是所谓的三世两重因果，如同蚕变蛹，蛹变蛾。也如同树之发芽、长叶、开花、结果，而后种子又可以再长出树来。他说这就是佛教所谓：种子现行相熏相引相生的道理。梁启超这大段的譬喻，显示了佛教之因缘业报之说的确难以描述，就譬喻而言，除了上文括号中按注的不当之处外，也是基本合符佛教义理的，毕竟譬喻没有完全完美的。就括号中提及的不当处稍说明：梁启超说有新的成分，这一点如果从种子义上来理解，就是新熏种子，而他原来说一个人本来的性格，当是本有种子，所以他应该是依顺护法一系的唯识精神，同时承认本有新熏二种种子的。再者梁启超说两期生命之间为突变，这其实就是异熟识的受报，而他说的一期生命内的变化，当是等流作用为主。他没有明确这一点。又肉身死去固然受到物理原则的支配，当其本身仍旧在业报范围之内。

梁启超从果树的譬喻中说明果实即是无明种子、行为种子中固有的原动力，即是生命力，合无明与行两者为种子义。种子发芽之后，一期生命开始，一直到叶落归根，梁启超以为都是现行，这个说法不一定准确，因为种子现行并非如此分开的，而是同时共存的，非此则相熏义不成立。故而种子与现行皆时时刻刻生生灭灭而已。这是因为他举的譬喻是外种的原因，而外种是因为内种才得以可能，所以这个譬喻充其量只能近似地说明，中间仍需要详细说明。然后十二因缘支中从识到有，都是现行的变化。此时梁启超说新熏为在一期生命中发生了“内力受外界刺激起种种反应，原种子跟着变化，形成新的特性”，此说道理上固然相近，但实在与唯识家义差异过大，唯识家义以为种子生现行之后，种子即灭，于灭之际即新生类似之种子而已，又新种之熏成是现行熏习赖耶而成新种，岂有现行熏旧种子而成新种子之义，如有旧种子可熏，则无现行矣。梁启超此处的说明是没有详细了解唯识宗种子和熏习义理，全凭自己思维和发挥而已。生老死二支为未来之果，没有问题。

从梁启超反复的譬喻中来看，梁启超还是倾向于从遗传的角度来理解业力与轮回。但他也承认佛教中说的业力轮回，或者唯识宗说的种子现行之义要比遗传的含义广阔。虽然梁启超解释佛教的业力轮回和种子现行等因缘义错误颇多，但其大体精神则可把握到。如现行之果报为过去业力所造，非无因，亦非天命；又今日之造业，必导致未来之生命形态。梁启超从中又特别指出两点来：一说业果报应应是不准抵消；二是业果报应非算总账。就第一点而言，佛典中诸多公案也说明有通过功德善行而减轻业报之事理，又忏悔法亦可忏除罪业，再者若从业报之受报需要因缘条件上论，如能取缔其发生条件，虽业力种子在，但却无法产生现行。从这三者而言，亦并非像梁启超所言业果报应不可抵消，唯其所说是指业力种子本身而言，但是如果从唯识修行来看，阿赖耶识中同时有染净两类种子，其修行即是要最终灭除杂染种子，显明清净种子，又如何可说种子不灭呢。故只能说因果规律本身为铁定，有其因则必有果报，但因非单一之因，报亦非单一而报，因果业报之说实难信难解，从凡智上推度终究是难以说清。就第二点而言，梁启超所言为中肯，但其没有明确说明，佛教之因果业报是建立在因缘法原则上的，也就是说所造业熏成种子，在因缘具足的情况下才受报，如无受报因缘，则不受报，不受报的时候，业障自然也就保持着而已。所以也并非像梁启超所言全是流水账，如果全是流水账，那就没有三报的分别了，全部现世受报了。

如此梁启超就业力因果本身义理的情况说明大致如此，总而言之，梁启超是企图理解佛教因果业报之说，其中也有信的成分，又欲将其所信所解的内容讲述出来，故而又从通俗的角度来解释，也是一种方便的教化而已。所以他当是适应现代社会的知识结构，由此而引导人们进入佛教义理中，也是想将佛教义理运用到现实社会层面上，故而此多从生物学之遗传、心理学之性格等方面来切近地理解解释佛教因缘义理，以期将佛教义理实践于教育或文化精神之塑造方面。

《余之生死观》一文几乎可以看作梁启超之宗教学纲要，佛学义理纲要，其中基于佛教业力因果说而广泛阐释诸宗教诸思想学术原理，委实体小而义广。前文已论述过该文中以无明—业力—因果律为心性本体。此处则专就其本体之用而论述业力轮回与其他思想的比较汇通，其实就是以业力轮回之说阐释其他思想原理，将之归结于佛教义理。

第一，从进化论的角度论述业力轮回原理。梁启超在该文中论述业力轮回时从不死者为业力、灵魂而切入的。故而说进化论的时候，则必然要证明出进化论之言进化演变中有一类似业力或灵魂的不死者，然后论述其进化之历程。梁启超分别从动植物之生死变化和人之生死变化，尤其是生育变化中譬喻说明，已经死亡的事物必有可以遗传给后代的东西，如植物之种子，动物和人之后代，在两个事物之间能够遗传的东西，梁启超说就是性格(character)。梁启超又将进化论和性格遗传扩大，指出除了个体之有遗传之外，群体之类也有如此之遗传，如种族、国民心理、社会心理等。如言种族之遗传：质而言之，是即既往无量岁月种种境遇种种行为累积结集全量所构也。如国家社会之遗传者为何？即前此全国全社会既死之人，以不死贻诸子孙也。而且所遗传的不光有无形之性格，还有有形之肢体上的种种特征等，如种种畸异之点，也是汇传而有递变才有的，故而也是遗传。

在遗传的基础之上，又有新的递变，这就是《原始佛教教理纲要》中所说的外界刺激导致的新种子的形成，新层分的形成。梁启超譬喻说：我从祖父父亲那里受到遗传（笔者按：此处梁启超直接言男性先辈，为何不言女性如祖母母亲？当为注意），然后自己长大，在现实中又受到各种我祖父父亲所没有经历过的外界刺激熏习，从而形成新的种子即性格；然后我又自己有造业，善恶无记皆有，因此也熏习社会，造成公共影响，早就共业种子。然后到我死了，我具有三重可遗传的性格：我从社会上所熏习到的性格；我原来有的，即遗传继承来的；和合以上形成一种新的混合的性格，传给我的子孙，然后如此如此一直遗传下去。这样就由在不灭之中又有的变化。从这个意义上来看，梁启超说：佛说之羯磨，进化论之遗传性，吾皆欲名之曰精神。从梁启超的论述看，其所谓遗传、精神、不死或羯磨，都极其宽泛；又从精神来说，是否可以用遗传来阐释，也是大可讨论的，因为遗传的确是从有形上来说明的，精神却是无形的特征。有遗传是相隔一期生命之间才显现的，而精神却需要两个生命共存熏习才可以，不然精神痕迹从个体而言几乎是不成立的。例如一人出生之际，其父母亲就死去，那么其可以遗传亲生父母的生理特征，如面貌或特别的如疾病等；但因这个人从出生开始就没有和其亲生父母一起生活过，故而其精神性格上的特点就很难继承或遗传其亲身父母亲的精神气质，而如果这个人后来有养父母，则此人在精神气质上从小熏习养父母的精神气质，则其精神方面则必显现出养父母的精神气质。如此遗传与精神则为差异。梁启超对这一点并非详细考察。故而可以看出，梁启超所侧重其实就是社会性的精神文化的传承和影响，这有一定的地域性和传承稳定性。其原因当有多重，不可以遗传一因而定，即便佛教中说羯磨业力之流传也是从多重因缘的角度说明的。所不变的只是一个空的形式性的因果业报的定律而已，梁启超此处却以实际的性格等充当替代虚有形式的因果业报定律。

第二，从基督教灵魂的角度论说业力轮回。梁启超说基督教教义中最重要的是三位一体，即圣父、圣子、圣灵。圣父即上帝、圣子即景尊（即是耶稣）、圣灵即精神，三者为通于帝与尊与一切人类之间，也就是三者为一体的意思。然后梁启超从拓都么匿的角度来类比：以拓都体言之，则曰圣灵，以么匿体言之，则曰灵魂。这就将圣灵之精神视为全体，而灵魂视为个体，汇通个体和上帝全体之义。那么上帝不死，个体之灵魂也不死，因为其通于上帝。人之躯体为第二生命，是从第一生命那里遗传而来。这样就从业力轮回和进化论的角度阐释了三位一体以及人之灵魂不死而可轮回流传的义理了。

第三，从批评物质不灭的角度论说业力轮回。在论述基督教灵魂不灭的时候，梁启超小字自注辟出一段转述美国博士占士李在《人生哲学》中对物质不灭原理及由此而来对灵魂不灭的批评。这一段论述颇为转折，因为当时既有一种思路是欲从物质不灭，物理化学之变化但质量守恒之说来证明此不灭者即是灵魂而已，如谭嗣同就曾经从这个角度对“通”做过论述。也有一种观念是说因为物质与精神同体而物质虽变化而不灭，则在物质之外没有所谓精神一说，也就是说没有别有实有的灵魂存在。这后一种观点对西方一神论者来说是无法接受的，因为他们所要坚持的是说灵魂或神必须是别有实有的，而不像中国传统的思想文化可以接受物质不灭质量守恒同时也可以认为在这样的物质变化之中具有不灭者即是灵魂精神等。所以梁启超特辟出这一段来转述西方人维护基督教的一个论证。这个论证是先说物质不灭质量守恒的原理，将地球上的守恒质量反推到太阳能量。其言：

> 故谓地球上只有一物，名曰日光，日光以外，更无他物

可也。[1]

此处说地球上只有日光，其意思是说日光即地球上万物守恒之能量本身，因为这些能量皆是从太阳那里接受转换而来，故而在其物理形态变化之后，其实就是从日光那里接受而来的能量。那么由此原理推演而来，则人之身就其本质而言，也当是日光而已。个体之间的差异因本质上皆为日光能量的共性而失去差异的必要性：

> 故我之一身谓之我之身也可，谓之并时某甲某乙之身也可，谓之过去或将来某甲某乙之身，例如谓之释迦之身、孔子之身、基督之身、尧之身、桀之身，华盛顿、拿破仑之身也可。不宁唯是，谓之松也可，煤也可，蒸汽也可，牛也可，犬也可，石也可，空气也可，日光也可。何以故，息息变迁故。变迁而未尝灭故。[2]

至此，如果按照梁启超别处的论证来看，实际已经接近佛教之缘起性空的道理了。如果说日光是实有，只要继续推演日光之本也不实即可，然后将绝对守恒之能量推演到无明业力上即可。但是这样的论证是否只是局限在有为法之中？如果从佛教的角度来说，真如本体是否必须是别有实有的呢？答案则否，从佛教的角度来看固然可以说真如本体是超越了有无之名相的。但如果说真如本体是别有实有的，如同世间事物一样之实有，则绝对不可，即便是说本体实有，那也是就证得之有而言实有，实际本体之实有是离言绝相的。但西方哲学或者宗教学则与此不同，必突

---

① 梁启超：《余之生死观》，《梁启超全集》，第 1371 页。
② 同上，第 1371 页。

出灵魂之实有别有：

> 虽然，此物质界之公例耳。若以应用诸精神界，则大不可。质而言之，则形而上的与形而下的截然不同物，未可糅杂以自乱其例也。夫使此例而可以适用于精神界也，则精神虽云不灭，而其所谓不灭者，不过如煤之然尽而复散为气，松之老朽而更转为煤，纯然为自然力之所支遣，如一机器。然则人类者，百岁汲汲为无意识之循环，块然与土石奚择哉？而其实相实不尔尔。①

这一论证一方面指出从物质不灭质量守恒的角度论述精神不灭或缘起性空之说有一缺点，即过于机械主义，纯为自然力所支配，而没有主观的抉择动力。另一方面则说如果从精神别有的角度来说明的话，则可以找到人类之主观的精神力量，而免于机械或纯为自然所支配。针对这样的论证实际两个方面皆是可以深入讨论的：如从物质变化质量守恒上来说，也不一定可以说就是纯机械或纯为自然力所支配。能够如此说的，皆是从人类的角度看待物之没有人类思维力的结果，但人固然非物，并不能就物之本体而言知物之本身。又就人而言，虽有自知之主观精神力，但对于一般凡夫而言，此种所谓主观之精神力实质乃昔日业力所造，今生得其果报耳，仍旧为业力所支配，即便从善，亦有我执，又何由主观精神之说？故而从其批评来看，并不彻底。由此错误之批评才诞生错误之解答方法，而一定要说精神灵魂为别有实有。这就如同一个譬喻：东方本无蛇，而人以为有蛇，多畏惧，有人欲教化之，不言东方无蛇，反说西方有树，以此教化岂能救人于

---

① 梁启超：《余之生死观》，《梁启超全集》，第1371页。

畏惧之中？虽然如此，但从方便教化的角度来说，似乎也可以说是一种方便的法门。梁启超由此而转述论证说有真我：

> 凡人类皆有客观之我，有主观之我，质而言之，则主观者，真我也。客观者，物也，原质也，而非我也。非我之我，虽不灭而当迁，真我之我，则不灭而并不迁者也。真我之我于何见之，于其自觉自决自动者见之。①

其后言从人生之老死变化中推演出不变者：

> 而其间能常保持一物焉，曰"同一之我"。……此物也无以名之，名之曰灵魂。若夫非我之我，则灵魂暂憩之逆旅而已。逆旅虽易，而主人未尝易。（梁按：此语与前所引首楞严经佛告波斯匿王观河之见若合符契矣）。②

梁启超虽是转述，但其中从佛教的角度来理解的痕迹相当严重。无论是从本体上言真我之实有，还是从依据《楞严经》上说山河大地之虚幻，都是以佛教义理理解灵魂别有实有之说。前已说明，单从物质不灭能量守恒的角度，慢慢推演，其实也可以趋近于佛理，唯其理较似中观家的道理；而从灵魂精神之别有实有的角度来推演，也具有一定的教化方便性，其理则较近于真常唯心系的道理。其中缺点即是过于片面地强调真如本体的别有实有，而没有同时说明真如本体实际也体现在生灭门中。这也是佛教义理与西方宗教或哲学差异之处。梁启超就此二者之间的差异，也指出些许：

---

① 梁启超：《余之生死观》，《梁启超全集》，第 1371 页。
② 同上，第 1371 页。

> 唯其为寻常钝根众生说法，则专表其么匿体，不表其拓都体，故不能如佛说之奥达焉。至其精义，则一而已。（小字注云：佛说之羯磨通于众生，景教之灵魂限于人类，此其大异之点）。①

梁启超所指出的佛教和基督教的差别是在全体和个体之间，以基督教所说解脱方法为人类灵魂之解脱，或者其说灵魂专就人类之灵魂而言，于他物则斥之为机械无灵之物而已；佛教之说羯磨则兼涉众生，如六道众生。从梁启超这个批评中实际是可以看出其对从物质不灭质量守恒的角度来论证灵魂不灭的原理是暗中认可的，因为当他说佛教是认可其他物也是有灵魂的，那么就没有必要一定要区分出人类之主观能力和其他物之间没有主观能力而是机械的两者之间的差别了，从而当说到松煤之转变的时候，也就不可以说这仅仅是自然的机械的死物，因为从佛教来说，这也是众生之一，其生死之中也是有灵魂真如之存在的。故而梁启超指出如果仅仅就人类灵魂而论其别有实有，即是专就“么匿”而言，从教化上说，只能说是一种为钝根众生施设的方便教化而已。于此处梁启超自有其民族自豪感。

第四，从儒家义理来论述业报轮回。梁启超首先点明从儒家义理来说，其中类似于前之论证不死者有二：一曰家族之食报，二曰名誉之遗传。前者，引“积善之家必有余庆，积不善之家必有余殃”来说明；后者，引“君子疾没世而名不称焉”来说明。为详细说明此理，梁启超又从理论上加以阐释说明。他的思路是：所谓不死者，不一定是实有其物，而只是精神而已。既然

① 梁启超：《余之生死观》，《梁启超全集》，第1372页。

说是精神，那么其所区分则是从物质非物质的角度来区分。如果再引入么匿和拓都两者来相摄说明，则物质界有么匿和拓都两者，非物质界亦有么匿和拓都两者，皆以私有和公有而分。如此梁启超之论证乃从物质精神之区分转为小大私公之区分，只要保证大者拓都之不死，则人之生命无论大小皆可言不死，因其隶属于更大之拓都。注意的是这里梁启超明确说明所谓物质界即是么匿，而非物质界属于拓都，只不过于此二者各自之中有复有大小之分而已。是故有大物质和小物质之分，亦有大精神和小精神之分而已。所谓拓都不死，即是说精神非物质则无死之谓，而其中大小诸拓都皆不可言死。故而小到一人一家虽有死，但就其拓都而言，则寄托于更大之拓都如家族、国家，乃至人类地球等，则可谓不死。梁启超此处之论证，从其言辞或逻辑等等看，固然有其荒诞之处。且其中最主要之问题乃是其以全体之范畴为不死，为精神灵魂等。如详细分辨其说之伪则当明了：全体必不可离部分而论；又全体必是从有、存在之角度而论，则有必含有生灭等；再者全体如果推到极端，是否有一全体及全体之外者，此也难以说明；又全体之有和超越性两者之间实有差别；最后如果说全体可以无限推度而言其不死，则部分也可以无限分割，乃至极微之极微，亦可从其无限分割上说其不死，此两者道理实际是一。故而其论实际荒诞。

梁启超于此之际，仍从佛教业力之说来加以论证说明。他说个人有个人之羯磨，其族其国其世界则亦有特别同一之羯磨。个人之羯磨个人食其报，一家之羯磨一家食其报，乃至一族一国一世界之羯磨则此族国世界自食其报。如此儒家言家族之余庆余殃于佛说则无违异处。只不过佛教中说其大者则就全世界乃至他世界而言，说其小者则就个人而言，而儒家不过专就家族而言而已。梁启超此处论证实是以己意进退佛说，颇有夸大之嫌。依佛教义理而言，众生个体之受报可分等流和异熟二者，又可分正报和依报二者，其中共业所报即摄于依报之中，而社会家族之风气等实是从因缘和合而论，难以从受报之处而言。个体与其所属社会家族的关系为我我所之关系，并非直接将社会等组织看作一有机之体，六道众生中亦未曾言及于此。盖个体生命之业报，从唯识义理而论，必依据阿赖耶识之摄藏执藏功能实行异熟果报而成，而社会组织等实未见有阿赖耶识之存有及其功能，则其熏习现行之所依止无所挂靠。又佛教言业报者根本是从修行上解脱生死而论，故而其异熟果报必建立在一期生命生死变化之间，而社会组织实无此等显了的生死变化，也就无从论及其异熟果报。梁启超在业报说中注重的只是不死者的前后相续，而未曾注意到生死巨变的差别与业报之关系。如果说到群体的流变及其与业报的关系，佛教也主要是从群体组织中个体而言，进而论其共业，当并不以其为以有机体。最后就佛国世界而言，诸净土世界实际即是一世界，且佛国净土世界之建立乃是依止于真如本体之等流而建立，故而无小大等级之分，也非从业报之理而论，佛教中说业报主要仍是从杂染业报而论。再论个体之间的精神风气之影响，乃至教化之中的熏习，即便受报，也必须要个体本身来受熏造业，此后才可以受报，这仍旧是基于生命体而言，也就是从心识之统一体而论。若无此者，既然可以大到社会组织或世界等有造业受熏乃是受报之说，那么小到一极微也应当由造业受熏受报之说，如此各极微各心识各各受报而已，又何须以赖耶而摄藏受报异熟果哉？总而言之，佛教之中本社会组织之说谈之甚少，其理稍阙，亦给予梁启超发挥之空间，但若详辩，则错漏百出；果于建立此说，尚须周密完善方可。其后梁启超亦从进化论的角度于其说再加佐证。

其间梁启超亦假设有人诘难，并作回答。其诘难云：孔教言报之身后，佛教言报之后身，宁得云无异？梁启超回答道：不然。佛固言有么匿之羯磨，有拓都之羯磨，则受报者必不仅死后轮回之么匿体明矣，然则佛之不废家族报应说，与家族报应说之不戾于真理，其可以类推也。故谓孔不如佛之备也可，谓孔佛殊别也不可。诘难又问：身后之报和后身之报，两者岂不是重复？梁启超回答：

> 诇诸遗传之说，则吾之本体固有传焉者，有不传焉者。其传焉者，则报之于其拓都，（拓都与么匿并报，该虽传去而我身固尚有此业存也）其不传着，则报之于其么匿，报诸么匿之义，此则孔教与进化学家所不言，而佛说逾密者也。

此二诘难也很重要。针对第一个诘难，梁启超的回答是说受报有两种：一种是报到个体，一种是报到全体上。如果从佛教而言，类似佛教所谓正报依报。但佛教所言正报依报都是针对个体之受用而言，其基础仍是个体本身；而梁启超所言似乎并未突出针对个体而言的意味，又佛教这里所言的受报必定是异熟果报，而梁启超所说的社会性风气等之相续却没有突出这一点。又身后之报和后身之报，时或有主体不一的情况发生，则成两报。如前一家庭之人死后升天，然其家之后人仍在，有新生者乃受报，于其升天者升天有恩之人，则升天者、生此家者，各受其报而已，此家庭即无有生死又言何报之有？若以为有人之生死变故谓其家庭有受报之义，则以家庭无有生死，其中成员有生死变故而谓家庭有受报者，是则报与不报与受报者本身之生死无涉也。于此只是等流变现而已，岂可谓异熟果报。针对第二个诘难，梁启超所言传不传是从个体之间而言，即是说从此个体遗传到他个体之间的关系为传，而如果是从此个体遗传到下一世之此个体身上者，为报，但非传，可以说传是横向的，而报是纵向的；从遗传的角度言，皆可说为传。从广义的业报角度说皆可说为报。而传也就是横向的报，梁启超以为是报之于拓都，即全体，也就是个体精神影响全体之义；至于狭义的报，即佛教常言之个体的前后世之业报，也特指其正报。所以身后报和后身报两者并不重复，为其一横向一纵向而已，其实至此是可以看出梁启超所谓传、所谓横向之报，如果从其理解佛教意义的角度来看，当是出于其论说因果业报之横向心识结构而来，如果从佛教义理本身而言，实际是赖耶变现八识进而由见相二分变现心境万象之过程而已，也就是皆一期生命之变现而出，其中若就业报性质而言，则偏向于等流因，广泛地说有类似于能作因。可见梁启超说业报是泛化的理解，而佛教说业报是偏重杂染有为法之因果序列。至于儒家所言名之为不死者，为精神业力者，梁启超则说其原理是和家族食报一样，不重新做解释说明。

第五，从个体与群体辩证关系的角度论说业报轮回。从个体和群体或全体的角度来分析说明，即是从么匿和拓都的角度来分析说明。梁启超这一论述带有总结色彩，他首先总说结论：

> 吾辈皆死，吾辈皆不死。死者，吾辈之个体也；不死者，吾辈之群体也。①

① 梁启超：《余之生死观》，《梁启超全集》，第1373页。

有结论之后，再行论证。这一段论述十分繁复，不一一具引，而已今语转述其言，间以评述。梁启超先言死者，所谓死者即个体之死，且个体死亡也不一定是生死大限之死，即言时时刻刻之变异实际即是死亡，只不过人们不觉察而已。这是将时刻变易等同于生死大限，以时刻变易扩充死亡之义。这是从时间上而言死之差别，进而又说死亡也并不仅仅身体肉体上的死，同样包括责任上的死，如不负责任、绝望、灰心等。不死者为何？即我之群体。我所属的各个层次的群体，因为群体之不死，故而我不死。这并是说我全部不死，而是说因为有我之群体的存在，使得我之影响于群体的部分不死，非谓我全部不死，我仍有死之部分，其当死必死不可避免。梁启超说不死时，甚至直接引用佛教大圆性海之说，谓其为群体之不死。此一点实在重要，稍后解释。梁启超为更加清晰地说明如何从死中分辨出不死了，区分出大小我、大小彼四者，此处我为不死者，彼为必死者，各自有大小之分：大我为群体，小我为个体，即言精神之大小；大彼为躯壳，小彼为个体身体中所包含之各分子（笔者按：言细胞更为妥当）等。由此四者之分而论言：小彼不死，无以全小我；大彼不死，无以全大我。小彼之死为身体内细胞血液等流通变迁，新陈代谢，小彼之不死即言细胞血液等无流通变迁、新陈代谢，则若小彼不死，则大彼必死，大彼死则小我之责任精神无以寄托，则不得全，故言小彼不死，无以全小我，必小彼常死，新陈代谢流通变迁，使我大彼得以活，然后能以小彼之死而利小我之责任；大彼不死，即言我之躯体为组成群体之一分子，其亦当于群体系统中流通变迁，新陈代谢，故而言大彼当死，以其死而有利群之责任。此处言大彼之死，并非说劝人自杀等立刻死者，而是言彼之必死不可避免，故不应当贪恋彼生。而人之怕死恋生，实际皆是不明生死之理，以为其事业幸福仅仅限于此大小彼之躯壳肉体而已，而不知此外更有大小我之不死者存焉。故而若有以彼之死而利大小我之益者，当欣然而从死。所以说大彼不死，无以全大我。

由此梁启超进一步论说不死者是为社会的观念和将来的观念。此二观念既是人与禽兽区分的关键，也是人类文明与落后的区分关键。而此二观念在人而言，是自无始以来即有业力羯磨而熏习受之的，虽有程度上深浅广狭之分，绝无根本无此观念根器者。社会的观念，即不限于自身，不限于家族等；将来的观念，即不限于本身，不限于目前，两者皆可推之又推，而至广大深远无限者。论述到此处，梁启超的观念才渐加明确。其所谓社会的观念，即横向上破除我执之观念，以大我而替代小我；所谓将来的观念，即纵向上的破除我执的观念，非过去为我，非现在为我之义。其所谓不死者分么匿和拓都，所谓不死之么匿皆纵向上我之业报轮回不断；所谓不死之拓都，即横向上之精神流传广播不断，自有一个体一个体之流传，也有一代一代之流传。故从横向上言，必舍小我而就大我，因若人人皆从小我而论求之，则渐渐必致大我群体亡灭，进而小我亦不得不亡灭，故言舍小我而全大我之义；从纵向上言，必舍现在之贪图淫乐等而成就未来之无限快乐，因若现在之贪图淫乐，耗尽无余，则将来必贫困无度。如此则当舍现在而就将来。有从我彼而言，以彼必死，而我不死，则真苦真乐，必不在唯物，而在唯心，故而更须于精神上求自由，而不可使之为小我和现在时限所束缚限制，必也求广大深远无限之自由。总结言：

> 吾精神何在？其一在么匿体，将来经无量劫缘以为轮回，乃至入无余涅槃皆此物焉，苟有可以为彼之利益者，虽糜其躯壳，不敢辞也。其一在拓都体，此群焉，此国焉，此世界焉，我遗传性所长与以为缘而糜尽者也，苟有可以为彼之利益者，虽糜其躯壳，不敢辞也。夫使精神与躯壳可以两全之时也，则无取夫戕之，固也。而所以养之者，其轻重大小，既当严辨焉。若夫不能两全之时，则宁死其可死者，而毋死其不可死者。死其不可死者，名曰心死。君子曰：哀莫大于心死。①

此一段可为梁启超生死观之精练表述。若从佛教义理来重新说明，梁启超之论述前后之间固有将真如本体与无明业力之作为本体混为一谈之嫌疑。而其论述业报轮回之结构实际是从心识结构纵横两个方面来进行论述的，这一基本思路，在论康德一文中早已显明，最终成熟是在《原始佛教教理纲要》中。而《余之生死观》则为此种思路探索运用的典型范例。其横向上比较运用以拓都体而言，纵向上比较运用以么匿体而言，如就真如本体而言，实在可以说拓都体即法流等流之表现，么匿体即众生本有真如佛性之论。言么匿体是从个体前后相续而言，是就众生个体各有其真如佛性而言，也是就众生之具有成佛可能而言，可以说即是真如种子之义；而拓都体，则就群体而言，真如本体本为一体，其流入众生个体之中为法界之等流，此就真如本体一如而言。由此二者本为一体，是故生佛无别一如。故而梁启超在论述不死者时直接说我之不死就其究竟而言即是大圆性海之不死。则

① 梁启超：《余之生死观》，《梁启超全集》，第 1375 页。

知梁启超之所谓精神主义之精神者，从究竟上言即是佛教之华严性海，即是真如本体。论及其用则由法界之等流，众生个体之真如种子，以此种子而得以舍染求净之修行，此用有纵横顺逆四种秩序。

三　就用上言横向之精神运用

上所言为就体上言心识之结构，可以说是有情世界中内心世界的构成；而其中涉及业报轮回时，虽已经涉及外在的空间和时间，一期个体生命的纵横流变，但仍旧是从业报因果律的理论描绘上而言，故总体而言是就体上论述世界构成之心识结构，是本着梁启超论境为心造的精神而论述的。如果对比康有为对世界构成的描绘来看，则近于康有为之说微观世界的构成，因康有为认为佛教中对心识构成的描绘名相过于繁复，故而其论述较少，多从宏观的世界构成上论说。梁启超则不一样，反而多从心识构成加以描绘，虽然其描绘大多数是通俗肤浅的，但无疑其中带有极强的个人思想色彩。那么如果就心识构成在世界中的运用而言，则仍须从纵横两个方面来加以说明。于此首当要说明当为时间空间两者。但梁启超论述世界时空构成的方式本是从佛教业识两者而来，业力轮回之三世和心识变现之我他，就体上而言，实际已经包含了时空两者，故而其单独论述时空二范畴的内容反而极少。又本来在就五蕴而分析时间万法的时候，也应当谈及不相应行法之时间和空间两者，但是在论述五蕴和心识构成时，梁启超却专注于名色二分的关系讨论，对于行蕴之复杂构成，仅仅是依顺于经论而作图表简单说明而已，并未就时间空间性质广加讨论，而在论及器世间和有情世间时也没有就世界和众生种类而详加分析。故其内容须从他处辗转论证。今先简单将其于他处论及佛教论述时空二范畴者辑录简评如下。

梁启超于《近世第一大哲康德学说》中随顺康德思想之论述，曾简单提及佛教中论述时空者，并以此参照印证康德之说。康德论说世间空间，是就感性能力之形式而论，即是感性能力依据时空两种模型而整理感官杂乱印象。梁启超理解此点言康德以为视听之作用主总合宇宙间各事物者也。若专就感觉之属于外物者言，则必有赖于空间之总合，否则诸种感觉飞扬流离，不可捉搦。“此外复有所谓内心之感觉者，如苦也，乐也，思索也，决断也，以何因缘能联续此等感觉，使有先后而不相离？于是乎吾人智慧之作用必有赖于时间。时间者，实使我智慧能把持诸感觉，而入之于永劫之中者。”① 梁启超此转述之中已经带有用佛教义理结构来理解的痕迹了，如其中说内心之感觉，又如说时间之与永劫等。但总体而言，与康德之义相差不远，康德即是以空间为综合外在刺激及其杂乱印象之形式，时间为综合内心杂乱感觉之形式。故而梁启超总结说：然则空间时间二者，实吾感觉力中所固有之定理，所赖以综合一切、序次一切者皆此具也。苟其无之，则吾终无术以整顿诸感觉而使之就绪。于此小字自注案云：空间时间者，佛典通用译语也。空间以横言，时间以竖言。佛经又常言横尽虚空，竖尽永劫，即其义也。依中国古名，则当曰宇，曰宙（《尔雅》：上下四方曰宇，往古来今曰宙）。此处明确说明空间时间即宇宙，即纵横二者，即虚空永劫二者。后梁启

① 梁启超：《近世第一大哲康德之学说》，《梁启超全集》，第 1057 页。

超继续转述康德之言时空二范畴为理性自发，非物之固有的原理。梁启超用迷用以为体来总结康德之前误认时空为事物固有的观念。这一观念亦从佛教而来，但也不专属于佛教，儒家亦常讲。再者，就时空织成世界而论，梁启超转述康德从三大原理而总述世界之构成，而非从物质处论世的观念。其言：

> 此三大原理者，黎菩尼士（笔者按：当为今译之莱布尼茨）所倡，而康德大发明之者也。其义与华严宗之佛理绝相类。所谓条理满足者，即主伴重重十方齐唱之义也。所谓庶物调和者，即事理无碍相即相入之义也。所谓势力不灭者，即性海圆满不增减之义也。华严以帝网喻法界，康德所谓世界庶物如大网罟然，正同此意。
>
> 又说：康氏谓樊然淆乱之庶物，实相倚而成一体，此所以欲自度者必先度众生，众生垢而我不能独净，众生苦而我不能独乐也。何也？一体故也。①

考此处梁启超所谓智慧考察作用的三大原理，即是今译之说纯粹知性综合作用中原理之经验类比的三条类比原理：实体的持久性原理，根据因果律而有的时间相续原理，根据交互作用而有的并存原理。此三类比实际是就实体及时空两种形式而有，其中持久性即从实体而言，因果律即从时间而言，交互性即从空间而言。梁启超之转述不知本于何处，将此三条类比直接扩大成知性运用的三条原理，而没有论及知性综合运用时还要涉及的图型法、直观的公理、知觉的推定等，颇有断章取义之嫌。姑不论其错漏处。而独论其以佛教华严义理附会此三条原理的论述。其所

① 梁启超：《近世第一大哲康德之学说》，《梁启超全集》，第1058页。

谓条理满足者，原本当为依据因果律而类比出经验中时间范畴，但梁启超没有看出这是和时间相关的，却说这是十方齐唱之义，甚为牵强；又梁启超所谓庶物调和，原本是从交互并存中类比出空间经验，因为所谓空间就是并存，而时间却不是并存，只能单一存在，故而有先后。梁启超直接以华严说事理无碍而大小远近等相入如一之义附会之，也有牵强之处；最后就实体持存之义，这也是知性运用综合能力时所需的类比，但梁启超以性海圆满义附会之。最后总结言康德谓世界如网，而华严经中以帝网喻法界，二者类似。下一段复论述康德之知性综合能力，其知性综合能力即梁启超所谓庶物成一体之义。但此处梁启超突然以佛教菩萨行中欲自度者必先度众生之义来附会论述，揭示其原因为众生与我实为一体，故而即便自度也非彻底解脱。总结而言，梁启超在论述康德的学说之中，间接提到佛教中论说空间和时间，且以华严之说帝网和十方世界理解康德之言全体世界，这是就佛教义理结构而理解西学义理。但其中以佛教之修行或普度之义理解康德哲学之功用，则有夸大之嫌，颇为牵强。又其中论述时空范畴亦为简略不详。

梁启超论述墨子思想，颇重墨子思想中逻辑学，他称之为论理学。其原因当为墨子名学与现代逻辑学有近似之处。墨子经中言时间则云：

> 始。时，或有久，或无久。始，当无久。①

梁启超在解释此条时，亦从佛教义理而进行解释领会。上句中所谓久就是指时间之延续，有久谓时间段，无久谓瞬间。而始

① 梁启超：《墨经校释》，《梁启超全集》，第 3222 页。

即是无久之瞬间。在解释无久时梁启超云：

> 无久之时，则非常识可见。将时间析至极微极微，终不能不谓之时。后小字自注云：例如菩萨处胎经云“一刹那翻为一念，百二十，刹那为一怛，刹翻为一瞬六十怛，刹为一息……一日夜计有六百三十八万刹那。（笔者案：此处全集本标点有误，令人不解，今依经文义重新标点为：一刹那翻为一念，百二十刹那为一怛刹翻为一瞬，六十怛刹为一息……一日夜计有六百三十八万刹那）”此时也，若云有间，则尚可析，若不可析，则谓之无久也。①

此处所引经文已经重新标点在括号内，其中刹那、念、怛刹（那）、瞬、息皆是时间单位，其换算关系为：一息 = 六十怛刹那 = 六十瞬 = 七千二百刹那 = 七千二百念；而总算一日夜有六百三十八万刹那。又上文极微非空间性之极微，而仅仅作形容微小之义。有间即仍可分析之义。此处梁启超解释墨子经中时间单位，参考佛经中时间单位而理解，因佛教中时间单位较详细完备的原因。

> 又墨子经中云：经：坚，【白不】相外也。②

针对经文，梁启超解释时也参考佛教中说空间的概念和义理。梁启超说其中坚，即是佛典中所谓“质碍”，凡物之形质在空间占一位置者也。凡质碍皆有其所占之空间，此所占互不相容，此空间既为甲质碍所占，即不能为乙质碍所占，故曰“相外”。

① 梁启超：《墨经校释》，《梁启超全集》，第 3222—3223 页。
② 同上，第 3228 页。

因为墨子经文过于简晦，在对其解释之中若不参考佛典中义，颇为难解。其中质碍即是色法之一特性，梁启超解释为能占据空间者，又空间中的排外性即经文中相外之义。若从西学而言，所谓坚或质碍类似空间之最小一点。点既占有空间，又是空间之起始，点成线，线成面，面成体，而合成一空间。若反过来，以坚或质碍为一体，则渐分，最后仍旧为一点，点乃空间之不可分者，即是极微。

上二者就墨子经中论说时间空间二者，而参考佛典中类似说法相互印证。又墨子经中亦有论说因果律者，梁启超解释之时，亦从佛典中相类之处而加以印证。

> 经：故，所得而后成也。
>
> 说：故，小故，有之不必然，无之必不然，体也。若有端，大故，有之必【无】然，（无之旧衍）若见之成见。[①]

此段经文及说也是古朴难解。梁启超释文中解释说故为事物所以然之故，即是原因。原因有两种，总的原因为经文中所说大故，分原因为经文中所说的小故。举例说明，见之成见，也就是眼睛能够看见这回事要完成则需要众多条件和原因（此处因、故即是包括条件原因而言），梁启超列出五个：能见之眼、所见之物、光线、无障、心识。此五者中，缺一不可，所谓大故，即指五因俱全，小故即分因缺一不可，仅有其一未必成见。于此梁启超引佛典诸论参考说：

> 佛典唯识俱舍诸论，皆言眼识待八缘而生，可知“见

① 梁启超：《墨经校释》，《梁启超全集》，第3214页。

之成见”，是故实繁。①

可见此处梁启超是以佛教所言缘而理解墨子之故，也就是其所言之原因。这里是总佛教缘和因二者统一而言，并未特别区分因缘二者。又此处所言因果律者是就纯粹逻辑关系而言，并未就业力业报因果而言。

梁启超论说业报轮回的纵横结构主旨是建立在精神主义之上，他将佛教真如本体和无明业力混于一处而统一为精神，然后再从精神之运用而从纵横两个方面加以阐释。其横向方面运用即是言精神的共时传播，其本质有二：一是就心识构成的横向并存结构，二是从法界等流而说明真如本体一如而为众生所共有之义。此两者在实际用上的表现就是精神在各种方面的表现，中外思想的对比汇通上的表现。就精神在各个方面各个层次的表现来说，梁启超的精神主义是相当广泛的，如论国家精神、国民精神及习气、思想文明、学术、进化动力等等都被梁启超溯源于精神。将精神主义运用到救国之实践中，也就是对业报因果理论的实践运用。1910 年《国家运命论》为此种运用中首要之篇。这一篇的主要大义是想强调国家之盛衰存亡，非有运命，而纯然以人力能左右。这一精神即是由佛教中业力非宿命论而有自业所造，自业所报的精神而来。梁启超于文中引说佛理时云：

> 今欲总答诸难，则不能不稍征引甚深微妙之义以为论据。盖自来言哲理者，以佛说为最圆满。②

此说以佛教义理为最圆满，是从佛教义理最为广大全面深远

---

① 梁启超：《墨经校释》，《梁启超全集》，第 3214 页。

② 梁启超：《国家运命论》，《梁启超全集》，第 2031 页。

究竟的角度而言，前文已经论说，此为明证。也指出梁启超国家学说思想中实际是以佛教义理为其最根本的理论框架和动力的。后文过长，今不具引，但转述之，间以评述。梁启超说佛教以为宇宙中一切现象，都是由于业力相续而成。众生以因缘而造诸善恶之业。所造的业，熏成种子，依于法性，后种子发为现行，成其果报，这就是业报之简说。报与业之间的关系为无少差忒，不能逃避。业之种类有共、不共两种。不共业为个体受报，谓之正报，共业为各人所造之业，散布于社会者，其将来所受之报，谓之依报。关于依报，梁启超小字自注说为社会之一切境界。其实还应当包括自然界之情况，不可单说为社会境界。其后梁启超从进化论和物质不灭两个原理方面给予业报之说证明。此处梁启超明确用物质不灭的理论来佐证业报之说，与《余之生死观》中不同，在《余之生死观》中他随顺基督教的义理，说灵魂为别有、实有，故而认为从物质不灭的角度来论证具有排斥灵魂为实有、别有的危险，但在其文中他还是暗示说西学中这一说法过于偏狭，此即暗示从物质不灭的角度是可以汇通到佛教业报之说的。而《国家运命论》中则明言物理学家所称物质不灭，尤足与斯义相发明。由此正依二报中，梁启超仍旧是侧重依报之精神传播力量、感化力量。他在广泛地暗援儒家家族食报和重名声等来佐证依报之传播力量的广大之后，特别地说：其效力最久远者，尤莫如将一己之思想，腾诸口说，发为文章以传于后，有若孔墨孟荀老庄申韩屈宋贾董马班郑王李杜韩欧周程朱张诸人，虽在百世之下，读其书则精神为其所摄而于之俱。此是就思想家而言，又说：凡历代之当国执政者，其人虽死，而其事业之一部分，恒缘附于其所创因之制度以传于后，而足以范围后世之人。

此是就政治家及政治制度而言。合此二者而言，凡此皆佛说所谓共业也，皆一人造业，而种子播于社会，举社会之人同食其报者也。此处梁启超虽说上所言皆是共业，但是突出了一人造业，众人受报的结构，其中带有极强的英雄豪杰主义观念，也正是这一点和宗教观念有了相契合的地方，如宗教中立教之教主一人造业而发愿救世、又演出大教，由此普度众生，是为众人受报。此种结构之中正是包含着佛教法界等流的深刻含义。梁启超纠结于英雄主义而未曾明了此点，故而其所说之业报是局限在人之造业，而没有深入到真如本体上。如从佛教三法印来说，他是依人不依理，而如从真如本体而言的话，就是依理不依人了。但如果就一人造业而众人受报而言，其实也可以从大乘佛教菩萨行的义理来获得支持和理解，菩萨之行与思想家、政治家、英雄豪杰之行在此则有类似之处，所以也可以看成为菩萨大权显现的一种方便教化而已，于此梁启超受谭嗣同之影响实深。进而梁启超论述国家之盛衰存亡，非运命使然，实乃由全国人过去之共同业力所造成，而至今乃食其依报者也。这是就现状而言，若就现在和未来而言，则说若有人坐视国家之危亡而不肯拯救，这并非是命运使然，而是其国人之为罪业所蔽，漠视公众之利害；又或为业重故，智识蒙昧，思虑短浅，想救却不知如何拯救等等。这里梁启超就公众之盲目而言，实际已经含有启蒙主义的意味了。于此之后梁启超之英雄主义则呼之欲出。但梁启超并不局限于此，而是进一步论述到民众全体，其言：或虽有一二豪杰卒无救于亡，而其自身且摧折抑郁以死。其原因并非英雄豪杰不能与运命抗衡，而是全国人为罪业所蔽，不肯与豪杰共同活动，甚至有的还要仇视英雄豪杰的言行。故而他说既然现在全国人民所受之依报，是由过去全国人共同所造之罪恶业所致，那么现在要改变，也唯有全国人共同造善业。即便不能全部人都造善业，也起码要多数人造善业，以便逐步改善。这样由英雄主义逐步过渡到民众主义，其中民主精神逐渐显明。又即便不能广造善业，也不可以更造恶业，这里所谓更造恶业是说明知国家之将亡而不思拯救的行为。梁启超还特别说明无记业的情况，所谓无记业即不善不恶的行为，梁启超认为这其实也是恶业：此非无善无恶之业，何也？见孺子将入于井而不援手，其不得不谓之恶业明矣。这一说法其精神实际是本于菩萨戒之精神，因菩萨戒中云善业当为，若不为善业亦属犯戒。

总结而言，梁启超在以业报轮回论说国家运命以及救国行为之原理时，仍旧是从纵横两个方面来说明的，就纵向上而言，其突出国家之危亡为过去众生所造恶业所致，今若欲救之，仍当从众生国人全体大造善业而始，期后世能得善果；就横向上言，当初造恶业，当有一二人造恶业，后熏习于社会，得成今日之依报，若今日思救，则一二先见之士，始造善业，后熏习于社会，成就共业，则后日能得善业之依报。而于共不共业中，梁启超于兼摄二者中，侧重共业，这也是大乘佛教之净土精神的体现。又于造就善的共业之中，梁启超则侧重思想之传播和感化力量，即是精神力量。

精神力量的第一个表现是元气。这一点在论述心性本体的时候已经论述，其文中言：所谓精神者何？即国民之元气是矣。自衣服、饮食、器械、宫室，乃至政治法律，皆耳目之所得闻见者也，故皆谓之性质。而形质之中，亦有虚实之异焉。如政治法律，虽耳可闻，目可见，然以手不可握之，以钱不可购之，故其得之也亦稍难。故衣食器械者，可谓形质之形质，而政治法律者，可谓形质之精神也。而求此等形质之精神的精神，则为精神之精神。其后梁启超以国民元气十端来说明这一精神之表现，具体表现待方法篇中详细说明。这是因为梁启超论说世界之构成从体上言是混淆了真如本体和无明业力两者的，此两者本来是分列于染净二因果序列之中，而染法因果序列即佛教中世界有为法之构成，又可从纵横二向上分别说明；净法因果序列实际是依止于真如本体之修行次第，从方法上而言更为恰当，故而放置到方法篇中论述。此二者于佛教义理中井然分别，叙述有次，但在梁启超这里往往混为一谈，故而论述之际不得不强行将之分别。

精神力量的第二个表现却是权力、强权力。梁启超以精神主义接受西方哲学、政治学时，实际集中在两类思想上，一类为偏向于唯理论的思想，一类为偏向于经验论的思想，这本是西方思想中的传统分类，也区分为偏向物质的一类，偏向于精神灵魂的一类，这早从柏拉图开始就有这种分裂的倾向了。在梁启超的接受中，如亚里士多德、笛卡尔、孟德斯鸠、卢梭等是偏向于精神灵魂唯理论的一类；而霍布斯、伯伦知理、边沁、培根、达尔文、颉德等则是偏向于物质经验主义的一类。在梁启超的理解和接受之中，他的理解和接受的基础理论框架是佛教义理，而在梁启超理解接受佛教义理中，他又将真如本体和无明业力因果两序列混为一处，于是他本着此中混为一体的精神，在理解西方思想的两类时，就将此二类思想混同接受，统统放置在精神主义之下而加以接受。《自由书》中，梁启超论述强权的时候，即有将强权力量纳入精神力量之倾向。他说：自吾辈人类及一切生物世界乃至无机物世界，皆此强权之所行。故得以一言以蔽之曰，天下无所谓权利，只有权力而已，权利即利也。这里梁启超论说全世界一切众生皆是从强权而行，即将权利抬高到本体的地位，而一旦抬高到本体的地位或者第一动力的地位，即已经是在与精神力量汇通了。又此强权力量实际仍就进化论之弱肉强食的规律而已，在此规律中寻觅出作为规律性的力量而已。强权力被区分为两种：一种是大而猛的强权力，一种是温而良的强权力，至于为什么说温而良的力量也是强权力，梁启超论述说：至文明人民，则治者与被治者之间，贵族与平民之间，男子与女子之间，其强弱之悬隔不甚大，以故治者对于被治者之权力，贵族对于平民，男子对女子之权力，不得行其暴猛，渐改而就温良。又进一步言：实则被治者与平民与女子，其智力既已渐进，不复安于前此弱者之地位，而前者之强者，遂不得不变其暴猛之权力而为温良之权力。然则直谓前此之弱者渐出其强权（小字自注：因弱者已渐为强故有强权），以压制前此之强者，使不得不稍弱，殆无不可也。这一段解释比较中肯。强权说在西学中多出于强权政治学理论，早如马基雅维利之说，晚如霍布斯之说，皆主此论；而从哲学的角度来说，论说强权理论最为影响深远者当为尼采，但梁启超似乎并没有论及尼采学说，不知为何，或许是其接受西学多从日本二手论述辗转而来，而日本学界是不是对于尼采学说当时即少有涉及，此不得而知，待将来细考。又尼采之权力意志中的确有论述温良之力，在尼采那里大而猛者即是权力意志，而所谓温而良者实际是尼采所谓的道德力量，是孱弱的力量，而并非两者皆是强权力量。梁启超以两者皆是强权，则是因为他将自由权与强权力联系起来。其云：故或有见人民伸其自由权以拒压制之强权，以为此强弱迭代也，不知乃两强相遇，两权并行，因两强相消，故两权平等，故谓自由权与强权同一物。这是说无论强弱双方之任何一方，都想有求自由权之欲望，而欲求自由权则当先求自为强者。梁启超此论若仅仅是从强权政治学的角度来说，固也无可厚非，但如果从严格的哲学义理或者佛教义理上来说明，实际有诸多困难。因为自由权和自由本身，是不是一定要和对弱者的权力施设上密不可分，实在是可以讨论的。如果从佛教来说，自由实际是性空之谓，并不依赖因缘法有为法；而如果从康德来说，自由是由现象界反推出来的，就物自体而言，自由为不可知，也是普遍立法，并不可以立刻说依赖权力所施设的对象。

梁启超在《自由书》之《论强权之发运》中继续论述强权力是从进化论中生发出来的。生存竞争，优胜劣汰，此强权之所由起也。进而梁启超天才般地将强权学说与康有为三世说联系起来。

> 如一人群之初立，其统治者与被治者之差别殆无有，故君主对于人民之强权，亦几于无有，是为第一界，亦谓之据乱世。
>
> 其后差别日积日显，而其强权亦次第发达，贵族之对于平民亦然，男子之对于妇女亦然，是为第二界，亦谓之升平世。
>
> 至世运愈进步，人智愈发达，而被治者与平民与妇人，昔之所谓弱者亦渐有其强权与昔之强者抗，而至于平等，使猛大之强权，变为温和之强权，是为强权发达之极则，是为

> 第三界，亦谓之太平世。①

强权力从精神之本原上而言，实际是从无明业力之为精神本体而来，故而其为精神力量也就突出其进取的一面，也就突出其历时的演变方面，所以从三世说而附会类比。三世说中据乱和太平世中，实际为力量平衡，只有中间升平世对峙的力量是不平衡的，故而有强权的发达，类似一种力量平衡的循环结构，而不一定为康有为所建立三世说的递进结构。

在阐释出强权力量的演变结构之后，梁启超又突出了强权力的横向传播结构。即是从“豪杰之公脑”来进行论述，这也就是《国家运命论》中所言的英雄豪杰主义及其重要之功能。梁启超说：世界者何？豪杰而已矣，舍豪杰则无有世界。这就强烈地突出了英雄的强大功能。

> 一国虽大，其同时并生之豪杰，不过数十人乃至数百人止矣。其余四万万人，皆随此数十人若数百人之风潮而转移奔走趋附者也。此数十人若数百人，能合为一点，则其力非常之大，莫之与敌也。②

豪杰的力量就是一种引导风尚、造就时势的力量。又豪杰能结合成一种更加集中的力量。梁启超以为此即是豪杰之公脑，所谓公脑即是使数十数百之豪杰而如一人，故而豪杰之公脑即国民之公脑。而这国民之公脑即是国民之元气，国民之精神。此种精神是可以横向地影响熏习社会乃是更广大的范围。

《自由书》中论强权的四篇笔记虽然几乎没有引用西学资

---

① 梁启超：《论强权》，《自由书》，《梁启超全集》，第354页。
② 梁启超：《豪杰之公脑》，《自由书》，《梁启超全集》，第354页。

源，但梁启超的论述却是企图自己消化并建立起一种系统的强权力结构理论。故而从这四篇简短的笔记中是可以看出梁启超的论述思路：前两篇笔记就体上言强权力，突出其本质即是自由权，是自由权和强权的一体两面；后两篇是就用上论述强权力之演变，演变分纵横两个方向，纵向上依顺三世说而建立，这时还是没有依顺佛教业报轮回说，但已经相当靠近了；横向上依顺豪杰说，这一点在《国家运命论》中已经显示，其实就是依顺佛教横向心识结构和法界等流的结构。

《自由书》中对日本加藤弘之博士学说的转述和评述也是从物质经验主义方向来接受理解的。加藤的学术是以“爱己心为道德法律之标准”，梁启超以为其学说虽然多有偏激和流弊，但也言之成理。爱己心、自私心和强权力两者看上去是一种力量的两种方向的释放，强权力是此力量向外的表现，而自私力爱己心则是向内的表现。梁启超首先转述加藤思想说利己心有三种：第一是无限纯全之利己心，如下等动物之利己心；第二是有限纯全之利己心，如具有一定群居性质的高等动物；第三是变形之利己心，高等动物也有，但还是以人类为典型，即言其目的本非为他人计，但欲自谋真实之利，而先谋他人之利，然后利己。故而是以利他为利己之一手段而已，所以说为变形的利己心。此三者中最后一种利己心，是一种高级形态的利己心，梁启超说以意识论，可谓之利他，以本源论，实仍为利己。那么这种利己心如果和强权力比较而论，实际与温良之强权力类似，以温良为手段，实际仍旧是一种强权力，温良即利他，强权即类利己。又如果从佛教而言，有为善法中诸多善法皆表现为利他性质，但就其本质而言并未完全破除根本我执，所以即便是利他仍旧是利己的善法而已。这是就八地菩萨之前的修行而言。而如果八地之上的菩萨已经完全破除根本我执种子和现行，法执现行也被伏住，那么其留惑润生，在世普度之有为善法并无利己之心，即便是积集功德之六度大行也绝无利己心。故而从大乘佛教菩萨行来说，第三种利己心实际是在世修行菩萨行的一种方便法门。梁启超也说此乃利用吾人心性上之快乐，以使人勉为善人，为君子，为孝子，为名妇者也。吾人但从其教，则可以得此美名，而吾心亦以大快，此实普度众生之妙法门也。但梁启超对加藤此等学说仍旧是持批评意见的，其以为爱他利他之心，乃人群所以成立之大原，不应当将之抹杀使之成为利己心的附庸。此种方法是尤恐人类不知自私自利而已。梁启超这里的论述已经触及其思想中的混合点，其原本从无明业力论说业报轮回之说，而无明业力中我执自私是为根本，但如从真如本体而论业报轮回之时，则爱他利他之说可为根本。

精神力量的第三个表现是为国家精神。《国家思想变迁异同论》中已经涉及国家精神，但当时仍称之为思想、国家思想。其言：思想者，事实之母也。欲建造何等之事实，必先养成何等之思想。但此处国家思想即是国家精神，是从精神主义而言。如1902年《论中国学术思想变迁之大势》中言：

> 学术思想之在一国，犹人之有精神也，而政事、法律、风俗即历史上种种之现象，则其形质也。①

此即以学术思想为国家精神，是故上说言国家思想者即是国家精神，而下将言之学术思想亦是国家精神而已。

① 梁启超：《论中国学术思想变迁之大势》，《梁启超全集》，第561页。

精神力量的第四个表现即是学术思想，其与国家思想、国家精神两者之间实有共通之理。1902 年《论学术之势力左右世界》一文中言：

> 亘万古，袤九垓，自天地初辟以迄今日，凡我人类所栖息之世界，于其中而求一势力之最广被而最经久者，何物乎？……曰智慧而已矣，学术而已矣。①

此处所言最广被而最经久者，实出于梁启超所论之不死者；又其后言智慧而已，梁启超在论康德学说一文中即以智慧而译康德之理性，而理性纯粹者即是自由意志而已，即是灵魂，即是精神，也即是真如性海等，此诸概念皆是异名而同一物耳。此文论说学术思想，分列十贤：哥白尼、培根、笛卡尔、孟德斯鸠、卢梭、富兰克令（即今译富兰克林，发明电学者）、瓦特、亚丹斯密、伯伦知理、达尔文②。除此外，又列举余者如奈端（今译牛顿）、约翰弥勒（今译穆勒）、斯宾塞、福禄特尔（今译伏尔泰）、托尔斯泰等等。

精神力量的第五个表现是从进化论的角度来说明之节性和死亡。这一点也可以说为牺牲的精神。此一点从其表面来看，实在与常识相反，颇有标新立异的嫌疑。但梁启超从颉德之进化论所得到的思想资源实在很大，其在《余之生死观》中的诸多观念基本上都可以在《进化论革命者颉德之学说》中找到其来源。可以说梁启超的思想中除了佛教业报轮回外，最大的一个理论基础就是进化论了，他是将西学中进化论与佛教业报轮回相结合的

① 梁启超：《论学术之势力左右世界》，《梁启超全集》，第 557 页。
② 同上，第 557—560 页。

典型代表。颉德所谓节性之性，为天然性，为利己心，实际即是生物之本能的繁殖能力。但颉德并不是加藤弘之，加藤的思想极其简单，从利己心之天然性直接就切入了。而颉德却不是这样，他说生物这种天然性，就其繁殖力而言，固然是利己自私的，但是这样并不是进化中最佳的方法，从繁殖力之强大而言，或有生物是从数量上进行，或由生物是从质量上进行。故而有一类生物在进化中，为保持自己在淘汰中竞争中生存下来，就遗传而发明出变化的功能。通过自身在代与代之间的遗传变化，而使得自身种类不断地适应外在环境。颉德此说出于达尔文之说：无论何种生物，必当常变其状态，使有益于己，然后可以生存。颉德从这个观点出发，认为淘汰的目的，固然是使同族中最大多数能够适者生存，但这个所谓的大多数者，却并不是现在，而是寄托在未来。为了达到这个将来的目的，那么现在就必须牺牲掉。梁启超转述言：

> 而所谓最大多数者，不在现在而在将来，故各分体之利益及现在全体之利益，皆不可不牺牲之以为将来达此目的之用。于是首明现在必灭之理与现在灭然后群治进之义。①

又进而阐释言：

> 以寻常人之识见，所最贪者生也，寿也，所最恶者死也，夭也。然死之与夭，有大关系于进化功用者存。何则？彼高等生物下等生物之别，非以其住世之久暂为差，而以其传种之长短布种之广狭为差（小字注云：按若以住世之久

① 梁启超：《进化论革命者颉德之学说》，《梁启超全集》，第1027页。

> 暂第其高下，则动物之寿视人类为长者多多矣。）故高等生物其寿命不特不加长而已，往往愈进于高等而其寿愈短。……使当外界境遇变化甚剧之际，则唯短命者乃可与之顺应。何以故？唯短命则交代之事屡起，于是乎其习惯其状态其性质等变化甚速，得以适于时代而自存。苟不尔者，以长寿而保持旧态，变化甚缓，不能与外界之变迁相追逐，则其竞争必败北，而日归澌灭。夫物之所以有生，其目的必非在自身也，不过为达彼大目的（即未来之全体）之过渡而已。其所以有死，亦即为达此大目的之一要具也，故死也者进化之大原也。①

将此段中所论述与《余之生死观》中观点相比较即可知道，《余之生死观》中的观点实际即是从颉德之进化论而来，尤其这里所谓死之为进化之大原一点，若不从此处理解，今于《余之生死观》一文中来理解则有点令人不解。由此段中梁启超还发展出过渡思想，即以现代之暂存为过渡时期，其目的为的是未来之全体。这一思想与其政治思想、康有为之三世说以及佛教之修行次第都具有结构上的类似之处。反观颉德之说及梁启超对之的理解，其中所透露出来的意思有一点是就死亡之迅速变更而言，此一点在谭嗣同《仁学》中论述通之变化的时候也提及变化之加速的原理。但在《余之生死观》中梁启超特别说明这一原理并不意味着劝人自杀，而是说在不涉及抉择生死的时候，固然要以生命为条件，大造善业；但如果涉及生死抉择的时候，则应当不贪恋肉体之死，而应当坦然接受其死，并以精神之不死而感召

① 梁启超：《进化论革命者颉德之学说》，《梁启超全集》，第 1027 页。

他人。此处无论是从纵向上轮回进化还是从个体与群体的精神转化其实都已经兼顾到了，因为在牺牲自身的死亡中，其进化的目的即有通过自身遗传性的急剧变化来使后代适应环境的意思，而如果能够因此促进后代之适应能力，则后代必得大繁殖，且适应能力强大。故而梁启超说其使同族之最大多数适应生存是在未来而不是目前之现代。如果将这种辗转的促进后代之多数适应生存之道理，类比于其上述之温良之强权力、以利他为手段之利己心，甚至学术思想之非物质而能促进物质之发达等等而言，皆可以看出其中之共性，即是精神之间接力量：精神、思想、学术、利他之利己心、死亡之进化等等都不是直接促进生物、人类自身或同族之生存进化或物质强盛，而是间接地辗转地达到全体未来之大目的。此等观念实际已经是一种超越性的观念。

梁启超在该文末尾之案注中特辟出一段专论生死，其与《余之生死观》有照应之趣。在该处梁启超综合诸家之学说，总结出论说生死之说共有八家不同的观点：

1. 儒家之教。以为死而有不死者存。不死者何？曰名。此处对于儒家之不死者只提及名誉一者，后到《余之生死观》中则发展出家族之食报一者，而综合为两种。

道教之教。其中又分三派：

2. 庄列派。以为生死齐一，无所容心。较乐观。

3. 老杨派。以为死而已，毋宁乐生。较厌世。

4. 神仙派。以为人固有术可以不死，于是炼养焉，服食焉，其愚不可及矣。梁启超于道教修炼之法颇多怀疑。

5. 埃及之木乃伊之术。虽死而欲保其遗骸，其思想不能确指，但要之出于畏死而欲不死之心而已。

6. 印度婆罗门外道。以生为苦，以死为乐，于是有不食以求死者等等。此特指苦修派而已。

7. 基督教。梁启超以为基督教之说是窃取佛说之绪余，此说可能得之康有为，盖康有为常持此论，晚年演讲更以此点为是。基督教说末日审判，死者复生，是模棱两可于灵魂躯壳之间，解释犹未确定。而其天国灵魂之说，因其与佛说类似，故以为可取也。

8. 佛教。佛说最至，谓一切众生本不生不灭，由妄生分别，故由我相。我相若留，则堕生死海，我相若去，则法身常存。死固非可畏，非非可乐，无所挂碍，无所恐怖，无所贪恋。举一切宗教上最难解之疑问一一喝破之，佛说其至矣。众生根器既未成熟，能受者盖寡焉。

上为八家论生死。其中道家三派占三家，又非中国传统者亦有三家，即埃及、印度婆罗门和基督教三家。此处所列固然不是全面，但也是梁启超当时所能见闻的全部了。其通论八家之说以为皆是离生以言死，皆是出世之言，此等皆是宗教家之言死，而非科学家之言死。而如果从科学家之言死中，梁启超则坦言，其必推颉德之论，以为其最是圆满颠扑不破。而如果从佛教来看颉德之进化论则言：

> 进化之义在造出未来，其过去及现在，不过一过渡之方便法门耳。①

从此言中已经可以看出梁启超之对于宗教出世之信仰、佛教之方便教化义理的态度。梁启超将这种精神称之为真正的未来主

---

① 梁启超：《进化论革命者颉德之学说》，《梁启超全集》，第 1028 页。

义，并转述颉德之以进化论学说来评述当世诸思想之说。梁启超之精神主义运用极其广泛，但凡其所论述过的中外思想家，就其思想对于人类整体幸福快乐之增进的间接促进作用而言，都可隶属于精神，而从其根本而言，即言可属于含摄真如本体与业力因果于一体的佛教精神之中。

梁启超论培根与笛卡尔两者，其实皆是以精神而属之，故从广义上而言，皆是精神主义横向上之运用。虽然培根与笛卡尔两者之思想学说有内外之差异。如其言：培根与笛卡尔两派，自其外形论之，实两反对派也。甲倚于物，乙倚于心。甲以知识为外界经验之所得，乙以智识为精神本来之所有云云。但培氏笛氏之学派虽殊，至其所以有大功于世界者，则唯一而已，曰破学界之奴性是也。又说虽谓近世文明为二贤之精神所贯注，所创造，非过言也。此中即名言此二者之思想学说，从其对于人类世界的功用而言，梁启超皆以之为精神。

四　就用上言纵向之精神运用

梁启超论世界构成主要集中在心识结构分析部分，至于其运用则融会在其学术实践之中，即言其横向精神运用即是汇通中西思想文化之义，而纵向精神运用即是汇通传统与现代的思想文化之演变。而在汇通古今之际，梁启超最重要的两个学术尝试即是历史书写和进化论理论推演，中间也涉及对现代时期的界定，即过渡阶段的说明，但这一点过于简略。如果从过未现三世的角度而全面论述到精神的纵向运用，虽有如此全面的规划，但梁启超并未固定地设定纵向演变的范畴概念，这是因为其对进化论理论的解释仅为理论发挥，并未详释发挥；而对历史理论的运用，却又以历史书写实践替代，而其对史学理论的书写多针对史学书写实践而论，并未具体刻画出历史发展的系统范畴。故今仅就其纵向精神运用理论大概而论。

梁启超论精神之运用，是从佛教真如本心义理而出发，此是从实有而论，晚年梁启超不说真如本心，而说无我，实际仍是同一境界，只不过是从无染清净义上论而已。由真如本心中阐述世界生成则有二分，这一说法梁启超最初可能是得之于《起信论》之一心二门的教义。但《起信论》此义甚为简晦，若未能全面汇通，解释起来则甚为艰难。这也是历来心性本净和心性本染的争论所在。而梁启超实际论述二分的角度却是多样，基本来说有四种尝试：第一为随顺《起信论》，以染净觉不觉二门释所开出二分，如此解释，必随顺《起信论》之双重熏习义，即在承认杂染熏习的同时也必须承认真如熏习，此说本甚为圆熟，但因《起信论》在近代有真伪争论，梁虽力挺其为中国所创造之圆熟义理，但其自身于佛理并未曾甚深通达，故而无法依此理而辩驳汇通他说，尤其是唯识学说。故而说梁启超以一心二门染净之义而论其精神运用思想的基础，但也未能完全通达之尽。第二为随顺唯识说，但此说因梁启超对唯识家义理之了解甚为肤浅混乱，故而论述不透彻，又时时与上述混杂在一处，对于有为依唯识义和无为依唯识义两者区分模糊，这也导致梁启超晚年言佛越趋谨慎，对于无我之境往往避而不谈。故而此处言其随顺唯识也是深入其论而勾画出来的，非其自身明确说明而出。此所谓一真心实际是有为之所依止，即阿赖耶识，故而此心实际非真心，实是染心，但也不可绝对说是纯粹染心，因其本身是无记有覆而已。而真心实际是寄于赖耶之中，可说为法界等流，而非赖耶熏习。如此依止赖耶则可十分方便地说有为有染世间的生成，进而二分则是自性生成和善恶生成。梁启超此说见于其《余之生死观》中，因为该文论述是杂乱混淆的汇通，但若细细考察则可得出此理，如其论精神流变有自他二进程，一是自身前后之轮回业报，二是自他横向及前后之影响，而此精神绝非杂染烦恼，单在自身前后轮回业报中，却又明白地暗示是杂染烦恼。这只能说明是因为梁启超对染净二精神流变的因果关系没有彻底梳理清楚。如果确定所谓精神是净义，则此精神即是真如精神，即是性海，是众生共有，故而能在自身及自他之间无染流淌，乃至从一英雄人物身上流淌而遍布于全社会，此明白地是说从佛境而法界等流于众生。但就自身前后之轮回而论，梁启超因为生死流转则以为皆是精神之染义，其实不然，自身前后轮回时，固然是异熟识之为生成根本，但唯识家是说真如即寄在异熟识中，如损减杂染烦恼一分，真如便增显一分。故而说梁启超此说实是唯识家义，因其纠缠于真常唯心家义，故而未能明确说明，此二者之区分即所依染净不同，但实际究竟义上皆可汇通。第三为随顺原始佛教义，兼摄部派时期，此为梁晚年论佛教义理之说所主。即前文分析心识结构时所指出以共时历时二分来说明心识结构关系。此说分析色彩重于生成论色彩，也无特别强烈的一元色彩，故而说其带有原始佛教乃至部派佛教之分析色彩。梁启超谓共时关系及心色关系，其中也含摄心王心所之关系，此中心色或名色之间有生成关系，但也有不离关系，此义未曾详加分辨；就历时上而言，梁启超多随顺十二因缘，而以一世之心理力量前后生成关系说明，也并未完全随顺佛教，而多有依据心理学加以发挥。再者此说观此主旨却又是以唯识有为依为前景，因其所分析皆是有为有染之分析，同时又就客观而论，并未突出真心，且其说根本无明是从无意识而论。但其中分析出历时共时之义是为方便于心理构成之分析，但也产生对真如最终避而不谈之局限。故总体而论此说随顺原始佛教及部派佛教之分析义，嫁接了部分唯识义和现代心理学。第四为随顺哲学义，此仍在《余之生死观》中，梁启超从羯磨中分出个体与整体二者，当然此说因与众说多有混淆，故而与上说诸说皆有混杂。而其分出个体是为有效说明历时的前后业报因果，而说整体义是为了有效说明共时的横向精神传播义。故而个体说中多含杂染熏习义，整体说中多含法界等流义。综合上四说，所分出四种二分，分别涉及：染净、自他、别总、时空，就染净言是说真如本心之所演化性质，就自他言是就真如本心所演变的主观主体分别，此二就主体而言；别总是就外境主体言，时空是就外境客观言。故四种分类又可言为主客内外。主内即涉及纵向时间维度，客外即涉及空间横向维度。

梁启超论说历史主义精神形态首先是将人之有精神与国家民族之有思想学术相类比，人之有精神犹如说人之有真如本性，而国家民族之有精神则意味着国家民族之有思想学术，由此思想学术就获得历史精神之本体地位。梁启超晚年专注中国传统思想文化之思路即是本于此种历史主义精神本体论。

《清代学说概论》中说佛教生住异灭：

> 佛说一切流转相，例分四期。曰生住异灭。思潮之流转也正然。例分四期：一启蒙期（生），二全盛期（住），三、

蜕变期（异），四、衰落期（灭）。[①]

此为明确依据佛教义理之生灭变化论说历史演变阶段。而其他诸历史书写皆就实际历史流变分期而论，虽无具体与佛教义理相关之时间范畴，但已经是依据此理此精神而作之书写实践，故不详细论证。

又梁启超论进化之理及过渡时期之说前论心识纵向结构中已经分析，后梁启超亦未有更多发挥，故亦无法详说，仅就其运用之基础而略作如上说明。周霞《中国近代佛教史学名家评述》中详细关注了梁启超对佛教通史写作进行探索的方方面面，如动机、框架、问题和特点，其中也涉及求法人员之精神和梁启超倡导国民精神的关系，也涉及进化论和历史的关系等等。该书认为梁启超的佛教研究是佛教研究的现代转向[②]，这一点也可以说是梁启超佛教思想在纵向上的自身演化。江湄《“新史学”之“新”义——梁启超“人群进化之因果”论中的儒佛思想因素》也解释出梁启超史学中有浓重的佛教思想，尤其是纵向精神序列[③]。

五　论病

从佛教的角度论说世界之苦，是就众生执持我法二执而言，于世界幻有本性不明了而妄执分别，从而产生种种烦恼法、于中

① 梁启超：《清代学术概论》，《梁启超全集》，第 3069 页。

② 周霞：《中国近代佛教史学名家评述》，上海社会科学出版社，2006 年。

③ 江湄：《“新史学”之“新”义——梁启超“人群进化之因果”论中的儒佛思想因素》，《史学月刊》2008 年第 4 期，第 17—24 页。

生老病死轮回不断，无法脱离苦海。佛教以一切有为法为虚妄分别而有，从究竟解脱而言，皆是苦法，但是从解脱方法而言，有为法中也存有解脱之可能，盖一切修行俱当从有为善法开始。故而佛教论述有为法往往有染净两种序列，有法恶法是为当破除之染法，而有为善法是为修行之方便法门，在其究竟得佛果时方才彻底地舍弃。如果从心识而言，修行之中当重视第六意识的有为慧心所的学习分辨能力，在转识成智时才彻底地将之转变成妙观察智。

梁启超晚年论述佛教教理多从分析五蕴入手，从生理—心理学、科学、哲学等的角度论证五蕴皆空之义。而五蕴说即是分辨世界之法相，就其相上而言，五蕴皆是幻有之相，当破灭之；而从其空性而言，则为当证之性。所以梁启超论说五蕴皆空义即是论述人生之苦，也是论说人生之本性。从五蕴的角度论述人生宇宙之苦空无常无我在上文已经详细说明，虽然其说明是从世界之结构来进行，但其本质已经说明了五蕴皆是因缘和合所有，非有自性，非有我性，即是苦空无常无我，即已经说明五蕴即苦之义，故而此处不重复说明。

梁启超运用佛教思想主要为精神主义，其精神主义运用于思想文化各个层面，故而其论述宇宙人生之苦空无常无我之义，也主要就精神之病之弊端而论。也就是从真如本体之虚妄分别而成有为法的角度而言。而就具体运用上而言，梁启超则主要分析国民精神之弊端来论述精神之病。这与康有为的思路是为同一。

早在 1896 年《论中国积弱由于防弊》中梁启超即系统地分析了国家衰弱的原因为防弊。所谓防弊，通俗地说即是思想压制。梁启超从公私对比的角度说明防弊之本质实为自私：

先王之为天下也公，故务治事，后世之为天下也私，故务防弊。①

这里的意思是说所谓防弊即是指后世政府以一家王朝统治为私，故而害怕家族王朝被推翻，从而压制自由思想，而不从全体国民的角度来施设政务，而从保护自家王朝的角度来施设政务，其全部政治制度措施等全是为了一个目的，即是保护自家王朝统治的长久，故而说这一点为防弊。从秦朝到明代，两千年左右，法制禁止日加严密，政教日夷，君权日尊，国威却日损。

梁启超说这种防弊的观念形成之后，经由历史的熏习继承，影响了中国历史两千年，从而导致国家国力衰弱。

防弊之心乌乎起？曰：起于自私，请言公私之义。②

就本质而言，防弊观念产生的根本愿意即是自私，因为自私地想保护家天下的统治从而产生防弊的政治观念。

1900 年《中国积弱溯源论》中，梁启超更加深入地考察国家衰弱的原因，其分析中国积弱有四大原因：积弱之源于理想者、积弱之源于风俗者、积弱之源于政术者、积弱之源于近事者。所谓积弱源于理想中梁启超论述理想为：

理想者何物也？人人胸中所想象，而认为通常至当之理者也。凡无论何族之民，心有其社会数千年遗传之习惯，与其先哲名人之所垂训所传述，渐渍深入于人人之脑中，涤之不去，磨之不磷，是之谓理想。③

---

① 梁启超：《论中国积弱由于防弊》，《梁启超全集》，第 63 页。
② 同上，第 64 页。
③ 梁启超：《中国积弱溯源论》，《梁启超全集》，第 413 页。

此处所谓理想即群体国家之理想，而非个体之理想。此理想也即是梁启超所倡言之传统文化之精神。梁启超说理想为天下之最大力量者，其力能生种种风俗，种种事业。一当理想形成，想要以一种新的理想来更改，那么非要有雷霆万钧之力不可。梁启超说中国人脑中的理想观念中，善而可贵的固然不少，但其误而当改的也不少。梁启超分析了中国人心目中有三种理想是为精神之误区：一曰不知国家与天下之差别。梁启超说：吾中国数千年来，常处于独立之势，吾民之称禹域也，谓之为天下，而不谓之为国，既无国矣。何爱之可云？夫国也者，以平等而成，爱也者，以对待而成。这是说中国数千年来，同处于一小天下中，视吾国之外，无他国，缘此理想就有两种弊端：一是骄傲不与他国交通；二是怯弱而不欲与他国竞争。梁启超此说实际是说中国古代的国家观念过大，等同于天下，从而没有小国之自我挂念，从而也就间接地产生蔽塞怯弱的观念。二曰不知国家与朝廷的界限。此是说中国自古以来但知有朝廷，而不知有国家，将一朝之兴亡等同于国家之兴亡，由此混淆二者，以爱朝廷为爱国，由此而甚少有国之耻辱感。三曰不知国家与国民之关系。这一点仍旧是承接上二者而来，是说中国固有之观念不认国民为国家主人，反以君王为国家主人，由此使得国民自成奴隶而不自知，由此国民于国家而不顾不问，袖手旁观。

所谓积弱之源于风俗，梁启超分析了六种国民品性，此六种品性皆是所谓国民之劣性，而不能自主爱国救国之内在原因，其六种分别是：奴性、愚昧、为我、好伪、怯懦、无动。所谓奴性者即国民自视为奴隶的品性。梁启超说：数千年民贼之以奴隶视吾民，夫既言之矣；虽然，彼之以奴隶视吾民，犹可言也，吾民之以奴隶自居，不可言也。梁启超说举国之人，他无所学，而唯以学奴隶为事。梁启超所揭示之奴性实为中国文化长期官本位所导致，亦确为国民之千年不良之品性。梁启超说有如此性，有如此民，积之千岁，毒遍亿身，生如无生，人而非人，虽不欲堕落，又持何而生存。所谓愚蠢，梁启超是说国民素质不高，如言四万万人中，识字者不满五千万人，更不用说通文意，解文法之人数了。以此国民智慧不生，则难以生其实力，难以广其谋生之途，难以实行群治之美。为我即自私，此是说中国人无合群之观念，但有自利之观念，梁启超云中国人不知群为何物，人人心目中但有一身之我。所谓好伪，实是从中国礼制传统而来，但只存礼制形式，而少礼制之实质，故而从行为实效上而言，皆好尚伪。怯懦是从中国尚文治轻武治而来，梁启超说中国右文，此其根源，殆由理想而生者。因诸先圣多言宽柔以教，但梁启超以为降之末流，则为误用斯言，以柔弱为善人，遂导致国民柔弱，国家积弱。最后所谓无动，即无动于衷，袖手旁观之义，梁启超以为此观念是从老子无动为大而来，导致国民于国家存亡之事无动于衷。此六种品性确为中国传统民风民俗之固有，虽然梁启超之论稍有极端，但亦是实情，实是国民精神之弊端。

所谓积弱之源于政术者，即是分析政治制度上导致国家积弱的原因，梁启超认为中国千年的政治制度是愚民、柔民、涣民政治，所持之政术是驯民、餂民、役民、监民之术。所谓驯民之术是说：本来天生人而使之有求智之性，有独立之性，有合群之性，但统治者为了他的统治，则必先使国民失其本性，而后能就其范围，犹如驯复动植物一样。故而人民之愚昧无知、奴性自居，好伪自私，不乐无动等品性实际皆是统治者驯民愚民所致。

而所谓饵民之术即是指通过一定的利益或荣誉等来统治控制民众，梁启超以科举取士为例说明历代统治者网罗人民为其所用之饵民之术。所谓役民之术即通过强大的官僚制度来奴役广大人民之义。所谓监民之术，即指统治者为防止民众造反而通过强大的国家机构来监控民众之义。

积弱之源于近事是就直接原因而言，梁启超说前三者是就总因、远因而言，而近事是就近因而言。于此近因中梁启超分析了清代朝廷统治时期的一些具体措施，以之为国家积弱的直接原因，其中清朝廷之实施满汉之分，咸丰同治年间镇压农民起义等等。

《中国积弱溯源论》是梁启超全面探讨国民劣性的著作，其中许多观念对后来诸如鲁迅、柏杨等皆有深远的影响，而其中论及的问题许多至今也没有得到完全彻底的改善。此诸种国民品性从其根本上言，皆是就国家精神、传统文化思想精神而论。

1900 年《论今日各国待中国之善法》中梁启超又简略地说明国民品性中的精神问题，其先从佛教中常见的医病的譬喻说明救国方法：

> 办事者如医病，先知其病根之所在，而以药攻去之，病根去而元气复。若所下之剂，过于狠毒，溢出于病根之外，则药又为生病之媒焉，今日中国知病根何在？即西太后党之政府是也。①

此处所说国家之病是就近因而言，下又说总因远因：

① 梁启超：《论今日各国待中国之善法》，《梁启超全集》，第 433 页。

> 吾观中国之病不一，然有一总源头，源头维何？即守旧自大，憎恶外人之心是也。因有此心，故种种安民良法，不肯仿效，以至不能自治其国，使乱机满地，民不聊生。①

如果将此一观念对照前文，则可见此一点对应于前文中论国民之理想中混淆国家与天下的品性，从而在具体的运用上就是守旧自大，憎恶外人之心。但梁启超此言也极端，对帝国主义列强侵略本性认识不清，也对各种治国救国方法之寻求具有急迫不择的天真动机。

到1915年《伤心之言》中，梁启超再次论及国民品性的问题，此次再论实是梁启超政治运动上失败之后的痛苦思考，故而其自题题目为伤心之言，实际也说明其救国方法之不适宜。但梁启超此处所批评主要集中在对士大夫的批评。其批评当时知识分子有三大恶劣品性：良心麻木、假汝之名以行罪恶、弱点之相互利用。其描绘良心麻木者云：病称良心麻木者，自宽纵其蟊贼，一事而任其再四挠之。浸假而事事皆任其再四挠之，挠之不已，而所谓良心之最后命令者，已不复现，更挠之不已，驯至并第一命令亦蛰缩而不复敢宣。此处所谓良心麻木即是前文所论述的无动的国民品性。其描绘假名行恶者云：我国数千年来，道德上之嘉名，为彼巨憝小丑假之以为恶者，既不知凡几。海通日新，而所谓个人道德、社会道德、国家道德之种种新名词，其流转于吾人口耳间者亦日伙。无论何种类之罪恶，皆得缘附一二嘉名以自文饰，无论何方面何种类之人物，皆能摭拾一二嘉名以自捍圉以逃人责备。又说：彼等盖犹三代之遗直也，自知其为罪，而不敢

① 梁启超：《论今日各国待中国之善法》，《梁启超全集》，第433页。

牵率天下人与我同罪，则罪恶之一名词，犹存于天壤，而与众恶相对之道德，亦有所与立，自假之术大行，则举凡天下之罪恶，皆为道德，举凡天下之道德，皆为罪恶，岂唯国将陆沉，不至举人类悉灭绝焉而不止也。梁启超此说假名行恶者即是前文所言之好伪之极端者。弱点之相互利用，梁启超说凡人类皆有公共之弱点，一公民又各自由一国民之弱点，一时代又有一时代之特别的弱点。自爱之士，善自矫正其弱点而已，爱国之士，善矫正国民时代之弱点而已。但是枭雄之夫则相反，利用国民之弱点而成就其自私之利益。梁启超说不自痛心于其弱点，而唯痛心疾首于利用弱点之人。这一点实际对应于前文之论政术为积弱之源泉的四点，因为论述政术之愚民、饵民、驯民、役民者即是利用国民之弱点而统治之而成就枭雄之私利。

梁启超论述国民劣性甚为深入全面，其所论述皆是从精神主义之弊端而论。因梁启超本于精神主义而论救国治国，故而其论述治国救国之病亦从精神之病而论，而论精神之病即从传统思想文化之弊端而论。

第三节　谭嗣同论世界构成及苦

一　世界构成

（一）宇宙构成

谭嗣同并未像康有为那样专门论述诸天宇宙之构成，也并没有像梁启超那样广阔地从心识结构上建立纵横两种序列来阐释社会历史现象。这固然是因为谭嗣同英年早逝，未及发挥其思想。但谭嗣同之佛教思想也有其优点，即是其佛教思想实际甚为广博宏大，但正因其面面俱到，却也任何一个方面都论述得周密深刻或详备周全，且也没有就佛教思想任何一个方面专门论述，诚为遗憾。如其论述宇宙之构成，并未详切深入地专门论述，而只是在《仁学》第一节中论述通之总义时提及而已。其所论述宇宙构成，仍旧是从以太本体之凝聚功能说明宇宙中各星体之间的汇通关系。

谭嗣同首先从地球与月球之关系说起，月球和地球相互吸引，然后与八行星相互吸引，成一世界，谭嗣同所谓一世界即是今所谓一太阳系。恒河沙数世界成一大千世界，此大千世界即天河之星团，即今所谓之银河系；大千世界又复绕他星而旋转，成一世界海。恒河沙数世界海成一华藏世界。华藏世界上始足为一元。

谭嗣同此说是融合了华严经中论述华藏世界的义理和现代天文学的知识。所增添的即是相互吸引之力以及围绕恒星旋转的天文学知识。又以世界为太阳系、大千世界为银河系，此等观念亦是近代学者以科学佛理相互辩证互释之常言之论。

（二）微观构成

上节是从宇宙宏观上而论世界之构成，此处则是从微观上论世界之构成。谭嗣同首先说明微观上有质点与分剂两种微观组织，有质点复是六十四中原质所构成。故而此中以原质为基本粒子，而原质之原即是以太。以太成原质，原质成质点，质点为万物均有之基本构成，质点之聚即成万物乃至香味触等诸法。

谭嗣同此说即是随顺于佛教之极微说，其中质点即是取于佛教之极微义，当然于此中谭嗣同以凭一己臆测发挥而将西学中基本粒子说、化学元素之说等等融于一体。

（三）心理构成

谭嗣同之论心理构成主要随顺唯识义理，又加以自己的发挥。谭嗣同论述心识结构主要是为了论述唯识之转识成智之义，也是从心理学上说明心力挽劫的救世方法，故而心识结构主要是放置到第四部分论述方法的地方论述。但此处也当简单说明谭嗣同所述之心识结构。

谭嗣同随顺唯识，主张八识论：前五识、第六识即意识、第七末那识、第八藏识（即阿赖耶识）；而转识成智之后，前五识转变成成所作智，第六识即意识转成妙观察智，第七末那识转换成平等性智，第八藏识转成大圆镜智。《仁学》第二十六节中详细说明此义，且以转识成智的进程来阐释孔子自述之修学进程。

又《仁学》第四十五节中复论心识结构，先从心力之各种凹凸力之状而描绘，此中所述之力即是心力之运用，也即是心力之结构，此节中十八种凹凸力如下：

永力、反力、摄力、拒力、总力、折力、转力、锐力、速力、韧力、拧力、超力、钩力、激力、弹力、决力、偏力、平力。

又谭嗣同《仁学》全书虽以仁字命名，但其全书却是以心力挽劫而为全书主旨，故而其书以力而论述之文遍布全书。除了此处集中地表述出十八种凹凸力，在全书其他处还提及各种力，简列如下：

1 爱力，吸力

9 以太有相成相爱之能力

10 防力，水力

11 精力

12 目力

13 道力，业力

15 大力

19 威力

20 才力

21 田妇之力，人力，机器助力

22 地力

30 智力

33 民力

38 权力

39 思力，(佛教) 助力

41 涨力，挤力

43 愿力

44 咒力

49 自力，他力

此处所列诸力几乎遍布了全书篇章，也遍布了谭嗣同所论述的各个部分内容。所列条目前之数字即该力之范畴所在之小节次目。由此实可以看出，谭嗣同实际极其强调力之功用，甚至可以说全书即是力学之书。

除了从诸力的角度说明心力之构成，谭嗣同还将八识和人脑之结构类比。谭嗣同认为脑气之动者，也即是意识，是大脑之用；大脑之体为藏识；小脑之体为使有为法动用者，即执识，即第七末那识，小脑之用为前五识。如此则亦大小脑分体用分别对应八识之四分，列图如下：

藏识（即第八识、阿赖耶识）	大脑之体
执识（即第七识、末那识）	小脑之体
意识（即第六识）	大脑之用
前五识	小脑之用

谭嗣同此说不知从何而出，也可能是其一己臆想发挥而已。谭嗣同在此是企图汇通现代西学中的生理学心理学和佛教唯识义理，但此说却不一定符合现代科学原理。因为现代科学以为大脑主思维、小脑主肢体运动，故而谭嗣同此处以小脑主第七末那之执识，并不符合现代科学之说。

（四）身体构成

《仁学》第二节中谭嗣同谈及身体之构成，尤其是人脑之构成：

> 以太之用之至灵而可征者，于人身为脑。其别有六：曰大脑，曰小脑，曰脑蒂，曰脑桥，曰脊脑，其分布于四肢及周身之皮肤曰脑气筋。①

谭嗣同此处之分别人脑构成与第四十五节中主说大小脑二分不同，更加详尽地分别出六个部分。这六个部分中以脑气筋类似于电，也类似于以太，具有通之功用。

除了主要论述人脑之构成外，《仁学》第一节中还提及身体之构成，但并不详尽。

> 夫人之至切近者莫如身，身之骨二百有奇，其筋肉、血脉、脏腑又若干有奇，所以成是而粘砌是不使散去者，曰唯

① 谭嗣同：《仁学》，蔡尚思、方行编《谭嗣同全集》，第 295 页。

以太。

身之分为眼耳鼻舌身。眼何以能视，耳何以能闻，鼻何以能嗅，舌何以能尝，身何以能触？曰唯以太。①

此处论身之有骨、筋肉、血脉、脏腑等，又从官能上论有五官，此说是依顺佛教六处和前五识而论身体构成。

第十六节中亦复论述人身之构成：

一身而有四体五官之分，四体五官而有筋骨血肉之分，筋骨血肉又各有无数之分，每分之质点，又各有无数之分，穷其数可由一而万万也。②

此处以四体五官而论身体构成，四体即言为筋骨血肉，这当也是谭嗣同之一己发挥，因为一般所谓四体即是四肢而已。而五官即上文所言眼耳鼻舌身。因五官中含有身，而一般所谓四体实即是身之部分，如果依顺旧说四体为四肢，则四体五官有重复之嫌，可能由此谭嗣同而别释四体为筋骨血肉四者。而身体又可分为无数质点，质点又更可分，但没有更加细分。如果结合前说，当知质点之细分为原质，质点之上为分剂。

其后文又从生命之流程上言身体之变化：

由胚胎以至老死，由气质流质以成定质，由肤寸之形以抵七尺之干，又由体魄以终于溃烂朽化，转辗变为他物，其数亦由一而万万也。③

① 谭嗣同：《仁学》，蔡尚思、方行编《谭嗣同全集》，第 294 页。
② 同上，第 314—315 页。
③ 同上，第 315 页。

如果上说四体五官是从横向共时上言身体之构成，此处则从历时上言生命之体从胚胎从死亡的变化，其中以质而论，言有气质、流质到定质，这里的质即是质点进一步构成的形态。后复说生命死亡身体可转化成他物，这里谭嗣同采纳了西学中物质不灭的原理。因此处论及气质，是取于儒家主气论之义理。

> 我之饮食呼吸也，将取乎精英以补我之气与血。然养气也旋化而为炭气，红血也旋变而为紫血；或由九窍而出之，为气，为唾涕，为泗洟，为矢溺，为凝结之物；或由毛孔而出之，为热气，为湿气，为汗，为油，为垢腻；或为须发之脱，或为爪甲之断落。力气血之为用也，曾不容秒忽而旋即谢去，确指某气缕之出入为我，某血轮之流动为我，不能也。①

前说气质、流质和定质，其起始即是气质，当为质点之气化状态。故而此处谭嗣同从饮食开始论及身体之吸收消化。首先是饮食呼吸转化成气，又进而成炭气。炭气不知所出何处，当应是阳气、精气之类。红血成紫血，此当为动脉血成静脉血。此从气血两处论身体之修养。气血等从九窍出，为气、唾涕、泗洟、矢溺、凝结之物；或由毛孔而出之，为热气、湿气、汗、油、垢腻；或为须发之脱，或为爪甲之断落。不管是从窍中出，还是从毛孔出，其首先出的皆是气，其后乃转变成流质，如唾涕、泗洟、汗、油等，最后才是凝结之物。这种从气到液到固态，即对应于上文之气质、流质和定质。

综合谭嗣同之论人身之构成，论说虽颇简略，但综合起来却

---

① 谭嗣同：《仁学》，蔡尚思、方行编《谭嗣同全集》，第315页。

也全面，有专说人脑之结构，有说身体之结构，有说生命过程中身体之变化，有身体内部消化物质之变化。可以说共时历时横向纵向内外上下等方方面面都已经说到。其中涉及佛教义理者主要集中在人脑构成，而另外也采纳了西方科学和儒家主气论的学说。

（五）电力构成

谭嗣同的论述甚为全面，当然也甚为庞杂。故而其论通及论体系结构也多从物理学的方面进行论述。其在二十七界说中首二条即将电提升到与仁、以太、心力等同样高的地位。《仁学》第二、三节中多言电之构成。谭嗣同说电有有形、无形两种：无形之电即虚空之中，有形之电即脑，故说“脑其一端，电之有形质者也。脑为有形质之电，是电必为无形质之脑”。故此处电即是通之力的另一表述名相而已。第三节中直接说：脑即电，脑气筋之周布全身即是电线之四达。

《仁学》第十九节中复说电有正负二者，并以正负电相合而成以太之动机。

> 独不见夫雷乎？虚空洞杳，都无一物，忽有云雨相值，则合两电，两则有正有负，正负则有异有同，异则相攻，同则相取，而奔崩轰訇发焉。①

谭嗣同此处以雷电譬喻电之为以太，论说电有正负，正负相合，产生雷电，譬喻成动之机。

《仁学》第四十五节中复阐释电力之说：

> 其动法：长短多寡有无，屡变不定，而疾速不可名言，

① 谭嗣同：《仁学》，蔡尚思、方行编《谭嗣同全集》，第319—320页。

> 如云中之电，无几微之不肖。信乎脑即电也。吾初意以为无法之动，继乃知不然。当其万念澄澈，静伏而不可见；偶萌一念，电象即呈，念念不息，其动不止。①

此处仍是以电与脑相类比作譬喻，故文中言脑即电，又进一步说脑中念相即如电象，此处所说偶萌一念，即前文所言脑气筋之发动，电象呈现即成念念不息。

（六）二分：灵魂体魄

谭嗣同总论世界构成时复从精神物质二分，简别万法。二十七界说中即点明：

> 灵魂，智慧之属也；体魄，业识之属也。②

此二分即灵魂与体魄，这是从儒家义理而来，康有为也以魂魄二分来简别万法，梁启超同样以魂魄二分简别万法。谭嗣同则于此二分进一步对应于佛教中智慧与业识二者。谭嗣同此说与梁启超之论并不一致。这是因为梁启超主精神主义本体，而精神之本体在梁启超那里徘徊于业力与真如二者之间，并未确定清楚究竟从属于此二者中何者，因而梁启超多随顺于《起信论》之一心二门论。但谭嗣同则明确地以智慧对应灵魂，业识对应体魄，其中智能与业识之二分是明确地以佛教中染净两种因果序列与之对应。其中智能即从正智和真如本体而来，是明确地本于心净本体之论。

> 通则必尊灵魂；平等则体魄可为灵魂。③

① 谭嗣同：《仁学》，蔡尚思、方行编《谭嗣同全集》，第364页。
② 同上，第292页。
③ 同上，第291页。

谭嗣同虽分灵魂体魄二者，但此两者之间必尊灵魂，而如果平等之后，体魄却可转为灵魂。谭嗣同这样的论述和梁启超的观念之差异，固然是因为谭嗣同早逝，而梁启超学术寿命较长。但也同样是佛教义理本身就有的方便教化之差别。如果侧重智慧为本体，以此为生成之根本，则较易说明修道的次第，但于有为染法的生成次第则较难以说明清楚；反过来，如果像梁启超那样侧重业力—因果律，则于有为染法之生成较为易说，而于修行之净法次第则难以说明清楚。从中可见梁启超之佛学思想较侧重于说明有为世间的生成演变，而谭嗣同则较侧重于说明修行净法之次第进程。这也是因为谭嗣同佛教信仰色彩较浓的缘故，而相对的，梁启超宗教信仰色彩则较平淡些，而客观知识之研究色彩较为浓重。故而，此两种义理阐释思路本各有优劣，亦各为相应根器而方便施设。

（七）家国等之构成

《仁学》第四节中在通的名义下论述人群组织之构成。其从最小的组织进而扩充到更大的人群组织。故从一己之我，进通之父子兄弟，到一家、一乡、一县；进而扩展到一国，又进而成全球。谭嗣同以为即便是全球者，也是一身一家之积。又进而从邻近之角度论述人群组织之构成方式：

> 近身者家，家非远也；近家者邻，邻非远也；近此邻者彼邻，彼邻又非远也；我以为远，在邻视之，乃其邻也；此邻以为远，在彼邻视之，亦其邻也；衔接为邻，邻邻不断，推之以至无垠，周则复始，斯全球之势成矣。且下掘地球而

通之，华之邻即美也，非有隔也。①

这种方式就是邻近之义，邻之又邻，进而就演成全体如家国者。故而说掘地球而通之，皆是邻之功用，致全球全非有隔。谭嗣同在此意义上遂极其重视交通和通商方法对于空间上的通用功能。

（八）生、灭二种：大轮回与细轮回、微生灭

在论述世界构成时，无论康有为、梁启超都宏观地从时空两方面加以论述，尤其是对时间范畴的说明，如康有为之论三世、历劫，梁启超之论轮回、历史演变。纵向时间上的论述无论是就个体，还是就社会群体都是极其重大。尤其是就国家历史的巨大演变上探求家国个体之命运前途，是为当时广大士人忧心彻骨关注之处。故而论述时间结构本身就有探求社会历史发展规律之潜在诉求。

谭嗣同当然也不例外。其所论述生灭轮回者实即是就时间序列上论万法之变化规律，自然其中已经暗含了对个体生命及国家社会历史发展规律的探求。探求生命生灭变化之规律是为谭嗣同思想之重中之重。谭嗣同论述生灭之义也是就时间序列上探讨通之原理。

《仁学》第十三节中论述生灭生死之说：

欲明乎死，试与论生。生何自？而生能记忆前生者，往往有之。借曰生无自也，则无往而不生矣。知不生，亦当知不灭。②

① 谭嗣同：《仁学》，蔡尚思、方行编《谭嗣同全集》，第296页。
② 同上，第308页。

此处谭嗣同首先从轮回之义推导出不生不灭之粗浅义。因此处言不生不灭并非直接说万法完全没有生灭之相，而是说虽有生灭，但虽灭却能有后生，虽新生又复能忆前生。由此义说不生不灭，可见其所论不生不灭是就轮回主体而论。

为说明此义，谭嗣同复从物质不灭原理上论述天地固有之质点粘合成人则为生人，后散而还原为质点，又复粘合成新人新物。从质点的角度说明人之构成本是论述身体构成的义理，但从此构成上加以说明生死流变轮回，则结合了物质不灭能量守恒的科学原理来说明生灭轮回之义。故而说谭嗣同简单总结说：生固非生，灭亦非灭。又进一步统摄诸教诸派思想说明生死轮回之义为各家皆有之义。

> 由是张横渠有“太和”之说，王船山有“一圣人死，其气分为众贤人”之说；其在耶，则曰“灵魂”，曰“永生”；在佛则曰“轮回”，曰“死此生彼”。或疑孔子教无此，夫《系易》固曰：“原始反终，故知死生之说，精气为物，游魂为变，是故知鬼神之情状”，何为不言乎！①

谭嗣同汇通诸派思想往往有夸大之嫌，不及细说，亦难以详明其论中确义。故而张载之太和说，王夫之之气分说，基督教之灵魂、永生说，佛教之轮回，皆是同一义，皆是上文所言不生不灭之义。谭嗣同复论说儒家也有此义，即易中所言原始反终之义。谭嗣同论述此义之后似乎觉得意犹未尽，复又从业报的角度加以说明，此明白地是以佛教轮回业报之说统率前之诸说，谭嗣同是就其中业报轮回之主体同异性而论。

---

① 谭嗣同：《仁学》，蔡尚思、方行编《谭嗣同全集》，第309页。

> 或曰："来生不复记忆今生，犹今生之不知前生。虽有来生，竟是别为一人，善报恶报，与今生之我何与？"则告之曰：达此又可与忘人我矣。今生来生本为一我，而以为别一人，以其不相知也。则我于世之人，皆不相知，皆以为别一人，即安知皆非我耶？况佛说无始劫之事，耶曰"末日审判"，又未必终无记忆而知之日也。①

这是一则答辩，谭嗣同虽然并未将其中义理阐释尽透，但于佛理信仰之坚定倒可见一斑。劫难所问是就轮回主体同一性而起疑问，佛教轮回业报之理本难从义理上说明论述，亦难以令不信之人信服。历来论说此理者要么从业报案例上以实例说明，要么从此生时间变化上论述说明。但此二者要么是他人之事，难以令自身信服确定，要么是此生之哲理而难突破到三世轮回之实事，终究还是难以令人信服。故而谭嗣同于此仅无奈而言"未必终无记忆而知之日也"，而这也就是说目前首要之处仍当是信仰，期日后修行到宿命通之际，即可真实明见三世业报之事。

至此谭嗣同所论皆就大轮回大生灭而言，《仁学》第十五节中说：

> 是故轮回者，不于生死而始有也，彼特大轮回耳。②

故而知一期生命之轮回者，在谭嗣同看来是大轮回，他另有小轮回之论，其将之称之为微生灭。

> 不生不灭乌乎出？曰：出于微生灭。此非佛说菩萨地位

① 谭嗣同：《仁学》，蔡尚思、方行编《谭嗣同全集》，第 309—310 页。

② 同上，第 313 页。

之微生灭也，乃以太中自有之微生灭也。[①]

此处谭嗣同首次提出微生灭之说，其微生灭为以太之动机，即是不生不灭之所出，也即是依顺唯识而论阿赖耶识之异熟果报，也就是说一期生命之起始原也本于前世业识之在今生的异熟果报，故说为微生灭。故而此微生灭是有为法之所依止，而非无为净法之依止；说非佛说菩萨地位之微生灭，此处所谓菩萨位的微生灭当是指菩萨指在世示现之义，因其相似于有为法之生灭，但实非有为染法之生灭。谭嗣同说是以太中自由之微生灭。

大轮回之念念相续所造就，谭嗣同言：

> 何所为而生，何所为而死，乃终无能出于生死轮回之外，可哀矣哉！由念念相续而造之使成也。[②]
>
> 人之能出大轮回与否，则于其细轮回而知之矣。细轮回不已，则生死终不得息，以太之微生灭亦不得息。[③]

前文已经论说细轮回即是无对待之生灭急速变现，是突破时空限制的生灭变现，因其细微深密，故而难测难知，而名之为细轮回，微生灭，唯佛菩萨能证能知，凡夫仅是从理上推知而已，是比量非现量。也正因细轮回微生灭之难言难证，故而单就语言名相上而言，其既是不生不灭又是生生灭灭。既是一多相容，也是三世一时。谭嗣同说微生灭细轮回主要为了突破对待，以便从染法序列转变到净法修行次第上来，进而论述日新之次第。

故而《仁学》第十八节开头即言：反乎逝而观，则名之曰

① 谭嗣同：《仁学》，蔡尚思、方行编《谭嗣同全集》，第312—313页。
② 同上，第313页。
③ 同上，第313页。

“日新”。谭嗣同此说中讲反观，后文又说日新、革新等言辞，从当时思想背景来看，当为维新变法鼓噪舆论，但其中革新变革之革命义已经呼之欲出。其中反观之义即是逆转两种因果序列。如比较康有为之思想可见谭嗣同此反观之义与康有为之逆违成学之说相类。如从唯识义理来说，实是本于有为依唯识思想，而非随顺真如本体的真常唯心思想体系。谭嗣同在此明用儒家日新之说，实暗用佛家断除有为染法成就涅槃之义。但谭嗣同也统摄诸家之说论说日新之义：

> 孔曰“改过”，佛曰“忏悔”，耶曰“认罪”，新之谓也。孔曰“不已”，佛曰“精进”，耶曰“上帝国近尔矣”，新而又新之谓也。则新也者，夫亦群教之公理已。[①]

此中改过、忏悔、认罪皆是反观变革之义，而不已、精进则是在新秩序上的增进之义。从此义中实可看出谭嗣同佛学思想与康梁二位的绝大差异，康梁二位皆有随顺真常唯心系之思想，随顺儒家之仁心本体之说，论佛教教化为方便施设。而谭嗣同却颇严格地随顺有为依唯识之义，以断灭染法为主要修行内容及方法，而没有全然随顺儒家仁心本体之义。但总观谭嗣同全书思想也并未固持反观、革新之有为依唯识思想，这也是缘于谭嗣同佛学思想尚未成熟圆融之故。但于此中当看到近代革命思想之兴起实于唯识思想有莫大之关系，而此种谭嗣同之思想又起着不可忽略之过渡作用。谭嗣同宗教信仰极为虔诚，颇有宗教激情之相。其论反观逆革之佛教修行方式，极为勇猛强烈。

---

① 谭嗣同：《仁学》，蔡尚思、方行编《谭嗣同全集》，第 318 页。

> 西人之喜动，其坚忍不挠，以救世为心之耶教使然也。又岂唯耶教，孔教固然矣；佛教尤甚。曰“威力”曰“奋迅”，曰“勇猛”，曰“大无畏”，曰“大雄”，括此数义，至取象于师子。
>
> 故夫善学佛者，未有不震动奋厉而雄强刚猛者也。①

此处谭嗣同汇通三教说佛家精进勇猛之大精神，此精神实佛家思想激励无数仁人志士投身救国之所依止。

（九）学修层次

谭嗣同《仁学》主论通，通有本然及理想状态之义，也有动态之修行去通之义。而其去通之途径亦非一途，谭嗣同于多处论及去通之修学层次，如自叙中所言冲决网罗之九重罗网之说、二十七界说、四通之说、三学之说、十八凹凸力之说。

《仁学》自叙中言：

> 初当冲决利禄之网罗，次冲决俗学若考据、若词章之网罗，次冲决全球群学之网罗，次冲决君主之网罗，次冲决伦常之网罗，次冲决天之网罗，次冲决全球群教之网罗，终将冲决佛法之网罗。②

此处论及九重罗网，而冲决次第也有先后之分。所谓九重网罗分别为：

1. 利禄
2. 俗学（此处下文说明）考据

① 谭嗣同：《仁学》，蔡尚思、方行编《谭嗣同全集》，第321页。
② 同上，第290页。

3. 词章
4. 全球群学
5. 君主
6. 伦常
7. 天
8. 全球群教
9. 佛法

此为九重网罗，但网罗之书目到底为多少尚且要稍稍说明，因为其中考据和词章是合于俗学中而言，若以俗学为一重网罗，考据词章不论，则实际为八重网罗；若不论俗学，只以考据词章二者而论，则为九重网罗；若并俗学和考据词章三学并列而论则成十重网罗。此书目当无特别意味或安排，无论是八重与八识、九重与多，还是十重与佛教中华严重十之数之间到底是否有暗示关系，都没有得到充足的暗示。所以冲决网罗的次第当是从底层具体之网罗进而到全面高层之网罗次第逐一冲决，谭嗣同于此网罗安置和冲决之次第的说明固然有大致的递进进程。尤当注意者为冲决网罗之最后一重网罗为佛法之罗网，且最终冲决之义也是以中观般若之义而论本无网罗。

四通之说，在二十七界说和第四十五节中都有提及。其中所涉四通皆为中外通、上下通、男女内外通和人我通四通。

二十七界说中论四通文如下：

> 通有四义：中外通，多取其义于《春秋》，以太平世远近大小若一故也；上下通，男女内外通，多取其义于《易》，以阳下阴吉、阴下阳吝、泰否之类故也；人我通，

多取其义于佛经，以“无人相，无我相”故也。①

《仁学》第四十五节中论四通之文如下：

> 仁之为道也凡四：曰“上下通”。天地交泰，不交否；损上益下，益反之损，是也。曰“中外通”。子欲居九夷，《春秋》大黄池之会，是也。曰“男女内外通”。“子见南子”是也。终括其义，曰“人我通”。②

比较两段文字可以看出文字内容大致差不多，只是二十七界说中四通的次序为：中外、上下、男女内外、人我；而第四十五节中四通的次序为：上下、中外、男女内外、人我。故差别只在于上下和中外的顺序颠倒了一下而已。又两说皆以人我通为最为一通，第四十五节中解释人我通时则说其为终括其义，可见人我通有统率诸通之义。而二十七界说中则指明人我通实是出自佛理，其所趋之理想即《金刚经》上所谓“无人相、无我相”。四通中中外上下二通之义多出于儒家典籍，谭嗣同于文中已经点明，无须详明。又四通中前三通皆从客观和空间义上论通，而后二通皆从人之男女人我分别上而论通，其他并无特别含义。而谭嗣同皆将男女和内外二种差别联合并列而论，亦未明意旨何在。

二十七界说并未详切分别诸界，故此处不再论说；十八凹凸力上文已经论述，故而此处也不再详论。而三学之说见于《仁学》第四十一节中：

> 谈者至不一矣。约而言之，凡三端：曰“学”，曰

① 谭嗣同：《仁学》，蔡尚思、方行编《谭嗣同全集》，第291页。

② 同上，第364页。

"政"，曰"教"。学不一，精格致乃为实际；政不一，兴民权乃为宜际；至于教则最难言，中外各有所囿，莫能折衷，殆非佛无能统一之矣。言进学之次第，则以格致为下学之始基，次及政务，次始可窥见教务之精微。①

此处言学分三段，实即以三学摄群学而已，有三学中第一学乃是专就学术思想而言。三学分别对应格致、民权和宗教三者，三者之间以教中佛教能统一。又三学的进学次第也是按照学、政、教三者顺序。谭嗣同《仁学》全书实际也是按照学政教三学进学次第而组织，三十节之前皆是学之所摄，第三十一节到第三十八节为政所摄，余下各节皆教所摄，又第二十七节到第三十节也可说为教之所摄。

二　苦

前所论各项即谭嗣同论宇宙构成之各项，其中各项内容皆援借佛学义理扩充深入。在谭嗣同开来宇宙人生乃至精神之各项构成及结构皆是分别对待有界限之时空事物等，故而从通之角度来说谭嗣同皆可以说其为不通、相隔、麻木等等。但就宇宙人生之构成而言，谭嗣同已经暗示出其为不通之处，须通过心力来汇通。康梁谭三家随顺佛教义理论述世间之苦空无常无我，又论其苦因为业识无明。但在具体论述的时候，往往出于救国救世之动机，论述国家民族、国民以及文化等之疾病苦痛。又此三者阐发救国思想之宏愿时往往好用佛教医王之譬喻，这也是用典于

① 谭嗣同：《仁学》，蔡尚思、方行编《谭嗣同全集》，第354页。

《维摩诘经》，故而康梁谭三者皆好说病弊乱劫而论宇宙人生等之苦。

（一）名乱

谭嗣同论世界之苦首说名乱。谭嗣同早在二十七界说中即以仁与名之关系而论及名乱。二十七界说中第六条说：不识仁，故为名乱；乱于名，故不通。名乱即是不通，或者反过来说不通其实就是名乱，因为就体上言本无所谓乱与不乱，而只有名上之乱。而名上之乱导致名实不相应，不能经由名而通达于一之实体，故而说乱于名故不通。《仁学》第八节中论述更加详细。

何为名乱。仁之乱，即体之乱实即是名之乱，因体无可亡无可乱。首先名往往因为权势习俗等原因，或此或彼，时重时轻，没有一定；其次名为相待之相；再者名名者是名，不名者也是名，是为逻辑之吊诡。从此三点而论，故总结言，名本无实体，故而易乱。因为名乱了，从仁之行随名而从之，则是非名罪。此处谭嗣同之论名罪明确是指儒家名教之以宗法责罪于人。其后文更加明确说：

> 俗学陋行，动言名教，敬若天命而不敢渝，畏若国宪而不敢议。嗟乎！以名为教，则其教已为实之宾，而决非实也。又况名者，由人创造，上以制其下，而不能不奉之，则数千年来，三纲五伦之惨祸烈毒，由是酷焉矣。君以名桎臣，官以名轭民，父以名压子，夫以名困妻，兄弟朋友各挟一名以相抗拒，而仁尚有少存焉者得乎？然而仁之乱于名也，亦其势自然也。①

① 谭嗣同：《仁学》，蔡尚思、方行编《谭嗣同全集》，第299页。

文中说数千年来，三纲五伦之惨祸烈毒，由是酷焉矣，更是直指儒家纲常之说。谭嗣同此说名罪与梁启超《伤心之言》中批判国民品性时所言假汝之名以行罪恶极为类似。谭嗣同描绘道：

> 中国积以威刑箝制天下，则不得不广立名为箝制之器。如曰“仁”，则共名也，君父以责臣子，臣子亦可反之君父，于箝制之术不便，故不能不有忠孝廉节等一切分别等衰之名，乃得以责臣子曰：“尔胡不忠，尔胡不孝，是当放逐也，是当诛戮也。”忠孝既为臣子之专名，则终必不能以此反之。虽或他有所摭，意欲诘诉，而终不敌忠孝之名为名教之所出，反更益其罪，曰“怨望”，曰“觖望”，曰“怏怏”，曰“腹诽”，曰“讪谤”，曰“亡等”，曰“大逆不道”。①

其中怨望、觖望、怏怏、腹诽、讪谤、亡等、大逆不道，皆成责名之罪，皆是假借名义而行罪恶。故曰为名乱。名乱之后则相习成恶，恶既为名，名又生于习，辗转反复熏习。于是淫杀等恶业成就。谭嗣同更加说明杀与淫两业实则为一，皆是爱力、吸力之所作用，“是故断杀，必先断淫；不断淫，亦必不能断杀。淫而杀，杀而淫，其情相反，其事相因。杀即淫，淫即杀，其势相成，其理相一”。

此二者之所以是统一的，是因为其动机是一。

> 此其易明者也。若乃其机，则犹不始此。杀人者，将以

① 谭嗣同：《仁学》，蔡尚思、方行编《谭嗣同全集》，第299页。

> 快己之私，而泄己之欲，是杀念即淫念也。淫人者，将以人之宛转痛楚，奇痒殊颤，而为己之至乐，是淫念即杀念也。同一女色，而髫龄室女，尤流俗所涎慕，非欲创之至流血哀啼而后快耶？杀机一也。穿耳以为饰，杀机又一也。又其甚者，遂残毁其肢体，为缠足之酷毒，尤杀机之暴著者也。[①]

杀盗淫三大恶业其动机皆为一，其根本即是人我之分割，也就是爱力之不通而已。就其根本而言仍旧我执导致不通之故。

（二）窃名

名乱之以名责人之罪，其实质即是窃名。窃名之本质是名实关系之相反、得失背驰。

《仁学》第二十九节中论述儒家义理历史演变时，提到真正的孔子思想在流传中被掺杂变质，尤其是荀学之窃名，更是被谭嗣同批评得体无完肤。谭嗣同之论述虽简略而且过分，但其中亦有可取之处。今先转述其批评，间以评价。

孔子生于据乱之世，其思想为托古改制而设三世之说，此处谭嗣同是依顺康有为今文经学精神而采纳三世说。但其立教思想传而绝乃至只传出粗浅者，又复被荀学掺杂其中，遂致失其正宗。谭嗣同说孔学分为两大支，一为子思孟子，一为子夏到庄子（此说与一般儒家之说差异，恐为谭嗣同一己臆说）。但此两派皆不传，导致荀学思想冒孔之名，败孔之道，这也是谭嗣同与康梁二家不同之处，康有为早年论逆违成学是本荀子之学，后到中年更加反复比较孟荀二家，而以为无论性善性恶，皆是方便教化而已，故而康有为并未如谭嗣同这样激烈地批评荀学；而梁启超

① 谭嗣同：《仁学》，蔡尚思、方行编《谭嗣同全集》，第 303 页。

更加从弘扬传统文化的角度客观地论述孟荀之学皆有方便之处。但谭嗣同对荀子之学却深恶痛绝，以其为窃冒孔学之最大魁首。谭嗣同反对荀子思想并未就其性恶之说而论，而是就其尊君统之义而论，而反过来谭嗣同认同孟子之说，则是因为孟子倡导民主之义。因荀子之法强调君统、治人，导致后来的政治思想渐渐变得阴防后人之变其法，又喜言礼乐政刑之居，唯恐箝制束缚之具之不繁。进而传到李斯那里，为祸更加强烈。所导致的情况是为学的，在下者术之，又疾遂其苟富贵取容悦之心，公然为卑谄侧媚奴颜婢膝而无伤于臣节，反以其助纣为虐者名之曰“忠义”；在上者术之，尤利取以尊君卑臣愚黔首，自放纵横暴而涂锢天下之人心。这实际仍是从具体政治上的君主专制制度进行批评，因为过于尊崇君主专制，则导致上下皆以术而行愚民政策。愚民政治的基调经秦而汉，更加深入，至唐代更加过分，皆是显背民贵君轻之理，而谄一人，以犬马土芥乎天下之专制统治。到宋代又复消磨当世之豪杰，割绝上下之分，侵立中外之防，惨卅刻核，尽窒生民之灵思，使不可复动，遂开两宋南北诸大儒之学派，而诸大儒亦卒莫能脱此牢笼，且弥酷而加厉焉。谭嗣同此说并未论述详切，因为宋儒理学远承孟子，间采佛说，如何与荀学相勾连，而论其莫能脱此牢笼，且更加厉害。所以谭嗣同仅仅是简略地论及这一点，而没有说明到底为何，所以也难以明确其如此论述到底为何，推测可能仍旧是从君主专制的角度来进行批评的。谭嗣同总结批评言：

> 二千年来之政，秦政也，皆大盗也；二千年来之学，荀学也，皆乡愿也。唯大盗利用乡愿，唯乡愿工媚大盗。二者交相资，而罔不托之于孔。被托者之大盗乡愿，而责所托之

孔……又乌能知孔哉？①

此论中以大盗乡愿相互相资而窃名于孔学，遂成两千年之专制统治，两千年之愚民政治。

如庄所谓“窃钩者诛，窃国者侯”，田成子窃齐国，举仁义礼智之法而并窃之也。窃之而同为中国之人，同为孔教之人，不可言而犹可言也；奈何使素不知中国，素不识孔教之奇渥温、爱新觉罗诸贱类异种，亦得凭陵乎仁野凶杀之性气以窃中国。及既窃之，即以所从窃之法还制其主人，亦得从容腼颜，挟持素所不识之孔教，以压制素所不知之中国矣，而中国犹奉之如天，而不知其罪！焚《诗》、《书》以愚黔首，不如即以《诗》、《书》愚黔首，嬴政犹钝汉矣乎！彼为荀学而授君主以权，而愚黔首于死，虽万被戮，岂能赎其卖孔之罪哉？孔为所卖，在天之灵，宜如何太息痛恨；凡为孔徒者，又宜如何太息痛恨，而怒不一扫荡廓清之耶！

谭嗣同此处以庄子之说论窃国之喻，异常激烈地批评清王朝之异族窃取家国，且于窃后以所窃之法制其主人，此处反满之情绪异常浓烈。不过其中所言孔教之经典，本为立教正言，但后却被用来成为愚民之策，诚可太息痛恨。第四十节中说孔教本也可遍治地球，则为窃名所用后却导致孔子庙成了一势利场。这皆是因为中国儒者乃欲以儒蔽孔教，遂专以剥削孔子为务。于治功则曰：“五尺羞称也。”于学问则曰：“玩物丧志也。”于刑名又以为申、韩刻核，于兵陈又以为孙、吴惨黩，于果报轮回又以为异端邪说，皆所不容。由此遂导致孔子之道，日削日小，几无措足

① 谭嗣同：《仁学》，蔡尚思、方行编《谭嗣同全集》，第 337 页。

之地。而普通百姓无所归命，只好，心好一事祀一神，甚且一人祀一神，泉石尸祭，草木神丛，而异教乃真起矣。为孔者终不思行其教于民也，汉以后佛遂代为教之，至今日耶又代为教之。由此而导致禁教之说①。

（三）机心

若论及世间苦之因，除了从名实关系上说明名乱及窃名导致学政教三方面都发生混乱而形成世间之苦外，谭嗣同更加深入地从心性本体的角度论说苦因。其首先说明者即是机心之说。

所谓机心之说，是谭嗣同以人心之多机械而无仁爱之义譬喻而言：

> 吾观于中国，知大劫行至矣，不然，何人心之多机械也。西人以在外之机械，制造货物；中国以在内之机械，制造劫运。今之人莫不尚机心，其根皆由于疑忌。②

此段即是机心之说，此处所机心为劫运之因，故言内在机械即为机心，有机心则制造劫运，此处劫运是从劫难之义而论。而后文说机心之根即是疑忌。此处所谓疑忌，即是上文所说之以术而上尊君统而下愚民众之政治制度，以及由此而形成的人情习俗。谭嗣同后文反复描绘人之猜忌、自私以致党争攻击为常事。又谭嗣同此处也说及劫运，这与康梁二位一样，皆从佛教劫义上论时代之困境。谭嗣同甚至说从中国人的体貌上都可以看出有劫难之象。但总的来说，劫运之所以产生是心所造成，自当也从心处来解。这也是随顺唯识之境由心造之义，此义后来也极大地影

① 谭嗣同：《仁学》，蔡尚思、方行编《谭嗣同全集》，第353页。
② 同上，第356页。

响了梁启超之佛学思想。

（四）无明

机心之说固然是说明劫运产生的原因，也就是说世间苦之因。但因为劫运是特别性的，从而机心之说也是特殊性的，而不一定即是普遍之因。又机心之说是为了对应心力之说，主旨即在于说明劫运既然是因心而生，自然要挽劫、解此劫难，也要从心力之用上下手。故而机心之说实际是为心力挽劫之说而做的准备，所以其论述并不详明。谭嗣同于别处则随顺佛理而论有为法之起因为无明，以无明为世间苦之因。第二十五节中言：

> 微生灭乌乎始？曰：是虽言也！无明起处，唯佛能知。①

此处明言无明为微生灭之起始，但是无明如何，却唯佛能知，故而难以详说。谭嗣同勉强描绘无明言：

> 毛道不定，曷克语此？虽然，吾试言天地万物之始，洞然窅然，恍兮忽兮，其内无物，亦无内外。知其为无，即有无矣；知其有无，是亦有矣。俄而有动机焉，譬之于云，两两相遇，阴极阳极，是生两电，两有异同，异同攻取，有声有光，厥名曰“雷”。振微明玄，参伍错综，而有有矣。有有之生也，其唯异同攻取乎？其成也，其唯参伍错综乎？天地万物之始，一泡焉耳。泡分万泡，如镕金汁，因风旋转，卒成圆体。日又再分，遂得此土。遇冷而缩，由缩而干；缩不齐度，凸凹其状，枣暴果暵，或乃有纹，纹亦有理，如山

① 谭嗣同：《仁学》，蔡尚思、方行编《谭嗣同全集》，第330页。

如河。缩疾干迟，溢为泽水；干更加缩，水始归墟。沮洳郁蒸，草蕃虫蛸，璧他利亚，微植微生，螺蛤蛇龟，渐具禽形。禽至猩猿，得人七八。人之聪秀，后亦胜前。恩怨纷结，方生方灭，息息生灭，实未尝生灭，见生灭者，适成唯识。即彼藏识，亦无生灭，佛与众生，同其不断。忽被七识所执，转为我相。执生意识，所见成相。眼耳鼻舌身，又各有见，一一成相。相实无枉受熏习，此生所造，还入藏识，为来生因。因又成果，颠倒循环，无始沦滔。沦滔不已，乃灼然谓天地万物矣。①

此段谭嗣同写来大概十分得意，因前文尚是散文，后写到得意处，则如同佛教偈颂之辞，四言偈句，一气呵成。谭嗣同本好骈文，于此酣畅行文之际写来如同铭文经典。其言天地万物之始为无之状态，后因知道其为无，突生有无之念，但并不明确。后有动机，此动机非前言之微生灭本身，乃是微生灭本身之动机。故而譬喻说如阴阳正负之生雷电。此譬喻谭嗣同在论说日新之始时也曾用到，但日新之始是否与微生灭之始同一，实难以说清。此后则参伍错综。这大概是取道家老子之二生三乃之无穷之义。但谭嗣同后复说天地万物之始为一泡，泡分万泡，因风旋转，成圆体。这是取佛教中华严性海之譬喻复用唯识等法相学说中风轮、金轮之说描绘宇宙之生成。此处所谓圆体，即是太阳，故后文说日有再分，得土，再成山河，这即是说地球大地之形成。后又说猩猿之生成，进化成最初之人。这是采用西学中进化论描绘生物之演进。于此之后，谭嗣同采用唯识心识学说，首先论成唯

① 谭嗣同：《仁学》，蔡尚思、方行编《谭嗣同全集》，第330页。

识，此处所谓成唯识即是藏识之义，也就是赖耶之异熟果报。而此识被七识执持，转成我相，执生意识，所见成相。至此是说明人之自我意识的形成。进一步说明五识成见成相，种现熏习，此生造业熏成藏识，成异熟果报，为来生因，则此因果之义又成。总而论之，谭嗣同从无明之为有法生成之因，逐一描绘宇宙人生之生成，归之于轮回，而轮回之义是即是世间之苦，因其不得解脱之义。谭嗣同虽以无明而论宇宙人生之生成因，但无明之因皆是就有为法上言，若就究竟上言，谭嗣同以为此等皆非本心，心本为无。此处谭嗣同之论述涉及到三者：无明、本心为无，藏识，甚至还有隐含未论的真如本体。但谭嗣同于此都没有将之详明确定地阐释，而是含混一处，但就人之生成当从阿赖耶识之异熟果报而论，而山河大地之形成当从境由心造之义而论，而无明当从无始业识熏习而论，若将此三者归结起来，谭嗣同可能仍旧从中观般若之义而将之统一，既言本无之义，也即是性空而成因缘幻有之义。

（五）总说不通

总说谭嗣同论世间之苦，是基于汇通之说。通为谭嗣同学说之理想，不通则为世间之苦，为宇宙人生之病。谭嗣同论世间人生之不通颇为散杂，究其总义亦不外上文所论，今但总结其论不通之条目。

首先对待为不通，通之方法首要即是破除对待，这是二十七界说中所明确论述的。谭嗣同所论述的对待条目甚多，略有如下几组：

善恶

理欲

有无

人我

通分

通塞

生灭

不生不灭和微生灭

灵魂和体魄

名实

俭奢（他说的俭奢和平常说的不一样，是发展和保守的意义）

动静

心力和凹凸力

此处所总结尚为不全面，仅仅是就粗略者而论。又对待是就对象性质上而论，若从主体上而论，不通即是心识之虚妄分别，分别之种类甚多，谭嗣同也未曾仔细将之梳理，因其论述繁杂，故也难以梳理清晰，今略加说明而已。

分别之因为执，执之种类略有四种，此义谭嗣同并未明言，但却可以从全文中归纳出来，此四类为执无为有、执妄为真、执幻为实、执持不舍。此义后文详细解释。有执持即有分别，分别中最根本的分别即是人我之别，由此而生出时空上两种分别，即一多分别和三世之过未现之分别。进而由此衍生种种对待。分别之相为不平等。进而种种分别如大小多少之分别、古今之相隔不通、中外交通之相隔、各种学说宗教思想上的不通相隔、身体上之麻木不仁等等。

最后谭嗣同论不通之因就其根本而言即是无明、机心等，再论则是执持和虚妄分别之心力作用，以及由此而引发的名乱及窃名。再具体起来则是各种我执力量的表现，如塞、切、切己、隔、权势、势力、习俗、习气、自私、劫、大力者。

三 附论：谭嗣同之名实论

谭嗣同三十之后，诗风突变，其中最为显著的是被称之为诗界革命的新诗的创作，这种诗歌的创作特点时人和后人都是能够很明显地看到的，就是将一些新名词加进了原本典雅的诗歌之中，这种风格人们也认为是从黄遵宪倡导诗界革命并为之实践而开始的，并进而认为谭嗣同也受到这种风气的影响，开始为冲破旧诗体的束缚而创作新诗①，谭嗣同的贡献就是将佛教的一些名词术语加进诗歌之中，我们可以称之为涉佛诗。对于这种尝试，人们的评价一直是延续着梁启超的评价的：

> 盖当时所谓新诗者，颇喜扯新名词以自表异。丙申、丁酉间，吾党数子皆好作此体。提倡之者为夏穗卿、而复生亦綦嗜之。②

也就是认为革命精神可嘉，但多为标新立异，革命效果甚微，因为没有认识到诗歌美学的固有的规律，从而让人读起来满眼的光怪陆离，却不知所云，从而这种诗歌创新也就没有得到发展。从历史的发展来看，似乎事实也证明了梁启超的判断是没有

① 马卫中：《从革命诗歌到诗界革命——试论诗人谭嗣同》，《苏州大学学报》(哲学社会科学版) 1984 年第 8 期，第 38—42 页。

② 梁启超：《饮冰室诗话》，人民文学出版社，1982 年，第 49 页

错的。但是谭嗣同创作涉佛诗就这么简单吗？或许需要将谭嗣同的各种想法综合起来详细地考察一下才可以进一步地对之了解一点。

（一）一个文学上的困境

光绪二十三年，谭嗣同在《时务报》上发表了一篇文章，当时题为《报章文体说》（下引此文中内容，不另作注）①，后更名为《报章总宇宙之文说》。这个时候他的《仁学》已经写好了，而简单的学佛经历也大概地告了一个段落。所以这篇文章不管怎么样，都应该是考虑到了他所受到的佛教思想的影响之下而写作的。而涉及他的佛教思想的文章，最主要的就是《仁学》和十几篇涉佛诗②，另外重要的就是和他老师的那封长信③。这篇论说文体的短文，虽然篇幅短小，但是旨趣却宏大。这显然是

---

① 何执编：《谭嗣同集》，岳麓书社，2012 年，第 411 页。

② 谭嗣同之涉佛诗，今检点如下：《吏隐诗并引》（七律二首），《秋海棠诗》（七绝一首），《赠舞人诗》（七律二首），《赠梁卓如诗四首》（七律四首），《酬宋燕生道长见报之作即用原韵》（七律二首），《似曾诗》（七律四首），《金陵听说法诗》（七律四首），《和友人诗》（七律二首），《寄弟秦生诗》（七绝二首），《杭州赠吴季清先生诗》（七律一首），《题江建霞东邻巧笑图诗》（七绝四首），《题江标（建霞）修书图》（七绝四首），《题程子大横览图诗》（五律一首），《阻风洞庭湖赠李君时敏》（七律四首），《戊戌北上别内子》（七绝一首）；又另有联句格言残句等：《赠友人联语》，《集华严题秦淮水榭》，《又格言云（多一事不如少一事）》，《赠某友人联云（辘轳）》，《格言（世间只有心生灭）》，《日颂》，《题团扇残句》。组诗中不一定每首都涉及到佛教术语，方便故全选。统计如下：七律 25 首，七绝 12 首，五律 1 首，联句残句等 7 则；共 45 首（含残句联句）。参见何执编《谭嗣同集》，岳麓书社，2012 年。湖湘文库。

③ 何执编：《谭嗣同集》，岳麓书社，2012 年，第 496—508 页。此为谭嗣同于 1896 年阴历七月二十三日写给其师欧阳中鹄的长信。

和《仁学》的写作是一种风格，可以称之为一种合一学①的观念及其风格，这一段时期谭嗣同的全部思考基本上都是这种合一学的宏大的风格追求。但是宏大追求的写作却是以短小的笔记形式来写作的，用这种方式来写作有着各种原因，但其中最主要的原因就是急不暇择②，这中间既有他本人的个性原因，也有他对于时间紧迫的考虑原因在内。从早期的《石菊影庐笔识》到《秋雨年华之馆丛脞书》再到《仁学》，然后到《壮飞楼治事十篇》和《浏阳麻利述》，这五种著作前后贯穿谭嗣同短暂的一生来看，其写作的文体风格是大致一致的，都是短小的笔记体，这种笔记体，他将之称为：笔识、丛脞③。这样论述是为了说明《报章总宇宙之文说》以短小篇幅论说宏大整体之风格既是其毕生之追求，也是其思想成熟后之表现，更加是考虑到了佛教思想以及《仁学》中已经论述出来的思想之后的表现。从而就可以将这一篇文章看作为谭嗣同的文学革命宣言了，也可以看作是《仁学》中已经较为成熟地表述出来的思想在文学这个专题领域中的一个具体论述。《仁学》是思想大纲，那么这篇文章就是在大纲的指导下对文学的具体论述说明。这从这篇文章的具体论述

---

① 谭嗣同：《仁学》第39条，何执编：《谭嗣同集》，岳麓书社，2012年，第373页。“故尽改象形字为谐声，各用土语，互译其意，朝授而夕解，彼作而此述，则地球之学，可合而为一。”从这里可见其有一种统一全球的学问的倾向，今暂将此种理想称之为“合一学”。

② 何执编：《谭嗣同集》，岳麓书社，2012年，第411页。《仁学》自叙中说：每思一义，理奥例赜，坌涌奔腾，际笔来会，急不暇择，修词易刺，止期直达所见，文词亦自不欲求工。

③ 所谓“丛脞”，实际就是短小琐碎的一种文体。《秋雨年华之馆丛脞书》之叙中说：尝喜《笠泽丛书》编纂超出蹊径，以为有古诸子之遗风，其叙意曰：“丛书者，丛脞之书也。”夫有丛谈，乃复有脞说，见《郡斋读书志》，而马永卿尝与《鸡肋》并引，今援往例，名曰《丛脞》。

也是可以看得出来的，文章首段就道和文的总体关系和历史关系论述起，这是很明显地从理论到历史到实践的合一学风格表现，后第二段开头就要梳别天下文章体例，是放眼天下之整理，由此可见合一学之倾向，从而说将之看作为文学的总纲是可以的。但是当从合一学的整体的角度和倾向来阅读这个篇章的时候，就在一开始就会触碰到一个奇怪的规定，也构成了这个篇章一个奇特的困境。在文章的第二段开头，谭嗣同说：

今为梳别天下文章体例。①

后面紧跟着就来了一个看似很随意也很正常的补充说明：

去其词赋诸不切民用者。②

既然要疏别天下文章，为什么又要去除一些呢，而且所去除的是词赋呢。这个补充说明会引发众多的进一步的补充说明。

假如为之辩解说，这里说的是文章，而不包括词赋，诗文就体例上是一个首先的区分；但假如是这样，那么赋是文，并不是诗词，为何不包括呢？

又如果说赋是韵文，而非散文了，那为什么此处不直接说此处天下文章只是散文，如果只是散文，却为何是天下文章呢？

又谭嗣同早年就四六骈文还有一个论述，在《三十自纪》③中，他说：所谓骈文，非四六排偶之谓，体例气息之谓也，则存乎深观焉。可见他并不重视散文和韵文之间的对偶不对偶的区分，既然如此为何赋被从天下文章中排除了出来呢？又假如为之

① 何执编：《谭嗣同集》，岳麓书社，2012 年，第 411 页。
② 同上。
③ 同上，第 59 页。

辩解说这里排除词赋的原因是因为词赋不切民用；但根本没有充分绝对的理由就说明词赋不切民用，从屈原到苏轼到辛弃疾，哪个词赋不切于民用呢？

又即便许可他说词赋不切民用，那么这个划分的标准也变了，前面要疏别的是天下文章体例，既然是体例，就无关于切不切民用，任何一个体例所作之人不同，自然有切与不切民用之分，岂可因为一体例有一二不切民用之篇章而斥全种体例的道理呢？

又假如为之辩解说，此处说去其词赋诸不切民用者，是说词赋中不切民用的篇章，而非去词赋等文体种类；此说亦不当，首先是论文体，自不当取舍单独篇章，理同上条；又读此句，也难从语法中读出这种意思来，且从后文来看，三类十体之区分，确实是没有谈到词赋诸体的，所以这样的辩说也不如理。

所以综上六条说明，可见对词赋诸体的驱除，绝非一个随意的笔误，也绝非可以用谭嗣同思想不成熟，前后矛盾之类的话来简单搪塞过去的。这个补充说明的驱除是有着细微的更深的缘由的。这是因为，到了第四段的时候，谭嗣同突然又将这起初驱除了的诸体又全部召唤回来了，只不过这种召唤回来的方式是有点特别，第四段在具体说明三类十体在报章上的表现之后，谭嗣同同样似乎很随意地补充了一句：

> 编幅纡余，又以及于诗歌、词曲、骈联、俪句、歌谣、戏剧、舆诵、农谚、里谈、儿语、告白、招贴之属，盖无不有焉。①

---

① 谭嗣同：《报章总宇宙之文说》，蔡尚思、方行编《谭嗣同全集》，第377页。

看这个补充说明，首先我们看到第二段的词赋诸体，当时是被控制压抑的，只出现了词赋两种，别的就用诸代替了，而现在好像一下子释放了，一下子爆炸出来这么多种类，按照今天的文学标准来看，大概只有小说没有涉及，别的都涉及了，而且还更加广阔，甚至包括今天的广告文案之类的；其次，也可以看到这里释放出来的各种不切民用者中，却有着农谚、告白，招贴等十分切民用的文章，也可以看到切不切民用并不是去除和召回的关键要素；最后，要注意的就是谭嗣同在这里的召回，并不是一种光明正大的召回，而是一种十分奇特的召回，是以一种“编幅纡余”的方式重新收编这些当初被驱除出去的文章，从文体的划分来说，它们的身份如今是一种非文体的文章，非文体的文体。

如此，通过驱除召回这一系列的策略，谭嗣同似乎完成了一个看上去有点矛盾的革命文学宣言的大纲，他直接以宇宙来命名这种新的文学体例计划了。但是如何理解这种驱除召回的策略呢，这看似随意的两条补充说明呢，它们作为补充，就如同词赋一样，既游离在正文之外，又恰恰在正文之中作为补充而存在着。

（二）文体和汇通

《仁学》中所发展出来的思想集中在汇通至上，通相对于对待分别之名乱，通具有破除对待和道通为一两种基本的汇通方式，当然不仅于此，但此处无暇详论。合一学的追求本身就是从《仁学》之中发展而来的，《仁学》在叙述汇通计划的时候，论述到群学的计划纲领，例如自叙中的八重罗网的冲决，界说中说到的通的一义四通，以及后面笔记中提到的学政教三者，都是合一学的对象范畴，也是通的纲领。从而说合一学本身就是通的一个具体的实践，也是道通为一的一个具体实践表现。那么针对具体的文学专题的合一学计划，显然是必须从通的思想理路来获得正确的理解的，也就是说谭嗣同对文学文体的疏别本质的目的就是建立在名乱之上的汇通，以期达到道通为一的宇宙文学的宏大理想。报章体被他赋予了这个伟大理想的使命。于是从通来重新复述其想法就是必要的了。

首先通是面对一种乱的，这种乱被称之为名乱，而在本篇中，第一段首先就是讨论名乱的，上来就从道和文的关系上说明了一种颠倒和历史进程，这种颠倒在《仁学》中既有从佛教中无明颠倒的说明，参看《仁学》第 9 则笔记末尾处；也有从对孔教的历史发展来做的说明，参看《仁学》第 27 到 30 诸则笔记，从而可以看出这个思路是和《仁学》一脉相承的。紧跟着说明具体的文体之乱，是从选集的出现来说明，关于选集的历史问题，他也在《三十自叙》中说明过，这个问题是早期关注过，但是现在经过《仁学》的系统思索之后，他对之有了一个明确的看法了，指出了其中的名乱的现状，名乱是在《仁学》中发展出来的认识，参看《仁学》（下引此书不另加注）第 8 则笔记。文体之乱表现为：

> 文之统绪乃胥移于选家，而其黜陟显晦之权亦唯选家操之。然选家率皆陈古而忽今，取中而弃外，或断代为书，或画疆分帙，致令奇觚瑰采，羌郁伊而被摈；瓦缶篑桴，轶钟球而引奏。进退失理，拘囿阶之焉。①

① 谭嗣同：《报章总宇宙之文说》，蔡尚思、方行编《谭嗣同全集》，第 375 页。

这段文字写的却很有骈文味道，和后面驱除词赋的精神却是不一定相符的。这姑且不论。又这段文字中叙述了众多选家导致的文体之乱，这些问题的症结所在正如在《仁学》中论述名乱时一样，乱是来源于对待分别。而相对应的通的途径首先就是破除对待，然后就是道通为一的通一，关于通的方法途径，这里无暇详说，但是简单地说明，谭嗣同在界说中实际上有一个规划的，但是可能因为当时思考得不够成熟，或者是因为时间的问题而没有来得及展开，但是从《仁学》全文是可以推论出这个次第的，简单地说明就是说：是一个从一一对待之破除到一多分别的破除，再进而到唯心唯识的有无的破除。而一般在具体事物上应用的时候只涉及前两种对待分别的破除，所以他在《仁学》之后的一些短文中也没有涉及更加细微的对待破除。那么对于文学文体的通主要是借助报章体而来做一个一、多之间的通一的尝试，从多到一的汇通，本来从《仁学》中来看以太具有至大、精微两种形态；从多向一的通之中，因为方向的不同，所通之一就有两种可能，就是至大和精微两种，例如从部分到整体就是通向一个至大的路线，又比如时间上从众多时刻时段不断分割到一念，念念相续，作为相似的构成者，也可以是一种一的最低构成性，这就是多向一的通的一个精微的路线。那么在关于文学的通一中，主要又是采用的通向至大的合一学的路线。

交代了必要的来自《仁学》的一些理论说明了，就可以尝试复述谭嗣同在本篇中通的尝试了。首先文体是对待分别的，说对待就是上面引文中提到的，诸如古今中外断常之对待不通，而说分别就是说文体之间的画疆分帙。文体之间的画疆分帙，随即得到重新描述，这种描述即是一种对旧的分别对待的描述，也带有整理疏别的汇通色彩，是双重行为。所以通的第一步就是对对待分别的重新转述，而且这一步是双重性的；其次（我们先跳过那条补充）就是描述通一所通的理想状态，这个理想状态就是报章体，报章体的特点就是可以众体兼备地将上述三类十体统统包含融为一体：

> 乃若一编之中，可以具此三类十体，而犁然各当，无患陵躐者，抑又穷天地而无有也。有之，厥为报章，则其体裁之博硕，纲领之汇萃，断可识已。①

后文更以宇宙而譬喻报章之体，由此就可以看到三类十体之通一的理想状态首先融合于报章一体中，但是各体本身还是犁然各当，无患陵躐者的。这样各体之间的关系也就是在《仁学》中被称之为“平等”的状态，关键的地方是无患陵躐，这一点在《仁学》中被认为是对待分别产生的一个原因，《仁学》第4则笔记中说，争夺之患起。而犁然这个词对对待分别的描述同《仁学》第7则中用词是一样的，第7则笔记中说：吾悲夫世之妄生分别也，犁然不可以缔合。而本篇中则说，犁然各当。语气有所退缩了。但是无患陵躐的意思还是保持着。所以报章融合三类十体虽有程度上的激进和温和的区别，但是就其融合而为一体而言，是断可识的。所以本篇最初的题名就是报章文体说。报章之体已经是一种理想的大全的文章体例了。只不过它是独一的文体，说不说其是文体已经不是很重要了，因为他作为文体不用再区别于别的文体了。而这样三类十体在报章体一体之中实际也就消失了原本的体例之对待分别了，这一方面意味着融为一体，另

① 谭嗣同：《报章总宇宙之文说》，蔡尚思、方行编《谭嗣同全集》，第377页。

一方面意味着它们之间无患陵躐。

如果按照《仁学》时期的激进精神来说，犁然就是要缔合的，而如果缔合了的话，那么三类十体就不用再区分了，它们之间就没有界限；进而词赋诸体在被重新找回之后，既然也是融合在宇宙之文中，从而也就不用区分于三类十体，如果这样，就根本不需要起初的驱除，也根本不需要后来的召回收编。并且如果要缔合的话，如何缔合呢？在《仁学》中是通过力来进行缔合的，但是这里却始终没有看到力的出现。

如果按照本篇的温和精神来说，犁然是要各当的，那么三类十体之间的界限在哪里？如果这个界限存在的话，那么对待分别有没有有效地破除？如果这个界限不存在，那么犁然的各当如何各当？又如果要犁然各当，那么报章体的宇宙合一，众体兼备合为一体又如何做到？

于是，困境所有的压力将转移到看似随意一笔的补充上去。词赋诸体在报章宇宙之体中充当的角色是编幅纡余，而所谓的编幅纡余实际上就是在三类十体犁然各当之间的空余之处，也就是在三类十体的边界处，从而也就是说词赋诸体等之处于编幅纡余实际充当就是边界界限的角色和功能，这根本就是体用不二的。作为体，词赋是边界之实体，间隔开三类十体，使之犁然各当；但是作为界限之功用而言，就是无有实体的存在障碍，从而又使得三类十体对待分别得以破除，从而将进一步地促成报章宇宙体的众体兼备的通一的完成。如果换成比较拗口的说法来看，就是词赋诸体作为不是文体的文体，执行着间隔的作用；而作为文体的非文体化，执行着通一的功能。词赋诸体作为体时是用的隐藏，作为用时是体的隐藏，反过来说，词赋诸体执行间隔时是体的显现，执行通一时是用的显现。如果我们将诗从词赋诸体中提出来看的话，那么诗在谭嗣同那里就是不是文体的文体，是文体之非文体，诗是不是诗的诗，是诗的非诗。当你将之看成诗的时候，它却不是诗，当你将之看成不是诗的时候，它却正是诗。就是这么吊诡，谭嗣同对此说：名，名也；不名，亦名也，则相诡。可以进一步推进说：诡，也是名，那么，诡，诡也，不诡，亦诡也；从而诡同样也是一种策略。这就需要我们从名实之间进一步地详细考察谭嗣同的想法。

（三）名实之间

如果纠缠在名之中，可能只是止步在相诡之前。而如果进一步地考察名实之间的话，或许会带来一丝希望。一切我们上面说到的文学体报章等从另一个角度来通一的话，就可以通到名之中，都是名，这是没有什么疑问的。那么涉及名的时候，就涉及了实的问题，这是思想史上恒久讨论的主题了。那么谭嗣同是如何看待名实的关系的呢？这将深刻地关系到他对诗歌文学以及其所表现的对象的关系的认识。

然后等待我们的依旧是一个困境，从名的角度来看，他在《仁学》第 8 则笔记中说：

> 名本无实体，故易乱。①

而名既然本无实体，那么名却是从何处来呢？

> 名忽彼而忽此，视权势之所积，名时重而时轻，视习俗之所尚。②

① 谭嗣同：《仁学》，蔡尚思、方行编《谭嗣同全集》，第 299 页。
② 同上。

名和实的对应关系本来是没有的，而特定名和特定实的对应关系的形成只不过是权势和习俗所造就的。这里没有讨论名之全体是怎么产生的，这是因为他认为名从来就是分别的，其本身和功能都是对待分别的，只有特定的名和特定的名要对应的实，而无整体的名，如果有整体的名，那也就不是名了，也就无所谓名实之分；名之为名，就在于名是对待分别，也执行对待分别的功能。名实对应的建立有两个条件：一个是权势，也就是一次偶然的称呼，而偶然的称呼并不足以建立一个对立的关系，所以必须还要经过习俗习气的重复，经过重复呼唤从而将名实之间的关系建立起来，而建立起来的标准就是应，称呼了而有答应，在《仁学》的自叙中谭嗣同引用《庄子》中的说法来说明名的建立是：呼马，马应之可也；呼牛，牛应之可也。谭嗣同的这个关于语言起源的说法其实已经很现代了，已经具有了索绪尔以来的现代语言学的基本前提了。他说的对待分别也就是现代语言学上说符号的区别，而他甚至更加进一步说明了重复的作用，重复的习俗的作用则指出了语言的起源并不是从实而来的，这基本上是现代西方哲学破除本体论的一个思路。

又从实的角度来看，同样也是一个困境，依旧是自叙：

> 其实固莫能亡矣。唯有其实而不克既（传）其实，使人反瞀于名实之为苦。

虽然实是不会亡失的，但是实却从来不能通过名而得到完全的实现，名实之间的距离是从来无法弥合的，这个差异是绝对的。而这也是人之所苦，甚至是比较根源性的苦。不管是从物自体，还是从不可知论，还是从后现代的差异论上来看，谭嗣同这个大胆的想法都是有着无尽的启示能量的（因为关于名实的两个观点其实都是来自庄子，我们也应当可以看到谭嗣同思想中起着奠基作用是庄子的思想，然后才是在此基础上嫁接了各种别家别派的思想的，这一点深入的探讨目前还严重不足够）。

那么按照谭嗣同这个让人悲观的看法来看的话，名从来都是乱的，而实也从来无法在名之中完全呈现的。那么产生的情况只能是上文提到的相诡了。

名实之间产生的问题，从名实两个方面都是可以作为出发点的，这两种方法就是：名教（或冒名）和务实。

名教或冒名，其实说的是一个事情，就是一种借助于名而行其实的倾向，第 8 则笔记中说名教：

> 以名为教，则其教已为实之宾，而绝非实也。又况名者，由人创造，上以制其下，而不能不奉之，则数千年来，三纲五常之惨祸烈毒，由是酷焉。①

上面已经说明，名的产生并不是对应于实，而是相互差异产生效果和意义的，那么以名为教的意思实际就是将特定的名和实固定起来，但是这种名和实关系的确定是人为的，是为了达到一定的人为的自私的目的的。没有一个名是客观的普遍公正的，名从产生那一刻起就是偏执的，就是自私的。谭嗣同在这里对于名的思考并不是死板的思考，因为他所考虑下的名，绝对没有中立的客观的名的情况，名之所以产生是人创造的，同时也是人以之来控制一定的实的，也就是说名从来不仅仅意味着一种描述，在命名之中总已经有了自私的动机存在了，在名之中总已经暗含了

---

① 谭嗣同：《仁学》，蔡尚思、方行编《谭嗣同全集》，第 299 页。

进一步的行动了的。当这样的名和一定的实结合起来的时候，特定的实就获得了固定的意义了，同时也获得了一种力量。这样实实际上是被固定了，而不再是原先的和名之间的偶然和任意的自由配对可能了。这样对于名实关系而言，其实是将实限定得过于狭小了，从而不能完全实现实的存在和含义，而如果权势和习俗相互支持的话，那么就会产生历史性的悲剧了，甚至让深受其害的人都不觉得。

第9则笔记末尾写道：

> 当夫生命之初，不问何一人出而偏执一义，习之数千年，随确然定为善恶之名。甚矣众生之颠倒也，反谓不颠倒者颠倒。①

至于冒名的情况，则是更进一步的颠倒了，谭嗣同是在批判荀子学问的时候说到冒名的情况，但其实冒名这种情况远比这普遍，第29则笔记：

> 不幸此两支皆绝不传，荀乃乘间冒孔之名，以败孔之道。②

这个意思是很明白的，用的是孔的名，但是其实并不是孔之实，这就是冒其名而行己之私，这样名实也就不相符合，就是连名教中的固定的对应的意思也没有了，这个情况是更加严重。冒名这种情况，被和盗联系起来：

同一则笔记末尾写道：

---

① 谭嗣同：《仁学》，蔡尚思、方行编《谭嗣同全集》，第302页。
② 同上，第335页。

> 故常以为二千年来之政，秦政也，皆大盗也；二千年来之学，荀学也，皆乡愿也。唯大盗利用乡愿；唯乡愿工媚大盗。①

大盗对应着第9则笔记中的“何一人出而偏执一义”，而乡愿对应着“习之数千年之众生”。我们同样要注意谭嗣同说的“盗”和“冒”是一个意思，就是名实之间的关系，这种关系更深的来源，仍旧是来自庄子，我们一再指出，在所有的论述的关键之处总是庄子的说法在承担基础，而冒、盗的说法同样是来自庄子，如关于大盗，可见第15则笔记中说到大力者夜半负舟而去的典故；另外，冒和盗还可以用窃来说明，同样来自庄子，如第30则笔记中引庄子说窃珠和窃国的不同后果的典故。

这是说明窃名的处理方法，这种方法构成了名实之间的联系，但是一方面过于固定，更进一步地有窃名行私的倾向，似乎是不好，他给予了批判，既从名实不对应上批判，也从实际造成的悲剧上批判。谭嗣同想要另外一种方式：务实。所谓务实是在《壮飞楼治事十篇》中提出来的，这同样是一个笔记集子，很短，只有十篇，但是第一、二篇首先就是对名实做了完整的说明，同样这个集子也是在《仁学》写作之后才完成的，我们也就应当看出，也是一个合一学的追求倾向，也是要将《仁学》中发展出来的思想进一步运用到具体的专题中去的努力。那么这十篇着重下力的地方恰恰是《仁学》还没有明确说明出来的地方，也就是通的实践方法的问题，《仁学》就通是提供了理论基础、实践对象、实践纲要以及理想的瞻望，但是对于如何去实

① 谭嗣同：《仁学》，蔡尚思、方行编《谭嗣同全集》，第337页。

践，包括原则方法技巧等，显然还没有来得及明确详细地说明，那么这里就名实问题，就治事就谈到了这些问题。在本篇的第二篇《辩实》中谭嗣同说：

> 故欲祛名之弊，亦唯有务实而已矣，不当别为名以益其敝也。①

这是提出了务实的理念了，具体怎么做呢，后面说道：

> 吾即今日之法，程其功，责其效，求其无变法之名而有变法之实，则又未始不可以有为也。②

而之所以会如此来操作，是有原因的。如果就变法（也就改变名实之间关系的问题，有根本和具体两种需要改变的对象，根本就是名实之间差距的不可弥合，具体的就是名教和窃名的问题的产生，两者都对人生造成苦难，前者是根本原因，后者是直接原因）而言，一方面存在全面变法的困难，另一方面如果在无法全面变法的时候什么都不做的话，那就更加谈不上期待将来变法了，所以谭嗣同为了在不可以有所为的情况下有所为才提出这个务实不求名的方法的。这是处于变法的困难而提出的具体的方法，而面对名实之间的困难，从而面对到变法的困难，在《仁学》中还有一个根本的困难，也正是从那个困难才生发了本篇中的困难的，《仁学》第42则笔记中说：

> 以言乎大一统之义，天地间不当有国也，更何有于保？

① 谭嗣同：《壮飞楼治事十篇》，蔡尚思、方行编《谭嗣同全集》，第436页。
② 同上，第437页。

然此非可以一蹴几也。①

这里说的大一统就是通，道通为一的政治实践，同时也就是变法保国保种保教之具体实践，和《壮飞楼治事十篇》中说的是同一个问题，但是阐述面临的困难并不一样，这里阐述的困难是来自根本的问题，也就是说如果从通一的角度来看，家国种族教等都是要在破除对待分别中被通而取缔的，那为什么现在还要去保呢？这是根本的理论困难，那么他给出的理由是，虽然最终是要取缔这种对待隔阂的，但是这不是一下子就可以达到的目标，所以要按照一定的秩序逐步地进行才是可以的，所以就目前的情况看，家国种教还是要保的，以便通过其自身的劫运来更进一步地破除对待分别而通一。

从这样的联系，我们就可以看出，谭嗣同是如何将《仁学》中已经提到但是还不明确的困难和方法问题逐渐完善并明确起来的了。而这个方法的实质其实也就是在《仁学》中提到了，其理论的基础也早已经奠定了。因为在《仁学》中提到的解决方法是心力，而心力要解决的对象却是业力，力在这里是从佛教以及格致学上借鉴而来的，也拥有解释的方便，这样力就是原因、条件、动机、目标、动力等等含义的综合了。具体的形态分析这里无暇涉及，但是可以指出方法的原则就是借力打力，借助心力打业力；这个方法是因为他在引进佛教唯识学作为最终解决的时候带来的，因为唯识中转识成智的方法原则就是一个“以楔出楔”的方法，而这一点和借力打力的方式是完全一致的。而在窃名和务实的讨论中，我们也看出不管是窃名还是务实，其实都

① 谭嗣同：《仁学》，蔡尚思、方行编《谭嗣同全集》，第356页。

是在借名而行私行实，而务实却是针对的窃名，也就是说，务实做采用的方法原则就是：以名破名。务实者寄宿借住在一定的名之下，暗滋潜长，最终是可以取而代之的，而其所潜藏者恰恰就是窃名者所窃之名，而其最终所要去除者也就是这个所被窃之名。所以这个方法就是：以名破名。而其源泉就是在《仁学》中发展出来的借力打力的方法。但是这里有一个问题，就是如果现在的力或者名对业力或者所窃之名取而代之了，那么它们是不是就变成了新的业力或者所窃之名呢？这是这个方法遗留下来的一个问题了。谭嗣同需要进一步地说明。

（四）诗歌和佛法的交汇

我们暂时地总结一下上文对谭嗣同思想梳理的话，可以看出，讨论重点如果就名实二者关系而言的话，是着重在名这一方面的，具体地看作为名的文体中出现了诗词赋这样的不是文体的文体，而抽象地看，名之中也因为窃名和以名破名的务实的情况的出现，从而导致名也出现了对应不对应一定的实都很难说的情况，而这和诗词作为非文体的问题，似乎有着隐隐的对应，可能问题就出在同一个地方。这是主要从名的着手的梳理。下面我们试着从实方面来做一点梳理，然后将两个方面对照起来，就可以找到问题的症结了。

要直接说实是有困难的，因为这总已经是从名来认识实了，而名却总是带有偏见的。唯一可能的情况就是从名开始破除对待通一而最后可能达到那个不被名所污染的实，这是一种方式；当然也有一种很直接的方式，但是这个境界比较高，《仁学》界说中说：仁者寂然不动，感而遂通天下之故。对这个说法，有两个理解，其中一个理解是说这个仁体就是仁之本体；另一个理解就是能够行仁道的人了，可以叫圣人，他也是寂然不动的，也是感而遂通天下的。所以就后一种理解来看，他之通天下自然就是直接达到实的，而且是不假借名的，但是这个境界是很高，而且圣人也不是天生就来了，所以还是不行。所以最后只有一个办法，就是务实了。但是务实还是不能直接开始的，因为你连实在哪里，是什么都不知道呢，那怎么办呢？谭嗣同还是给出了一个说法，这个说法我们可以看到关键时刻还是从庄子那里来，这就是端倪的说法，这是庄子中的说法，《仁学》第 17 则笔记中说：

> 由是大小多寡，长短久暂，一切对待之名，一切对待之分别，淆然哄然。其瞒也，其自瞒也，不可以解也。然而有瞒之不尽者，偶露端倪，所以示学人以路也。①

因为有了这种可能性的存在，底下才可以谈实了，当然这是从亲自体验了说；也可以说别人告诉你有关实的情况，你自己还没有真的体验到，但是你相信，这就是教和学之间关系的建立了，自然最终你还是要自己亲证亲为的。这一点也很重要，方式也很重要，从佛教的角度来说就是见闻了。

在《壮飞楼治事十篇》中的《辩实》一开始，就开始说实了：

> 耳目之所接，口鼻之所摄受，手足之所持循，无所往而非实者。即彼流质气质，以至太虚洞窅之际，莫不皆有实理实物。②

---

① 谭嗣同：《仁学》，蔡尚思、方行编《谭嗣同全集》，第 316 页。
② 谭嗣同：《壮飞楼治事十篇》，蔡尚思、方行编《谭嗣同全集》，第 436 页。

因为这一段话理解起来很容易误解，因为毕竟是从名上面来说的，谭嗣同觉得不尽意，所以后面紧跟着就自己做了一个小字的注解说明：

> 此理精奥难言，唯一空字足以释之。实到极处，所以空到极处。佛法有有门，复有空门，二者并行不悖，职此故也。曩与某文士论空，辄拾西人之唾馀，横来谤法，彼乌知佛法之大，固无所不包涵也。①

我们将前面的说实和对之的补充说明结合起来说（补充：谭嗣同的写作有着众多的补充注解，而这些地方往往是很关键很有意思的地方，而这也是其思想在写作上的具体的表现），如果单就辩实的正文来看的话，会直接认为感官对象就是实，进而扩展为不仅是固体的、液体的、气体的也都是实，那么实就是物质了，但是后面又说到了太虚洞窅，如果说太虚有一点张载的意思的话，还是可以理解，因为如今对张载的理解都是气一元论，更何况太虚这个概念直接来自张载的《正蒙》呢？但是随后谭嗣同进一步又说莫不是实理实物，其言下之意就是说实是包括两个方面，理和物都是实，那这个说法就超越了张载的说法了，但是是不是就直接过渡到王夫之的说法呢，这却不好说。因为有着对实的推进的进程，我们就可以知道实并不是日常说的物体，但也并非说就完全不是，没有关系，应该说是日常说的事物背后的本质性的东西，而且不光是物质性的本质，还包括了理的本质。那么这个实是什么呢？补充的说明，一方面直接给出了说明，另一方面杜绝了一个理解方向。直接给出的说明，是从佛法中来的，

① 谭嗣同：《壮飞楼治事十篇》，蔡尚思、方行编《谭嗣同全集》，第436页。

首先谭嗣同说明从名从语言的角度来说明实是困难的，如果一定要说只能说是佛法中的空了。这个空和实的关系是实到极处即是空到极处，都在极处才可以解决表面上看起来实而不空，空而不实的现象矛盾。进而又从空有二宗的并行来给以佐证。空有二宗本是有争执的，而所谓并行不悖，则是在般若中观的中道之中来看，说空说有之时角度不同而已，而只有末流才会偏执一边。简单地说就是不执二边，有无双谴了。另一方面，杜绝了一种理解方向，就是从西方人的唾余来理解，这个意思是说西人本身的理解也应该是对的，但是末流则就不对了，这应该是指重视物质的方面的理解，因为在《仁学》中也批判过西人末流是泥于体魄的，参见《仁学》第 14 则笔记。由此我们就可以联系《仁学》而看到谭嗣同所说的实，实之极处，其实就是《仁学》中的一系列与空家族相似的理念：仁、元、无、以太、性、性海、灵魂、爱力、唯识、藏识、心力等等，这些理念来自各家学说，儒释耶格致以及谭嗣同所喜爱的庄子、张载、王夫之等等，他都借鉴了。但是这些理念以及其所依附的理论或者说思想或者说教，他认为还是要最终皈依于佛教的，理由在《仁学》中已经阐释说明，今分列如下：

第一，三教（佛儒耶）是相通的。第 27 则笔记末尾说：三教不同，同于变；变不同，同于平等。尤其是佛儒二者更加相通，第 26 则笔记末尾说：夫唯好学深思，六经未有不与佛经合者也，即未有能外佛经者也。

第二，佛教为大。第 27 则笔记中说：佛生最先，孔次之，耶又次之。又说：佛教大矣，孔次之，耶为小。又第 39 则笔记中又说佛教极纯极广，为文长不引。

第三，从次第上说终归于佛教。同上则笔记中说：小者先行，次宜及孔，卒乃及佛，此其序矣。

第四，从判教上说必归于佛教。第39则笔记中说：今所流布者，言小康十居七八，犹佛之有小乘，有权教，而又窜乱淆夺于乡愿之学派，是以动为彼所持也。今将笼众教而合之，则为孔教者鄙外教之不纯，为外教者即笑孔教之不广，二者必无相从之势也。二者不相从，斯教之大权，必终授诸佛教。

正因为有这一个最终通归于佛教的思路和趋向，所以，在《释实》篇中的补充说明中才直接说明实就是佛法佛教所说的空。由此就可以确定实在极处，在本质处，在没有名的污染之下就是空，或者说就是佛法真实了。

这样当我们指出了在谭嗣同看来所谓的真正的实应该就是佛法真实的时候，我们回到《仁学》自叙中来看：

> 教之至者，极其量不过亡其名耳，其实固莫能亡矣。名非圣人之所争。圣人亦名也，圣人之名若姓皆名也。即吾之言仁言学，皆名也。名则无与于存亡。呼马，马应之付也；呼牛，牛应之可也；道在屎溺，佛法是干屎橛，无不可也。何者？皆名也，其实固莫能亡矣。唯有其实而不克既其实，使人反瞀于名实之为苦。①

从这一段来看，教、道、佛法都是从实的极处来说的，但是这些都是名，佛法只是干屎橛而已，这也就是一个名而已。但是恰恰是名虽然无可亡，但却不克既其实。这就回到了我们上面论述名实关系的解决了，上面我们已经解析出谭嗣同的解决方式就

① 谭嗣同：《仁学》，蔡尚思、方行编《谭嗣同全集》，第290页。

是借名破名的务实，那么如果我们得知了实在真实处在极处就是佛法，那就可以说借名破名的务实所务之实正是佛法真实。

如此，我们来看，所谓实，就其是名而言，是佛法，是干屎橛，是不能既其实的；而如就其实来看，其实之极处是空，实到极处，所以空到极处。这还是无法理解的，名实还是无法沟通。于是从务实的角度来看，所谓务实就是借名破名。因为借名破名，是不是就会产生取而代之的情况呢？不行，取而代之了就仍旧是妄生分别之名，还是不能真正实现实的。如果是取而代之的话，那么这种情况谭嗣同称之为轮回，有大小轮回之分，但终究是轮回，参见《仁学》第15、26则的详细论证。因为在轮回中就还是无法脱离生灭，所谓轮回无法脱离生灭，如果从名实上来看，就是实还是无法完全实现，名之间的差异彼此替代指示，循环不已。所以务实之借名就不是去借助一个名而最终取缔这个名，相反而是既借助这个名，又取缔这个名，在这个名之下，既隐藏自身又显现自身之实。那么这是如果做到的呢？答案就是诗词赋之作为文体之界限所显示出来的方法。

也就是说实是如何借名的，其具体的操作方案实际上是在讨论文体的《报章总宇宙之文说》中展示的。从名的角度在来说一遍：名是对待分别，所以就类似文体之画疆分帙；实不在名之中，名无法完全实现实，就类似讨论文体时驱除诗词赋，在三类十体中无法呈现诗词赋一样；实重新借助于名之中，就类似重新将诗词赋重新找回收编在编幅纡余之中；从而可以说实之完全体现就是借助在名之界限中，界限区别名之对待分别，同时也取消名之对待分别。实根本是无法对应于实的，因为实根本就不是所对应之物，而恰恰是名之所以为名之差别本身。这种差别在名之间区分时是不显示自身为另一个名的，而在区分出名之间对待分别的时候又是显现作用自身的。

至此我们可以替谭嗣同大胆地说出一个结论来：诗词其实就是佛法，佛法其实就是诗词。但是当你将诗词看作佛法的时候，它恰恰不是佛法；当你将诗词不看做佛法的时候，它又恰恰就是佛法之显现。于是当我们去读谭嗣同涉佛诗时，会问这是什么？是一种新的诗歌吗？结果发现根本不是诗歌，只是一堆的佛教名词的堆积；佛法作为名看待的时候都只是一个干屎橛，更何况诗词呢？于是当我们根本不认为它是诗歌，什么也不是的时候，佛法真实恰恰就在毫无诗法之诗之中坦然地呈现着实之极处之空。甚至我们可以看到《仁学》之杂糅的笔记写法其实就是一种不是诗歌的诗歌写法。

谭嗣同在《仁学》自叙中说：

> 窃揣历劫之下，度尽诸苦厄，或更语以今日此土之愚之弱之贫之一切苦，将笑为诳语而不复信，则何可不千一述之，为流涕哀号，强聒不舍，以速其冲决网罗，留作券剂耶？①

他说他的写作是一种券剂，什么是券剂呢？谁持有这个券剂呢？是我们，还是谭嗣同本人？如果是券剂，那么到哪里去兑现呢，如何兑现呢？只有冲破重重罗网我们才能去兑现这个券剂吗？这个券剂是遗产还是债务？好像这些都不重要，重要的是谭嗣同让我们明白了券剂是两份。从来券剂都是有正副两份的，正如我们将这个券剂在《报章总宇宙之文说》中三类十体中对应

① 谭嗣同：《仁学》，蔡尚思、方行编《谭嗣同全集》，第 290 页。

的时候，会发现在章程和计两种文体中都有券剂的可能。于是，券剂的写作，实际就是《仁学》精神的具体体现，而《仁学》精神就是相偶之通，这在一开始就说出来了：仁，从二从人，相偶之义也。正是因为这个相偶，而写作也同样是一种双重书写，正副两份的券剂的写法，这正副是什么？是那佛法真实和诗词歌赋吗，还是谭嗣同和作为重新阅读的我们呢？重新阅读是领取一份历史的遗产还是偿还一份历史的债务呢？这双重的写作和双重的阅读。

第四节 小结

三家分析世界构成思想从表面看皆带有明显的现代西方科学或哲学色彩。而儒家在这一点上则比较薄弱。三家思想中大量借鉴西学中科学与哲学知识强化了对世界构成的认识。如果从三家分析世界构成知识的动机和目的来看，则可勾勒出三家分析世界构成的思想并非纯粹科学或哲学意趣，而是带有极强的救世宗教意趣。因为三家分析世界构成思想是为了论述世间存在的苦痛，是为了寻找世间苦痛的缘由所在，是为了对症下药地灭除世间苦痛，故而总论三家分析世界构成的思想实际是佛教义理中苦集二谛思想，即以蕴处界三科分析世界构成，指出世间苦痛根本即是虚妄分别、我执根本。三家分析世界构成思想虽基本精神为佛教苦集二谛精神，但实际分析并不尽然与佛教义理相吻合，当然说法上也较佛教义理简略。

康有为分析世界构成总论有三层次、二维度、一本质。所谓三层次即是三世时间层次、诸天空间层次、众生类别层次，此三层次即外在是时空二者和主体之人及旁生等三层次。二维度即就三层次中专主外境而说时空二维度，其中时间维度上康有为有三世说和历劫说二大论，空间维度上康有为有微观、宏观诸天（天游）二大论。所谓一本质，即谓康有为揭示世界构成本质是为界限分别，界限之有无成去即是对应心性行业染净二序列。此三层次、二维度和一本质皆与佛教苦谛分析世界构成有深刻的相关性：历劫说明确为佛教义理的发挥，三世说虽从儒家今文经学中发挥而出，但其三世配大同太平说以及其逐步论证演变，三世重叠说皆非儒家义理本有，而是康有为借鉴华严十界说而发明。诸天说中作为空间性的诸天和六界众生一类之天人说皆是明确出自佛教义理，后又经康有为发挥调节而成。而天游之说则明显可见是大乘菩萨行学说的变种。又众生类别中龙蛇譬喻也是出自佛典中常见的譬喻。界限分别不通之说归结到底即是佛教义理中虚妄分别、我执根本思想。故总论康有为论世界构成及苦的思想从整体动机目标到具体知识论述皆是以佛教苦集二谛思想为基础而构建，进而汇通融摄了部分儒家道家思想以及西学中科学和哲学思想。

梁启超论述世界构成及苦的思想主要集中在心识结构和因缘结构的分析上，此两者明确是佛教义理。梁启超对两者的论述都是建立在其佛教心性本体论的基础上。其论心识结构以原始佛教义理为主，兼摄唯识法相分析，思路是从现代西方心理学角度贴近理解佛教心识义理。此思路对近代以来科学研究佛教义理的转向有巨大启迪和开创作用。梁启超论心识结构分共时不共时二序列，共时谓内外关系，即内在心识与色之关系，即名色关系，也即是主客认识关系；不共时谓心识前后关系，具体为十二因缘前后关系，也即是因果关系。此二序列在梁启超的分析中主要从五蕴和十二因缘入手，其后以现代心理学范畴作稍深入的理解，如对十二因缘的理解，梁启超其回避三世因果层次划分，而从心理功能上说明。进而此二序列演变为外境之时空、个体群体等因缘层次。再进一步，梁启超又从实践上论述时间维度上过未现三世中的精神演变过程，如重过去之历史主义，重未来之未来主义；论述空间维度上中外精神文化交流汇通状况。就时间序列上还可论述个体生命前后演变历程，就空间序列上也可进一步论述个体间、群体间共时精神影响感化状况。总论梁启超论世界构成之结构即是其整体思想之结构，而此结构即是佛教心识结构和因缘结构。同样，梁启超由此而论述世间存在之苦即是不能在此因缘结构中不能汇通到平等一如的状态，故苦因即是界限分别不通。究其本质仍是虚妄分别，我法二执。

谭嗣同论世界构成颇为繁杂，未能如康梁二家那样总分分明。虽然总的说来谭嗣同能以心力汇通诸说范畴，但此举并不详尽，故而在分析世界构成的时候层次繁多，似可总论为华严性海包含万有，但究其论述而言，并不详尽。略述其分析层次有九种：宇宙构成、微观构成，此二者为外境之大小二者；心理构成和身体构成，此就人之主体而分灵魂体魄之结构；电力构成，此就外在物理之系统而论；灵魂体魄二分，二分总结；家国等构成，此是制度性组织性的构成。生灭形态，即大轮回和小轮回，此实际是时间序列，但也含摄了空间序列。最后就是修学次第，这仍旧是时间序列，只不过是从舍染求净的次第上而论，前大小轮回是皆就在世轮回的染心因缘构成。此九层次，所涉广泛繁杂，与其论心性本体之广泛也相关切。但不管怎么说，就其本质而言，可总分染净二层次，即在世大小轮回层面和修学层面，而在世轮回中复可从多角度分析，如内外、主客、名色、虚实等，各层面各角度之分析大都以佛学范畴为主而做分析。所以总论其论世界构成之基础明确是佛家义理，具体上也多以佛教范畴为基础作分析。而分析之目的也是为了说明人我、界限之分别不通是为苦痛之根本。

总论三家论世界构成都是以佛教苦谛思想为基本精神和基本机构，从时空内外等角度对世界构成进行分析说明世间苦痛有限即是界限分别，不能汇通为一，而病因根本即是我执无明、虚妄分别、人我分别。在此基础上，也能够以佛教苦集二谛精神和义理汇通中外诸学说思想。